C. G. 융과 여성의 심리 [개정판]

C. G. 융과 여성의 심리 [개정판]

2019년 08월 30일 초판 1쇄
2023년 06월 10일 초판 2쇄

지은이　M. 에스더 하딩
옮긴이　김유빈
펴낸곳　월정분석심리학연구소 / 도서출판 달을긷는우물
등록　　2023년 02월 20일 제 838-06-02216호
주소　　경기도 과천시 관문로92 힐스테이트 과천중앙 101-1621

전화 02 6012 3319
e-mail souyou67@gmail.com

ISBN 979-11-965154-2-3 93180

값 26,000원

THE WAY OF ALL WOMEN by M. Esther Harding
ⓒ 1970 by the C. G. Jung Foundation for Analytical Psychology
Korean translation copyright ⓒ 도서출판 달을긷는우물, 2019

Published by arrangement with Shambhala Publications, Inc., Boulder through Sibylle Books Literary Agency, Seoul

이 책의 한국어판 저작권은 시빌에이전시를 통해 미국 Shambhala사와 독점 계약한 도서출판 달을긷는우물에 있습니다. 저작권법에 의하여 한국 내에서 보호를 받는 저작물이므로 무단 전재 및 복제를 금합니다.

C. G. 융과 여성의 심리 [개정판]

M. 에스더 하딩 지음

김유빈 옮김

달을 긷는 우물

현대 여성은 아마 새로운 시대의 시작을 의미하는
위대한 문화적 과제 앞에 서 있을 것이다.

C. G. 융, "유럽의 여성."

| 역자 개정판 서문

『C. G. 융과 여성의 심리』 초판이 나온지도 벌써 3년이 지났다. 이 책의 개정판 서문에서 저자는 이 책이 쓰여진 지 37년이 지났고 많은 일들이 일어났음에도 불구하고 그동안 일어난 변화가 그리 크지 않아서 수정해야 할 내용이 많지 않다는 사실에 놀랐다고 전하면서 서문을 시작한다.

이에 반해 역자는 이 3년이라는 짧은 기간에 일어났던 많은 일들로 인해 우리 나라에 많은 변화가 일어났고 (크게는 전세계를 휩쓸면서 우리의 일상을 완전히 바꾸어 놓았던 코로나가 있었고, 작게는 정권이 바뀌었다), 그것이 직접적인 계기는 아니었지만 이 책을 처음부터 다시 번역하면서 많은 부분을 수정했다는 말로 역자 서문을 시작하려고 한다.

여타 다른 유행병처럼 잠시 있다 지나가리라 생각했던 코로나가 장기화되면서 자기 자신과 주변 사람들을 돌아볼 시간이 많아졌다. 또 나이의 앞자리 숫자가 바뀌었다. 역자가 융이 말하는 인생의 전반기에서 후반기에 들어서자 '읽은 책' 코너에 분류해놓고 방치해두고 있었던 이 책을 다시 꺼내고 싶은 마음이 들었고, 그러자 이전에는 와닿지 않았던 내용들이 눈에 들어오기 시작했다.

이전에는 제2장 유령같은 연인, 제3장 일 또는 제5장 결혼, 제6장 모성에 나오는 내용이 역자의 관심을 사로잡았다면, 이번에는 제4장 우정이나 제9장 심리적 관계성에 나오는 내용에 눈이 더 갔다. 시간이 흐르면서 역자의 현재의 삶과 역자가 앞으로의 자신의 삶의 그림이 달라지면서 삶의 이슈와 문제, 고민 등이 달라졌고 그에 맞춰 관심도 그리로 옮겨진 것이다. 역자의 삶의 시간이 오전에서 오후로 넘어간 만큼 오전에는 미처 보지 못했던 것들이 보였고, 머리로만 알 수 있었던 내용들을 제대로 이해하고 또 그것을 살게 되면서, 이 책을 집필할 때 저자가 정말 여성의 삶의 시간의 흐름에 따라, 여성의 주된 이슈와 문제, 관심사 등을 차례대로 각 장에 압축해서 담았다는 것을 깨달았다. 이렇게 역자는 그런 것들을 다 담고 더 잘 전달하고자, 그리고 이전에 미흡했던 부분들을 수정한 책을 다시 내놓게 되었다.

　이제는 시간이 더 흘러 역자의 삶의 시간이 저녁에 들어섰을 때 이 책은 또 다르게 읽힐 것이라고 예상한다. 하지만 이 책의 번역을 또 수정할 일은 그리 많지 않을 것이라고 생각한다. 다만 역자가 바라는 것은 이 책에 쓰여졌던 당시 여성들이 부딪칠 수밖에 없었던 삶의 문제와 고민 외에 또다른 문제와 고민, 고찰 등이 추가된 또 다른 좋은 서적들이 나올 수 있도록, 우리 여성의 삶이 더 좋은 방향으로 계속 발전하는 것이다.

2023년 4월

김유빈

| 역자 서문

  이 책은 융의 옛 제자로, 미국의 융 분석가이자 의사였던 에스더 하딩이 쓴 여성에 의한, 여성에 대한 책이다. "여성의 심리"를 다룬다고 한 만큼 여성의 특성을 나열하고, 매카니즘을 설명하며, 그렇기 때문에 필요할 경우 그것에 따른 올바른 태도나 접근 등을 기대할 수도 있을 것이다. 그런데 이 책은 미묘하게 그런 "기대"를 배신한다. 이 책을 다 읽은 다음에 구체적으로 "여성은 이러이러하다"고 들 수 있는 것이 없기 때문이다. 저자가 "여성"이라는 존재를 매우 포괄적으로 다루었기 때문에 어느 한 점을 딱 꼬집어서 이야기하기 어려운 것이다. 그러나 확실한 것은 이 책을 읽는 독자, 특히 여성 독자는 저자가 언급하는 모든 여성들에게서 자신의 모습을 겹쳐보고 또 되돌아 보게 될 것이라는 사실, 그리고 그것으로 인해서 자기 자신을 보다 잘 이해하게 될 것이라는 사실이다. 여성에 의한, 여성에 대한 책이라고 했지만 여성을 위한 책이라고 하지 않은 이유는 이 책을 읽는 남성 독자들 또한 이 책을 읽음으로써 이성과의 관계에서 그가 보지 못했거나 이해하지 못했던, 혹은 납득하지 못했던 여러 가지 것들에 눈을 뜨게 될 것이라고 확신하기 때문이다. 결론을 말하자면, 이 책은 여성이라는 존재, 혹은 자신의 "여성성"을 쉽게 받아들이지 못하는 이들을 자신

의 본연의 모습과 화해시키는 계기가 될 수도 있다는 것이다. "여성", "여성성"이라고 해서 우리가 흔히 떠올리는 전형적인 "여성적인" 것들만 떠올리지는 말자. 그보다는 한 차원 더 깊고 넓은 것이다. 저자가 전하고자 하는 말은 간단명료하다. "여성으로서, 네 안에 있는 에로스를 발달시킨 진정한 네 자신이 되라."

김유빈

| 차례

역자 개정판 서문 …· 7
역자 서문 …· 9
저자 개정판 서문 …· 13
초판 서문 …· 15
감사의 글 …· 18
C. G. 융의 서언 …· 19

1   만물을 만인에게 …… 25
2   유령같은 연인 …… 68
3   일 …… 105
4   우정 …… 131
5   결혼 …… 164
6   모성 …… 206
7   잘못된 길에서 벗어나 …… 246
8   가을과 겨울 …… 300
9   심리적 관계성 ……325

참고문헌……368
주석……370
찾아보기……373

| 저자 개정판 서문

이 책이 쓰여진 지 37년이 지났고 그 동안 많은 일들이 일어났다. 혁명의 기운이 감돌면서 인간의 거의 모든 활동 분야에 영향을 미쳤고, 과학, 정치, 도덕, 심지어 종교조차 거의 알아볼 수 없을 정도로 변하였다. 그럼에도 불구하고 이 책을 다시 읽으면서 그동안 일어난 변화가 그리 크지 않아서 수정해야 할 내용이 많지 않다는 사실에 놀랐다. 삽화에서 인용한 책과 희곡 가운데 일부는 예전만큼(1920년대) 읽히지 않고, 여성 운동을 참조하는 일 또한 더 이상 유효하지 않지만 논지는 여전히 유효하다. 삶의 형태는 변해도 인간의 본성은 변하지 않거나, 아주 천천히 변하기 때문일 것이다. 중국의 역경에는 다음과 같은 말이 있다.

> 도시는 바뀔지 모르지만
> 우물은 변할 수 없다[1]

그리고 해석가는 다음과 같은 말을 덧붙인다. "건축 양식은 시대에 따라서 달라졌지만, 우물의 모양은 고대로부터 오늘날까지 그대로이다. ... 정치 구조는 국가와 마찬가지로 바뀌지만, 욕구가 있는 인간의 삶은 영원히 변함이 없다. ... 인간 본성의 토대는 누구에게나 같다. 그리고 모든 사람은 인간의 본성에 있는 신성의 무궁무진한 샘에서. ... 물을 길을 수 있다."[2]

　본래의 서문에 있는 감사 인사에 더해서 나는 몇 년 동안 이 작은 책에 한결같은 관심을 가져준 롱맨즈 그린의 편집자이자 나중에 데이브 맥케이의 편집자가 된 에드워드 밀스씨에게 감사를 표하고 싶다.

M.H.E
1970

| 초판 서문

　이 책의 기초가 되는 사상은 우리 시대의 많은 근본적인 문화적 문제의 해결을 약속하는 새로운 생각과 경험의 영역을 우리에게 열어준 C. G. 융의 가르침에 바탕을 두고 있다. 그러나 이런 생각들이 항상 일상 생활의 용어로 쉽게 번역되는 것은 아니다. 이 책에서는 무의식에 대한 연구를 통해서 얻게 된 인간 본성에 대한 지식이 어떻게 일상의 경험에 도움이 되는 방식으로 적용될 수 있는지 보여주는 완전히 여성적인 과제를 수행하려는 시도가 행해졌다
　심리학자와 상담하는 사람들은 대개 그들의 실제적인 어려움에 대처하는 방법을 찾기를 바라며 그렇게 한다. 만약 이 사람들에게 단지 이론만 가르친다면 그들은 "매우 흥미롭군요. 그런데 그것이 나를 어떻게 도울 수 있을까요?" 라고 말할 것이다. 오늘날 많은 책들이 사회생활과 개인생활의 문제점을 지적하고, 널리 퍼져 있는 현대 사회의 문제의 원인을 분석하고 있다. 그러나 사람들이 그들의 어려움과 관련해서 실천할 만한 해결책을 찾을 법한 삶의 방식을 실제로 제시하는 책은 거의 보이지 않는다.
　이어지는 페이지에서 나는 삶의 병폐에 대한 만병통치약을 제공하려고 시도하지는 않았다. 나는 우리 시대의 도덕적이거나 사회적인

어려움과 어떻게 직면해야 하는지에 대한 어떤 우월한 지식도 주장하지 않았지만, 어떤 행동들을 제시하는데, 진실에 대한 관심이 있는 사람들은 각자 자신의 삶에서 그것을 더 완전하게 발견할 수 있을 것이다. 그리고 정신에 대한 현대적인 지식을 실제로 적용하는 것을 통해서 스스로 더 단단한 구조를 구축할 수 있을 것이다.

인간의 믿음을 지탱해주는 외적인 버팀목들이 무너지는 것 같은 요즘, 외적인 불행에 견딜 수 있는 내적 안정감을 구축하는 것이 더욱 필요하다. "아래로 향하는" 어두운 힘들이 전세계에서 그들의 위세를 실감하게 만든다. 우리는 너무 많은 경우 밀물이 몰려오기 전에 모래성을 쌓는 어린아이처럼 우리의 운명을 쌓는데 외적인 안전의 기반은 약화된 것 같이 보인다. 우리가 기댈 수 있는 다른 종류의 안전은 없을까? 모든 세대에 걸쳐서 종교적인 사람들은 이 세계의 가치를 깎아내리는 불행이 닥칠 때 영적인 영역으로 눈을 돌렸다. 그런 낯선 세속성은 지금 여기에서 더 완전하고, 만족스러운 삶을 살기를 원하는 현대인을 더 이상 만족시키지 못한다. 그는 의심스러운 다음 생 보다는 현재의 삶에서 그의 영성을 실현시키려고 하는 것이다. 그러나 외부 세계에 대한 배타적인 관심은 그것의 존재를 부정하는 것만큼이나 만족스럽지 못하다는 것이 증명되었다. 오늘날 우리는 인간의 본성에 대한 심리적 이해에 근거하여 다른 종류의 현실에 대한 새로운 평가가 일어나는 것을 보며, 아마도 그것은 물질주의적인 극단과 낯선 세속성의 극단 사이에서 중간적인 방법의 씨앗을 포함하고 있을 것이다.

이해는 귀중한 것이지만, 많은 사람들에게, 특히 여성들이 삶을 헛되이 살지 않으려면 실천 가능한 적용에 의해서 보충되어야 한다. 남성은 생각을 창조하고 여성은 그것을 살아있는 현실로 바꾸기 때문이다.

나는 그런 실천 가능하고, 현실적인 삶의 방식을 추구하는 사람들에게 이 책을 바친다.

    나는 이 기회를 빌어서 융 박사에게 감사의 뜻을 전하고 싶다. 이 책은 그의 지지와 응원 덕분에 구상될 수 있었다. 또 나의 동료인 엘리노어 버틴 박사와 크리스틴 만 박사에게도 감사를 전한다. 나는 이 책이 발달해가는 모든 단계에서 그들과 주제에 대한 논의를 나눴고, 삽화와 제안에 관해서도 신세를 졌다. 그들의 지속적인 도움이 없었다면 이 책은 나오기 힘들었을 것이다.

    특히 버틴 박사는 전혀 지치지 않고 도움과 풍부한 협력을 제공해주었다. 독일어로 쓰여진 융 박사의 서문을 멋지게 번역을 해준 캐리 베인즈 부인에게도 감사드린다. 또한 나는 그들의 꿈과 다른 개인적인 자료를 인용하도록 허락해준 사람들에게 감사를 표하고 싶다. C. G. 융의 『분석심리학에 관한 두 편의 논문』의 인용을 허락해준 Dodd, Mead & Company, Inc., 와 C. G. 융의 『심리학적 유형』과 『분석적 심리학에의 기여』의 인용을 허락해준 Messrs. Harcourt, Brace & Company, Inc., 그리고 에반스-웬츠의 『티베트의 위대한 요기 밀라레파』의 인용을 허락해준 옥스포드 대학 출판부에도 감사의 인사를 전한다.

M.E.H.
1933

| 감사의 말

다음과 같이 인용된 구절의 사용을 허락해준 아래 출판사 분들에게 감사를 표한다.

에밀리 디킨슨이 쓴 "마지막 추수"에 나오는 시의 인용을 허락해준 Little, Brown & Company와, G. Adler, M. Fordham, H. Read 등이 편집하고, R. F. C. Hull 이 번역한 C. G. Jung 전집 Bollingen Series XX 가운데 Two Essays on Analytical Psychology, Civilization in Transition, The Development of Personality와, R. Wilhelm과 C. F. Baynes 이 번역한 『주역』에 나오는 여러 구절들의 인용을 허락해준 Princeton University Press와 융의 『심리학적 유형』에 나온 자료의 인용을 허락해준 Routledge and Kegan Paul Ltd., 에반스 웬츠의 『티베트의 위대한 요기 밀라레파』의 인용을 허락해준 Stanford University Press, 『잊어버린 신앙의 죽은 파편』의 인용을 허락해준 University Books, Inc., Edward Maitland의 Anna Kingsford의 인용을 허락해준 Vincent Stuart and John M. Vatkins 출판사에 감사의 인사를 전한다.

| C. G. 융의 서언

나는 내가 이 책의 서언을 쓰는데 적임자라는 저자의 소망에 응할 수 있게 된 것을 매우 기쁘게 생각한다. 나는 그녀의 원고를 매우 흥미있게 읽었고, 이 책이 여성의 심리를 상세하게 밝히겠다는 명분으로 수다스럽고 편견으로 가득 찬 것으로도 모자라서 감상적으로 "성스러운 모성애"를 찬양하는 현학적인 책이 아니라는 점에서 흐뭇함을 느낀다. 그런 부류의 책에는 또 다른 불쾌한 면모가 있기 때문이다. 그 책들은 결코 있는 그대로의 것을 말하지 않고 무엇이 어떠해야 하는지에 대해서만 떠든다. 그리고 여성의 영혼의 문제를 진지하게 마주하는 대신 이를 얼버무리고, 실제로는 전혀 쓸모 없고, 효과적이지도 않은 조언만 늘어놓고는 한다. 남성들만 그런 책을 쓰지 않지만, 그들에게는 그나마 변명의 여지가 있다. 그 중 많은 책들은 남성만큼이나 여성적인 감정에 무지한 여성들의 손으로 쓰여진다.

사회화된 사람들 사이에서, 남성들은 실제로 여성들의 심리를 전혀 이해하지 못한다는 사실이 거의 정설로 되어있지만, 여성들 역시 본인의 심리를 전혀 알지 못한다는 사실은 참으로 놀랍고, 믿기 힘든 사실이다. 그러나 우리가 이렇게 놀라는 이유는 인간의 영혼에 대한 아주 기본적인 이해 정도는 가지고 있다고 믿는 우리의 순진하고, 낙관적인 생각 때문이다. 이에 대한 지식과 이해는 인간의 탐구 정신이 스스로 설정할 수 있는 과제 가운데서 가장 어려운 과제이다. 계속해서 발달하는 심리학 연구가 우리에게 더 명확하게 알려주는 것은 인간의 영혼이 어디서 유래했는지 설명할 수 있는 간단한 공식은 존재하지 않으며, 정신적 경험의 장(場) 역시 명확하게 정의할 수조차 없다는 사실뿐이다. 특히 과학적 심리학의 경우 표면적으로 그 장이 굉장히 확장되었음에도 불구하고 산더미처럼 많이 쌓인 편견들의 굴레로부터 전혀 해방되지 못한 채, 진정한 영혼에 접근하지 못하고 있다. 가장 어린 학문, 즉 그 발달의 역사가 가장 짧은 학문으로서 심리학은 현재 역사가 더 긴 다른 학문들이 중세 말 겪었던 사춘기적 유아성 질환들에 시달리고 있다. 현재 심리학의 분야 중에는 정신적 경험의 장을 의식과 의식의 내용으로만 한정 짓거나, 정신적인 것을 자율성을 전혀 찾을 수 없는 반작용이 일어나는 현상으로만 이해하는 분야들이 존재하는 것이다. 무의식의 존재 없이는 의식 또한 존재할 수 없다는 사실을 증명하는 방대한 양의 실제적 자료들에도 불구하고 무의식의 실재는 절대 반박 불가능한 진실로서의 절대적 지위를 획득하지 못하고 있다. 무의식이 실제로 존재한다는 사실이 기본적 사실로 되지 못하면 더할 나위 없이 복잡한 심리학 자료들은 결코 다루어지지 못할 것이다. 더구나 우리가 우리의 삶과 실재 속에서 접해야 하는 실제적인 영혼은 복합성 그 자체이다. 예를 들어, 여성의 심리학은 우리 마음의 무의식적 배경에 대한 올바른 지식 없이는 결코 집필될 수 없는 것이다.

  하딩 박사는 풍부한 심리치료 경험을 바탕으로 해서 그 폭이나 철저함에 있어서 지금까지 이 분야에서 행해졌던 다른 작업들을 크게 능가하면서 여성의 심리를 그려냈다. 거기에 신선할 정도로 편견에서 자유롭고 그 안에 드러난 진실에 대한 애정과 추구는 주목할 만하다.

그녀의 설명은 이 분야에서 자주 볼 수 있는, 죽은 이론이나 광적인 열풍 안에 빠진 다른 저서들과는 달리, 그 방향성을 잃지 않는다. 그런 식으로 그녀는 지식에 비추어서 그전까지 어둠이 만연했던 깊은 심층에 침투하는데 성공하였다. 생물학적이고, 사회적인 개념을 이용하여 설명할 수 있는 여성 심리는 그 절반 정도 뿐이다. 그러나 이 책을 통해서 여성에게도 남성에게 낯선 독특한 정신성이 있다는 점을 명확하게 알 수 있었다. 무의식에 대한 지식이 없었다면 여성의 심리학에 필수적인 이 새로운 관점이 이렇게 완전하게 나오는 일은 없었을 것이지만, 이 책의 또 다른 많은 부분에서도 무의식 과정의 심리학의 풍요로운 영향력은 분명하게 드러난다.

 이혼이 기록적으로 증가하는 시기에, 그리고 남성과 여성 사이의 관계의 문제가 복잡한 문제로 떠오르는 시기에 이와 같은 종류의 책은 커다란 도움이 될 것이라는 생각이 든다. 확실한 것은 이런 책이 우리가 기대하는 굉장히 복잡한 문제들을 해결하기 위한 고민을 더 이상 하지 않도록 하는 간단하고 유용한 일반 보편적인 '그' 해결법을 제공하지는 않는다는 사실이다. 반면에 이 책에는 우리가 실제로 매우 절실히 필요로 하는 것, 즉 복잡한 삶의 상황에서 방향을 잡을 수 있는 정신적 사실과 조건의 이해에 대한 내용이 넉넉하게 들어 있다.

 결국, 우리는 왜 심리를 연구하고 있는가? 왜 바로 지금 우리가 특히 심리학에 관심을 가지고 있는 것일까? 그 대답은 모두 우리가 그것을 절실히 필요로 하고 있기 때문이다. 오늘날 인류는 그전의 개념들이 더 이상 제 구실을 하지 못하고, 우리가 더 이상 이해하지 못하는 이상한 무엇인가에 직면해 있다는 것, 우리가 더 이상 이해하지 못하는 언어에 직면했다는 것을 깨닫기 시작하는 지점에 도달한 것 같다. 우리는 산의 반대편에 사는 사람들이 이 산의 모든 악에 책임이 있는 붉은 머리의 악마들로 구성되어 있지 않다는 사실을 깨닫게 되는 시대에 살고 있다. 이 어둑어둑한 직관의 징후는 남성과 여성 사이의 관계를 꿰뚫고 있다. 오늘날 우리 모두가 이렇게 말하지는 않는다: "모든 선은 내 안에 있고, 모든 악은 네 안에 있다."

오늘날 어떤 것 혹은 다른 것이 어긋난 것은 아닌지, 어쩌면 우리가 너무 의식이 없는 것은 아닌지, 다소 구식인 것은 아닌지를 아주 진지하게 자문하는 초현대인들이 이미 존재한다. 그리고 원인이 거기에 있지 않더라도, 남성과 여성 사이의 관계와 문제 되는 어려움에 직면했을 때, 우리는 참담한 결과를 불러오는 혈거인이나 중세 시대 방법들을 여전히 사용하고 있다. 사람들 중에는 경악하면서 교황의 기독교 결혼에 관한 회칙을 읽는 사람도 있지만, 그들도 혈거인에게서 소위 "기독교" 결혼은 문화적 진보를 의미한다는 사실은 인정할 수 있을 것이다. 그러나 비록 우리가 선사 시대의 사고방식을 극복하기까지는 아직도 갈 길이 멀고, 인간이 포유류로서의 자신의 본성을 가장 생생하게 자각하고 가장 큰 승리를 경험하는 영역이 성의 영역이라고 할지라도, 어떤 윤리적 개선은 분명 일어났다. 그리고 그것은 10세기에서부터 15세기 사이의 기독교 교육의 역사를 가진 인간에게 조금 더 높은 단계로 나아가는 것을 가능하게 한다.

이 수준에서, 생물학적 관점에서 보았을 때 이해할 수 없는 정신 현상인 정신이 맡은 심리적 역할은 결코 작지 않다. 정신은 기독교 결혼이라는 관념 자체에도 중요성을 가지며, 현대 사회에서 결혼에 대한 의문과 경시를 둘러싼 논의에서 영혼의 문제가 활발하게 거론된다. 영혼은 본능의 변호인으로 나설 때는 부정적인 방식으로, 또 인간의 존엄성의 옹호자로 나설 때는 긍정적인 방식으로 나타난다. 그렇다면 자연의 본능적인 생명체로서 인간과 영적으로 훈련된 문화적 존재로서의 인간 사이에 거칠고 혼란스러운 갈등이 발생하는 것은 그렇게 놀라운 일은 아니다. 가장 최악인 것은 갈등에 대해서 소위 조화롭고, 통일된 해결책으로 한쪽이 쉴 새 없이 다른 한 쪽에게 폭력을 행사하려고 하는 것이다. 불행하게도 성이 관련된 문제에서는 그 어느 사람도 그 혼자만의 타협책을 제시할 수는 없다. 타협책은 다른 성과의 관련 아래서만 제시될 수 있는 것이다. 심리학이 필요한 것도 그 때문이다. 이 차원에서 심리학은 일종의 특별한 변론이나, 어쩌면 관계의 방식이 될 수도 있다. 심리학은 다른 성에 대한 실제적인 지식을 보장해 주고 오늘날 점점 더 많은 사람들이 결혼하지 못하게 하는 치유할 수 없는 오해의 원천이 되는 독단적인 견해의 대체물이 될 수 있을 것이다.

하딩 박사의 책은 인간에 대한 깊은 지식과 남성과 여성 사이의 관계에 있는 혼란을 해명하기 위해서 노력하는 우리 시대의 노력에 매우 중요한 공헌을 한다.

C. G. 융
1932년 2월, 취리히에서.

제1장
만물을 만인에게

어린 시절 우리는 이 세상과 인류의 기원을 이야기하고 삶에 대한 전반적인 시각과 태도를 제공하는 이야기와 신화를 배운다. 그 이야기들은 마치 이렇게 말하는 것만 같다: "사물은 이런 식으로 만들어졌고, 그것들의 본질과 그것들 사이의 관계는 이렇다." 아이들의 관심을 바로 끄는 대부분의 전설과 동화는 역사적인 인물만큼 오래 되었으며, 인류의 어린 시절을 상기시킨다. 그 이야기들에 나오는 관점은 오늘날에도 여전히 구속력을 발휘하는 만큼, 사람들의 마음속 깊이 자리 잡고 있는 무엇인가를 가리키고 있을 것이다. 사람들은 이러한 신념들을 어떤 영역에서는 수정하고 세련되게 고쳤지만, 또 다른 영역에서 그것들은 여전한 영향력을 유지하면서 그들의 행동을 결정했다. 남성이 여성을 대하는 태도에서만큼, 우리 눈에 보이지 않고, 인식되지 않는 힘이 두드러지게 나타나는 영역도 없을 것이다.

창세기에 따르면 "태초에 신은 하늘과 땅을 지었고, 그 안에 있는 모든 것들을 창조하였다." 그 창조의 정점에는 인간이 있었다. "그는 남자와 여자를 창조했다." 이 구절은 이 세상을 창조한 것이 신이라는 믿음을 표현하기도 하지만, 인류는 남성과 여성으로 둘 모두로 구성되어 있다는 사실 또한 표현하려는 의도도 담겨 있다. 그런데 창세기 1장은 더 잘 알려진, 또다른 인간 창조의 이야기를 담고 있기도 하다: 아담이 자고 있을 때, 그의 갈비뼈에서 이브를 창조했다는 이야기이다. 이 신화는 여성이 남성의 일부로 만들어진 존재, 즉 남성이 무의식 상태에 있을 때 그로부터 나온 것으로 표현한다. 이 신화는 여성을 남성의 무의식적인 부분, 그녀만의 살아있는 영이나 영혼이 없이 온전히 그를 보조하는 존재로 제시한다. 이 신화는 여성에 대한 남성의 근본적인 태도를 그려낸다. 만약 화자가 여성이었다면, 이야기는 전혀 다른 식으로 소개되었을 것이다. 일례를 들면, 어느 학교 시험 문제에 다음과 같은 주제가 나왔다: "인간 창조에 대해서 설명하시오." 거기에 대해서 어떤 여학생이 다음과 같이 답변하였다: "신은 처음에 아담을 만들었다. 그리고 그를 본 다음, 이렇게 말하였다: '한 번 더 만들어 보면, 더 잘 만들 수 있을 것 같다.' 그 다음에 그는 이브를 만들었다." 이것이 바로 더할 나위 없이 천진난만한 여성적인 시각에서 나온 인간 창조의 이야기다.

　물론 오랜 시간 동안 종교적 전통이 신성시한 신화와 여학생의 설명 사이에 커다란 불일치^{discrepancy}가 있다는 점을 인정한다. 하지만 심리적인 관점에서 보았을 때 이 두 설명은 두 가지 태도 사이의 균열을 잘 보여주는 유효한 예들에 불과하다. 이 균열은 한편으로는 여성에 대한 남성의 관점과 또 다른 한편으로는 과열된 여성 운동의 가장 나쁜 모습으로 그려진다.

　진실은 어느 지점에서 거짓말을 하는 것인가? 두 가지 관점 사이에서 그것을 찾아야 하는 것인가, 아니면 이 주제 전체를 전혀 다른 각도에서 접근해야 할 필요가 있는 것은 아닌가?

　남성과 여성 사이의 관계를 공정하게 연구하기 위해 필요한 첫 번째 조건은 어느 한 성이 다른 성보다 우월하거나 열등하다는 오래된 전제를 버리는 것이다. 우리는 여성이 남성보다 열등하다고 보아서는 안되고, 위의 어린 여학생처럼 남성을 여성의 수준에 미치지 못하는 존재로 보아서도 안 된다. 많은 여성에게서 후자의 관점을 찾아볼 수 있지만, 그녀들은 이러한 관점을 겉으로 표현하지 않고 비밀에 부친다. 이단[heresy]으로 취급될 수 있기 때문이다. 사실, 이러한 생각을 굳게 가진 대부분의 여성은 반박 당할 경우 이를 부정한다. 하지만 함께 대화를 나누다 보면 다음과 같은 발언 아래 그러한 생각들이 암묵적으로 깔려 있는 것을 엿볼 수 있다. "남자들은 너무 멍청해", "답도 없는, 불쌍한 족속이야", "남자들은 다 어린아이야" 등. 이러한 말에 함축된 의미는 여성이 남성보다 현명하고, 어른스럽지만 그 사실은 비밀이라는 것이다. 이러한 생각들은 거론은커녕 진술조차 되지 않는다. 그리고 남성에 대해서 그렇게 이야기하는 여성들 또한 실제로는 그렇게 생각하지 않는다.

　이런 말을 하는 것은 여성운동을 하는 여성처럼 공격적인[aggressive] 여성이 아니다. 그러한 여성은 남성과 동등해지는데 열중하며, 생리학적 또 심리적 차이를 다 지우는데 집중한다. 그녀는 남성을 결코 평가 절하하지 않는다. 그녀의 목표는 그보다 열등하지 않을 것, 남성처럼 되는 것, 남성과 같아지는 것이기 때문이다. 그녀는 자신이 여성이라는 사실에서 오는 차이를 부정함으로써 여성으로서의 자신의 권리, 유산, 고유성 등을 버렸기 때문에 더 이상 남성을 비판할 입장에 있지 않다. 비밀리에 남성을 그토록 무시하는 발언을 할 수 있는 것은 아주 여성스러운 여성뿐이다. 그러한 여성은 여성이라는 자신의 입장을 굳건하게 고수한다. 그녀에게는 남성과 경쟁하려는 마음이 없으며, 한 개인으로서의 지위를 원하지 않는데 그 이유는 그녀를 부양하려는 남성이 그녀를 원하기 때문이다.

 그렇다면 남성의 여성^{man's woman}으로서의 여성과 남성의 여성이 아닌 여성의 차이는 무엇인가? 남성들은 이 주제에 대해 의견을 자주 밝혔다. 그들은 사업 현장이나 직장에서 그들과 경쟁하면서 그들을 위협하거나, 자신의 정치적 권리를 집요하게 주장하는 후자 유형의 여성에게 집중했다. 하지만 그 여성이 그들에게 가지는 개인적 의미 때문에 그들의 가장 깊은 관심을 차지한 것은 '남성의 여성'이었다. 이 여성은 연극이나 소설에서도 반복적으로 묘사되며, 우리는 그녀를 끊임없이 칭송하는 서정시에서도 그녀의 독특한 영향력을 감지할 수 있다. 그러나 수많은 신화와 전설에 등장하는 그녀는 언제나 남성의 관점에서 그려졌고, 인간에 대한 보다 객관적인 청사진을 제시하려는 현대 사회에서조차 대부분의 경우 남성의 관점에서 그려지고 있다는 사실을 발견할 수 있다. 예를 들면 우리는 이러한 유형의 여성이 자신의 내적 경험을 그리는 뛰어난 자서전 같은 것을 찾아볼 수 없다. 대부분의 경우 이러한 여성들은 자신의 외적인 삶만 소개하며, 어떤 사건들에서 자신이 차지했던 역할만 나열할 뿐 그녀의 내적 경험을 전하는 경우는 거의 없다. 아마 그녀는 자신의 주관적인 삶을 그릴 만큼 보통 자기 자신을 의식하지 못해서일 것이다. 그녀는 자기 자신이나 자신의 동기를 분석하지 않는다. 그녀는 그저 존재할 뿐이고^{she just is}, 자기 자신을 제대로 표현하지 못한다. 더 나아가 일반적으로 그녀에게는 많은 사람들로부터 이해를 받으려는 충동이 존재하지 않는다. 그녀의 관심과 삶은 오직 한 명 또는 두 세 명의 남성들과의 관계에 한정되며, 그것은 그녀의 개인적인 관심사일 뿐, 그보다 더 넓은 집단과 관련되는 것이 아니다. 그런데 이러한 여성이 다수를 차지하며 실제로 주된 여성 유형으로 간주될 수 있음에도 불구하고 이러한 유형의 여성이 제대로 분석된 적은 전혀 없다. 그녀의 침묵은 그대로 그녀의 '신비'가 되었다. 그녀를 설명하는 수많은 문헌이 있지만 언제나 남성의 시각에서 설명한 여성일 뿐, 여성의 시각에서 설명한 여성의 글은 없다.

융은 여느 심리학자보다 더 효과적으로 이 문제에 접근했다. 그는 남성의 관점에서 (남성에게 있어) 여성의 의미를 분석했을 뿐만 아니라 심리학자들 가운데서 유일하게, 이 주관적인 의미와 여성의 객관적인 현실을 명확하게 구분하고, 어떤 유형의 여성이 남성에게 있는 주관적이고, 무의식적인 가치들을 가장 잘 자극하고 실현할 수 있는지도 명확하게 규정하였다. 그러나 융의 생각 또한 여기서 더 나아가지 못하고 막다른 벽에 부딪힐 수밖에 없었다. 그 또한 결국 남성이었기 때문에 여성 자체에 대해 그리고 그녀가 그 과정에서 차지하는 부분이나 역할에 대해 말할 수 있는 것이 상대적으로 적을 수밖에 없었기 때문이다. 그는 오로지 관찰자의 입장에서, 남성의 무의식 안에 자리하는 가치의 이미지를 짚어지고, 그래서 그녀를 찬미하는 남성과 연대함으로써 그녀가 얻는(만약 있다면) 이득에는 어떤 것들이 있는지에 대해서 말할 수 있었을 뿐이다.

창세기에서 묘사된 것처럼, 타고난 재능으로 남성의 파트너가 되는데 유달리 능숙한 여성은 자연 상태에서 가장 본래적인 여성이다. 그녀는 그녀의 모든 관심이 본능적으로 자신의 파트너에게 집중되어 있는, 인간의 암컷이라는 동물^{female human animal}이다. 그녀는 자신을 그의 소망에 맞추고 그의 눈에 아름답게 보이려고 노력하며 그를 유혹하고 즐겁게 만든다. 이러한 일들은 이성 사이에서 벌어지는 근본적인 생물학적 관계의 자연스러운 표현이다. 그러나 현대 여성의 경우, 이러한 본능적인 반응은 관습 등으로 인하여 대자연의 목적이 가려진 채 나타나고, 이때 그녀는 자신의 행동 뒤에 있는 의미를 인식하지 못하는 경우가 대부분일 것이다.

원시적인 여성은 분명 창세기 신화가 그녀에게 부여한 역할에 만족했을 것이다. 왜냐하면 삶의 유일한 목표가 생물학적 목표인 원시적 상황에서 남성에게 매력적인 존재로 살며 그의 관심을 끌고 붙잡는 것이 여성과 그녀의 삶에 있어 가장 중요한 일이기 때문이다. 오늘날에도 일부 여성들은 그녀들의 머나먼 조상들만큼 무의식적으로 오직 남성의 배우자나 동반자로 머무는 것에 만족한다. 그러나 인류는 대체로 그때보다 의식이 더 확장되는 방향으로 나아갔으며, 그것은 주로 대자연이 처음에 우리에게 심은 단순한 충동과 상충하는 의식적이고 개인적인 자아의 출현을 통해서 일어났다. 이에 따라 여성도 자신을 분리된 개체―하나의 자아―로 인식하면서 발달하였고, 그녀의 내면에서도 그녀가 획득한 개인적 가치와 과거의 집단적이고 여성적인 성향 사이에서 갈등이 일어났다. 그런데 갈등은 의식의 시작을 의미한다.

인간 의식의 발달은 세 개의 전형적인 발달 단계를 거치는데, 거기에 순진 단계, 세련 단계, 의식 단계라는 이름을 붙일 수 있다. 첫 번째 단계 또는 순진 단계는 오직 본성^{nature}하고만 관련된 단계로, 완전히 비자의식적으로^{unselfconscious} 기능하는 방식이다. 말하자면 그것은, 인간이 '타락하기' 이전의 상태, 그가 순진무구하고 그 자신과 완전히 하나였을 때이다. 이 단계에서 의식과 무의식은 거의 분화되지 않았는데, 자의식^{selfconsciousness}이 아직 출현하지 않았기 때문이다. 개인은 자연과 원시적인 통합 상태에서 살았으며, 이 상태는 오직 자아의 출현에 의해서만 파괴된다. 이것은 인격의 발달에 있어 매우 중요한 변화이며, 의식으로 향하는 결정적인 단계였다.

이 지점에서부터 개인은 세련 단계로 진입한다. 그의 내면에 있는 자연적인 힘과 외부 세계의 자원은 점진적으로 탐구되고 활용되며 그렇게 얻어진 능력과 힘은 자아에 의해서 조직화된다. 그에 따라서 개인적 지위가 확대되고, 자아의 만족감은 새로운 삶의 동기를 불러일으키고 형성한다. 권력에 대한 아주 강한 욕망이 점점 더 큰 자리를 차지하게 된다. 그러나 이 지점에서 새로운 요소가 등장한다. 권력 태도의 이기주의가 의식을 헤집고 들어오는 것이다. 사랑은 아마도 자아의 지배적인 위치에 이의를 제기하거나, 이전에 가지고 있던 가치들을 대체할, 개인적인 고려 사항을 초월한 다른 가치들을 불러일으킬 것이다. 이러한 역점^{emphasis}의 변화는 자아의 지배 아래 있던 인격을 점진적으로 구속(救贖)하게 되고, 세 번째 단계, 즉 의식 단계가 시작된다.

우리는 가축들의 천진한 놀이에서 우리가 근본적으로 남성적이거나 여성적이라고 인식하는 행동 양식들을 관찰할 수 있을 것이다. 암컷이 수컷을 유혹하기 위해서 사용하는 기술과 책략은 예쁜 여성^{pretty woman}의 그것과 너무 비슷해서 웃을 수밖에 없다. 이런 것들은 원시적 여성성의 표현으로 아주 어린 아이에게서 찾아볼 수 있다. 어린 소녀는 이른 나이에도 이미 소년과는 다른 식으로 행동한다. 그녀는 아주 어릴 때부터 상대를 구슬리거나 사랑스럽게 행동함으로써 자신이 목적한 바를 달성한다. 어린 소년이 독립적이고 공격적으로 행동할 때, 어린 소녀는 새침하고 매력적으로 행동하는 것이다. 그녀의 모든 기능 방식은 그녀가 관심, 돌봄, 사랑을 받으려는 대상과 관계된다. 우리는 직업을 가진 성인 여성에게도 이러한 과정을 찾아볼 수 있다. 하지만 당사자들은 그것을 전혀 자각하지 못할지도 모른다. 그녀에게 다른 사람을 기쁘게 하려는 열망, 자신에게 기대하는 역할을 제대로 수행하려는 의지, 다른 사람이 그녀에게 품고 있는 이상을 충족시키려는 열망보다 더 깊은 동기는 없을 것이다. 여기서 이 다른 사람은 대부분의 경우 남성이다. 그녀가 잠시 멈추고 그녀가 원하는 것은 무엇인지 혹은 어떻게 느끼고 있는지를 묻는 경우는 거의 없다. 그가 만족하면 그녀도 만족하며, 그의 만족은 그녀를 통해야만 한다. 이런 식으로 그녀는 자기 자신을 남성의 기분이나 그가 반쯤 밖에 인식하지 못하는 감정을 비치는 일종의 거울로 만든다. 그가 슬프면 그녀는 매우 우울하고 그가 기분이 좋으면 그녀의 얼굴에는 웃음꽃이 만발한다. 게다가, 그녀의 무의식이나 반-무의식$^{\text{half-unconscious}}$은 얼마나 예민한지 직관적으로 그도 아직 인지하지 못하는 그의 기분을 파악하고 거기에 반응하는 경우도 많다. 그래서 마치 그가 그녀 안에서 그의 감정이 어떠해야 하는지를 발견하는 것처럼 보이기도 한다. 왜냐하면 남성에게는 실제로 자기 자신의 기분을 잘 의식하지 못하는 경향이 있기 때문이다. 그것이 아무리 커다란 개인적인 상실이라도, 남성은 그 사건을 실질적인 대응만 요구하는 비개인적인 사건으로 받아들이고 거기에 반응할 뿐, 그 개인적인 경험에 그가 감정적으로 반응했다는 사실을 전혀 깨닫지 못한다. 이런 상태에 있을 때 남성은 우리가 앞서 묘사한 여성을 찾아간다. 그녀는 그가 말을 꺼내기도 전에 그의 기분을 이미 감지한다. 그가 오기 전 그녀가 어떤 생각이나 느낌을 품었든 이제 그녀는 그가 아직 알지 못하는 그의 감정을 반영한다. 만약 그가 그를 충격에 빠뜨린 매우 강한 정동적 사건을 경험했지만 그것을 아직 인식하지 못했을 경우 그녀는 막연한 우울^{melancholy}, (내용이 없는) 회한을 반영한다. 그가 무엇에 대해서 미안함이나 유감을 가지는지를 알지 못하기 때문에 그녀의 우울은 많은 의미나 내용을 가질 수 없지만, 바로 이 막연함이 그의 슬픔이나 후회가 그녀 안에서 자리를 찾을 수 있게 한다. 그는 그녀에게 자신의 무의식적인 감정을 투사할 수 있고, 그것이 어떤 것이든지 간에 그녀의 선입견에 전혀 구애받지 않은 채 그녀 안으로 흘러 들어가 형태를 갖출 수 있다. 그 결과 그는 그의 개인적인 슬픔이 인류의 보편적인 슬픔으로 격상되는 것을 느끼고, 인류의 고통을 관조함으로써 개인적인 고통에서 벗어난다. 그는 그녀와 접촉함으로써 자기 자신의 감정과 만나게 되었고, 그녀의 기분을 통해서 자신의 기분을 일반화함으로써, 그렇게 하지 못했더라면 그를 압도했을 자신의 슬픔에 대응하는 방법을 발견한다.

따라서 남성은, 이런 유형의 여성을 통해서 그가 자기 자신에게 있을 것이라고 생각하지 못하고 (그녀가 아니었다면 전혀 알지 못했을) 자신의 또 다른 면모를 드러내는 청사진이나 이미지를 발견할 수 있다. 그 이미지는 마치 그녀 속에 있는 것처럼 느껴지며 그는 그것을 인식하지만 그의 감정이 아닌 그녀의 감정인 것처럼 인식한다. 어떤 주관적인 내용이 그런 식으로 경험될 때 우리는 보통 그것이 투사되었다고 말한다. 그 내용의 주관적 원천이 인식되지 않았다는 사실은 그것이 무의식적 감각이라는 사실을 의미한다. 남성이 여성에게 어떠한 내용을 투사할 때 그것은 신기루나 환상과 같고, 거기에 있는 여성을 은폐한다. 그때 그는 그의 의인화된 무의식적 감정-내용과 만나게 된다. 이런 내용들의 총합은 인식되지 못한 남성 정신의 일부를 형성하며, 그 내용들이 전부 모이면 남성들에게 거부할 수 없는 매혹적인 갈망을 불러일으키는 여인이나 냉정하지만 아름다운 여인 등 다양한 형태로 나타나는 남성의 여성적 영혼[3]을 구성한다. 이것이 융이 아니마라고 부르는, 남성의 영혼이다.

같은 유전적 배경을 가진 남성들의 아니마상은 이상할 만큼 유사하며, 그렇기 때문에 아니마는 보편적이고, 집단적인 그 특유의 특성을 통해서 인식될 수 있다. 아니마는 허구의 글, 특히 소설과 연극에서 명확하게 그려지는 경우가 많다. 아니마상은 해거드$^{Rider\ Haggard}$의 『그녀』

She나 허드슨^{W.H. Hudson}의 『녹색 저택』^{Green Mansions}, 그리고 그 밖의 다른 작품 속에서 중요한 인물로 나타난다. 그때 반드시-복종해야 하는-여성이나, 새로서의 소녀^{Bird Girl}는 작가의 아니마다. 그녀들에게는 몇 가지 공통점이 있다: 그녀들은 일부만 인간이고(각자 실제 여성보다 덜하거나 더하다), 감정적 가치를 전하고 있으며, 그녀의 가장 사소한 말조차 남자 주인공을 절대적으로 구속하는 명령으로 만드는 재능을 가지고 있다.

　이러한 것들은 우리가 비-인격적 존재로 느끼는, 남성의 집단적 영혼인 아니마 자체의 모습이다. 그러나 소설 속이나 실제의 삶에서 많은 여성들은 인간적인 특성에 의해 다소 변형된 특정한 특징들을 보여준다. 남성의 아니마가 확연하게 드러날 때는 그것이 여성에게 투사되었을 때라는 것이 일반적이더라도, 아니마는 실재하는 여성이 아니다. 아니마는 오히려 수 세기를 거쳐 이어져 내려온 인간의 경험 내용 가운데 남성과 관련된 집단적이거나 보편적인 여성의 모습을 나타내는데, 이 마지막 요소가 중요하다. 남성이 보게 되는 모든 것들은 그를 위해서, 그의 주관적인 내용들로 채색되어 있다. 또한 수 세기 동안 남성에게 여성은 그가 알지 못하는 여성적 영혼의 상징이었기 때문에 그가 여성을 볼 때면 그의 눈은 특히 더 멀어버린다. 영혼이 없는 남성은 반쪽짜리 남성인 만큼, 그의 영혼이 다른 인간에게 투사되면 그것은 마치 그의 반이 그녀 안에 있는 것과 같아진다. 그래서 여성은 그에게 굉장히 중요한 존재이자 또 매우 매력적인 존재가 된다. 그렇게 그는 그녀와 관계 맺기를 갈망하는데, 그 이유는 그녀와의 관계를 통해서 그렇게 하지 않았다면 접근하지 못했을 자신의 영혼과 다시 한번 관계를 맺게 되기 때문이다.

　남성의 아니마를 반영하는데 특별한 소질을 가진 여성들이 존재한다. 그러나 모든 여성들에게 그런 재능이 있는 것은 아니다. 그러한 소질을 타고난 여성 한 명 한 명을 놓고 보면 많은 면에서 서로 구별된다 하더라도, 특정한 집단을 형성하기는 한다. 왜냐하면 이 집단은 전 세계에 걸쳐 여성의 많은 비율을 차지하고 있고 많은 자질을 가진 여성들을 포함하고 있기 때문이다. 그러나 이런 여성들에게는 공통적인 특징이 있고, 그것이 우리가 그녀들에게 특별히 구분되는 유형의 여성이라고 부를 수 있는 이유가 된다.

아니마 여성$^{\text{anima woman}}$의 일반적인 특징은 각 정신 발달 단계들을 통해서 변화된다. 첫 번째, 또는 순진한 단계에서 그녀는 자연적, 본능적 존재이다. 그녀의 모든 행동에서 순진한 여성적 본능의 작용이 드러난다. 그녀는 그것을 의식하지 못하지만, 그녀의 모든 관심은 그녀가 남성에게 미치는 작용으로 향한다. 그녀는 완전히 순진하다. 그녀에게는 자신의 행동이나 동기에 대한 의식적 비판이 전혀 없다. 그녀에게는 객관적 기준이나 척도가 없는 것이다. 그녀가 외적인 기준에 따라서 자기 자신을 판단하거나, 아니면 자기 자신을 하나의 대상^{objet}으로 바라보는 일은 결코 일어나지 않는다. 그녀는 가축과 같은, 자신에 대해서 무의식적이고 순진한, 그저 여성이기만 한 존재이다. 만약 남성이 그의 아니마를 그녀에게 투사해도 그녀는 그것을 알지 못할 것이다. 그녀는 단지 그녀가 느끼고, 존재하는 그대로 살고 있을 따름이다. 그녀는 동물처럼 자기 자신 및 자신의 본능적 만족과 연결되어 있다. 그녀는 자연의 산물인 것이다. 그리고 바로 그 때문에 자기 자신이 무엇을 원하는지 사전에 알지 못한다. 그녀는 애매모호하다. "그녀는 그렇게 할 것이고, 또 그렇게 하지 않을 것이다." 대극들은 그녀 안에 나란히 잠자고 있으며, 그녀는 자연처럼 양가적 특성을 지닌다. 남성은 그녀 안에서 자신의 영혼을 감지하고, 그녀와 하나가 되기를 바란다. 그의 아니마도 자연처럼 양가적인 것이다. 그래서 그녀의 애매모호함은 그의 욕구에 완전히 들어맞는다.

그녀의 자아가 그녀 안에서 눈을 뜰 때, 두 번째 발달 단계가 시작된다. 그녀는 그녀가 본능적으로 사는 것이 한 명이나 다수의 남성의 관심을 사로잡는다는 사실을 발견한다. 자기 자신의 영혼의 상징이나 모습을 그 여성 안에서 발견한 남성은 그녀와 긴밀한 관계를 맺기 원한다. 그렇게 하면 그는 아마 그의 영혼과 재결합할 수 있게 될 것이다. 그는 그의 긴급한 욕구 때문에 그녀가 무엇을 요구하든지 그것을 들어주려고 한다. 그녀 또한 그와 관계 맺기를 원한다. 아니면 "그녀 안에 있는 본성이" 생물학적인 목표를 위해서 그러기를 원한다고 말할 수 있다. 그녀는 대체로 그녀 안에 있는 자연적 충동을 인지하지 못하기 때문에 무관심한 것처럼 행동하고, 그 결과 남성만 열심히 그녀의 환심을 사려고 노력하는 것이 된다. 그러다가 그녀의 자아가 그것을 의식하게 되면, 그녀는 자신의 무관심한 듯한 태도가 남성에게 더 매력적으로 부각된다는 사실을 알게 된다. 그래서 그녀는 그녀가 부분적으로나마 의식하고, 부분적으로나마 깨닫게 된 것을 남성들의 관심이나 선물을 얻는 데 사용하기 시작한다. 아니면, 어떤 여성은 실제로 무심하고 차가울 수도 있다. 그녀는 실제로 남성들의 관심을 원하지 않지만, 그녀가 남성들에게 행사할 수 있는 힘이 큰 자산이라는 사실은 안다. 그때 그녀가 의도적으로나 반쯤 무의식적인 채, 남성의 욕구를 이용하면서 그의 투사를 자신의 이익을 취하는데 사용한다면, 그를 농락하게 되고, 나중에는 "꽃뱀"이라는 최악의 형태에 빠지게 된다.

그러나 아니마 여성의 자아 발달은 그보다 훨씬 더 적절하고 사회적인 형태로 나타날 수도 있다. 예를 들어, 어떤 여성은 사회적으로 바람직하고, 용납될 수 있는 방식으로 자신의 매력을 사용할 수도 있는데, 그것 또한 여전히 어떤 목적을 이루기 위해 자신의 타고난 재능을 의식적으로 사용하는 것이 된다. 만약 그녀가 결혼한 여성이면, 그녀는 남편을 다루고 그와의 사이에서 일어나는 모든 일들을 다루는 기술을 발달시킬 수도 있다. 이 여성은 언제나 남편 곁에 있으면서, 그가 원하는 것을 예상하고 집을 너무나 편안한 곳으로 만들어 그녀가 계획하고 그에게 요구하는 것을 들어줄 수밖에 없게 만들 수 있다. 사람들은 이런 유형의 여성을 "현명한 아내"라고 부른다. 그녀의 자아가 지향하는 것은 남성을 농락하거나 꽃뱀처럼 순전히 개인적이고 이기적인 목적을 이루는 것이 아니라 정당하게 보이는 것, 즉 그녀의 남편을 행복하게 하고, 성공적인 결혼 생활을 하는 것이다. 하지만 이런 지향의 위험성은 소유격 대명사를 묘하게 강조할 때 느낄 수 있다. 그녀의 남편이고, 그녀의 결혼(생활)이다! 이런 여성은 그녀의 남편을 행복하게 만들기 위해서 자신의 반응을 어느 정도 보류해야 하는 것이다. 그녀는 그에게 좋다고 판단한 정도까지의 감정만 주고, 능숙한 솜씨로 그녀의 행동이 다소 비현실적이라는 사실은 알아차리지 못하게 만드는데 그치지 않고, 삶 자체가 단조롭고 지루한 것이라는 사실을 깨닫지 못하게 한다. 그러나 그녀가 병에 걸리거나, 집을 비울 수밖에 없는 사정이 생기면 남편은 잠에서 깨어나, 그의 사랑스러운 아내가 없는 삶이 아내가 꼼꼼하게 챙기면서 포장해 온 평소의 삶보다 훨씬 흥미롭다는 사실을 발견한다.

그때 그는 그녀의 친절함과 이기적이지 않은 면이 겉으로 보았던 것과 다르고, 그녀의 "좋은 아내"라는 가면 뒤에 숨어 있던 자기중심적 태도를 보게 된다.

그런 여성이 자기 중심적인 단계를 뛰어넘는 발달을 하려고 한다면, 그녀에게는 개인적인 성공과 행복에 대한 욕망을 세련되게 하는 것 이상의 것이 필요하다. 그녀가 타고난 남성의 아니마 투사를 유발하는 재능은, 그녀가 노력해서 얻은 것이 아니기 때문에 어떤 의미에서 허구적인 능력으로, 전적으로 남성의 착각에 의존하는 것이다. 그것은 마치 아무 노력도 하지 않고 쌓은 부가 그녀의 손에 들어온 셈이다. 그러므로 이러한 힘을 희생하는 것에는 그녀의 자아보다 더 위에 있는 어떤 목적이나 가치를 향한 진정한 헌신이 필요하다. 한편에서는 원시적 본능을 구속하고^{redemption}, 다른 한편에서는 자기본위적 태도를 구속하기 위해서 그녀는, 자신의 본능을 인식하고, 남성과의 관계에서 자신의 역할을 먼저 깨달아야 한다. 그녀가 그를 진심으로 사랑하거나, 내적으로 자신의 삶과 보다 깊은 관계를 맺게 된다면, 그녀의 욕망의 모든 흐름은 비개인적인 목표로 방향 전환한다. 즉 개인적인 만족과 우월감을 얻으려는 목표에서 벗어나게 되는 것이다. 그렇게 하면서 개인의 의식 발달에서 새로운 단계―개성화를 향한 단계로 나아간다.[4]

 일상 생활에서 남성의 아니마 투사를 인식하는 것은 여성 안에 있는 원시적인 여성적 요소이다. 비록 어떤 여성들은 의식적인 노력에 의해 거의 완전히 억압될 수 있고 다른 여성들에서는 눈에 띄지 않을 수 있지만, 모든 여성들에게 이 원시적인 여성성의 성향이나 실마리가 있다. 서양에서 소녀의 교육은 가능한 한 그것의 발현을 근절하려고 한다. 따라서 대다수의 여성들에게 그것은 하나의 성향으로 남아 있고, 그녀들의 심리적인 요소이지만 지배적인 것은 아니다. 그러나 이러한 성향은 아니마 여성의 집단을 구성하는 특정 여성과 소녀들의 성격에 있어서 지배적인 요소이다. 그러한 여성이 삶에서 어떻게 기능하는지 그리고 그녀가 그녀의 주변 사람들에게 어떻게 영향을 미치는지를 살펴보는 것도 흥미로운 일이다.

　아니마 유형으로 지목된 여성이 어느 집단에 들어오면, 결혼한 남성이건 결혼하지 않은 남성이건 모든 젊은 남성들은 바로 그녀에게 매혹된다. 그들은 눈으로 그녀를 따라가고, 그녀를 찬양하는데 말을 아끼지 않으며, 그녀의 관심을 끌기 위해서 앞다퉈 경쟁하는 것이다. 하지만 여성들은 그녀에 대해서 다른 견해를 가진다. 처음에는 그저 차갑고 냉담한 반응을 보이다가, 곧 그들의 남편이나 애인의 변절을 그녀의 탓으로 돌리며 그녀를 비난한다. 그녀들은 흔히 남편이나 애인을 상대로 그녀를 비판하는 실수를 범하고, 그들이 그녀의 편을 드는 것에 경악한다. 그런데 남성들이 그 점에 대해서 용기를 충분히 내지 못해도—여성들의 여론이 그녀를 규탄하고 있을 때, 그녀의 편을 드는 것은 보통 용기가 필요한 것이 아니다—남성들은 그녀에게 몇 배 더 신경을 쓰는 것으로 배우자의 불의와 편견이라고 여겨지는 것을 보상한다. 그러나 그러한 일들은 '타락한 여자', '문란한 여자'를 향한 여성들의 분노를 부추길 뿐이다. 그러나 그녀는 이렇게 말할 것이다: "나를 그냥 혼자 내버려 두었으면 좋겠어요, 나의 갈 길을 가고, 나의 삶을 살기를 원해요. 나는 남성들을 유혹하지도 않았고, 그들을 그들의 아내나 애인들로부터 떼어놓으려는 마음도 없어요. 왜 모든 여성들은 나를 피하고 나를 믿지 않는 건가요? 나는 외롭고 여자 친구를 사귀고 싶어요. 나는 좋은 사람이고 싶어요. 그런데 어디를 가도 남성들은 나를 따라다니고, 집까지 바래주겠다고 하며, 어떤 때는 부적절한 추파까지 던져요. 그것이 내 탓인가요? 나는 그런 것을 원하지 않아요. 그러나 몹시 불행하고 불쌍한 사람이 있다면, 나는 나의 능력이 닿는 한 그 사람을 위로하지 않을 수 없어요. 심장이 돌로 되어 있는 여자만 그렇게 하지 않을 것이에요. 그러나 나는 그들을 집으로, 그들의 아내와 애인에게 돌려보내요. 그들이 다시 돌아온다면, 그것이 제 탓인가요?" 그녀에게 모든 것은 이렇게 이루어진다.

이제 같은 상황에 대한 세 가지 다른 평가가 있다. 일단 남성의 평가는 그가 그의 아니마를 투사할 수 있고 그런 식으로 자신의 무의식과 관계를 맺을 수 있는 방법을 통해 찾은 가치에 근거한다. 다른 한편, 그들의 아내는 수치스럽게, 아니마를 실연(實演)한 그 여성을 미워할 것이다. 그녀들 역시 남성과 맞먹는 힘을 가지고 싶지만, 설령 그런 힘을 가지고 있어도 그녀들의 도덕률이 그것의 행사를 막기 때문에 그 여성에 대한 그녀들의 반발은 더 심해진다. 그것은 마치 "자기들도 마음만 먹었다면 했을 텐데, 감히 그러지 못했다"는 경우이다. 즉 여우의 신 포도처럼, 자신들 또한 그러고 싶었지만 그러지 못해서 뒷맛이 더 쓴 것이다.

그런데 그 여성은 여전히 자신의 행동에 대해서 무의식적인 채로 남아있다. 그녀는 그녀 자신이 완전히 결백하다고 느끼는 것이다. 그녀의 행동과 결과 사이에는 아무런 연관성도 없다. 그녀는 자기 자신을 하나의 전일체(全一體)로 보지 못하는 것이다. 우리는 이런 여성과 대화를 나눌 때, 그녀에게서 지극히 놀라운 모호성을 느끼고, 그녀의 모든 말과 행동에서 엄청난 양가성을 감지하게 된다. 그녀에게는 그녀의 주위에 몰려드는 남성들에게 관심을 유발하고, 그들끼리 싸우도록 유도한다는 사실에 대한 자각이 없다. 그녀는 다만 거기에 있을 뿐이다. 그런 결과가 발생한 것에 대해서 제일 놀라는 것은 그녀 자신이다. 나는 언젠가 이런 유형의 소녀가 자신을 추종하는 많은 남성들에게 작별 인사를 하던 것이 기억난다. 그녀는 한 사람을 제외하고 다른 모든 이들에게 손을 흔들며 인사하였다. 그녀가 그를 지나쳤다는 것이 점점 확실해지자 당사자는 점점 의기소침해졌고, 결국 그 무리에서 빠져나와서 그녀에게 문을 열어주었다. 그녀가 나오자 그는 굉장히 낙담하면서, "나에게는 왜 작별 인사를 하지 않았나요?" 하고 물었다. 그녀는 이렇게 대답했다. "아, 나는 당신이 나를 집까지 바래다줄 것으로 알았어요." 그때까지 파티장을 일찍 떠날 생각을 전혀 하지 않았던 그 청년이 그녀와 함께 떠났다는 말을 굳이 할 필요는 없을 것이다. 그러나—우리는 여기에서 이 사건의 재미있는 부분을 보게 되는데—그녀가 그를 그냥 지나쳤던 것은 순전히 우연에 의한 것으로, 그의 풀 죽은 모습을 보기 전까지 그녀에게는 그에게 자신을 바래다 달라고 부탁할 생각은 전혀 없었다. 또한 그가 그녀의 행동을, 그만 따돌리는 것으로 해석하리라는 생각도 전혀 하지 못했다. 나중에 그녀는 그녀가 그에게 보인 행동을 그가 격려로 받아들이고, 그에 따라서 그녀가 그와 더 가까운 관계를 허락할 것이라고 기대했다는 사실에 충격을 받고, 얼떨떨해 했다. 거기에 다른 추종자들이 그녀가 자신도 의도하지 못한 채 보인 그에 대한 편애 때문에 질투했다는 사실을 더욱 이해하지 못했다.

이런 유형의 여성은 정말 싫어하는 사람을 상대로는 말을 아주 심하게 하거나 곤란한 상황에 처하게 하고, 그가 그녀의 말과 행동을 액면가 그대로 받아들이는 것을 보고는 깜짝 놀라거나, 종종 상처받기도 한다. 아니면 추종자를 떨쳐 버리려고 할 때도 있다. 그녀는 정말 그를 떼어내고 싶어하지만, 그에게 그의 관심이 거북하다는 말을 하며 확실한 태도를 취하는 대신 타협하면서, 그가 그녀에게 질리도록 만든다. 이를테면, 그녀는 도망을 치지만, 항상 어깨 너머로 그에게 마지막 눈길, 유혹의 눈길을 보낸다. 어떤 사람이 그녀의 이런 태도를 지적하면, 그녀는 이렇게 변명한다: "그를 확실하게 거절한다는 것은 너무나 잔인한 일이에요. 나는 그저 그가 이별에 대한 생각을 서서히 받아들일 수 있도록 하는 것뿐이에요." 그녀는 꼬리를 짧게 잘린 강아지 이야기를 전해 듣고, "어머나, 꼬리를 한꺼번에 자르는 것은 너무 잔인한 일이어요. 그 사람들은 왜 강아지가 적응할 수 있도록 조금씩 나눠서 자르지 않는 것입니까?"라고 하는 부인과 그녀가 똑같다는 생각을 전혀 하지 못한다. 아니마 여성은 친절하지만 그녀의 친절함은 잔인함이고, 그녀의 순진한 선량함은 그녀를 가장 정교한 남자 사냥꾼처럼 행동하게 만든다. 이런 유형의 여성은 그저 자연의 산물이고, 자연은 언제나 양가적이다—선하고 악하며, 친절하며 잔인하다.

이러한 모든 행동 방식은 전적으로 여성적이다. 그런 행동들은 개인적인 것이 아니라 집단적인 것이며, 남성적인 관심과 욕망이—간단하게 말해서, 남성적 리비도— 여성적 리비도와 만날 때마다 일어난다. 그런 방식으로 기능하는 경향이 큰 여성들은 그녀들이 만나는 모든 남성들에게서 같은 태도를 발견한다. 그녀들에게 있어서 모든 남성들은 똑같다. 그러므로 남성들은 이런 여성들에게서 모든 남성을 받아들일 수 있고, 남성적인 리비도가 어떤 형태를 취하든지 간에 그 어떤 리비도도 받아들일 수 있는 집단적인 여성적 태도를 보게 될 것이다. 그런 여성이야 말로 참으로 "만물을 만인에게" 하는 여성이다.

그러나 아니마 유형의 여성들 가운데는 자기 자신이 이상하게도 내적으로 하나가 아니라는 사실을 깨닫는 여성도 있다. 그런 여성들은 자신의 본성의 양가성과 모호성을 직관적으로 지각한다. 그녀는 그것이 그녀 안에 하나의 여성이 있는 것이 아니라 여러 여성이 들어 있다는 주관적 감각에서 기인하는 것이라고 생각한다. 예를 들어, 직감이 매우 뛰어나고 주관적인 여성이었던 킹스포드(Anna Kinsford)는 자신의 전기 작가와 이야기를 나누는 중에 다음과 같은 말을 하였다: "나는 나 자신을 모르겠어요. 그래서 나는 어떻게 설명될 수 있으면 좋겠어요.

"… 나는 알고 싶어요. … 특히 내가 어떻게 그렇게 수많은 각기 다른 사람일 수 있는지, 그리고 그 가운데서 어떤 것이 나이거나 나여야 하는지 알고 싶어요. 왜냐하면 내 안에 있는 수많은 나들은 서로 일치하지 않아요. 현재 어떤 나들은 서로를 미워하고 있으며, 어떤 나들이 좋은 만큼, 어떤 나들은 나빠요."[5] 그 다음에, 그녀는 이런 복수의 감각을 설명하려는 일환으로 자신이 자기보다 한참 전에 태어난 많은 여성들의 환생이고, 그들의 계속 이어진 기억들을 가지고 있다고 확신하게 되었다. 나는 아니마 여성에게서 이런 현상을 종종 발견하곤 한다. 어느 남성과 접촉함으로써 그녀 안에 있는 여성 하나가 소환되고, 그 다음 남성과의 접촉을 통해서 또 다른 여성이 소환되기 때문에 한 여성이 여러 여성으로 분열되는 것은 "만물을 만인에게" 하는 것과 정반대이다. 그녀는 그녀가 처한 환경의 변화에 따라서 자신의 의지라는 것은 전혀 없이 자동적으로 돌아가는 다면체인 크리스탈과 같다. 이런 무의식적인 적응에 의해서 처음에 한 면, 그 다음에 다른 면이 모습을 드러내 보이고, 언제나 그 남성의 아니마를 가장 잘 반영하는 면이 관찰자의 눈 앞에 드러난다.

남성의 아니마로서 주로 작용하는 여성들이라고 해서 언제나 똑같은 성격이나 인격을 가진 것은 아니다. 그러나 겉으로 보이는 차이 아래 그녀들의 심리적인 태도와 반응에서 근본적인 유사점이 발견되며, 그 점이 그녀들의 삶과 특히 남성들의 삶에 미치는 영향을 설명한다. 겉으로 보기에는 극과 극으로 나뉘어져 있는 세 종류의 여성이 묘사될 것이다. 그녀들은 각각 전혀 다른 여성으로 보이겠지만, 더 깊이 파 보면 삶에 대한 그녀들의 태도는 그녀들을 다른 여성과 구분하게 만드는, 전형적인 아니마 여성의 것임이 분명해질 것이다.

첫째로, 일반적으로 예쁘고 귀여운 순수한 꽃 같은 처녀가 있다. 그녀는 언제나 순수함을 연상하게 하며 나이에 상관없이 어린아이 역을 맡는다. 그녀는 언제나 순수하고 선량하다. 그녀는 많은 책 속에 나오는 주인공이다. 그녀를 향해 죄를 짓는 일이 일어날 수는 있어도 그녀가 죄를 짓는 일은 절대로 없다. 그녀는 남성의 착한 천사다. 데이비드 코퍼필드의 도라가 바로 그런 인물이다. 그녀는 이 세상과 이 세상이 어떻게 돌아가는지에 대해서는 알지 못하지만, 그가 어떤 일을 저질렀든지 간에, 적어도 그녀처럼 삶의 변두리에 머물지 않고 힘한 삶에 뛰어드는 위험을 무릅쓴 탕아의 개과천선에 관여하게 되는 경우가 많다. 그런 여성은 남성의 아니마의 투사에 의해서 현실의 그 어느 것과도 비교할 수 없을 정도로 미화되는데, 그것은 그가 그녀 안에서 그의 아니마—그의 영혼—를 보기 때문이고, 그녀는 그에게 있어 "아기 천사"가 된다. 그러나 이런 환상의 지배를 받지 않은 사람의 눈에 그녀는 둔해 빠진, 별 것 없는 존재이다. 그녀는 교육도 제대로 받지 못한 경우가 많으며, 그녀의 의복이나 말하는 것에서 무엇인가 부족한 점이 발견된다! 그녀에게는 스스로 이룰 수 있는 것이 거의 없지만, 그녀의 매력과 좋은 인상과 '선한 영향력'은 의심할 바 없이 이 세상에서 굳건한 자리를 차지할 수 있다. 그러나 이러한 꽃 같은 순수함의 이면에는 그녀가 겉으로 보이는 만큼 그렇게 순수하고 사심이 없는 것이 아니라는 것을 암시하는 '무엇인가'가 언뜻 보이기도 한다. 그녀가 취하는 제스처에서 그녀 스스로 수호 천사 역할을 하기를 좋아하거나, 그녀는 거의 인식하지 못하지만, 무대 중심에 서려는 경향에 대한 단서를 보이는 것이다. 그런 소녀들의 꿈과 환상에는 무의식 안에 있는 자아의 성향이 틀림없이 드러난다. 어떤 소녀는 소공녀처럼 차려 입고 조용히 감탄하면서 자신을 주시하는 사람들이 모인 홀의 넓은 계단을 내려오는 꿈을 꾸었다. 이런 소녀와의 분석 작업은 내면 깊은 곳에 자신을 소중히 여기면서 공주로 여기는 환상의 존재가 드러난다. 실제의 삶에서 이런 유형의 여성은 거의 언제나 자신의 추종자 무리 가운데서 자신의 호의를 받을 중요한 남성을 수령인으로 고르고, 대체적으로 소위 잘했다고 하는 결혼을 한다. 이 모든 것들은 의식적인 인격에서 두드러지게 드러나지 않았던 자아가 사실은 완전히 사라진 것이 아니라 무의식에 있었고, 그 결과 자아의 성향이 모든 상황에서 그녀의 동기의 순수성을 오염시켰음을 보여준다.

꽃 같은 아니마 소녀는 그녀의 마지막 순간까지 아이로 있을 운명이다. 그런 어린아이 같은 점은 그녀가 어릴 때는 매력으로 작용할 수 있고, 30대까지도 어느 정도 허용될 수 있다. 그러나 그 이후에 그것은, 그녀가 색이 칠해진 관에 담긴 어린이 미이라처럼 사는 것과 마찬가지기 때문에 병리적이거나 진절머리나는 것이 된다. 그녀는 그녀 주변에 있는 다른 사람들이 모두 그 나라와 국민에게 닥칠지 모르는 비극적 운명을 걱정할 때, 꽃이나 따던 영원한 오필리아(셰익스피어의 햄릿에 나오는 햄릿의 연인—역자 주)로 지낼 운명이다. 그런 유형의 여성들이 항상 어려야 한다는 사실을 깨달은 소설가들은 그녀에게 영원한 젊음을 부여하기 위하여 그녀를 일찍 죽이는 장치를 만들었다. 이상하게 들릴지 모르지만, 그녀들은 실제의 삶에서도 종종 그런 운명에 처한다.

그 다음은 꽃 같은 아니마 유형의 정반대처럼 보이는 유형이다. 그녀는 어둡고, 다혈질이며 열정적이다. 그녀는 그녀의 모든 감정과 본능을 전혀 검열하지 않고 산다. 꽃 같은 소녀는 자신의 본능을 의식하지 못하고, 전반적으로 차갑거나 활성화되지 않은 상태이지만, 이런 여성들은 열정의 화신이다. 그녀의 격정적인 기분은 남성을 유혹하고, 사로잡는다. 그는 오늘 그리고 내일, 어떠한 그녀를 만나게 될지 알지 못한다. 또한 그는 그녀가 그를 격렬하게 포옹할지, 아니면 송곳으로 찌를지 알지 못한다! 그런 여성은 그녀의 행동이 가져올 결과를 전혀 계산하지 않고, 자신이 느끼는 대로 살며, 언제나 자신이 강하다고 느낀다. 그녀는 "맹위를 떨치는 흉폭한 자연"의 화신이다. "종에서 수컷보다 치명적인 것은 암컷이다"는 키플링$^{Rudyard\ Kipling}$의 말은 그녀의 특징을 잘 설명한다. 남성을 향한 그녀의 격렬함을 제외하면, 그녀는 가정적인 마음을 가진 여성이다. 그녀는 아마 '좋은' 사람이 되려고 하고, 조용하고 정돈된 삶을 살기를 원할 것이다. 그러나 이따금 남성들이 그녀를 둘러싸면, 그때마다 그녀의 의식적인 욕망과 상관없이 그녀 안에서는 어떤 것이 자극되고, 그녀는 자동적으로 행동하게 된다. 카르멘은 열정적인 아니마 여성의 좋은 예이다. 하지만 그녀가 남자들에게 과시하기 위해 그들을 휘두르는 것을 즐겨하기 때문에, 그녀의 무의식의 자아 경향은 지배적이다.

이런 유형의 여성은 자기중심적이든 그렇지 않든, 특정 유형의 남성에게 아주 매력적으로 다가온다. 그것은 마치 그녀가 자신의 정동^{emotion}에 자신을 맡길 때, 그들의 내면에 지나치게 억눌렸던 감정이 해방되고, 지나치게 합리적인 규칙의 지배 아래 있던 그들의 본성의 비합리성을 경험하게 되는 것과 같다. 아마도 그들은 그들의 가장 비이성적인 감정에 자신을 맡길 필요조차 없을 것이다. 그들을 대신하여 여성이 그렇게 하는 것만으로도 충분한 것이다. 왜냐하면 여성들이 그렇게 할 때, 남성의 길들여지지 않은 비합리적인 아니마가 풀려나는 것 같은 상황이 잠시 전개되기 때문이다.

마지막으로, 꽃 같은 아니마 소녀는 물론 열정적인 아니마 여성과도 뚜렷하게 대조되는 여성이 있다. 그녀는 차갑고, 거리를 두며, 손에 닿지 않는 여성이다. 그녀의 지나친 수동성은 경우에 따라서 남성에게 있는 너무 큰 긴장을 풀어준다. 보통 그녀는 아무런 정동적 표현을 하지 않으며 완전히 비개인적이다. 그녀는 그녀가 바라는 것을 말하지 않고, 질문에는 침묵으로 대응하거나 여러 가지 의미로 해석될 수 있는 차가운 문장으로 대답한다.

골즈워디^{Galsworthy}가 『포사이트가 이야기』$^{Forsyte\ Saga}$에서 묘사한 이레네는 이런 유형의 여성을 아주 잘 묘사하였다. 이레네는 부적절한 남성에게는 냉담하고 올바른 남성은 극찬했지만, 그것이 그녀가 소아메스에게 차가운 아니마를 연기했다는 사실을 바꾸지는 못한다. 이레네는 의지의 힘만으로 사랑하지도 않은 소아메스에게 성관계를 허락할 수는 없었고, 관계의 법칙이 그녀에게 요구했던 것에 비추어 보아도 그녀에게 요구되는 것을 충족시키지 못한 것이 사실이다. 그녀는 그와 수년 동안 결혼 생활을 하면서 스스로 자기 자신을 조각처럼 만들었다. 인간의 삶에서 관계성에 대한 책임이 주로 여성에게 있음에 불구하고, 그녀는 일상 생활에서 일어나는 모든 사건에서 감정 표현을 억제하면서, 소아메스에게 관계 개선의 기회를 주지 않았다. 그녀는 결혼 생활을 지속했지만, 정작 그 생활과 아무 관계도 맺지 않았던 것이다. 소아메스가 그녀에게 원하지 않는 성관계를 강요했던 마지막 장면에서도 (남성 독자들의 분노를 자아냈을 것이 확실한) 그녀는 여전히 상처받는 아내의 역할을 수동적으로 수행했다. 그렇다면 그녀는 왜 그에게 대항하지 않았는가? 하지만 그 일은 그녀에게는 거의 불가능한, 확실한 입장을 취하라는 소리를 의미했을 것이다. 그리고 그녀는 차라리 상처받는 순수성의 입장을 고수하기로 하였다. 그녀의 수동적인 태도로 인해, 그는 결혼 생활 내내 사실상 시체에 묶여 있었다. 그는 매력적인 색으로 그려지지 않았다. 하지만 누군가는 왜 이레네가 그 극을 제대로 연기하지 않거나 상황을 끝내지 않았는지 물어

봐야 한다. 그 질문에 대한 답은 그녀가 두려웠기 때문이라는 것이 될 것이다. 그녀는 소아메스의 아내로서 가정이 있고, 부유한 입장이었다. 그녀가 그를 떠난다면, 그녀는 자신의 생활을 혼자서 감당해야 하고, 사회적인 비난도 감수해야 한다. 그러나 그녀는 그것들을 직면할 만큼 강하지 못하였다. 그녀가 그런 굴레에서 벗어나기 위해서는 보시니의 후원과 보시니를 사랑하면서 생기기 시작한 힘이 필요하였다. 하지만 그녀가 소아메스의 곁에 있을 때는 아무 대가도 지불하지 않고 자신이 원하는 것을 얻을 수 있었다. 그녀의 행동은 무의식적으로 자아-권력에 의해서 이루어졌던 것이다

이와 같은 여성의 진정한 모습을 살펴보기 위해서 그녀에게 더 가까이 다가가면, 앞에서 기술한 그녀의 자매들처럼, 그녀에게는 폭군처럼 남성을 괴롭히려는 의식적인 의지가 없음을 발견한다. 아마도 그녀는 이레네처럼, 자기 자신이 바라는 것을 뚜렷하게 의식하지 못하는 매우 모호한 사람, 어떤 순간에도 자기 자신의 감정이 어떤지 제대로 말하지 못하는 사람이기 쉽다. 그래서 그녀는 나중에 가서야 겨우 혐오스러운 결혼 생활에 빠졌다는 사실을 깨닫는다. 그녀는 대부분의 시간을 반쯤 몽롱한 상태─그녀의 주위에서 무슨 일이 일어나는지 완전히 파악하지 못한 상태─로 지내면서, 대기할 준비가 되어 있는 확실한 결정을 내릴 수 있도록 자신을 자극하는 일이 결코 없다. 아마도 그녀는 차갑고 거리를 두는 태도가 그녀를 현실로부터 지켜주는 좋은 방책이라고 생각하면서, 그것이 한편으로는 그녀를 귀찮은 사람들과 상황들로부터 보호해주는 가장 효과적인 갑옷이지만, 다른 한편으로는 그녀에게 계속해서 깨어나서 결단하라는 의무를 상기시키는 귀찮은 것이기도 하다고 생각할 것이다. 그녀 역시 양가적이다. 그녀에게는 무엇인가를 할 것이라는 것과 하지 않을 것이라는 것이 동시

에 들어있다. 그러나 그녀는 스스로를 깨워서 무엇인가 결정적인 행동을 하기보다는 모든 것을 견뎌내는 편을 택할 것이다. 우리는 여기에서 아니마 여성의 모호한 특성을 보게 된다.

이렇게 전형적인 아니마 여성들은 각각의 상황에서, 순진하고 무의식적이다. 그녀가 그렇게 행동하는 이유는 그녀의 내면에서 '그것이' 그렇게 작용하기 때문이다. 그런 여성은 자연의 산물이다. 그녀의 의식 수준에서 볼 때 그녀는 어떤 상황에서도 자신에게 끌리는 남성을 상대로 교묘하게 권력을 행사하려고 하지 않는다. 그녀는 그 남성에 대한 그녀의 힘이 그녀의 애매모호한 특성에서 비롯된 아니마 투사의 반영이라는 사실을 깨닫지 못한다. 그가 그녀와 맺는 관계는 거의 전적으로 그의 아니마를 통해서이다. 그와 반면에 그녀에게 있어서 상황은 그녀의 생물학적 욕구를 충족시키는데 맞춰지지만, 그것은 흔히 무시된다. 그 밖에도 그녀는 그가 그녀에게 몰두해 있기 때문에 개인적 욕구를 충족시킬 수 있는 가능성이 많다.

그러나 여성은 남성의 아니마를 담는 것을 피곤해하기도 한다. 그녀는 점차 자신의 남편이 자신을 진심으로 사랑하는 것이 아니라, 언제나 자기 너머로 무엇인가를 바라보고 있다는 사실을 깨닫는다. 그녀는 그런 것을 더 이상 원하지 않으며, 자기 자신으로서 사랑받기를 원하지만, 그가 그녀를 그녀 이외의 다른 사람으로 보는 것을 막을 수 없다고 말할지도 모른다. 그러나 이 "막을 수 없다"는 말은 전적으로 옳은 것이 아니다. 그때 그녀가 그녀의 진정한 모습을 보여주면서 반응을 했다면, 그는 즉시 그의 아니마를 그녀와 구별하려고 했을 것이다. 그녀에게 왜 그렇게 하지 않느냐고 묻는다면, 그녀는 거의 예외 없이 그를 잃는 것이 두려워서라고 대답할 것이다. 다르게 말하자면, 그녀는 자신의 인격 발달을 위해 더 자유롭게 되기를 바라면서도, 실제로는 그의 아니마 투사를 감내함으로써 얻게 되는 이익을 포기할 준비가 아직 되어있지 않은 것이다. 왜냐하면 아니마의 역할을 수행한다는 것은 오직 여성적인 존재로만 행동하고, 생각하고 느끼는 것을 의미하기 때문이다. 그것은 전적으로 집단적인 역할로서, 남성들에게 생물학적이고 본능적인 반응만 하는 것이다.

하지만 결국, 여성은 자연의 산물이자 본능적인 여성적 존재일 뿐만 아니라, 인간이기도 하다. 서구 세계에는 농경 사회를 벗어난 모든 문화적 수준에서 적어도 잠재적으로 "나"라고 말하고, 여성이 단지 자연으로만 존재하는 것을 막아주는, 의식의 중심인 자아가 존재한다. 그러나 그녀가 단지 아니마로만 산다면, 자아는 상대적으로 무의식에 머무른다. 그런 경우, 그녀의 모든 행동은 표면 아래를 들여다볼 때 자아-권력 동기로 물들어 있는 것이 드러난다. 따라서 남성의 바람에 너무 맞추면서 자신의 진정한 반응을 소홀히 하는 여성은 남성의 아니마 투사를 포착하려고 하는 것이다. 그녀의 동기는 무의식적이고, 그 동기는 무의식적 동기이다. 더 강한 반응에 의한 것이 아닌 한, 어떤 반응도 결코 묵살되지 않는다. 그러므로 어느 여성이 자신의 소망이나 충동을 포기했다면, 거기에는 그녀의 의식적 소망보다 더 큰 어떤 동기가 작용했음이 틀림없다. 어느 여성이 남성의 소망을 충족시키기 위해서 자신의 욕망을 억압했다면, 그것은 그의 아니마를 포착하기 위해서, 그리고 궁극적으로는 그 남성을 얻기 위해서 그런 것이다. 그녀에게는 그런 자각이 없더라도, 권위나 위신, 지지를 얻으려는 동기에서 그렇게 한 것이라는 말이다.

무의식 속에 잠재되어 있는 이 자아 동기가 지배적이 되어 이 여성들 가운데 어느 한 명의 의식으로 떠오를 때 그녀의 의식 진화의 두 번째 단계가 시작된다. 순진한 여성이 이 세상에서 세련된 여성이 되는 것이다. 그녀는 권력과 우월감을 노골적으로 열중하고 돈이나 위신을 위해 또는 자신의 본능을 만족시키기 위해 남자를 착취한다. 남성들을 농락하는 여성, 남성들의 등골을 빼먹는 여성, 말하자면 고급 창녀들은 아주 나쁘게 발전된 여성들이다. 그리고 그녀들의 타고난 재능은 자아 아래 놓여있다. 이런 여성들은 거의 언제나 차갑고, 거만하거나, 그렇게 된다. 심지어 열정적인 유형의 여성들조차 권력을 얻기 위해서 자신의 본능을 이용하는 법을 배우게 된다. 그녀는 자기 자신의 정열에도 몰두하지 않는다. 그녀의 가장 깊은 관심사는 다른 곳에 있기 때문이다.

일부 독자들은 소위 저급한 유형의 여성들에 대한 예를 자주 드는 것을 불편하게 여길 것이다. 그러나 특별한 심리적 경향을 소개하기 위해서 극단적인 예를 선택하는 것은 자연스러운 일이다. 그녀들은 또한 아니마로서만 반응하는 여성에게서 항상 어느 정도 존재하는 성격의 특성을 분명히 보여주기 때문에 선택되었다. 비록 그 특징들이 여성 스스로가 그들의 존재를 알지 못할 정도로 완전히 가려져 있을지라도 말이다.

그러나 이 두 가지 의식의 발달 단계, 즉 순진한 단계와 세련된 단계(혹은 자아 상태)가 모든 여성들의 심리적 상태를 나타내는 것은 아니다. 순진한 단계에서 의식은 분산되어 뚜렷한 중심이 없고, 자연적 충동과 본능은 그녀 속에서 개인 의식이 발달해 있는데도 전혀 통제 받지 않고 작용한다. 그러나 세련된 단계에서 많은 경우, 심지어 생물학적 목표의 자연적인 충동에 반하는 여성의 개별적인 목표는 전면에 나서서 점차 의식을 지배한다. 세 번째 단계에서 자연적 충동과 자아 권력의 지배는 모두 새롭게 인식된 가치나 대상으로 대체되는데, 그것들은 그 여성이 생물학적 충동과 개인적 권력의 추구나 만족보다 더 가치 있고 중요하다고 받아들인 것이다. 이것은 개인에 의해서 그의 필요와 소망 위에 있는 것으로 받아들여지고, 따라서 완전하고 무조건적인 충성을 주장하기 때문에 초개인적 가치 또는 대상이라고 불릴 수 있다.

이러한 초개인적 가치는 자유나 박애의 이상과 같은 지배적인 이념에서 발견되었는데, 사람들을 그들의 생물학적이고 개인적인 욕구, 심지어 가족에 대한 의무와 사랑까지도 내려놓고 우선시해야 한다고 헌신했던 이념들이다.

예언자들은 예나 지금이나 추상적 사상이나 원리를 삶의 지고의 가치로 인식하였다. 그러나 그것들은 일반적으로 사람들에게 강력한 힘이나 동기로 작용하기 전에 반드시 구체적인 상황에서 제시되어야 한다. 예를 들어 이상으로서의 자유는 링컨 같은 사람에게 영감을 불러일으킬 수 있는데, 그의 성격은 야심만만 했던 것으로부터 점차 구원되었고, 개인적으로 권력을 얻고 거대해지려는 욕망 역시 그가 이런 생각에서 발견한 가치를 통하여 구원되어야 했다. 그러나 미국의 보통 시민들이 그 이상(理想)에 감화되려면, 그것은 연합의 자유를 실제로 위험에 빠뜨리는 것안에서 구체화되어야만 했다. 어느 정도 다르기는 하지만, 그래도 비교할 수 있는 것이 있는데, 신비가들은 하느님이라는 내적 개념에 그들의 삶을 헌신한다. 그러나 오직 인간이 섬기는 내면의 진리가 그들의 이상에 대한 다소 구체적인 구현인 종교에서 표현되었을 때만이 대다수의 사람들은 열정적으로 거기에 공감할 수 있는 것이다.

그러나 오늘날 이러한 이념들은 대다수의 사람들에게 그 오래된 구원의 힘을 잃었다. 우리는 이것을 인식하고 있고 모든 측면에서 다음과 같은 질문을 하게 된다. 비슷한 가치를 지닌 다른 대상이나 목표가 존재하는가? 아니면 자아의 지배 아래 살고 죽는 것이 우리의 운명인가? 지적으로 선택한 이상(理想)은 아무리 가치가 있더라도, 우리를 자연과 자아의 강력한 힘으로부터 해방시켜주지 못한다. 우리를 구원할 대상이나 가치는 성이나 자아에 의해 휘둘리는 에너지보다 우월한 에너지를 우리 안에 방출하는 힘을 가지고 있어야 한다. 그 해법은 합리적 관념론에서 찾을 수 없으며, 대부분의 탐구자들에게는 현대 교회에서 찾을 수 있는 해법이 아니다. 어떤 사람들은 분석심리학에서 이 현대 문제에 대한 해결책을 찾았다. 융은 사람들이 자신의 숨겨진 심층을 탐색할 때, 그들의 성격과 행동에 영향을 미쳤지만 여태까지 본 적이 없고, 알지도 못했던 원초적 이미지들과 인류가 경험했던 상들과 원형 그리고 고대의 강력한 힘들을 발견한다는 사실을 보여주었다. 그의 개인적 자아는 이제 더 이상 무대를 장악하지 못하고, 개인적 충족은 상대적으로 무의미한 것으로 퇴색되면서, 처음으로 그가 타고난 힘들이 그의 내면에서 연출하는 드라마를 인식하게 된다. 그러면서 자아가 이제 더 이상 그의 정신의 중심이 아니고, 삶의 제왕이 아니라는 사실을 깨닫게 된다. 그의 의식이 확장되고, 내적 탐색 작업이 진행되며, 그가 내적인 상들을 추구하고, 관계를 맺으면서 의식의 새로운 중심이 점차 떠오르는 것이다.

 이것은 새로운 자아, 즉 '나를 능가하는 나'$^{\text{Super-I}}$가 아니다. 왜냐하면 그 속에는 비록 개인의 소망과 욕구가 표현되어 있지만, 그것들과 동일시될 수 없는 초개인적 흐름들이 포함되어 있기 때문이다. 그와 반대로, 그것은 사람들이 '나'라는 용어를 사용하지 못하게 하는 초개인적 특성을 가지고 있어서, 이 새로운 중심을 자기라고 해야 한다. 이 새로운 자기^{Self} 속에는 현대인들에게 강력하고, 타당성 있게 작용할 수 있는 초개인적 가치가 들어있는데, 옛날 사람들은 그것을 외부 세계와의 관계에서 바람직한 것이라고 생각하거나 종교체험을 통해서 얻었다.

초개인적 가치는 그 주관적인 성격 때문에 지적으로 논하는 것이 특히 더 어려운 주제이다. 그것은 어떤 난해한 교리와 관련된 문제가 아니라 단지 그것들의 타당성에 대한 확신이 생길만큼 충분히 자주 관찰된 심리적인 경험의 문제이다. 그러나 우리가 초개인적 가치에 대한 내적인 심리적 경험의 문제를 논할 때, 적절한 용어를 찾는 것은 어렵다. 그래서 언어는 은유적일 수밖에 없다.

대다수의 사람들은 두번째 단계인 자아 단계를 넘어서는 의식의 정도를 얻기 위한 노력을 하지 않고도 완벽하게 잘 지낸다. 그들은 심리적으로 이 세상과 자신의 주변 환경에 잘 적응하면서 평화롭게 살아간다. 그렇기 때문에 그들은 이러한 초개인적 가치에 대한 논의를 이해하지 못할 것이다. 그러나 어떤 이유로든 잘 적응하지 못한 사람들에게 그것은 마치 그들의 조국이 위협을 받는 것과 같다. 그들은 애국심을 강요당하게 되는, 침략당한 나라의 백성들처럼 새로운 의식 상태를 발달시키고 초개인적 가치를 찾도록 강요받는 것이다.

삶의 경험이 아직 그들에게 만족스럽지 못하지만 적지 않은 수의 잘 적응한 사람들은 편안함, 세련됨, 즐거움 이상의 것을 원한다. 그래서 그런 사람들은 제대로 적응하지 못하는 사람들처럼 우리의 물질문명에 의해 목이 졸린 생명력의 원천을 찾으려는 도전을 한다. 그들 또한, 침략당한 나라의 백성들처럼, 모든 것을 다 잃지 않기 위해 그들의 개인적 목표를 뛰어넘는 가치를 찾아야 하는 것이다. 하지만 모든 독자들이 개인적으로 그런 경험을 하는 것이 아니기 때문에 나는 이 주제를 이론적으로 다루지 않고, 초개인적 가치가 자아의 가치를 대신했을 때 관찰할 수 있는 점들만 짧게 이야기할 생각이다.

아니마 여성은 지적으로 받아들여진 이상이 아니라 여성의 영성, 즉 여성 원리 자체와 관계를 맺게 하는 그녀 자신의 본성에 대한 더 깊은 경험을 통해서 자신의 초개인적 가치를 찾아야 한다. 융은 현실적 지식과 지혜를 다루는 남성 원리인 로고스와 대조적으로, 이 여성 원리를 표현하기 위해 고대 그리스 철학적 개념인 에로스 또는 관계성을 사용했다.

우리는 일상 생활에서 이와 같은 개인적인 가치들이 그보다 더 높은 가치로 대체되는 예들을 관찰할 수 있고, 거기에 내포된 새로운 심리적 경향을 여성들의 태도에서 일어나는 어떤 변화들 속에서도 볼 수 있다.

'영감을 주는 여성'femme inspiratrice을 예로 들어 보자. 그녀는 남자들에게 숭배받고 숭배받아 왔다. 그녀에게는 삶의 좋은 것들이 쉽게 찾아온다. 그래서 그녀는 숭배받았고, 신처럼 지혜롭다고 여겨졌다. 아니마 여성이 일반적으로 그러하듯이 그녀는 상당히 유동적이고, 확고한 태도나 의식을 가지고 있는 경우가 거의 없으며, 이것은 남자의 무의식적인 내용들의 반영을 왜곡시킬 뿐이다. 그녀는 눈앞에 지나가는 것만 비추는 깊은 물웅덩이 같다. 그러나 남자는 구름이나 불에서 선명한 어떤 이미지를 보게 되는 것처럼, 그녀의 모습에서 아주 확실하고 세밀한 이미지와 상을 본다. 우리는 그런 그림 이미지들이 물질 세계에 존재하는 것과 같은 형태로 존재하지 않고, 다양하게 변화되는 모양과 형태들이 무의식에 아직 상징의 형태로 관찰되지만 앞으로 그의 앞에 드러날 것이라는 사실을 알게 된다. 비슷한 방식으로, 영감을 주는 여성은 그녀의 유연함과 무의식적 행동을 통해서 남성이 그녀 안에서 자신의 무의식적인 생각이 형상화되도록 한다. 하지만 이러한 것들은 그녀의 매력에 이끌린 그가 그의 본능이 작동했을 때만 일어날 수 있는 일들이다. 보통 남성들은 이것이 사실이라는 것을 인식하지 못하고 여자가 그들의 영감에 어떤 작용을 했을 뿐이라고 넘어간다. 그들은 그녀가 일반적으로 할 수 있는 것보다 더 적극적인 역할을 그녀에게 부여하는 것이다.

그러나 세련된 단계에서 더 많이 나아간 일부 여성들은 내면의 더 깊은 것들과 접촉한 덕분에 그런 '영감을 주는 여성'의 역할에 아주 잘 맞는다. 그런 여성이 사랑하는 남성을 그의 삶의 깊은 진리와 접촉하도록 인도할 수 있는 것은 그녀의 내적 체험의 실재^{reality} 덕분이다. 그녀는 남성이 그녀와의 관계를 통해서 하는 것처럼, 책을 쓰거나 그림을 그리는 것과 같은 창조 활동은 할 수는 없지만, 자신의 내적 진리, 즉 삶의 진리와 인간관계의 진리와 접촉하고 있기 때문에 그에게 문을 열어줄 수 있는 것이다. 그런 여성은 자신을 내주고, 그녀의 무의식에는 남성을 붙잡겠다는 동기가 없기 때문에 단지 아니마이기만 한 여성과는 다른 범주에 속한다. 그녀는 "구속된"^{redeemed} 아니마 여성인 것이다―그녀는 한편으로는 자신의 생물학적 본능으로부터 구속되었고, 다른 한편으로는 자아중심적이고, 자기추구적인 동기로부터 구속된 것이다.

그러나 아니마에 불과한 '영감을 주는 여성' 또한 남성의 영감에 없어서는 안 되는 역할을 한다. 남성은 자신의 무의식의 내용을 직접적으로는 거의 보지 못하기 때문이다. 그것들은 환상을 통해서나 객관적인 세계에 투사되었을 때만 그에게 지각된다. 그러므로, 남성이 오직 여성 속에서만 그것을 발견할 수 있다면, 그는 그것을 찾기 위해서 여성을 필요로 한다! 그러나 진실은 우리에게 다음과 같은 사실을 검토하게 한다. 여성은 거기에서 어떤 작용을 하는가? 다시 말해서 여성은 능동적인 요인인가? 아니면 남성의 무의식적인 사고를 단순히 반영하기만 하는 완전히 수동적인 요인인가? 또한 홀로 있을 때 그녀는 남성이 그녀와의 관계를 통해서 발견한 모든 것이 전부 결여된 단순한 존재인가? 그런데 이런 역할을 수행한다는 것, 그것도 성공적으로 수행한다는 것은 그녀가 내적으로 성장해야 한다는 것을 의미하지도 않는다. 그것은 단지 아니마의 역할을 수행하는 여러 가지 방법 가운데 하나일 따름이다.

   많은 여성들에게는 남성의 영감의 원천이 되고 그의 수호천사가 되며, 그에게 없어서는 안 되는 존재가 되려는 커다란 갈망이 있다. 나는 굉장히 불만족스러운 적응으로 인하여 분석을 받기 위해 끌려온 열다섯 살 난 소녀를 기억한다. 그녀는 학교에 가지도 않았고, 다른 어떤 과정도 듣지 않았으며, 상당히 난폭했다. 예술계에서 어느 정도 유명한 남성이 그녀와 사랑에 빠졌는데, 그 소녀는 자신을 그의 수호천사이며, 영감을 주는 존재로 생각하였다. 그에게는 다소 방탕한 면이 있었는데, 그녀는 그를 바로잡는 것이 자신의 사명이라고 생각하였다. 그래서 그녀는 한편으로는 천사처럼 선량하게 그를 돌보았고, 다른 한편으로는 버릇없는 작은 소녀처럼 행동했다! 그 예술가는 그녀와의 관계에서 실제로 많은 영감을 얻었다. 이것은 그 예술가에게는 아주 좋았을지 모르지만, 그러한 위치에 있는 소녀에게는 파멸을 불러올 수밖에 없었다. 왜냐하면 그녀는 자신의 교육과 발전에 전념하는 대신, 그의 심리적 기능에 불과한 존재로 전락했기 때문이다. 그녀는 권리를 가진 한 명의 독립적인 여성이 되는 과제를 달성하는 대신, 아담에게 있어서 이브가 그랬듯이, 그의 '영혼'으로만 한정되었던 것이다. 여기에 한 가지 위험한 요소는, 그러한 남성은 언제나 어린 소녀에게 이러한 역할을 맡을 것을 요구했기 때문에, 몇 년 안에 이 소녀가 남성의 심리적인 욕구의 희생양인 다른 소녀로 대체될 수 있다는 것이다.

그에게 '영감을 주는 여성'과 관계를 맺을 때 남성은 그 관계에서 창조적 영감을 얻는다. 그에게 있어 그의 창조물은 그녀를 향한 그의 사랑의 결실인 것이다. 그래서 그는 흔히 그녀도 그의 작업을 그렇게 보아주기를 바란다. 하지만 그렇게 될 경우 그녀는 거기에 열중하게 되면서, 확실한 결과를 얻기 위해 그와의 관계를 유지하게 된다. 이것은 권력추구적인 태도이다. 그것은 그녀가 잘못된 원천에서 자신의 만족을 찾는다는 것을 의미한다. 그녀에게 그 관계는 사랑의 결실, 즉 자신의 창조물이며, 그녀는 그 관계에서 생기는 어떤 '좋은' 것에서 자신의 만족과 성취를 찾지 않고, 그 창조물에서 그것을 찾으려고 하는 것이다. 그녀에게 있어 이 관계의 가치는 초개인적이기 때문이다.

옷에 대한 특정 여성들의 태도에서 초개인적 가치가 자아의 가치로 대체된 것을 찾아볼 수 있다. 아니마 여성에게 옷차림은 매우 중요하다. 그녀는 모든 상황에서 자신이 맡은 역에 맞는 옷을 입어야 한다. 단순히 그녀가 잘 차려 입으려는 것이 아니다. 거기에 그녀 본래의 허영심이 작용하지 않는 것은 아니지만, 그것은 그 이상의 것이다. 그것은 더 나아가서 그녀가 예술 작품으로 자신을 바라본다는 소리이다. 오히려, 그것은 마치 그녀가 자신의 물질적 자원이 허용하는 한 그것이 전달하고자 하는 내면의 의미를 완벽하고 충분히 표현하기 위해서 무한한 노력을 기울이는 예술 작품이라고 생각하는 것과 같다. 다시 말해서, 그것은 마치 아니마 여성이 자신과 그녀의 인생 경험을 오직 자기만의 것으로 여기지 않고, 어떤 면에서 그 안에는 보편적이거나 집단적인 의미가 있으며 그녀가 그것들을 표현하는 데 있어 최대한 관심을 기울이고 노력을 해야 한다고 생각한다는 것을 의미한다. 이것이 예술가가 자신의 작품에 대해서 느끼는 감정이다. 그것은 그의 개인적인 삶의 경험을 나타내지만, 그의 예술에 의해 그는 그것을 단지 개인적인 것에서 일반적이거나 심지어 보편적인 진리를 표현하는 형태로 발전시킨다.

  자아는 자신의 정동을 일반화하는 그녀의 능력을 악용할 수 있다. 이러한 일반화는 많은 여성들에게 그녀들이 실제로 느끼지 못하는 감정을 표현하거나 거짓으로 묘사할 수 있도록 하는데, 그러한 극적인 일반화는 남성들의 아니마 투사를 포착하려는 계산에 의한 것이다. 우리는 이런 극화를 남편을 잃은 미망인의 역을 완벽하게 소화해낸 여성의 사례에서 찾아볼 수 있다. 그녀를 잘 아는 사람들이 그녀가 정말 사랑하지 않았던 남편의 죽음을 슬퍼하기는커녕 안도하고 있다는 사실을 눈치챘을 때조차 그녀는 과부의 역할을 완벽하게 연기한다. 우리는 그녀가 짙기는 하지만 과시적이지 않은 상복을 입고 있는 것을 볼 수 있으며, 불안 때문이 아니라 분을 칠해서 창백해진 뺨과 흐르지 않는 눈물이 고여 있는 눈을 본다. 그녀의 태도는 거의 고귀하게 보이기까지 할 정도로 부드럽고, 위엄 있으며, 다정하고, 연민이 가는 태도이다! 어쩌면 모든 것이 무의식적일 수도 있고, 그녀가 상상하는 미망인의 모습을 연기하고 있는 것인지도 모른다. 아니면 더 세련된 것일 수도 있다. 그녀는 어쩌면 모든 관심을 그녀가 특별한 상황에서 다른 사람들에게 어떤 인상을 주려는 데 전적으로 고정시키고, 온갖 기술을 발휘하여 그 장면을 넘기려고 하는지도 모른다.

  그러나 아니마 여성의 분장은 그녀의 옷에만 한정되지 않는다. 그녀의 화장과 헤어 스타일 역시 그 상황에 맞는 방식을 따른다. 마치 그녀가 가면을 쓴 것 같다. 그녀는 태도에서나 표현에서도 그녀의 개인적 특색들을 지우거나 숨기는데 애쓰고, 세상을 향해서 집단적인 가면만 드러내려고 한다. 하지만 그것은 그녀의 실제 감정에서 나오는 것이 아니고, 그녀가 생각하기에 그 상황에 맞는 것을 따르는 것에 불과하다. 그것은 아주 단순하게 말해서 그녀의 집단적이고 보편적인 인격의 한 부분을 표현하는 것에 불과하다. 그것보다 더 순진한 형태로서 그녀는 남성의 아니마 투사를 포착하기 위해 그와 비슷한 행동을 했는데, 그 아니마 역시 일반화되거나 집단적인 것이다.

아니마 여성은 이 지점을 넘어서도 자신의 연기를 펼친다. 그녀의 옷차림, 소위 말해서 그녀가 꾸민 얼굴과 옷만이 예술 작품인 것이 아니고, 그녀가 연출하는 정동 역시 그렇다는 확신을 들게 한다. 융이 언젠가 말한 것처럼, 그녀가 흘리는 눈물 역시 의도적이다. 그녀의 웃음, 눈물, 얼굴 표정, 어조 모두가 어떤 목적을 향해서 나아가는 것이다. 그 여성은 자신이 그런 방향으로 나아가고 있다는 사실을 전혀 의식하지 못하거나, 어렴풋하게 "지금은 울어야 하는 시간이다"라고 느낄지도 모른다. 이제 곧 다가올 면담의 상황이 더 어렵고, 비극적일수록, 그녀는 거기에 정확히 맞는 옷차림을 하고 꾸미는데 신경을 쓴다. 그녀는 언제나 결과에 신경을 쓰는 것이다. 그녀는 항상 자신의 정동을 연기해야 한다. 그녀는 그것을 가지고 예술 작품으로 만들려고 한다. 그녀는 자신의 그런 모습을 다른 사람들에게 내보이고, 그에 대한 반응을 그들에게서 받기 전까지, 그녀 자신의 진정한 체험을 하지 못할 것이다.

개인적 측면이 발달한 여성들은 이런 기술과 책략을 경멸한다. 이런 여성들이 보이는 옷차림에 대한 무관심은 아니마 유형의 여성들에게서 두드러진 너무 극적인 모습에 대한 반발에서 비롯된 것일지 모른다. 그런 극화는 무의식적 기제이고, 남성에 대한 여성의 반응이기 때문이다. 남성들은 그것을 잘 알아보지 못하지만, 여성들은 그것이 어떤 유형의 여성이든 간에 그런 행위의 비현실성을 포착한다. 그리고 그녀들 가운데 더 솔직하고, 노골적인 이들은 자신의 눈에 기만적으로 보이는 행동에 저항감을 느끼며, 그런 것들과 엮이기를 거부한다. 하지만 그런 기교들을 버리려는 과정에서 겨와 함께 밀도 같이 버릴 수 있다. 왜냐하면 어떤 역을 맡는 것은 매우 본능적인 것이고, 남성의 아니마를 운반하는 것과 연관되기 때문이다. 여성의 극적인 행동이 생물학적으로나 심리적으로나 매우 중요한 기능을 수행하기 때문에, 우리는 여성의 극화의 더 깊은 의미와 가치가 무엇인지 물어야 한다.

여성이 어떤 역을 맡고 연기하는 것은 자신의 경험의 내적 의미를 찾기 위한 것은 아닐까? 어쩌면 그녀는 자신의 몸짓과 본능적인 행동을 관찰하는 것을 통해서만 그녀 안에 있는 것을 의식적으로 파악할 수 있는지도 모른다. 키플링은 몽구즈인 리키-티키-타키가 코브라를 처음 보았을 때, 코브라의 눈이 빨갛다고 느꼈고, 그래서 코브라가 화가 났다는 사실을 알았다고 보고했다. 마찬가지로, 여성은 본능적으로 특정한 일을 하는 자신을 발견했을 때 비로소 자기 안에 무엇이 있는지 깨닫는다. 여자들은 종종 나에게 "나는 내 뺨에 흐르는 눈물을 발견함으로써 그의 말이 나를 심하게 아프게 한다는 것을 알았다"고 말한다. 아주 넓게 보았을 때 여성은 본능과 같다! 그녀의 행동, 제스처, 말은 본능의 소리이고, 본능의 육화, 즉 여성성 자체이다. 만약 자신을 검열하지 않고 행동한다면, 그녀는 그녀의 내면에서, 그녀의 행동에서 순수한 자연의 작용을 관찰할 수 있을 것이다. 그것은 마치 그녀 자신이 그녀의 삶의 조형 재료로 창조한 그녀만의 예술 작품인 것과 같다. 그런데 그것은 종종 그녀도 아직 알지 못하는 어떤 목적을 향해서 나아간다. 그리고 나중에 자신의 행동을 객관적으로 바라보고 생각함으로써, 삶이 자신에게 원하는 것이 무엇이었는지를 분별할 수 있게 된다. 그녀가 이렇게 자신을 객관적으로 바라보고, 자신의 본성의 더 깊은 측면을 이해하며, 그것들을 성격과 태도의 전체성 속에서 의식적으로 통합할 때 심리적 발달이 일어난다. 여성이 자기 자신을 자신의 '실험 동물'로 삼아야 하기 때문에, 그것은 결코 쉬운 일이 아니다. 그러나 그녀가 이런 지극히 본능적인 것들이 그대로 흘러가도록 허용한다면, 그녀는 자신 안에서 어떤 것이 작용하는 것을 발견하게 된다. 그것은 그녀 안에 본래 있는 것이지만, 아직 그녀의 개인적인 자아는 아니다. 2세기 영지주의자들의 문헌에는 그런 방식으로 자기 자신의 경험을 말해주는 것이 있다: "그대가 슬픈 것은 언제이고, 기쁜 것은 언제이며, 언제 사랑하고, 언제 미워하는지 배우라. 그리고 일어나기 싫어도 일어나고, 잠자기 싫어도 잠을 자며, 화내기 싫어도 화내고, 사랑하기 싫어도 사랑에 빠지라. 그대가 이렇게 하면서 그것들을 유심히 살피면, 그대는 그대 안에서 작용하는 '그를' 발견하게 될 것이다. 그것은 원자처럼 하나이면서 많다. 그대는 그대에게서 찾아낸 것을 통해서 그대 바깥으로 나아가는 길을 찾게 될 것이다."[6]

여성들이 이런 길을 통해서 자신의 의식에 닿으려고 하면, 두 가지 커다란 어려움을 극복해야 한다. 첫 번째 어려움은, 그녀에게 무엇을 하도록 자발적으로 일어나는 본능적인 것들은 그녀가 그녀에 대해서 그동안 생각했던 것들과 일치하지 않거나, 그녀가 의식적으로 취했던 삶에 대한 태도와 일치하지 않는다. 그래서 그녀 안에서 갈등이 필연적으로 일어날 것이고, 만약 그녀가 본능적인 면을 한 번 더 억누르지 않는다면, 그녀는 태도를 바꾸는 것이 필수적이라는 것을 알게 될 것이다. 그녀는 심지어 자기 자신에 대한 그녀의 평가가 틀렸다는 것을 인정해야만 할지도 모른다. 그리고 그것은 누구도 하기 싫은 인정이다.

두 번째 어려움은 여성이 다시 "그저 자연"으로 되돌아갈지도 모른다는 매우 현실적인 위험에 있다. 그녀가 최근에 그녀의 본능적인 상태에서 벗어났기 때문에 이 위험은 즉각적이고 항상 존재한다.

　더구나 이 단계는 오로지 이전 방식에 대한 반감으로 인해서 이루어져서 이전 상태로 돌아가는 것에 대한 두려움은 새로운 태도에 대한 경직성에 배신당한다. 변화가 전혀 일어나지 않은 것처럼 예전으로 돌아가는 것은 불가능하다. 그녀는 어느 정도 의식 수준의 발달을 이루었고, 그전으로 돌아가는 것은 퇴행일 것이다. 그녀는 더 이상 어린아이의 순진함으로 돌아갈 수 없다. 선악과를 따먹고 선악에 대한 의식이 생긴 아담과 이브가 에덴 동산에서 쫓겨났을 때, 불타는 칼을 든 천사는 문 앞에 서서 그들이 돌아가는 것을 막았다. 그 칼은 여전히 그녀의 앞에 있으며, 어느 정도 의식 발달을 이룬 여성은 순진한 아니마 여성의 상태로 돌아가지 못한다. 퇴행은 필연적으로 그녀를 방탕으로 이끌어 갈 것이다. 그럼에도 불구하고 그녀는 지나친 경직성을 주의해야 한다. 만약 그녀가 그녀의 본성의 양면에 대한 더 넓은 의식을 통해 균형을 잡으려면, 그녀는 자신의 본능, 즉 자신의 역할을 하고 싶은 본능이 스스로 드러내도록 해야 한다. 그리고 동시에 그녀는 자기 자신에게 "이것이 전부가 아니다"라는 것을 끊임없이 상기시켜야 한다. 한 여성의 꿈에서 이 이중적 욕구가 굉장히 놀랍게 표현된 적이 있다. 꿈은 그녀에게 말했다, "무슨 일이 닥치더라도 헌신적으로 살자, 그리고 그 후에 그것을 분석하자." 이 방법을 통해 그녀는 자기 안에 있는 본능의 더 깊은 작용을 인식할 수 있었 그녀의 의식적인 태도와의 접촉 또한 잃어버리지 않을 수 있었다.

　그렇다면 심리학적으로 따졌을 때, 여성의 아니마 역할의 중요성은 무엇인가? 남성에게 있어서, 그의 무의식에 있는 여성적 측면을 반영하는 그의 영혼의 상징을 지니고 있는 여성을 찾고 사랑한다는 것은, 그전까지 실현되지 않았던 그의 정신의 부분들을 통합함으로써 정신의 발달을 이끌 수 있는, 잠재적으로 깊은 영적 의의를 지닌 경험이다. 그러나 이 상징을 가지고 있는 여성에게 그 주관적인 경험은 필연적으로 매우 다르다. 여성에게 있어 그 가치는 남성의 관심, 즉 그의 사랑을 환기시키고 보살피는 데 있다. 그녀 자신의 여성적 본성의 더 풍부하고 창조적인 부분은 그녀로부터조차 감춰진 채 그녀 안에 깊이 묻혀 있다. 그것은 마치 지그프리드의 키스로 깨어난 브륀힐데처럼, 남성에 의해서 깨어나는 것이 아니라면 결코 도달할 수 없는 또 다른 여성(아마 모성적 자연이라고 해야 할까?)이 그녀 안에 잠든 것과 같다. 남성은 여성에 비해서 자신의 에너지의 흐름, 즉 자신의 리비도의 흐름을 더 잘 인식한다. 그와 반면에 여성은 항상 약간 모호하고 또 막연하며, 불분명하다. 그러나 남성은 여성이 경험해야 하는 것처럼 자신의 본능을 경험하지 않는다. 그럼에도 불구하고 본성의 체험은 모든 생명의 원천인 대양(大洋)에 뛰어드는 것처럼 되살아난다. 남성이 이 숨겨진 심층에 도달한다면, 그것은 여성에게 있는 본성을 그의 사랑을 통해서 일깨우면서일 것이다. 그때 그의 본능적 리비도가 흘러 나오는 것이다. 그는 그것을 주로 유출, 자기 밖에 있는 집을 찾는 것으로 알고 있다. 그가 이 갈망을 충족시킬 수 있는 여자를 원하고 사랑하는 것은 당연하다. 그러나 그 여자는 거의 항상 그 상황에서 약간 냉담하다. 그녀는 그와 떨어져서, 자기 안에$^{in\ herself}$ 산다. 그녀는 그녀에 대한 그의 관심 때문에 삶을 찾는 것이 사실이다. 그것은 그녀 안에 있는 삶을 깨우지만, 그녀는 그녀 안에 있는$^{in\ herself}$ 삶을 살아간다.

아직 순진하거나 세련된 발달 단계에 있는 아니마 여성들은 종종 자신들과 그들 자신의 반응에 대해 이러한 초연함과 걱정을 보인다. 그녀들에게 있어 그것은 자기성애적 발현이다. 그녀가 그렇게 하는 이유는 그녀 자신의 쾌락과 만족을 위해서 남성의 아니마 투사와 그것으로 인한 남성의 관심을 이용하려고 하기 때문이다. 어떤 여성들은 심지어 남성의 투사를 포착하고 자신의 이익을 위해 의도적으로 아니마 역할을 실연(實演)하기도 한다. 그러나 여성의 냉담함이 반드시 자기성애적인 것은 아니다. 유진 오닐Eugene O'Neill의 희곡 "위대한 신 브라운"에서 등장인물들은 모두 자신의 진짜 모습을 드러내지 못할 때마다 쓰는 가면이 있다. 매춘부 시빌은 전형적인 아니마 여성을 그려낸 듯한 가면을 가지고 있다. 하지만 실제의 그녀는 겉으로 드러나는 것보다 더 대단한 존재이다. 극이 진행될수록 그녀가 가면을 착용하는 횟수가 줄어들게 되는데, 그 이유는 그녀가 각 남성 안에 있는 가장 좋은 것을 끌어 내고 그것을 아낄 수 있는 만큼 그녀 자신의 본능과 좋은 관계를 맺게 되었기 때문이다. 그녀는 그의 리비도를 받아들이고 돌보지만, 결코 그것을 소유하거나 이용하려 하지 않는다. 그녀는 자아와 자아의 만족보다 더 깊은 것과 연결되어 있다. 그녀는 삶에서 느끼는 더 큰 가치에 헌신한다. 그 결과 그녀와 있을 때는 어느 남성도 가면을 쓸 필요가 없고, 자신의 있는 그대로의 모습을 보일 수 있다. 그러한 태도는 한편으로는 자연의 압도적인 힘으로부터, 다른 한편으로는 자아의 지배로부터 여성을 구한다. 그런 태도를 얻기 위해 그녀는 자신이 남성의 리비도를 가지고 있는 것이 아니라 그것을 잠시 위탁 받고 있을 뿐이고, 때가 되면 그에게 다시 돌려주어야 한다는 사실을 깨달아야 한다. 그녀의 이익은 남성의 리비도의 소유를 통해서 얻어지는 것이 아니라, 삶의 더 깊은 의의와 정동 체험을 통한 진리에 자신을 바침으로써 이루어진다. 그러므로 그녀가 그 어떤 개인적 성취나 만족보다 상위에 있다고 생각하는 가치는 그녀의 삶에서 중심적 자리를 차지하게 되고, 초개인적 가치에 대한 인식을 통해서 그녀의 인격의 구원이 이루어진다.

본능과 자아의 속박으로부터 구원되는 또 다른 방법은, 남성과의 관계를 온전히 살아내는 것이다. 그녀에게 아니마를 투사한 남성과 사랑에 빠진 여성은, 더 이상 그에게 냉담하고, 무관심한 태도를 유지하지 못한다. 그녀의 아니무스 투사 역시 그에게 붙잡혀 있기 때문이다. 그녀도 그 남성 못지않게 사랑을 통해 그녀의 영혼과 접촉해야 하는 내적 과제를 짊어지게 된 것이다. 그녀는 더 이상 그에게 사활이 걸린 문제일 수도 있는 상황에서 상처받지 않을 수 없게 된다. 아무리 마음에 들지 않는 상황에서라도, 그녀는 그에게 몇 번이고 다시 돌아와 그들 사이의 어려움을 해결하려고 노력할 수밖에 없다. 그런 방식으로 아니무스와 아니마의 투사로부터 생긴 착각^{illusion}이 현실로 대체되면, 그 전까지 투사되었던 아니마와 아니무스 안에서 살던 정신의 무의식적인 부분의 동화를 통해서 의식이 확장되고, 정신적 발달이 이루어지게 된다. 그때 개인적인 바람과 만족보다 더 높이 있는 상위의 가치는 의식적인 관계에 의한 가치가 된다.

초개인적 가치의 도래는 개인의 삶의 경험의 본질을 변화시킨다. 개인적인 동기가 지배하고 있을 때 삶은 쾌락-고통 원칙 아래에 있다. 삶의 목표가 행복과 개인의 만족에 있는 것이다. 아마 어떤 사람들에게 행복은 거의 동물적인 수준에 있는 것처럼 순전히 이기적인 것으로 해석될 수 있다. 그리고 그것보다 더 발달한, 교양 있는 다른 사람들에게 이러한 삶의 목표는 더 정제된 미적이고 이타적인 삶의 방식이 될 수도 있다. 그러나 결국, 아직도 기쁨을 가져다 주는 것은 선(善)이고, 고통을 가져다 주는 것은 악(惡)이다. 개인적인 수준보다 높은 가치가 등장하면 이러한 평가 기준을 뛰어넘을 수도 있다. 기쁨과 고통, 현실은 의심할 여지 없이 서로 상대적이 된다. 개인적인 관점에서 보았을 때 아무리 좋았던 것도 다른 관점에서 보면 그렇게 좋거나 바람직한 것이 아닐 수도 있다. 고통 역시, 거기에 관련된 개인적 손실보다 더 큰 가치를 달성하는 데 필요한 과정으로 여겨진다면, 견디지 못할 것도 없는 악이 될 수 있다. 여성들은 인생의 봄과 내적인 관계를 맺거나 그 관계 속에서 실제적으로 되고, 의식화 되기 위해서 고통을 기꺼이 받아들여야 한다. 심지어 그녀는 자발적으로 고통을 만나려고 해야 하며, 고통스러운 과정을 통해서 삶의 진리를 얻을 수 있다면 어쩌면 고통을 사랑스러운 것으로 짊어져야 할지도 모른다. 이런 식으로 개인적 차원에서의 악은 초개인적인 면에서 선한 것에 기여할지도 모른다.

그러므로 우리는 인간의 본성 깊이 숨겨진 곳에서 나오는 본능적인 리비도가 처음에는 인간 본성의 힘의 표명 가운데 하나라는 사실을 보게 된다. 거기에는 개인성이 전혀 없는 것이다. 그러나 자아가 생기면, 지금 그 본성의 힘은 의식에 떠오르고, 자아의 지배 아래 있게 된다. 그러나 나중에는 의식의 한 단계 더 나아갈 수도 있다. 그러한 일은 여성이 자신의 자아를 초월하는 가치를 인식하고 자기 자신을 그 가치에 자발적으로 바치거나, 사랑에 빠져 그녀와 그녀의 연인 사이에서 일어나는 문제와 어려움을 해결할 수밖에 없는 관계에 얽혀 있을 때 일어난다. 어느 경우든, 그녀의 의식을 더 넓히고, 더 깊이 있게 하는 방향으로 나아가고, 여태까지 그녀의 유일한 동기였던 집단적이고 개인적인 충동의 수렁에서 개인성이 출현하게 된다.

제2장
유령같은 연인

　어떤 남성과 "사랑에 빠진 것"은 그를 "사랑하는 것" 이상이다. 사랑에 빠진 상태는 일종의 강박적인 요소를 수반하며, 사랑에 빠진 사람은 아무리 도취된 상태여도 분명 자유롭지 못하다. 세간에서 말하듯 사랑은 맹목이다. 실제로 소녀는 성적으로 전혀 끌리지 않고 호감도 매력도 전혀 느끼지 못하는 남성과 사랑에 빠질 수 있다. 화려함이나 매력은 남성과의 접촉을 통해 활성화된 무의식의 힘에서 비롯된 결과다. 그녀는 자신의 무의식의 어떤 중요한 요소를 그에게 투사한 다음 그것이 자신의 정신 깊은 곳에서 비롯되었다는 사실을 알지 못한 채, 그에게서 보는 것에 끌리거나 배척한다. 그녀가 그에게 투사한 그녀의 남성적 영혼, 아니무스이다. 이런 기제는 마지막 장에서 다룰 남성의 여성적 영혼의 투사, 즉 아니마의 투사와 정확히 동일하다. 여성이 사랑에 빠졌을 때 우리는 그녀가 능동적으로 '사랑을 한다'고 말할 수도 있고 반대로 수동적으로 '매료되었다'고 말할 수도 있다. 다시 말해 외부 세계에 투사된 그녀의 아니무스가 그녀를 저항할 수 없게 끌어당기는 것이다. 남성이 실제로 그녀를 사랑하든 사랑하지 않든, 그 매력은 그가 그녀를 사랑하는 것처럼 보이게 만든다. 그녀의 주관적인 관점에서 볼 때 외부에서 그녀를 끌어당기는 것처럼 보이지만 실제로 그녀를 끌어당기는 것은 그녀의 내면, 즉 그녀의 무의식이다.

이러한 일이 실제 일어날 가능성은 소설이나 극에서 소녀가 이 세상 사람이 아닌 영^{spirit}이나 유령^{ghost}의 세계에 속한 연인을 두는 경우로 가끔 묘사된다. 그 예로 라파포트$^{Solomon\ Rappaport}$가 드라마 주제로 삼고 이디시어와 영어로 공연한 오래된 유대 악령^{dybbuk} 전설의 경우를 들 수 있다. 이 전설에서 사랑하는 여인을 현실로부터 유인하여 자신과 결합하도록 만드는 연인은 어린 시절 사랑했던 사람의 유령으로 꽤나 분명하게 묘사된다. 극의 특정 장면에서 소녀는 귀신(유령) 들린 것처럼 표현된다. 그는 그녀에게 들어가 그녀를 소유하고 그녀는 일시적으로 미친 것처럼 나타난다. 즉 그녀는 정신 질환을 앓고 있다. 이 장면에서 유령은 객관적인 실체가 없지만 소녀의 정신 세계에서 주관적인 실재로 존재한다. 그녀는 그에게 완전히 빠져 있다. 그녀는 유령같은 연인과 함께 자신의 주관적인 세계 속에서만 살고 있기 때문에 그녀의 현실 세계로부터 완전히 벗어나 있다.

유진 오닐의 "이상한 간주곡"$^{Strange\ Interlude}$에도 같은 주제가 나온다. 그러나 여기에 유령은 전혀 등장하지 않으며, 그의 존재는 그가 그의 연인-피해자에게 미친 영향으로만 추정된다. 즉 그는 소녀의 심리에서 주관적인 요소로만 나타난다. 이 작품에서 여주인공은 젊은 공군과 사랑에 빠졌다가 그가 전사하자 자신의 영혼을 잃어버리고 만다. 그 결과 그녀는 그녀의 삶에 진정한 자신을 내줄 수 없게 된다. 그녀는 결혼을 하고 많은 남성들의 사랑을 받지만, 언제나 자신의 죽은 연인에게만 몰두한다.

이 두 경우 모두 두 사람의 관계가 아무리 빈약하거나 실망스러운 것이었다 하더라도, 그녀의 연인을 그녀와 실제로 관계를 맺었던 실제 인간의 유령이나 여전히 살아있는 영향력으로 묘사한다. 남성의 행동이나 욕망에서 나온 것처럼 여성에게 영향을 미치는 이 영향은 그가 실제로 활동하지 않았거나 죽었거나 객관적 실재로 존재하지 않았을 수도 있는, 그녀의 정신 안에 있는 주관적 영향인 것이 틀림없다. 그래서 유령같은 연인이라는 말이 생겼는지도 모른다. 유령같은 연인의 현현(顯顯)은 실재했던 연인의 유령뿐만 아니라, 실제 피와 살로 이루어진 육체를 가진 연인이 실재하지 않는 경우에도 일어날 수 있다. 우리는 그런 예를 우리의 실제 삶은 물론 소설이나 연극에서도 많이 볼 찾아볼 수 있다. 배리^{J. M. Barrie}는 그의 희곡 "메리 로즈"에서 이러한 상황을 아주 잘 보여주는데, 여기서 이상한 음악에 홀린 메리 로즈는 남편과 아이를 버리고 '방문되기를 바라는 섬'으로 유인된다. 이것은 실제로 사람들의 주관적인 삶에서 자주 관찰할 수 있는, 특이하지 않은 후퇴이다. 나는 삶이 지루하거나 어려울 때 정성스럽게 환상의 섬이나 성을 짓고 그 안으로 들어가는 사람들을 많이 보았다. 여기서 그들은 종종 적응하기 어려운 단조로운 세상보다 더 마음에 드는 세상을 환상 속에서 건설하는 데 시간과 에너지를 끊임없이 쏟는다. 그들은 "마음의 욕망에 더 가깝게 세상을 재건한다." 모든 것이 원하는 대로 되는 환상의 세계는 현실로부터 멀어지게 하는 엄청난 매력을 발휘한다. 사람들은 거기에 저항하는 것을 점점 더 어려워하고 거기에 더 탐닉하게 된다. 이것 또한 유령 연인의 작품이다.

유령같은 연인의 사례는 삶과 아주 동떨어져 있거나 특이한 사례, 아니면 비정상적 또는 병적인 조건에서만 발생하는 것이 아니다. 유령의 연인은 오히려 모든 여성의 정신적 또는 주관적 측면에서 그녀의 살아있는 현실이다. 그는 정신적 실체이고, 그녀의 정신을 구성하는 요소의 자율적인 집체(集體)의 한 부분 또는 그 자체로서 상대적으로 자율적인 요소로, 자신의 힘을 유지하고 유혹을 행사한다. 그가 그녀의 일부인 것처럼 그녀 또한 그에게 묶여 있다. 그녀는 해체의 고통과 괴로움을 겪지 않기 위해 그를 찾아서 의식적으로 그를 동화시켜야 한다. 그가 그녀의 영혼의 동반자, 그녀의 "다른 반쪽"이며 평생 그녀와 동행하는 보이지 않는 동반자이기 때문이다. 융은 이러한 여성의 영혼의 상 figure을 아니무스라고 불렀다. 아니무스는 남성의 아니마에 해당되지만, 이 두 상은 그 특성과 표현에 있어서 큰 차이를 보인다.[7]

유령같은 연인이라는 용어는 아니무스의 파괴적 측면을 설명하기 위해 고안된 말이지만, 그것은 아니무스의 한 가지 측면일 뿐, 언제나 파괴적인 기능을 하는 것이 아니라는 점을 명심해야 한다. 유령같은 연인으로서 그는 항상 다른 세상에서 행복을 약속함으로써 희생자를 현실로부터 유인하는 역할을 한다. 여성의 심리에서 그는 (남성의) 사이렌siren과 같은 존재이다. 사이렌은 남성의 심리와 신화에서처럼, 노래와 매력으로 남성들을 물의 무덤으로 유인한다. 유령같은 연인은 여성들에게 여태까지 들어본 적이 없는 행복을 약속하면서 여성들이 허공에서 그의 품을 찾도록 한다.

그러나 유령같은 연인은, 단순히 심리학자의 추상적인 관념에 불과한 존재가 아니다. 그는 실제로 일상 생활에서 나타난다. 위에서 언급한 두 개의 극에 유령같은 연인은 의인화되어 다른 등장인물처럼 지배적인 역할을 연기한다. 그는 독립적이고 자율적으로 행동할 수 있는 힘을 가진 실재로 나타난다. 유령같은 연인과 그가 표상하는 아니무스를 가진 여성과의 심리적인 관계는 둘 사이에 있는 흥미롭고, 거의 마법에 가까운 결속(結束)을 통해서 뚜렷하게 드러난다. 무의식에 자리하기 때문에 여성이 인식하지 못하거나 그녀의 자아-의식이 통제하지 못하는 정신적 내용으로 구성되어 있는 아니무스의 자율성은 이렇게 표현된다. 그녀가 만약 이러한 정신적인 내용을 인식한다면,

그녀는 아니무스의 의인화를 풀고 무력화시키며, 유령 같은 연인이 이전에 휘두른 "마법과 같은" 영향에서 벗어날 것이다.

극에서 표현되는 형식은 등장인물의 다양한 심리적 경향을 개별적으로 의인화된 형태로 인지하는 작가의 직관적 인식의 결과이다. 그는 그의 창작에서 자신의 통찰의 결실을 관객과 공유하지만, 여기서 이상한 것은 그가 그린 등장인물들이 그의 정신적 경향과 콤플렉스라는 사실을 알지 못한다는 것이다. 그는 자신의 극을 객관적 사실에 대한 단순한 서술처럼 연출한다. 실제의 삶에서 유령같은 연인은 거의 같은 방식으로, 죽었거나 부재하는 연인의 기억 속에서 의인화되는 경우가 가끔 있지만, 더 많은 경우 의인화되지 않은 모습으로 의식에 나타난다. 이때 피해자는 현실 세계에서 비현실적인 세계로 자신을 유인하는 것이 유령같은 연인이라는 것은 모르지만, 그녀의 무의식적인 자료, 그녀의 꿈, 낮 동안의 환상은 실제 상황을 분명하게 보여준다. 그러나 모든 경우 유령같은 연인의 부름에 응해 그를 따라간 여인이 메리 로즈처럼 현실에서 사라진다. 주변 사람들 눈에 그녀는 멍해진, 아니면 몽상에 빠진 것처럼 보이며, 조바심을 내고 쉽게 짜증을 내는 사람처럼 보인다. 아니면 그녀는 당황하거나 자비로운 미소를 지을 수도 있다. 그녀의 입장에서 그녀는 남과 공유할 수 없는 굉장히 아름답고 가치 있는 내적 경험에 몰두한 것일 수도 있다. 그녀가 실제로 자신의 내적 경험을 친구와 공유하려고 하는 순간 저러한 기분에 휩싸여, 자신이 얼마나 막연하고 의미 없는 말을 하는지 깨닫지 못한 채 친구가 공감해주지 않는다고, 아니면 의도적으로 이해하지 못하는 척을 한다 생각한다.

때때로 그러한 기분은 현존하거나 부재중, 아니면 죽은 친구에 대한 생각과 연관된다. 나는 자신이 거절한 남성이 죽자 20년 동안 상복을 입었던 한 여성이 생각난다. 그녀는 그 남성을 자신과 현실 사이를 차단하는 방패막으로 삼았다. 그의 기일이 되면 그녀의 친구들은 그녀에게 꽃을 보냈다. 그녀는 그를 잃은 고통에서 빠져 나오지 못한 것으로 보였기에 우정을 유지하기 위한 일상적인 노력조차 하지 않았다. 그녀가 보여주는 삶의 태도는 그녀가 사별을 했고 여전히 슬픔에 빠져 있으며 그렇기 때문에 남은 생 동안 지인들의 보살핌을 받아야 한다는 것이었다.

또 다른 사례로 갑자기 사별을 경험하고 남편을 기리는 것을 거부한 여성도 있다. 이 여성은 남편이 실제로 죽은 것이 아니라 잠시 사라진 것뿐이라고 느꼈다. 그녀는 자신의 그러한 태도를 굉장히 고귀하고 용감한 것처럼 느껴졌고 그녀의 친구들 또한 그녀의 용기를 칭찬하고 지지하였다. 그녀는 사별로 인한 외부 세계 적응을 마쳤지만 남편이 여전히 살아있다는 환상을 은근히 간직하면서 내적인 조정은 하지 않았다. 그녀의 그러한 태도는 아이들에게도 영향을 미쳤고 아이들은 이전처럼 친구를 사귀는 능력을 잃어버렸다. 그들의 삶은 점차 공허함으로, 그들의 어머니에게서 느껴지는 일종의 진공으로 가라앉기 시작했다. 그동안 그녀는 남편을 생각하며 살았다. 이상할 정도로 텅 비어있던 그녀의 눈은 그가 여전히 살아있고 언제라도 다시 나타날 것이라는 기대로 가득 차 있었다. 어느 날 그녀는 반쯤 깬 상태에서 그가 자기 옆에 있는 것처럼 느꼈다. 남은 시간 동안 그녀는 생계를 꾸리면서도 이상한 미소를 지으며 정신이 나간 것처럼 보였다. 그녀의 남편은 그 다음에도, 그 다음에도 계속해서 나타났다. 때때로 그녀는 그를 언뜻 본 것 같은 느낌을 받았지만, 대부분의 경우 단지 그가 가까이 있다는 기색만 느꼈다. 그러다가 언제부턴가 그 느낌이 점점 선명해지면서 그녀가 위를 볼 때마다 그가 잠시 시야에서 사라진 것뿐, 항상 거기에 있는 것 같은 느낌을 받게 되었다. 겁이 난 그녀는 자신이 미쳐가고 있는지 아니면 정말로 유령을 보고 있는지 궁금해졌다. 심리 검사 결과 "유령"은 "유령같은 연인"으로 밝혀졌는데, 그것은 그녀가 몹시 사랑했던 남편의 부재로 인해 공간 속에 의인화된 그녀의 아니무스 투사에서 나온 모습이었다. 그녀의 그러한 증상은 심리치료를 통해서 완전히 사라졌다.

유령같은 연인이나 영적인 연인에 대한 생각은 새로운 것이 아니다. 모든 시대와 교단에서 신비가들- 수피, 샤크타(힌두교의 신비 종파—역자 주), 기독교 신비가들 모두는 신적 연인과 하나가 되기를 원했다. 이슬람교의 여성 신비가인 라비아는 신을 신적 연인으로 인식하였다. 베르나르 드 끌레르보가 그의 영혼의 연인을 찾은 것처럼, 중세 기독교의 많은 여성 성도들은 종교체험 속에서 하느님을 연인으로 만난다고 말하였다. 오늘날에도 신에게 귀의하는 여성은 이 신성한 연인에게 바쳐진다. 그녀는 신부의 면사포를 쓰고 그리스도의 신부로서 반지를 받는다.

이런 종류의 종교체험은 기독교인들뿐만 아니라 이슬람교도들, 불교도들, 힌두교도들과 같은 다른 종교인들에게도 높이 평가되어 왔다. 그런 체험을 한 사람들은 성인으로 여겨졌고, 그들은 이 세상에 대한 지식에서 얻은 것과 다른 종류의 지혜를 가졌으며, 진리의 면에서도 다른 사람들보다 한 단계 높은 성격의 발달을 이루었다.

이러한 종교체험과 관련된 모든 증거들을 메리 로즈의 경우처럼 아무 의미도 없는 히스테리라고 일축하기 어렵고, 완전히 비현실적인 환상이라고 말할 수도 없다. 그리고 그 가운데 얼마나 많은 수의 종교체험이 거기에 해당되는지를 따지는 것도 어렵다. 삶의 부담과 고통에서 벗어나기 위한 수단으로 종교를 택하는 사람들이 많다. 그러한 사람들은 거의 대부분 현실 세계에서 나와 꿈의 세계로 유인하는 유령을 내적으로 경험했을 가능성이 높다. 다시 말해서, 삶의 어려움을 피하기 위한 방편으로 은둔과 내향적인 삶을 선택하는 사람은 그의 내면에서 외부 세계의 탐험가만큼 고난을 겪고 난파되고 말 것이라는 이야기다. 실제로 외부 세계는 무의식의 내면 세계와 비교했을 때 더 보호받고 안전한 세계이다. 그러나 사이비 모험가는 내면을 탐험한 모든 사람을 대표하지 않는다.

  15세기 이래로 모험적인 영혼은 용감하고 대담하게 지구의 오지 지역을 탐험하였다. 오늘날 지구 탐험은 에베레스트 정복과 더 외딴 지역, 특히 남극의 정복으로 사실상 완료되었다. 그러나 사람들은 아직 남아 있는 두 개의 영역의 탐험이라는 과제를 준비하고 있는 듯하다. 불굴의 의지를 가진 젊은이들은 우주 탐험이라는 더 용감하고 대담한 계획을 준비하고 있다. 그리고 그들 못지 않게 용감한 남성과 여성들이 그것보다 덜 알려지고 덜 언급되는 내적인 삶의 영역에서 의식 뒤에 숨겨진 세계를 탐색하는 모험에 나서고 있다. 그러나 외부 세계 탐험과 마찬가지로, 충분한 지식이나 경험 또는 진정하고 진지한 목적 의식 없이 내면 세계를 '여행'하려는 모험가는 실패할 수밖에 없다. 자연은 자비를 모르기 때문이다. 단지 삶의 어려움을 피하기 위해 충분한 준비없이 극 지방을 가는 사람은 최악의 방식으로 어떤 깨달음을 얻게 될 것이다. 마찬가지로 삶의 과제에서 벗어나기 위해 내면 세계를 찾는 사람은 반드시 압도되어 소멸할 것이다. 인생의 과업에서 벗어나기 위해 종교적인 삶을 선택하는 사람도 비슷한 운명을 맞이할 것이다. 중요한 것은 목적이다. 가령 사색적인 신앙생활을 삶의 부담에서 벗어나는 수단으로 삼는 것은 하느님을 경험하는 것이 아니라 무의식에 빠져 서서히 삼켜지는 것이다. 그러한 사람의 환상이나 비전은 진정한 신비가의 것과는 매우 다른 성격을 가질 것이며 분석의 시험을 통과하지 못할 것이다. 그래서 교회는 항상 두 가지를 구분하고 거짓된 종교 체험을 경계하는 데 주의를 기울였다.

11세기 말 12세기 초 티베트에 살았던 위대한 요기이자 스승이었던 밀라레파^{Milarepa}는 항상 그의 제자들에게 진실된 체험과 거짓된 체험을 구분할 것을 경고하였다. 마지막 강연에서 그는 제자들에게 이렇게 말하였다:

> 마음속 공허의 참된 여명과,
> 환상에 사로잡힌 의식의 집착,
> 비슷한 것처럼 보이지만, 주의 깊게 살펴보고, 그것들을 혼동하지 말라.
> 묵상에서 나온 순수함에 대한 앎, 순수한 상태와
> 고요함의 황홀함에서 나온 고요한 상태에 대한 사랑은
> 비슷한 것처럼 보이지만 주의 깊게 살펴보고, 그것들을 혼동하지 말라.
> 직관의 깊은 곳의 홍수와
> "이것이 옳은 것 같다", "이것이 사실인 것 같다"는 다른 깊은 확신들은
> 비슷한 것처럼 보이지만 주의 깊게 살펴보고, 그것들을 혼동하지 말라.
> 변함없는 마음에서 나온 명확한 지각과,
> 다른 이들을 섬기려는 고귀한 충동은
> 비슷한 것처럼 보이지만, 주의 깊게 살펴보고, 그것들을 혼동하지 말라.
> 연결된 원인의 결과로 사람들에게 비치는 영적인 은혜와,
> 세상의 재화를 많이 가져다 주는 찰나의 공적(功績)은,
> 비슷한 것처럼 보이지만 주의 깊게 살펴보고, 그것들을 혼동하지 말라.[8]

그래서 우리는 내적 환상과 비전, 백일몽과 종교체험은 밀라레파가

말한 것처럼 "비슷해 보이지만" 그 결과는 너무 다르다는 것을 알 수 있다. 하나는 사람을 가장 큰 비현실로 데려가 종착지가 정신병원이고, 다른 하나는 외부 현실만큼 "실제"인 강력한 내적 현실의 진정하고 확실한 체험이다.

나는 이 진술이 일부 독자의 회의(懷疑), 더 나아가 조롱에 직면할 것이라 확신한다. 많은 사람들에게 감각에 직접 호소하는 외부 세계의 현상만 유일한 현실인 경우가 많기 때문이다. 그들에게 보고 느끼고 다룰 수 없는 사물은 일시적이고 비현실적인 것이다. 그러나 그러한 구체적인 사고와 태도를 가진 실용적인 사람들조차 물질 세계에서 모습을 드러내지 않고 만질 수 없는 힘의 존재를 인식하지 않을 수 없다. 우리는 전기도, 라디오와 텔레비전의 전파도 볼 수 없지만 그것들이 현실 세계에 실제 미치는 영향은 의심할 여지 없이 그 존재를 증명한다. 그것들은 물리적인 힘이지만, 똑같은 방식으로 구체적인 세계에 발현되어 우리를 납득시키는 심리적 힘들 또한 존재한다. 그 예로 아무 외부 요인 없이 군중을 사로잡고 공황상태를 야기하는 두려움을 들 수 있다. 아니면, 다른 예로 한 두 사람으로부터 시작된 생각이 전 세계로 퍼지면서 광범위한 결과를 가져온 기독교 사상도 매우 좋은 예이다. 처음에는 소수의 사람들에게만 영향을 주었던 종교체험이 많은 사람들의 삶에 영향을 미쳤고, 그 결과 유럽 문명과 문화는 완전히 바뀌었다.

그러나 구체적인 사고를 가진 사람들은 항상 그런 것들을 무시하는 경향이 있다. 그들은 그러한 내적 체험을 한가한 환상이나 억압된 본능으로 치부한다. 한때 어느 심리학자는 모든 신비적 체험은 억압된 성욕에서 비롯된 것으로, 만약 그에게 자신의 내적 체험을 공유하는 신비가가 있다면 그 성적 기원을 밝힐 수 있다고 장담하였다. 나는 그

도전에 응했다는 신비가의 이야기는 듣지 못했지만 별로 놀라운 일은 아니다. 구체적인 사고를 가진 사람에게 모든 내적 경험은 환상, 부질없는 공상, 소망충족이거나 그의 관심을 외부 세계에 있는 "현실"로 돌림으로써 치유될 수 있는 일종의 질병이기 때문이다.

반면에 사고가 주로 내면 세계와 영적인 것을 지향하는 사람은 외부 세계를 과소평가하고 내적 체험을 지나치게 과대평가하는 경향이 있다. 이 사람 역시 밀라레파의 경고에 귀를 기울여야 한다. 구체적 사고를 하는 사람이 진실과 거짓을 혼동하고 모든 내면 체험을 "어리석고 헛된" 것이라고 말하는 것처럼, 이러한 사람 역시 진실과 거짓을 혼동하면서 그의 모든 환상들은 "아름답고, 의미 있는 것"이라고 말한다. 둘 다 편파적이고 일방적이며 불안정한 태도다. 그러면 우리는 어떻게 하면 "주의 깊게 살펴보고 그것들을 혼동하지 말라"는 밀라레파의 충고를 따를 수 있을까?

첫 번째 단계는 자료를 더 자세히 살펴보고 유령 같거나 영적인 연인의 실제 체험이 어떤 것인지를 결정하는 것이다. 유령같은 연인에 대한 체험은 내적 또는 주관적 경험이다. 우리가 그 연인을 여성의 남성적 영혼인 아니무스로 생각하든 아니면 영적 연인을 신으로 생각하든, 모든 경우 그녀에게 그는 그녀의 의식적 인격 바깥에 있는 것으로 인식될 것이다. 그러나 그는 오직 주관적으로, 다시 말해 그녀 내면에서만 대화할 수 있는 존재이다. 앞서 언급한 사례처럼 외적 존재에 대한 환각이 있는 경우든 다음에 잠깐 살펴볼 사례처럼 실제 남성이 유령같은 연인의 속성을 지닌 경우든, 유령같은 연인이 휘두르는 에너지의 주관적이거나 심리적 특성을 확실히 볼 수 있다.

내적 체험은 다양한 방식으로 인식될 수 있다. 그것은 의식적 내용과 환상적 이미지가 있든 없든 **기분** ^{mood}으로 경험될 수 있다. 아니면 실제 사람이나 상황에게 내적 체험의 의미와 가치가 부여되었을 때 외부 세계의 **투사**로, 아니면 예술적 창작이나 다른 창의적 작품의 기초를 형성할 수 있는 **꿈**이나 **비전**으로 경험될 수 있다. 기분, 투사 아니면 비전은 의식 속에서 지각되는 체험의 한 부분을 나타내는 반면, 그 너머에는 무의식에서 나오는 여러 가지 현상들과 꿈이나 환상이 있다. 그것들은 말하자면 반대쪽에서 보는 현재 상황을 나타낸다. 예를 들어, 나는 주관적인 기분에 빠져서 삶에서 철수한 여성이 하늘을 나는 비행기 조종사의 꿈을 꾸는 사례를 여러 번 보았다. 그 전형적인 꿈에서 **꿈꾼 이는 낮게 (땅에 가까이) 비행하는 비행기의 한 부분을 붙잡고 마치 연의 꼬리처럼 위로 올려져 하늘 멀리 날아가 버린다.** 내가 이것을 전형적인 꿈이라고 한 이유는 삶에서 벗어나 무의식 안으로 끌려들어간 거의 모든 환자들에게서 이러한 꿈을 반복적으로 보았기 때문이다.

자기 충족적인 정동적 어조를 가진 환상은 심리적 삶의 정상적인 부분이다. 그것이 위협이 될 때는 환상적인 자료에 지나치게 심취하느라 현실 세계로부터 주의를 거둘 때뿐이다. 특히 사춘기에 일어나는 정신적 변화에서 상상의 연인의 환상과 비전의 작용은 꼭 필요한 부분이다.

그러나 이렇게 사랑의 꿈에 심취하는 것은 일시적으로 지나가는 국면으로, 나중에 그 자리를 진정한 우정에 내주는 국면으로 남아야 한다. 그런데 소녀들은 이러한 환상에 고착되는 경향을 자주 보인다. 외부와의 접촉이 어렵거나, 외적 어려움 때문에 갓 시작된 애정이 저지를 당한 경우 소녀가 자신의 취향에 더 잘 들어맞고 자신이 원하는 대로 행동하는 구혼자가 있는 꿈의 세계로 철수하는 경우를 자주 볼 수 있다. 바로 이 지점에서 유령같은 연인이 탄생한다. 그러한 환상은 필연적으로 소녀와 그녀가 만나는 모든 소년과 남성 사이에 자리 잡는다. 그것은 마치 그녀의 구혼자들 앞에 그들이 넘어서야 하는 경쟁자가 있는 것과 같다. 시간이 지나 소녀는 성장하고 환상은 잊혀진다. 그녀는 자신의 삶의 과제에 몰두하게 되고, 소녀 시절의 꿈은 더 이상 떠올리지 않는다. 하지만 그것은 그녀의 문제가 해결되었다는 의미는 아니다. 유령같은 연인이 무의식으로 떨어진 것 뿐이다. 그는 극복되거나 퇴치되지 않았다. 그는 여전히 다른 남성들을 하찮게 보이도록 하는 아름다운 이상적인 연인이며 멋진 왕자님이다. 우리 눈에 보이지 않는 그의 존재는 그에게 사로잡힌 여성의 반응으로부터 유추된다. 그녀는 완전히 자의적인 기준으로 그녀가 만나게 되는 모든 남성들을 관찰하고 판단한다. 그녀는 "응 그래, 그는 충분히 괜찮은 남자야. 그런데 나는 키가 조금 더 큰 남자가 좋아"라거나, 금발에 피부가 하얀 남성 아니면 이목구비가 진하고 피부가 검은 남성이 좋다거나, 또 아니면 마른 남자가 좋다는 등, 끊임없이 다른 잣대를 갖다 댈 것이다. 또는 속으로만 "너무 지적이야" 아니면 "너무 생각이 없어"라면서 그를 판단할 것이다.

  우리는 이러한 "의견"을 외적 사실에 근거한 실제적인 판단과 혼동해서는 안 된다. 자신의 지적인 삶에 너무 몰두한 나머지 여성과 관계를 맺었을 때 내놓을 것이 아무것도 없는 남성이 있는 것은 사실이다. 그러나 내가 지금 언급한 것에서 잘못된 것은 실제의 상황에 전혀 맞지 않는 판단 기준의 선험적 성격에 있다. 문제는 그 여성이 다른 남성과 관계를 맺고 그 안에서 어떤 가치를 찾는 시도에도 불구하고 아무것도 찾지 못한 것에 있지 않고, 선험적인 판단으로 남성을 단번에 판단한 것에 있다. 처음부터 비판적인 입장에 선 여성 앞에 남성은 편안한 자신의 남성적 영역에서 나오는 것을 당연히 꺼려할 것이다. 실제로 남성에게는 여성적 영역인 감정의 세계에 들어가는 것을 주저하고, 불리한 입장인 경향이 있다. 그래서 여성이 비판적인 태도를 취할 경우 그는 지적인 측면을 과도하게 강조하며, 가장 비개인적인 것을 바탕으로 사고하거나 행동하게 된다.

이 눈에 보이지 않는 남자 주인공은 현실의 남성을 평가절하하는 여성의 태도를 통해서만 자신을 보여줄 것이다. 그러나 이러한 평가절하는 그가 그녀의 무의식 속에 하나의 평가 기준으로 존재하고 있다는 증거이다. 이런 식으로 그녀의 내면에서 절대적인 가치로 존재하는 그는 다른 남성이 그의 앞에서 맥을 추지 못하게 만든다. 문제는 오직 "불가능한 가능성"으로 존재하는 이 유령같은 연인이 실현되지 못한다는 데 있다. 오직 그녀의 무의식 안에만 존재하는 이 남자 주인공 때문에 여성은 남성과 실제 관계를 맺으면서 그 가치들을 육화(肉化)하지 못한다. 아니면, 그가 그녀를 삶으로부터 떨어뜨려 놓기 때문에 그녀는 다른 방식으로 그 가치를 실현할 수 없다. 다음 사례는 이 점을 설명하는 데 도움이 될 것이다.

그에 대해 아는 것이 거의 없는데도 어느 남성에게 관심을 가지게 된 여성이 있었다. 그는 그녀의 기대에 부응하지 않았고 그녀가 원하는대로 행동하지도 않았지만, 그녀에게 알려지지 않은 남자 주인공을 대표하였다. 그녀는 그를 어느 연회에서 만나 한동안 대화를 나누었는데, 집에 돌아온 다음 매우 우울하고 막연하게 만족스럽지 않은 기분에 빠진 것을 알았다. 당시 그 남성은 그녀가 바라는 역할을 충족시킬 의향을 전혀 내비치 않았지만 겉으로는 모든 일이 수월하게 흘러갔기 때문에 그녀는 자신의 기분을 이해할 수 없었다. 그날 밤 그녀는 **소매를 다림질하는 꿈을 꾸었는데, 소매 안에 다리미판 대신 스타킹을 감는 데 사용되는 나무로 만든 알이 있었다**. 그 꿈에 대한 그녀의 연상은 자명(自明)했다. 그녀는 소매는 "비장의 무기를 가지고 있다"는 은유이고 알은 가능성을 나타낸다고 말하였다. 예를 들어 우리는 "떡 줄 사람은 생각도 안하는데 김칫국부터 마시지 말라"$^{\text{Don't count your chicken before they hatch}}$고 말한다. 그러나 이 알은 나무로 만든 것이기 때문에 부화할 수 없다. 그것은 아마도 암탉이 진짜 알을 낳도록 유도하기 위한 둥지 알로 사용될 수는 있지만 그것 자체는 단단하고 부화될 가능성이 없다. 그것은 사실 전혀 가능성이 없는 경직된 "가능성"이다! 여성은 이 남성과의 대화에서 무의식적으로 자신이 원하는 상황을 강요하려고 했고, 그 결과 그 상황에 내재된 실제 삶의 가능성에서 빠져나가면서 소매에 숨겨져 있던 나무 알을 대체했다.

이런 상황에서 삶에 대한 경직된 요구로 받아들여진 가능성은 유령 같은 연인의 작품이었다. 그러나 이 예는 무의식 속에 있는 남자 주인공이 자신을 보여줄 수 있는 다음 형태를 소개하기도 한다. 무의식의 내용은 외부 세계에 투사 되는 경향이 큰데, 이때 적절한 미끼를 제공하는 매체가 있으면 거기에 잘 붙는다. 투사가 일어나면 멋진 왕자님의 정장이 외부 세계에 있는 남성에게 입혀지고 여성은 현재 눈 앞에 있는 왕자의 화신의 주술(呪術)에 격렬하게 걸려든다. 주술의 성격은 다양하다. 그녀는 지적 가치를 투사하여 위대한 스승을 발견할 수도 있고, 성애적 가치를 투사하여 아름다운 이상형을 만날 수도 있다.

제1장에서 남성의 아니마의 가치 투사와 그를 위해 이러한 가치들을 지니고 있는 여성과의 관계의 성격이 길게 논의되었다. 비슷한 방식으로 남성에게 투사되는 여성의 영혼 또는 아니무스의 내용은 마치 그에게 옮겨진^{transfer} 것과 같다. 그 결과 나타나는 정동적 개입을 소위 전이^{transference}라고 부른다. 이러한 종류의 전이는 매우 다른 상황에서 발생할 수도 있다. 그 밑에 깔려 있는 현실의 양은 무(無)에서 결혼으

로 끝맺는 친밀감에 이르기까지 다양하다. 하지만 이끌림, 매력, 주술 등이 유령같은 연인의 가치를 투사한 결과라면 그것은 현실을 바탕으로 하지 않은 것으로, 결국 무너지고 환멸에 빠질 가능성이 있다.

이것이 여성들과 소녀들이 책이나 연극에 나오는 주인공, 인기 있는 설교자, 영화 배우, 아니면 모험가나 정치지도자들을 대상으로 일어나는 전이의 본질이다. 발렌티노$^{R.\ Valentino}$의 영웅 숭배를 예로 들어 보자. 그의 유해가 일반인에게 공개됐을 때 모여든 수 천명의 여성들 가운데 그와 단 한 마디라도 주고받은 여성은 거의 없었을 것이다. 또 다른 특별한 예로는 1928년 그의 비행기 "성 루이의 정신"을 타고 대서양 첫 단독 횡단비행에 성공한 찰스 린드버그$^{Charles\ Lindbergh}$ 대령의 경우다. 그는 그의 숭배자들에게 하나의 상징이었는데, 그들의 마음을 사로잡은 것은 그라는 사람이 아니라 그의 행동, 그의 역할이었다. 존 F. 케네디의 강한 개인적 카리스마에 끌렸던 사람들도 마찬가지일 것이다. 참으로 많은 여성들이 같은 남성에게 매력을 느낀다는 사실에서 이와 같은 추론을 내릴 수 있다. 현실연관성$^{reality\text{-}relatedness}$을 바탕으로 하는 사랑은 더 분별이 있다. 이성(異性)에게 보편적으로 매력적인 남성이나 여성(여기서 말하는 매력적^{attractive}은 일반적이거나 보편적인 의미의 매력이다) 뒤에는 유령같은 연인(아니마나 아니무스)의 투사의 개입을 의심할 수 있다. 이런 종류의 전이에 자신을 내어주는 사람들이 있다. 이러한 일은 종종 그 사람이 맡은 역할에 의해서 일어나며, 발렌티노의 경우가 좋은 예이다. 그는 많은 영화, 드라마에서 주인공을 가장하고 연기했다. 그의 열렬한 추종자에게 그것은 마치 멋진 왕자님이 성육신한 모습이었고, 그의 영화를 본 모든 소녀는 영화의 여주인공과 동일시하며 그를 자신의 진정한 연인으로 느낄 수 있었다. 그러나 린드버그와 케네디의 경우에서 작용한 매커니즘은 조금 다르다. 그들은 영화 속 세상이 아닌 현실 세계에 살았던 사람들이다. 린드버그의 대담한 행적이나 활기찬 미국 대통령의 이미지를 만든 케네디의 행적은 안전한 스튜디오 안에서 일어난 것이 아니라 엄중한 현실 속에서 이루어졌다. 그러나 여기서 다시 그들의 직업은 개인 특히 여성의 아니무스 전이를 더 민감하게 건드리는 부분이 있다.

융은 『태을금화종지』[9]에 대한 해제(解題)에서 아니마를 땅의 영(정령)spirit, 아니무스를 하늘의 영(정령)으로 지칭하였다.[10] 이에 따라 남성은 깊은 물 속에 사는 반인반어인 사이렌이나 땅속 깊은 곳에 사는 땅의 영에게 끌리는 것을 알 수 있다. 예를 들어 율리시스는 사이렌의 유혹, 전설에 따르면 탄호이저는 땅속 깊이 있는 산, 비너스버그에 사는 비너스의 유혹을 받았다. 다른 한편, 여성들은 유령같은 연인에 의해서 하늘에 붙잡힌다. 센타Senta에게 있어 방황하는 화란인은 유령같은 연인이다. 또한 유진 오닐의 "이상한 간주곡"에서 비행기 조종사는 니나의 유령같은 연인이다. "로엔그린"에서 아니무스의 다른 측면이 나타나는데, 여기서 로엔그린은 엘사가 극한 상황에 처했을 때, 그녀를 돕기 위해 백조를 타고 온 영적인 아니무스, 혹은 하늘의 아니무스이기 때문이다. 그는 그녀를 데려가지 않고 그녀가 그를 의심하자 곧 사라지면서, 유령같은 연인을 영적인 아니무스로 변환시키는 능력이 여성의 태도에 있다는 사실을 보여주었다. 만약 그때 여성의 태도가 권력의 동기에 물들게 되면 유령같은 연인에서 진화한 아니무스는 다시 유령같은 연인으로 타락한다. 여성의 아니무스는 공중에 떠있기 때문에 만약 그녀가 그와 함께 가려 한다면 그것은 그녀가 그를 땅 위에서 만나려는 것이며 그때 우리는 그녀가 "공중에 붕 뜬 것"처럼 느낀다. 하늘을 정복한 비행사 같은 남성이 이런 종류의 아니무스 전이에 특히 적합한 것도 바로 이 때문이다.

우리는 발렌티노, 린드버그, 케네디에 대한 영웅 숭배에서 사실상 실제 접촉 없이 오직 영웅이 수행하는 역할을 수행함으로써 인기를 얻는 유명한 남성들에 대한 여성의 전이의 사례를 보았다. 그러나 우리의 일상 속에서 많은 사람들로부터 존경과 사랑을 받는 남성이나 여성의 경우 우리는 실제 일어나고 있는 상황을 알아보기란 쉽지 않다. 그들은 틀림없이 그 자체로 사랑스러운 사람들이고, 그들의 훌륭한 자질이 주변 사람들에게 전이를 일으켰을 것이다. 그런데 그들이 있는 그대로의 자신을 솔직하게 드러내고 호불호를 밝혔을 때 그들에게 실망한 일부 숭배자들조차 상처를 받고 원망을 품으며 돌아가지 않고, 원만하게 자기 길을 찾아갈 것이다. 문제가 생기는 것은 그렇게 사람의 마음을 끄는 사람들이 자신의 진면목을 보여주는 것을 꺼리거나 그들의 숭배자들이 그에게 부여하는 역할을 수행하려 할 때이다. 그런 일은 완전히 무의식적이거나 부분적으로 의식적으로 일어난다. 길버트와 설리반Gilbert and Sullivan이 쓴 『페이션스』는 이러한 태도를 취했을 때 일어나는 상황을 아주 잘 그린 희화(戲畵)이다. 여기서 한편에는 육욕적인 시인 행세하는 젊은이와 다른 한편에는 목가적인 시인 행세를 하는 젊은이가 교대로 합창단의 모든 처녀들에게 전이를 일으킨다. 이 극은 실제 삶에서 그런 환상을 해소하는 방법을 잘 보여준다. 자신의 현실을 숨기는 젊은이는 계속해서 그 역할에 사로잡힌다. 그가 의도적으로 자신의 목적을 위해 그렇게 행동하는 사실이 그의 투옥을 막지 못한다. 그러나 오직 페이션스만 사랑한다면서 자신의 입장을 분명히 밝힌 다른 젊은이는 난처한 상황에서 벗어났고 남은 여성들은 상사병에서 치유된다. 영웅의 자성(磁性)을 이야기하던 노래처럼 "망치가 나타나 그들을 집으로 몰았다."

　이런 사례에서 볼 수 있는 아니무스 전이의 일반적 또는 집단적 특성은 같은 남성에게 마음이 가는 여성들이 많다는 점에서 드러난다. 한 개인으로서의 여성은 그녀의 성격에 있는 개인적인 부분보다 인류의 부분을 더 많이 담은 아니무스를 통해서 조상들의 체험을 나눈다. 같은 남성에 대한 많은 여성의 묘사가 놀라울 정도로 비슷한 이유도 거기에 기인한다.

    그래서 많은 여성들의 이상(理想)을 충족시키는 남성의 매력은 그의 개인적인 자질에서 오지 않고, 많은 여성들을 매료시키는 것 자체에서 온다. 이 말을 그가 한 명의 개별적인 숭배자의 아니무스의 가치를 담고 있는 것이 아니라 그의 숭배자 집단의 공통된 가치를 담고 있다는 것을 의미한다. 그렇다고 그의 숭배자들이 개별적으로 그를 숭배하지 않는다는 것은 아니다. 그들 모두 그를 개인적으로 숭배한다. 그래서 그들은 그들끼리 서로 질투하고 경쟁하며 그들의 숭배 대상이 보이는 아주 작은 선호(選好)나 관심의 기미까지 귀하게 여기며 그것을 그와 관계된 근거로 삼기도 한다. 그러나 그들은 관찰자 입장에서 집단적이고 비개인적인 것이 명백한 그 현상을 전혀 깨닫지 못하거나 일부밖에 보지 못한다.

    이렇게 관여involvement의 집단적 특성을 인식하는 것이 그리 쉽지 않은 전이의 특성 가운데는 또 다른 측면이 있다. 우리가 여태까지 살펴본 사례들은 한 남성이 많은 여성의 전이의 대상이 되는 것이었다. 그러나 우리는 일련의 사랑의 대상들이 한 명의 연인과 동일한 가치를 지니는 경우도 볼 수 있다. 이것 또한 인간의 무의식의 전이의 결과로, 남성의 경우 아니마, 여성의 경우 아니무스의 작용이다. 전이가 지속되는 동안 사랑하는 사람은 모든 면에서 완벽하다. 그 사람을 선택할 때 신기할 정도로 꼭 맞는 것 같은 느낌, 거의 운명 같은 느낌이 든다. 한 남성은 몇 번 만나지도 않은 여성에 대해 "이 여자가 내 여자라는 느낌이 들어요", "내가 그녀의 남자라는 느낌이 들어요"라고 말한 적이 있다. 거기에는 마법 같은 당위가 있다. 그러나 그 어떤 이유로든 사랑의 대상이 전이의 매체로서의 요구조건을 충족시키지 못한다면 환상이 깨지고 사랑의 후광은 첫 번째 대상에서 다음 대상으로 쉽게 옮겨진다. 그러면서 다시 "바로 이 사람이야"라는 생각과 운명론이 시작된다.

갑작스러운 환멸에 제일 빠지기 쉬운 관계는 이렇듯 아주 독특하고 개인적인 종류의 관계이다. 왜냐하면 그것은 사실 환상―아니마나 아니무스를 다른 사람에게 투사한 데서 생긴 환상―이 아니기 때문이다. 그것을 알려주는 힌트는 우리가 흔하게 쓰는 "그녀는 내 영혼의 동반자$^{my\ soul\ mate}$이다"라는 표현에서 볼 수 있는데, 이 말은 심리학적으로 "그녀는 나의 영혼의 동반자$^{the\ mate\ of\ my\ soul}$이다"라고 해석할 것이 아니라 "그녀는 나의 영혼이고, 나의 동반자이다"라고 해석해야 한다.

신화나 전설에서 이런 종류의 사랑의 환상이나 마법적 요소를 발견할 수 있는데, 가령 사랑의 묘약을 마시고 사랑에 빠지는 연인들을 예로 들 수 있다. 『트리스탄과 이졸데』에 나오는 것처럼 남녀가 이 묘약을 마시고 나면 상호 아니무스-아니마 전이가 일어난다. 이때 두 사람은 같은 성격의 사랑으로 서로를 사랑하지만 그들의 사랑은 현실 세계에서는 이루어질 수 없다. 그들을 현실에서 도망치고 명예를 포기하며 마크 왕(트리스탄의 삼촌이자 이졸데의 남편이지만, 트리스탄과 이졸데는 비밀리에 결혼을 약속했었다―역자 주)에 대한 의무를 저버려야만 했다. 한 사람만 묘약을 마신 경우도 있는데, 유혹에 빠진 지그프리드가 명예를 잃고 살해당하는 『신들의 황혼』^{Götterdämmerung} 또는 당나귀 머리를 한 보톰을 사랑하게 된 티타니아가 나오는 『한 여름밤의 꿈』처럼, 묘약을 의도적으로 준비하여 피해자에게 영향력을 행사하기도 한다.

이런 유형의 아니무스 전이는 매우 흔히 일어난다. 한 여성이 사랑에 빠진다. 그녀는 그 남성에게 적극적이고, 그녀의 정동은 강하게 일어난다. 아주 강력한 힘이 작용하고 있는 것이 틀림없다. 그런데 이상한 것은 아무 일도 일어나지 않는다는 것이다. 현상이 곧바로 사라진다. 처음에 남성은 잠시 의아함을 느끼다가 우쭐한 마음이 들거나 어쩌면 여성이 자신에게 보이는 호감을 이용하려 들 수도 있다. 그러나 얼마 지나지 않아 주술이 풀리고 환멸이 찾아오며, 매력이 사라진다. 그녀가 사랑했던 특별한 사람은 다시 평범한 사람으로 돌아간다. 몇 주, 아니 며칠이 지난 다음 다시 같은 일이 일어난다. 그녀 앞에 또 다른 남성이 나타나 다시 그녀의 영웅이 된다. 아니무스의 재등장에 여성이 설레임을 느끼고 둘의 관계가 조금 더 만족스럽고 현실적이며 더 오래 지속될 수도 있지만, 결국 다시 실패할 운명이다. 그리고 또 얼마 지나지 않아 또 다른 비슷한 투사가 이전의 투사를 대체할 것이다.

이러한 여성은 일련의 투사를 통해 그녀를 끌고 가는 운명의 수레바퀴에 묶여 있는 것만 같은 느낌을 받으며, 그녀를 거기에 묶어 두는 것은 그녀의 존재의 가장 큰 법칙 가운데 하나인 그녀의 영혼, 그녀의 아니무스를 찾아야 할 필요성이다. 그러나 그녀는 만나는 모든 남성을 투상의 대상으로만 볼 운명이다. 그녀는 그라는 남성을 사랑하지만 곧 속았다는 것을 깨닫는다. 그 남성과 그녀의 아니무스는 같은 것이 아니기 때문이다. 그녀는 다른 사람으로서 사랑하고, 짧은 기간 동안 환상 속에 빠져 살다가 다시 깨어난다. 비유하자면, 그녀의 모습은 마치 잠에서 깨 주변을 둘러보지만 결국 다른 남성의 모습으로 가장한 자신의 아니무스만 보는 것이다. 환상 대신 환멸이 들어서고, 처음부터 모든 단계가 반복된다. 이제 그녀는 이런 일들이 그녀를 어디로도 데려가지 않으며, 자신이 키메라(그리스 신화에 나오는 괴물. 머리와 다리는 사자, 몸통은 염소, 꼬리는 뱀으로 된 동물—역자 주), 즉 그에게 빠진 이를 삶과 현실로부터 멀어지게 만드는 유령같은 연인을 따라가고 있다는 사실을 깨닫는다. 그때 이런 의문이 떠오른다: 이 가망 없는 추구를 멈출 방법은 없을까? 그녀는 자신에게 일어나는 일을 완벽하게 인식하지만 거기에서 벗어나지 못한다. 그녀의 정동이 너무 깊고 강력해서 의식적으로 의지를 발휘할 수 없는 것이다.

　유령같은 연인이 자신을 드러내는 세 번째 방법은 무의식, 내면 세계의 깊숙한 곳에서 보거나 감지하는 비전 또는 가치의 형태를 통해서이다. 그때 많은 사람들은 그런 환상들에 현혹당한다. 예를 들어 자신이 결코 그리지 않은 놀라운 그림을 본 화가 지망생, 집필되지도 않은 시나 소설을 가지고 있는 작가, 현실 세계에서 도무지 실현할 수 없는 삶을 사는 신지론자 등은 모두 유령같은 연인에게 현혹당해서 현실로부터 멀어진 사람들이다. 실제 그림 작업에 들어간 화가 지망생은 그녀의 현실(실제 그림 실력)의 초라함에 낙담한다. 그래서 그림을 실제로 시도하기보다는 차라리 아름다운 비전으로 남기기로 한다. 그녀는 "낚시 바늘로 고래를 낚으려다" 오히려 거기에 끌려가 현실 세계에서 길을 잃는다. 큰 물고기를 잡으려다 물속으로 끌려 들어가기 보다는 작은 물고기를 잡아 뭍으로 건져 올리는 것이 훨씬 나은 것은 틀림없다. 때로는 이런 일들을 그대로 흘러가게 내버려두고 현실에 굳건하게 서는 것에 관심을 기울이는 것이 현명할 때가 있다. 그러나 또 다른 때는, 있는 힘을 다해서 감추어진 가치들을 포착하고, 그것들을 세상에 드러나게 해야 할 때도 있다. 그러면 유령같은 연인의 특성이 변하여 영적 아니무스가 된다. 유령같은 연인이 패배한다. 그는 이제 더 이상 악령처럼 행동하지 않고, 그녀의 힘이자 인도자가 된다. 다시 말해서 아니무스가 그녀를 무의식과 이어주는 기능을 올바르게 수행하게 된다.

화가 지망생인 여성을 실제 삶으로부터 멀어지게 할 뻔했던 기제(機制)가 스스로 예술적 재능이 전혀 없다고 여기는 다른 여성에게도 작용할 수 있다. 특정 생각이나 해석을 밝히기 보다는 혼자 생각하고 즐기는 것이 더 쉬워 보일 경우에도 유령같은 연인의 작용을 의심해 보아야 한다. 현실보다 더 좋은 가치 판단의 기준도 없기 때문이다. 만일 어떤 일이 제대로 돌아간다면 그것은 꿈이 아닌 현실이다. 이것은 자신을 발명가^{inventor}라 일컫는 사람들에게 세상이 적용하는 시험이다. 실제로 작동하는 모형을 만들 수 있는 사람은 게으른 몽상가가 아니다. 마찬가지로 비전과 생각도 물질의 세계보다는 행동과 관계와 더 연관되지만 현실 세계에서 적용됨으로써 그 가치를 증명할 수 있다. 두 사람 사이의 격차를 메울 수 있는 비전은 조지 워싱턴 교(橋)를 세울 생각보다 훨씬 더 현실적인 비전이다.

  실제 남성이나 어떤 내적 가치에 멋진 왕자님을 투사할 때 언제나 아니무스의 배열이 중요하다. 이때 평소 무의식 깊은 곳에 잠복해 있던 보편적 가치들이 깨어나 의식에 닿기 때문이다. 그러나 일반적으로 우리 지각의 범위가 너무 좁아 그것을 포착하지 못할 때가 많다. 그럼에도 불구하고 아니무스의 가치들이 일순 떠오르면 에너지는 풀려난다. 이것은 일반적으로 정동의 표출로 드러나는데, 그 가치를 자기 것으로 하기 위해 손을 뻗기도 전에 그냥 지나가버리는 경우도 많다. 보물을 손에 넣을 수 있을 만큼 충분한 의식을 가지고 있을 때조차 그것이 자신의 실제보다 원시적 심연에 더 확고하게 고정되어 있음을 발견할 수 있다. 따라서 그녀가 지혜로운 조언을 받아들이지 않고 그토록 갈망하는 보물을 얻겠다는 마음을 포기하지 않으면 위험에 빠질 수 있다. 아니마를 투사한 남성과 사랑에 빠졌다가 두 번 다시 그런 일을 반복하지 않겠다는 결심에도 불구하고 다시금 똑같은 상황에 빠진 여성은 자신의 의지에 반하여 계속해서 같은 상황에 빠진다. 불에 그을린 날개가 불꽃에서 나방을 구하지 못하듯이 불에 데인 그녀의 손가락도 그녀를 구하지 못한다.

따라서 이러한 아니무스의 가치를 실현시키고 의식적인 인격의 가치를 높일 수 있는 방법을 찾는 것이 시급해진다. 유령같은 연인이 형태를 바꾸고 여성의 의식과 무의식의 세계를 이어주는 정신적 기능이 되도록 할 수 있는 기술은 없을까? 아니마와 아니무스를 다루는 장에서 융은 그 방법을 개괄적으로 설명하였고, 아니마와 아니무스로부터 가치를 끌어내는 데 성공하는 개인이 얻는 이점을 상세히 논의하였다. 그러나 이 방법을 지금까지 언급한 다양한 상황에서도 적용할 수 있는지에 대해서는 더 충분하게 기술되어야 할 것이다. 이미 논의된 다양한 상황에서 이 방법을 적용할 수 있는 방법을 더 자세히 설명해야 하는 것이다.

아니무스가 죽거나 이미 헤어진 연인 또는 멋진 왕자님이라는 의식적 혹은 무의식적 환상에 기반을 둔 기분으로만 나타날 때 그 투사를 받은 남성과 관련해 외부에서 개입할 여지가 전혀 없다. 그가 오직 그 여성의 내면에서만 살고 있기 때문이다. 그러나 유령같은 연인에 사로잡힌 여성에서 비롯된 외적인 문제를 상쇄하는 데 관여할 수는 있다. 예를 들어, 그녀 스스로 만나는 모든 남성을 평가절하하는 비판적인 태도의 기능을 인식하는 과제를 설정할 수 있다. 다르게 말해 자신의 비판적인 태도를 비판함으로써 아니무스의 영향력을 약화시키는 시도를 할 수 있다. 어떤 남성이나 상황에 대해서 성급한 판단을 내리거나 근거 없는 의견에 휘둘릴 때 그녀는 자신이 이런 생각을 하게 된 이유를 자문해 보아야 한다. 다른 사람이 보기에 이것은 그리 어렵지 않아 보인다. 그런데 이러한 방식으로 의식에 도달하려는 아니무스에 홀린 여성은 그것이 얼마나 어려운 일인지를 알게 될 것이다. 왜냐하면 이러한 견해는 논리나 논쟁의 산물이 아니라 선험적 진리로 인식되어서 이러한 상황까지 오게 된 배경을 추적하기가 어렵기 때문이다.

그렇다면 이러한 여성이 자기가 하는 일을 어떻게 자각할 수 있을까? 그녀가 의식적 비판을 통해 인식할 수 있는 내용은 지극히 적다. 아주 드문 경우 그녀는 친구들의 항의를 통해 그 사실을 알아차리거나, 정신분석가를 찾아가 일상의 사건들에 관한 토론에서 그러한 자각이 어느 정도 생길 수도 있다. 그러나 이 상황을 제대로 이해하려면 사건의 무의식적인 측면을 분석할 필요가 있다. 그것을 통해 아니무스의 활동이 확실하게 드러나고 그의 진정한 정체가 드러날 것이다. 환자 본인의 자료에서 나오는 그러한 증거는 다른 사람의 설명이나 비판이 필요없는 방식으로 그에게 확신을 준다.

이런 방식으로 그녀의 비판적인 태도의 근원을 인식하고 유령같은 연인이 그녀에게 건 주술(呪術)로부터 해방되면 그녀는 이전보다 더 겸손하고 열린 마음으로 삶을 대하며 누구하고도 만날 수 있다. 그러한 태도의 변화는 거의 마법과 같은 효과를 가져온다. 나는 자신이 태도를 바꾸자 마자 모든 사람들이 그녀를 대하는 태도가 달라졌다고 말하는 여성을 수도 없이 많이 보았다. 그 전까지 방어적인 태도를 가졌던 사람은 수용적으로 되었고 적대적이거나 무관심했던 사람은 보다 공감적으로 되었다. 마치 직접적인 접촉 없이 "마법"이 작용한 것만 같다. 예를 들어 가장 친한 친구조차 자신의 비판적인 태도와 독점욕 때문에 자신을 피하는 지경까지 온 어느 여성은 분석 과정에서 친구에게 자신의 이상을 충족시킬 것을 요구하는 사실을 서서히 인식하였고, 그것이 아니마의 지배 때문이라는 사실을 깨달았다. 전화벨은 그녀가 그 깨달음을 얻는 순간 울렸다. 그 전화는 함께 외출하자는 그녀의 친구의 전화였는데, 그것은 그녀의 친구가 몇 주 만에 그녀에게 자발적으로 한 제안이었다.

유령같은 연인의 속박에서 벗어난 여성이 새로운 정동적 가치를 발견하고, 그전까지 척박했던 삶에서 벗어나 새로운 삶을 살게 된 사례가 많은데, 이것은 유령같은 연인의 문제가 해결될 때 일어나는 일 가운데 하나이다.

아니무스가 살아 있는 사람에게 투사하는 경우에도 같은 결과를 얻을 수 있다. 여기서도 가장 큰 어려움은 실제 상황을 인식하지 못하는 데 있다. 아니무스를 투사할 때 여성은 자기가 무엇을 하고 있는지 모른다. 반면에 그녀가 인식하는 **사실**fact은 그녀가 아주 기가 막힌 사람을 만난다는 것이다. **투사가 지속되는 동안** 그녀는 계속 그런 사람으로 인식한다. 어떤 상황의 진정한 본질은 그 상황이 **지나간 다음**에야 인식되기 때문에 그 상황의 진면목을 알기 위해서는 의식적인 측면과 무의식적인 양 측면에서 상황을 주의 깊게 분석해야만 한다. 이것은 매우 중요한 점이다. 왜냐하면 결국 그 상황의 진정한 본질의 증거를 제공하는 결과가 나오더라도, 그 일은 이미 지난 역사가 된 후이기 때문이다. 삶의 단계를 통해 드러나는 숨겨진 경향은 초기 단계에 여전히 미숙한 채로 있다. 그것들은 상황에 이미 내재된 미래를 낳은 자궁 속에 숨겨진 씨앗에 불과하다. 미래의 씨앗을 품고 있는 이 자궁이 바로 무의식이다. 무의식을 분석하면 어떤 상황에서든 내재된 배아가 드러날 것이다. 그러므로 우리는 무의식의 내용을 분석함으로써 현재를 역사적으로 볼 수 있고, 4차원적인 관점을 얻을 수 있다. 그것은 우리에게 사물을 "있는 그대로" 볼 수 있게 하고 동시에 "그것들의 미래 모습"까지 볼 수 있게 한다. 우리는 배아 속에서 미래를 보기 때문에, 시간을 앞질러 가는 것이다.

이런 예지(叡智)는 분명 과거와 현재로부터 미래를 잣는 운명의 세 여신 가운데 셋째인 노른^{Norn}의 의미일 것이다. 이런 방식으로 삶을 "있는 그대로"뿐만 아니라 "(미래의 모습, 즉) 있을 그대로"까지 보는 것은 우리 행동에 새로운 책임을 부여하는데, 많은 사람들이 이 대가가 무겁고 버겁게 다가올 것이다. 우리는 이 특권을 얻기 위해 눈 하나를 바친 보탄^{Wotan}을 기억한다. 마찬가지로, 우리 또한 아니무스 투사의 주술에 더 이상 끌려 다닐 수 없기 때문에 비싼 대가를 치러야 한다. 아니무스의 내용을 지닌 남성과 사랑에 빠지는 것은 기쁨이자 도취이다. 그는 우리의 이상형이고, "영혼의 동반자"다! 그러나 그것이 지상낙원의 한 부분이 아니라 심리적 환상이라는 사실을 분석하고 이해하려면 비싼 대가를 치를 용기와 의지가 필요하다. 우리가 치러야 하는 대가는 우리 행동에 대한 책임을 의식적으로 감당하는 것이다. 우리는 이제 더 이상 운명이나 다른 사람을 탓할 수 없고, 자신을 상처 입은 무고한 피해자로 여기며 다시 환상에 빠져들 수 없다. 그곳에서,

> 모든 이에게는 유리 낙원이 있네 …
> 우리 영역에 양각으로 새긴 파우누스(반인반수의 목신-역자 주)처럼
> 우리는 멀리 바라보고 우리의 차분한 눈은
> 난잡한 고통의 신들이 어떻게
> 흥청대는지에 주목한다; 그러다가 놀라움 속에서
> 그들이 우리의 낙원에 침입한다면
> 우리는 참을성 있게 그 아름다움을 다시 쌓으리.[11]

우리는 에밀리 디킨슨이 실연 후 자기 자신에 대해 쓴 것과 같은 승화된 상태를 다시는 경험할 수 없다.

신이 준 칭호—나의 것!
아무 징표도 없는—아내!
나에게 부여된—날카로운 지위-
캘버리의 황후여! [12]

이 시에는 그녀의 사랑이 가져온 심리적 문제를 이해하려는 시도가 전혀 보이지 않는다. 여기서 유령같은 연인은 오로지 잃어버린 연인으로서의 면모만 보여주고 있다. 그리고 그 여류 시인이 그의 비(妃)이고, 그리스도로 가장한 그의 실제 정체를 본다. 가슴 속에 이런 환상을 품은 여성이 어찌 유한한 목숨을 가진 평범한 남성에게 눈길을 돌리겠는가!

유령같은 연인을 투사한 남성과 사랑에 빠진 것을 깨달은 여성이 자신의 사랑 안에 있는 전이의 요소를 다루면서 그 남성과 진정한 관계를 맺는다면 아니무스의 지배로부터 벗어날 수 있다. 두 사람 모두 그 작업에 착수할 경우 그러한 결과를 더 쉽게 얻을 수 있다. 발렌티노처럼 수천 명의 여인들로부터 사랑을 받는 영웅의 경우 그럴 가능성이 전혀 없지만, 평범한 일상 생활 속에서 상호 아니마-아니무스 투사를 일으키는 평범한 남녀가 전이된 내용을 기반으로 하는 환상 대신 현실에 기반을 둔 관계를 맺으면 투사가 철회될 수 있다. 유령같은 연인의 문제는 대부분 이런 식으로 해결된다. 남녀가 결혼할 때 그들의 사랑에는 거의 언제나 아니무스-아니마 요소의 투사가 들어있다. '콩깍지'가 벗겨진 다음 두 사람은 배우자가 자신을 있는 그대로 보지 않고 자신에 대해 왜곡된 상을 가지고 있다는 사실을 깨닫는다. 배우자의 눈에 그들은 각각 어떤 면에서는 미화되고 어떤 면에서는 평가 절하되어 있기 때문이다. 그러나 전체적인 매커니즘은 미묘하며 명확하게 알 수 없다. 거기에 더해서 사소한 오해를 그냥 넘기는 경향도 크다고 볼 수 있다. 약간의 반발과 갈등 상황을 다소 길게 거친 다음, 이 젊은 부부는 일반적으로 일상생활에 안주하고 여러 오해를 거의 풀지 않고 지낸다. 그런 경우 아니마와 아니무스의 투사는 이어지고 그들은 진정한 관계를 맺지 못하게 된다.

그러한 상황을 이상적인 해결책이라고 여기는 사람도 일부 있겠지만, 결혼 생활 초기 매우 쉽게 수용되었던 투사된 아니마나 아니무스의 겉옷이 점점 더 벗기기 어려워지면서 사람들은 거부감이 전혀 들지 않았던 가면을 착용할 것을 강요받는다. 유진 오닐의 희곡 『위대한 신 브라운』은 이러한 상황을 주제로 다룬다. 약혼녀의 이상에 맞추기 위해 디온이 기꺼이 썼던 가면은 점차 그의 자발성과 주도성을 파괴하였다. 여기가 두 번째 위험이 발생하는 지점이다. 아니무스나 아니마 투사의 무게에 짓눌렸던 배우자가 반란을 일으키고 더 이상 그것을 짊어지지 않으려고 하며 자신의 있는 그대로의 모습을 드러내려고 하는 것이다. 만약 전체 상황이 폭발의 영향으로 무너지지 않는다면, 현실을 기반으로 하는 관계를 구축할 다른 기회가 주어진다. 그러나 이러한 결과는 위에 언급했던 것과 마찬가지 의미에서, 역사적인 사건이 된다. 오직 일련의 사건만 기회를 가져오고 일반적으로 몇 년 가지 않는다. 그러한 경우 관계의 문제를 해결해야 하는 의무는 운명의 일이지 당사자들이 자유 선택이 아니다. 그러나 그들이 투사된 아니마 또는 아니무스의 가치에 의해 생성된 에너지와 욕망에 이끌려 단순히 따라가는 것이 아니라, 무의식으로부터 오는 암시를 찾은 것이었다면, 이 남녀의 아니무스나 아니마 투사가 가리는 지점을 파악할 수 있었을 것이다. 그러면서 삶의 각 지점에서 각자의 진정한 인격과 관계를 맺을 수 있었을 것이다. 그 결과 그들은 시간이 흐르면서 투사를 기반으로 한 환상 대신 현실을 기반으로 하는 관계를 서서히 쌓을 것이다. 이러한 방식으로 삶의 문제를 다루는 것에는 이중의 가치가 있다: 현실이 환상을 대신할 뿐만 아니라, 외부 세계에서 해소된 아니무스나 아니마는 남성이나 여성의 성격과 인격 안에서 실현될 수 있는 것이다. 서로를 알고 받아들이는 법을 배우며 평생을 함께 살아온 부부에게서 가끔 볼 수 있는 성숙함은 아니마와 아니무스의 이런 동화로부터 오는 경우가 적지 않다.

  예술 작품의 창작을 통해 유령같은 연인의 가치가 실현되는 경우도 있지만, 여기서 나는 좀 더 유보적인 입장을 취하려 한다. 예술 작품이 아무리 아니마나 아니무스를 통해 나온 내용들을 구현하더라도 이러한 가치가 항상 예술가의 인격에 진정으로 통합된다는 것을 의미하지 않는다. 만약 그렇다면, 모든 위대한 예술가들과 모든 위대한 시인들은 위대한 인물이자 진정으로 성숙한 인간일 것이다. 우리는 그렇게 믿고 싶지만, 불행하게도 그것은 사실이 아니다. 정말 애석하게도 매우 많은 위대한 시인이나 예술가는 너무나도 인간적이다. 어떤 시인들은 천재성을 얻은 대가를 성격으로 치른 것처럼 보이기까지 한다. 예술 작업은 종종 아니무스의 가치가 외부 세계에 투사되는 또 다른 방식에 불과하다. 아니무스의 가치가 사랑하는 대상에게 투사되는 대신 내면 드라마라는 이미지의 형태로 투사된 것이다. 이렇게 해서 얻어지는 것은 예술 작품들로 더 풍요로워진 세상이다. 예술가는 그의 내적 환상을 실현시키면서 자신을 지난(至難)한 작업에 바치고, 동료들에게 칭송을 받는다. 그는 결코 게으른 몽상가가 아니다. 그는 현실 세계에서 무엇을 이룬 사람이다. 그럼에도 불구하고 그가 그의 작품에 담긴 심리학적 의미를 동화시키지 못하면 그에게 영감을 준 영혼의 이미지가 지닌 가치를 그의 개인적 발달에 사용하지 못했다고 볼 수 있다. 그는 그의 비전을 오직 작품을 위한 비전으로만 보았던 것이다. 그는 그것이 그의 내적인 삶의 드라마라는 사실을 깨닫지 못하고 "예술가로서의" 자신의 통찰로부터 아무것도 발달시키지 못했다.

여기서 우리는 전체 주제에서 아마도 가장 중요한 부분, 즉 유령같은 연인의 가치의 동화에 도달한다. 처음에 이러한 가치들이 무의식적일 때는 그것들을 개발할 수 없다. 그 다음에 그것들을 투사되고 개인은 그것들을 인식하게 되지만 그것들은 여전히 인격의 바깥에 자리한다. 문제는 그 에너지들이 의식적인 삶의 발달에 유용하게 쓰일 수 있는 형태로 우리 정신 안에 끌어들일 수 있는가 하는데 있다.

아니무스의 가치가 남성에 대한 투사로 배열되어 있는 여성을 분석하다 보면 투사가 깨지는 순간이 온다. 이전에 투사에 사로잡혀 있던 정신에너지 또는 리비도가 해방되어 무의식 속으로 가라앉으면서 그 안에 숨어 있던 원초적인 상(像)들을 활성화시킨다. 그때 그녀는 리비도가 무의식에서 겪는 변환을 나타내는 자발적인 환상들과 비전을 만들어 내기 시작한다. 여성이 이러한 환상을 어떤 종류의 현실을 나타내는 것으로 진지하게 받아들이면, 그녀는 그런 실망이 으레 유발하는 불행한 기분에 휩싸이는 대신 그 환상의 일부가 될 수 있다. 다시 말해 그 환상 안에 "들어가면서" 그것의 발달에 참여하게 되는 것이다. 융은 그런 방법을 『분석심리학에 관한 두 편의 논문』에서 다음과 같이 기술하였다.

이제 이것은 신경증의 전형적 현상인 기분에 굴복하는 것과 정반대된다. 그것은 나약함도, 기민한 항복도 아닌 어려운 성취이며, 오히려 그 본질은 기분의 유혹에도 불구하고 객관성을 유지하고, 기분을 지배적인 주체가 되게 하는 대신 당신의 목표로 만든다. 그래서 환자는 기분이 그에게 말하도

록 노력하고, 그것이 어떤 종류의 환상적인 유사점들을 표현하고 있는지 살펴보아야 한다.[13]

이러한 방식으로 기분이 펼쳐지도록 허용함으로써 주체가 참여하게 된 무의식의 상황이 드러난다. 이러한 참여가 이루어진다면, 환상의 자료는 점진적으로 발달하게 되어 이전에 투사된 중요한 가치들이 동화되고 인격의 새로운 중심을 창조하는데 쓰이게 된다. 융은 그 중심에 대해 "인격에 새롭고 견고한 토대를 마련해준다"[14]고 말하였다. 그는 『분석심리학에 관한 두 편의 논문』에서 환상을 이용하여 무의식의 이미지들과 접촉해 그 안에 있는 에너지를 인격 형성에 활용하는 놀라운 사례를 소개한다. 다음에 소개하는 환상 자료에서 비슷한 종류의 일이 일어난다. 자신의 아니무스 가치를 투사한 남성을 사랑하게 된 여성이 있었는데, 그녀가 인식하지 못했던 상황을 인식한 남성은 그 위험을 피하기 위해 그녀를 거절하였다. 그 일을 계기로 자신을 되돌아보게 된 여성은 분석을 받으면서 우울증에 빠지는 대신, 자신이 겪은 사랑의 좌절의 의미를 이해하기 위해 그녀의 기분이 그녀에게 말을 걸게 하고 환상 속 무의식의 이미지들의 색조를 보여주도록 하였다. 다음에 소개하는 것은 그녀가 본 환상 또는 깨어있는 비전이다. 나는 그녀의 말을 그대로 옮긴다:

나는 숲에서 나와 양지바른 들판으로 나왔다. 주변 산에서 불어오는 신선하고 시원한 바람이 초록빛 햇살이 내리쬐는 초원을 가로질러 불었다. 나는 하늘을 향해 높이 쳐든 얕은 그릇 안에 있는 것 같았다. 나는 혼자였다. 들리는 것은 긴 풀숲을 지나가는 산들바람 소리뿐이었다.
갑자기 내 뒤의 숲에서 두 마리의 검은색 말과 두 마리의 흰색 말, 네 마리의 말이 질주했다. 그 위에 갑옷을 입은 네 명의 기사가 타고 있었는데, 각각은 비단으로 만든 삼각 깃발이 휘날리는 창을 들고 있었다. 가슴에 루비로 된 용이 있는 검은 갑옷을 입은 기사는 붉은색 깃발이 펄럭이는 창을 들고 있었는데, 그것이 바람에 날리고 흔들리는 모습은 마치 불길이 혀처럼 날리는 것 같았다. 다른 백마에는 강철 갑옷을 입은 기사가 타고 있었는데, 그의 가슴에 있는 사파이어에서는 태양이 작열하고 있었고 그가 든 강철 창은 푸른 불꽃의 혀를 내두르고 있었다. 가슴에 토파즈가 그려진 황금 갑옷을 입은 기사는 노란 불꽃의 혀를 날리는 황금 창을 손에 들고 검은 말을 타고 있었다. 또 다른 검은 말에는 가슴에 에메랄드로 된 초승달 모양이 있는 은색 갑옷을 입은 기사가 타고 있었고, 그의 손에 든 창에는 저 멀리 길게 이어지는 얇고 뾰족한 녹색의 불꽃이 휘날리고 있었다.

 네 명의 기사는 들판 중앙으로 달려갔다. 그들은 말에서 내려, 반대 방향으로 백 걸음 나아갔다. 용의 문양을 한 기사는 북쪽으로 백 걸음, 황금 갑옷의 기사는 동쪽으로 백 걸음, 에메랄드 초승달의 기사는 남쪽으로 백 걸음, 사파이어 태양의 기사는 서쪽으로 백 걸음 나아갔다. 그들은 창을 던져서 그것을 땅에 꽂고, 말들을 불러 세우고, 칼집에서 불타는 강철의 칼을 뽑았다. 그들은 고함을 지르며 햇빛에 칼을 휘둘렀고, 말에 박차를 가하면서 상대편과 맞닥뜨리기 위해 곤두박질쳤다. 나는 땅에 떨어져 눈을 가렸다. 나는 말들의 몸이 심하게 부딪치는 소리를 들었고, 강철의 고리가 서로 부딪치는 소리를 들었으며, 기도하기 위해 무릎을 꿇었다. 나는 무릎을 꿇으면서 분명히 기절한 것 같다. 의식을 되찾으면서 눈을 떴는데, 내 앞에 있는 들판 한가운데에는 제단이 있었다. 그 위에는 루비, 에메랄드, 사파이어, 토파즈가 박힌 얕은 은 그릇이 있었고, 그 안에서 맑은 불꽃이 하늘로 치솟았다. 나는 비틀거리며 일어나 제단 가까이 다가가 무릎을 꿇고 고개를 숙여 기도했다. 갑자기 목소리가 들렸다. 위를 올려다보니 거대한 독수리가 불꽃 속에서 마치 날아갈 듯한 자세를 하고 있었다.

  이 환상을 완전히 해석하는 것은 이 책이 다루는 범위를 넘어선다. 환상이 다루는 심리적 문제가 너무 먼 곳까지 이어지기 때문이다. 하지만 이에 대한 일반적인 해석은 리비도가 변환하는 과정의 추이를 일부 보여줄 것이다.

  이 여성은 깊은 내향화를 통해서 일종의 그릇 같은 산 속, 일종의 지구-자궁 안으로 물러났다. 이것은 바깥에 있는 대상을 향해 힘차게 나아갔던 리비도가 갑자기 제지를 당했을 때 전형적으로 일어나는 움직임이다. 여기서 그녀는 그녀의 내면 세계에서 아니무스의 영광스러운 의인화인 영웅들이 질주하는 것을 본다.

  네 명의 영웅은 네 개의 기본 색과 네 개의 방향과 연관된다. 그들은 대우주뿐만 아니라 소우주의 네 가지 부문을 나타내는데, 우리는 그것들을 정신의 네 가지 기능[15]이라고 말할 수 있다. 여기서 그들은 기사로 등장한다. 그들의 보석과 당당한 모습은 외적인 기준에서 보았을 때 상대적으로 하찮아 보이는 상황에 의해 활성화된 가치들의 중요성을 보여준다. 이전에도 이 여성은 아니무스 전이를 많이 일으켰지만 그때 자신이 무엇을 하고 있는지 깨달은 것은 이번이 처음이었다. 갈등 가운데 있는 무의식적 상들은 사람들이 자신의 무의식에 대해서 깨달을 때, 더 이상 나타나지 않는다.

  기사들은 언덕의 원 안에 백 걸음씩 나아가며 정사각형을 만들었는데, 이것은 아주 오래전부터 존재한 원을 정사격형에 일치시키려는 불가능한 시도, 즉 측정이 불가능한 것을 측정하려는 시도이다. 기사들은 측정 가능하고 따라서 알 수 있는 영역의 일부를 구분한다. 심리적으로 이것은 아니무스 투사가 여성의 정신에 정당하게 속해야 하는 무한한 우주의 한 부분을 측정한다는 것을 의미한다. 아니무스가 처리되지 않고 의식화되지 않을 때 그것은 유령같은 연인이 되어 그녀를 그녀가 알거나 알 수 있는 현실에서 알 수 없는 영역으로 데려간다. 그러므로 네 명의 기사의 구획 활동은 매우 중요하다. 그것은 이 사례가 보여주는 것처럼, 아니무스 상이 무의식과 접촉하면서 파악되지 않은 인간의 정신을 인간의 집단적 무의식의 세계와 연관시키는 기능을 통해 제한하고 체험할 수 있게 한다는 것을 의미한다.

따라서 이 환상의 패턴은 인간의 정신에 대한 일종의 도표를 형성한다. 『황금꽃의 비밀』과 『원형과 무의식』에서 융은 중국, 티베트, 인도의 만달라나 마법의 원과 유사한 도표에 대해 논의한 바가 있다. 여기 그려진 것은 만달라이다. 동양에서 만달라는 명상이나 다른 종교적 실천에서 자아를 찾을 용도가 아니라 비개인적인 인격의 중심을 찾을 용도로 사용되었다. 이 사례에 나오는 여성 또한 심리적인 과정을 통해 비슷한 일을 하고 있다.

기사들이 충돌한 후 여성은 그들이 사라진 것을 깨닫는다. 남은 것은 기사들이 착용했던 보석으로 장식된 그릇이 있는 중앙 제단이다. 그것은 아니무스의 중요한 가치들이 제단 위에 있는 그릇으로 옮겨진 것을 의미한다. 그릇 안에는 불꽃(에너지)이 있는데, 그것은 기사들 사이에서 충돌이 일어나기 전에 나타났고 객관적인 수준에서 볼 때 여성이 아니무스를 투사한 남성과 맺은 관계의 강도에서 나타났다. 그 그릇에서 불사조 같은 독수리, 긴 비행을 하는 새가 태양을 향해서 날아오른다.

변환이 일어나는 동안 여성은 의식을 잃는데, 그것은 이러한 변환이 의식적 지성으로 이해되거나 파악될 수 없다는 사실을 의미한다. 그것은 신비이고 언제나 신비로 남는다. 즉, 삶의 기적 가운데 하나인 것이다. 이런 무의식성 역시 일종의 죽음이다. 그것은 의식의 자아가 다른 인격의 중심으로 대체되고 있다는 것을 의미하는데, 그것 역시 일종의 자아의 죽음이다.

제단 위에 있는 그릇은 언덕에 자연적으로 만들어진 그릇과 비슷하다. 기사들이 언덕 원의 안에 구분한 네 개의 정사각형 영역 안에 또 다른 원이 나타나는데, 이것은 이 새로운 소우주의 중심이 대우주와 어느 정도 유사함을 시사한다. 그것 또한 우리의 기준으로는 측정되지 않는 그릇 또는 원이다. (πr^2으로 알려진 원의 면적은 π라는 기호가 본질적으로 상상적인 상이기 때문에 엄밀하게 말하면 알지 못하는 것이라고 해야 한다). 이것은 의식에서 정신의 이 새로운 중심을 완전히 이해할 수 없다는 것을 의미한다. 그것은 우주의 본질을 담고 있다.

어쩌면 인간 정신의 중앙에 우주의 한 조각이 결정체를 이룬 것인지도 모른다. 아니면 물 한 방울이 대양(大洋)의 축소판인 것처럼, 이 중심의 결정(結晶)은 우주의 축소판이다. 종교 용어로 말한다면, 그것은 인간 안에 있는 하느님이다. 그런 개념은 많은 위대한 종교들의 중심에 있는 신비이며, 우리는 현대 미국 여성의 무의식의 환상에 이와 동일한 생각이 나오는 것을 볼 수 있다. 여성이 그것들을 보자마자 무릎을 꿇고 기도했던 것을 보면 그 환상의 형태가 여성에게 종교적 대상의 가치를 가지고 있다는 것이 분명하다.

불꽃에서 떠오른 독수리는 불사조처럼 생명의 소생^{renewal}을 약속한다. 그것은 방언과 불꽃으로 제자들에게 내려온 비둘기, 성령과 유사하다. 성경에서 신자들의 마음속에 하느님을 거처하게 하는 성령은 영웅으로서 하느님의 성육신인 그리스도가 세상을 떠나신 후에야 내려왔다. 심리적으로도 영적 아니무스는 유령같은 연인의 성육신인 아니무스의 투사가 해소된 후에야 정신 안에 거하는 것이 사실이다. 따라서 유령같은 연인이 사라지고 대신 개인의 삶을 변화시키는 새로운 영적 힘이 태어난다. 여성은 이렇게 구속된^{redeemed} 아니무스를 통해 자기 안에 있는 남성 원리와 관계를 맺을 수 있게 되는데, 그 남성 원리는 로고스 또는 지혜이다. 그녀가 아니무스와 동일시할 때 그녀는 견해나 합리화나 진정한 지혜가 아닌 소위 원칙에 사로잡히는데, 이것은 유령같은 연인의 작용이다. 진정한 지혜는 오직 의식과 무의식을 연결해주는 영적 아니무스나 구속된 아니무스를 통해서만 알 수 있다. 그는 유령같은 연인을 극복할 용기와 힘을 가진 인간의 손이 닿는 범위 안에서 무의식의 창조적 원천의 가치를 가져 온다.

제3장
일

　첫 번째 장에서 우리는 남성과의 관계에서 자신의 삶과 만족을 발견하는 여성에 대해서 이야기했다. 그녀는 이브가 제시한 패턴을 따른다. 그녀는 하녀, 아내, 어머니 또는 과부이며, 이것은 그녀에게 삶의 충분한 측면이다. 그녀는 다른 가능성을 거의 알지 못한다. 그녀가 남성이나 사회와 관계를 맺으면서 사는 삶은 그녀가 여성적 기능을 발휘하는 것을 통해 실현된다. 그녀는 여성으로 살아가는 것이다. 하지만 그녀가 독립된 인격체가 되려고 한다면 남성의 여성적인 대응물이 아니라 자신의 남성적 특성을 의식화해야 한다. 현실적으로 이것은 그녀가 세상에 나가 그러한 단계가 내포된 규율에 복종해야 한다는 것을 의미한다. 그녀는 보통 잠재되었거나 무의식적인 그녀의 남성적 특성의 실현을 통해 일의 세계에서 그녀가 있을 자리를 마련할 수 있다. 그런 이유로 사업을 하거나 여타 다른 직업에 종사하는 여성은, 그녀의 내면의 심리적 태도의 변화를 나타내는 외견이나 태도에 있어 어느 정도 남성적인 성향을 보인다.
　독립을 위한 투쟁 초기에 여성은 그녀의 남성적인 적응에 거리낌없이 동일시해야 했고, 대부분의 경우 자신의 애정 생활을 완전히 희생했다. 그녀는 양성평등을 증명하려는 열망에 사로잡혀 있었다. 그녀는 남성들이 자신을 삶에서 이룬 실제적인 성취를 근거로 받아들이지 말아야 할 이유를 이해할 수 없었다. 그녀는 남성들이 자신의 여성적 본성을 거부하는 여성을 받아들이지 못하는 것을 이해하지 못하였던 것이다. 전문적으로 훈련을 받은 여성들은 남성들이 남성을 판단하는 것과 같은 방식으로, 즉 서로를 성과로 판단하는 경향이 있다. 하지만 남성은 여성을 그렇게 판단할 수 없다. 그들에게 있어 여성의 가치를 그녀의 감정적 특질 외의 다른 것을 근거로 판단하는 것은 정말 불가능한 일이다. 그런데 대부분의 여성은 왜 여성적인 가치가 전문적인 질문에 포함되어야 하는지 그 이유를 이해하지 못한다. 그러나 남성의 직업 세계에서 더 나아가기를 원하면 그녀는 "이것도 하고 저것도 버리지 말아야" 한다는 사실을 알아야 한다.

독립을 위한 투쟁의 필요성은 1914년 이전에 초기 단계를 지났다. 제1차 세계 대전이 발발하면서 여성의 일할 "권리"가 확립되었고 결과적으로 여성들의 태도도 크게 변하였다. 초기 페미니스트의 특징인 신랄함과 호전성이 사라지고 대신 1920년대 직업을 가진 여성이 등장하였다. 갈등에서 해방된 이 여성들, 즉 일의 세계에서 자신의 권리를 보장받은 여성들은 자신의 모든 에너지를 직업적 성취에 쏟을 수 있게 되었다. 그녀는 이전의 여성들이 독립 투쟁의 열기 속에 자주 잃고는 했던 균형감과 정서적 평온함을 가지고 있었다. 그러나 이 여성은 자신의 일에 온 마음과 영혼을 바치느라 삶의 정동적 측면을 위한 시간이나 에너지를 거의 갖지 못했다. 그녀는 결혼과 일 가운데 어느 하나를 선택해야 했다. 그러나 최근 이러한 대립은 훨씬 더 완화되었고, 여성의 의식 발달의 세 번째 단계가 진행되고 있다. 많은 젊은 여성은 결혼과 일 양쪽에서 성취를 이룬다. 현대 과학이 가능하게 만든 가족에 대한 그녀의 자발적인 통제는 이 변화의 매우 중요한 요소 가운데 하나이지만 지난 30, 40년 동안 일어난 여성 자체의 태도 변화 역시 간과해서는 안 된다.

그러나 여성의 문제는 아직 해결되지 않았다. 그녀는 남성의 세계에서 살 권리를 쟁취했지만, 자신의 교육과 나중에는 일에 시간과 에너지를 바쳐야 할 필요성이 그녀를 여전히 (그녀의 여성적이고 생물학적인 욕구를 충족시키는) 아내와 어머니의 삶에서 멀어지게 만들기 때문에, 많은 경우 대학을 졸업하자마자 혹은 그 이전에 결혼해 버린다. 그런 다음 남편이 학업과 전문 훈련을 지원하기 위해 일을 하다가, 그가 가족을 부양할 수 있게 되면 일을 그만두고 어머니 노릇을 한다. 여기까지는 좋다. 두 번째 위기는 보통 아이들이 학교에 들어간 후에 발생하는데, 시간이 남게 된 그녀는 아이들에게 매달리지 않고 전문적인 일과 동료 사회로 돌아가고 싶어한다. 왜냐하면 여성들에게 이 두 가지 삶의 길은 정반대이기 때문이다.

어느 누구라도 완전히 성숙한 인격에 도달하려면 인격의 남성적 측면과 여성적 측면 모두를 의식화해야 한다. 그런 다음 각 부분을 특정 측면에서 점진적으로 발달시킬 수 있는 규율을 거쳐야 한다. 심리적 성숙을 향한 과정에서 개인이 통과하는 단계는 직업을 가진 여성의 남성적 가치의 진화에서도 경험되어야 한다. 같은 단계, 즉 이름 그대로 순진하고, 세련되고, 의식적인 단계는 직업을 가진 여성의 남성적 가치의 진화에서도 경험해야 한다.

여성이 자신의 남성적 특질을 처음 의식에 끌어올릴 때 자신의 인격과 동일시하는 단계를 거친다. 교육의 본래 목적이 지식을 통한 권력의 증진에 있기 때문에, 그녀의 개인적 자아는 그녀의 삶 전체를 결정하는 요소가 된다. 그녀는 온화하고 순종적이며 자신의 감정을 따르기 보다는, 다시 말해 여성적인 존재로서 행동하는 대신 남성처럼 목표를 인식하고, 공격적이며, 지배적이고, 독단적으로 되는 경우가 많다. 그녀의 정신 뒤편에 있는 아직 발달되지 않고, 훈련되지 않은 그녀의 남성적 특질이 그녀의 인격을 지배하는 것이다. 그녀는 더 이상 자신의 여성적인 충동과 감정의 인도를 받지 못하고, 그것이 자신을 어디로 데려가는지 알지 못한 채 무의식에서 그녀를 이끄는 남성적 권위에 끌려 가는 것이다. 그때 그녀는 이 세상의 모든 것들에 대한 관점과 견해를 가지게 된다. 이러한 견해는 논리적 판단의 결과물이 아니라 그녀의 명백한 진실처럼 보인다. 마치 '모두가 그렇게 생각해야 한다'는 것과 같다. 아버지나 교사, 심지어 칼럼니스트와 같은 권위적인 사람의 생각을 짐작하는 것일 수도 있지만, 다른 경우 그 기원이 매우 불분명할 수도 있다. 예를 들어, 내가 이러한 여성에게 어떤 사실의 정확성에 의문을 제기했을 때 그녀는 "하지만 나는 그것을 어떤 인쇄물에서 보았어요"라고 대답했다. 현대 광고의 성공은 대부분 이러한 심리적 편견에 기초한다.

　이 발달 단계에 있는 여성은 그녀와 접촉하는 사람들은 그녀를 매우 독단적인 사람으로 볼 것이다. 그녀가 아무리 논쟁을 좋아한다 하더라도 그녀와 논쟁하는 것은 전혀 소용이 없다. 그녀의 결론은 논쟁 전에 이미 정해져 있기 때문이다. 사실, 그녀가 논쟁하는 이유는 진실을 얻기 위한 것이 아니라 그 문제에 대한 자신의 견해를 상대방에게 납득시키기 위해서이다. 그녀의 자아에게 개인적인 '나'라는 감각은 아니무스로부터 나오는 암시와 동일시된다. 여성은 그녀의 정신 속에 있는 여성의 목소리와 남성의 목소리를 동시에 의식화하지 못한다. 그런 여성은 여성성보다 남성성을 우선시하면서 여성성을 배제한다. 이러한 여성을 두고 아니무스와 동일시했다고 말한다. 아니무스와의 동일시는 직업을 가진 여성 집단에만 국한되지 않는다. 그와 반대로, 기혼 여성 집단에서도 이러한 유형의 여성을 매우 많이 볼 수 있다.

　융은 남성성을 가리켜서 "자신이 원하는 것을 알고, 그것을 성취하는데 필요한 것을 하는 것"[16]이라고 말하였다. 그래서 자신의 본성의 남성적 측면을 따라 사는, 아니무스와 동일시한 여성은 자신이 원하는 것을 목표로 삼는다. 만약 결혼을 원한다면 결혼을 할 것이고, "남자를 잡는데" 성공할 것이다. 하지만 이러한 여성이 직접 구애하는 남성은 대체로 모호하고, 어딘가 부족하며, 약간 여성스러운 남성들이다. 어쩌면 그녀는 더 남성적인 남성을 거부하고, 매우 우유부단하고 자기 주장이 약해서 그녀를 밀어내지 못하는 남성과 결혼하는지도 모른다. 일단 여성이 결혼하고 나면 치맛바람의 시대가 시작되고, 남성은 그의 남성적 영역이 공격적이고 유능한 아내에 의해 점진적으로 점령되고 자신이 점점 지배당하는 것을 발견한다. 이러한 '통치' 아래 일부 남성은 술을 마시거나, 아내의 '애완동물'이 되거나 아니면 병약한 상태라는 피난처를 마련한다. 이러한 여성은 상당히 규율이 없다는 것이 문제다. 예전에는 아니무스와 동일시한 여성과 결혼한 것을 깨달은 남성은 물리적인 폭력에 의지했다. 아내를 향한 폭력이 법적으로 허용된 것은 분명 이런 이유 때문일 것이다! 오늘날 아니무스와 동일시된 여성이 건실한 남편과 결혼해야 하는 이유는, 그녀의 아니무스가 물리적 폭력과는 거리가 먼 그 남성의 남성적 강함에 의해서 단련될 수 있기 때문이다. 그러나 위에서 언급한 것처럼, 이러한 유형의 아니무스 여성은 일반적으로 그런 것에 조금도 보탬이 되지 않을, 다소 자신감 없고 약한 남성과 결혼한다. 그 결과 그러한 여성이 결혼하면 대개 그녀 안에 있는 "악마"가 가정을 지배하게 된다. 그녀는 남편의 순종적인 태도에 폭군 같은 태도를 취하지만, 외부 세계와 충돌

할 때마다 그를 방패로 삼는 것을 서슴지 않는다. 외적인 상황에서 자신의 아니무스를 훈련시켜야 하는 상황이 벌어졌을 때, 결혼하지 않은 여성은 결혼한 여성에게 도움을 청하지만, 결혼한 여성은 남편에게 자신을 보호할 것을 강요한다.

물론 아니무스와 동일시된 모든 여성이 지금까지 묘사한 것처럼 그렇게 터무니 없는 것은 아니다. 많은 여성이 친절하고 선량한 표면 아래 자신의 지배적인 면모를 감춘다. 그러나 조금이라도 그녀의 뜻에 반하거나 자신의 길을 간다면, 겉으로 보이는 온화하고, 포용력 있는 듯한 겉모습과는 달리 그 면모야말로 그녀의 실제적인 법이라는 사실을 깨닫게 될 것이다.

남성적 자질이 전면에 드러나고 자신의 개인적 소질을 발휘할 수 있는 일의 세계에서 활동하는 여성들은 기혼 여성보다 자신의 성격의 이와 같은 측면을 구속(救贖)시킬 가능성이 훨씬 더 크다. 일을 배우거나 장사를 하거나 어떤 일을 성공시키려는 여성은 특정한 현실적 요구를 충족시켜야 하기 때문이다. 그녀가 너무 공격적이거나 독단적인 태도를 보이면 그녀는 자리를 잃을 것이다. 그리고 그녀의 견해가 실제 사실과 일치하지 않으면 그것을 바꾸거나 아니면 다른 사람에게 무시당한다. 냉혹한 세상이 그녀의 교사가 되는 셈이다. 그녀는 결혼을 한 자신의 자매처럼 아내를 사랑한다 여기고 그녀의 계략에 기꺼이 넘어가는 남편을 두는 대신, 그녀에게 어떤 의무를 지우거나 그녀의 비위를 맞출 필요가 없는 현실에 적응해야 한다. 왜냐하면 그녀는 이전에 남성들이 차지했던 세계, 모든 삶의 조건과 활동이 남성에 의해, 남성만을 위해 만들어졌던 세계, 여성의 태도나 관점에 관심을 기울이지 않은 세계에서 경제적 자립을 해야 하기 때문이다. 이러한 규율 아래서 그녀는 그전에는 오직 남성의 전유물로 인식되었던 가치들—용기, 정직함, 신뢰감, 협력의 능력, 개인적 감정에 따라서 행동하지 않는 태도, 공평하고 공정한 결정을 내릴 수 있는 능력 등—을 실제로 발달시킬 수 있을 것이다. 그러나 이런 것들이 그녀의 여성적 특성의 자발적 기능을 통해서 얻어지지 않고, 아니무스의 단련을 통해서 얻어지기 때문에 그것들은 언제나 약간 과도하고 융통성 없는 경향이 있다. 그녀의 정의는 꼼꼼한 경향이 있고, 그녀의 용기는 그녀를 순교자로 만드는 데 그치지 않을 것이다.

우리가 사업이나 직장에서 만나는 여성들 가운데 더 유능하고 성공한 여성들은 아니무스를 잘 발달시키고, 아니무스는 그녀들이 남성적 특질이 요구되는 삶의 적응을 잘 도와주었다. 그런 여성들은 그 자체로 가치가 있는 일을 함으로써 자기 자신을 존중하기 때문이다. 그것이 아무리 기계적인 일이고 그녀의 창조적인 에너지를 더 많이 요구하는 일이더라도, 그 "일"을 잘 처리하면 여성도 남성처럼 자신이 사회의 독립적 구성원이라는 의식을 얻게 된다. 그녀는 자신이 원하든 원하지 않든 자신의 일을 제대로 처리하는 것을 배움으로써 진정한 에너지를 얻는다. 규율을 기꺼이 따르고 매일 주어지는 과제를 수행하는 능력은 그녀를 때때로 곤경에 빠뜨리기도 하지만 진정한 보상을 제공한다. 또한 삶에 제대로 적응하는 것은 유동적인 삶에 안정된 기반을 마련해준다. 이런 것들을 통하여 여성의 성격이 발달하고, 융이 "내가 해야 하는 것을 기꺼이 하는 능력"이라고 말한 의지력이 발달한다. 여성의 이 국면은 발달의 두 번째 단계인 자아-의식의 단계나 세련된 단계에 해당된다.

그러나 일의 세계는 본질적으로 자아를 의식 속으로 몰아넣는 경쟁의 세계이다. 아니마 여성의 자아는 종종 거의 완전히 무의식 속에 숨는다. 이러한 여성은 남성을 통해서 간접적으로 자신이 원하는 것을 얻는다. 그러나 직업을 가진 여성은 자신이 원하는 것을 위해 직접 일해야 한다. 결과적으로 그녀의 자아는 발달하고, 전면에 나설 것을 너무 강요 받는다. 그녀가 일에 너무 몰두하는 것이 매우 확연하게 드러날 때도 자아의 관여는 그렇게 확실하게 드러나지 않는다. 그녀는 자신을 움직이는 진정한 동기도 자신이 하는 모든 일의 뒤에 권력과 명예에 대한 욕구가 자리하고 있다는 사실을 전혀 알지 못하는 경우가 많다. 예를 들어, 그녀는 어떤 대의에(大義) 헌신할 수 있다. 그녀는 겉에서 보기에 아무 사심 없이 어떤 이상에 자신의 시간과 에너지를 바친다. 개인적인 명분이 전혀 개입되지 않은 듯한 대의에 대한 명백한 헌신은 단지 아니무스의 속임수에 불과할 수 있다. 일반화된 원리, 고상한 말이나 위대한 이상을 빙자하여 진리처럼 보이는 것을 제시하는 것이 아니무스의 본질이며, 이것은 아니무스를 통해 기능하는 여성들에게 특별한 매력을 지닌다. 예를 들어, 나는 나에게 진지하게 "우주의 진보"에 자신의 삶을 바치겠다고 한 여성을 만난 적이 있다. 그녀는 결코 진보의 방향이나 우주가 나아가는 방향, 그녀의 노력이 우주에 어떤 영향을 미칠지 자문(自問)한 적이 없었다! 대의 명분에 자신을 동일시한 여성은 자신의 자아가 그 사안에 어떤 역할을 하는지 전혀 알지 못한 채 그저 거기에 집중한다.

 그러나 이러한 무의식적인 방식으로 대의를 따르는 여성은 곧잘 상처를 받는다. 그 대의에 가해지는 비판은 곧 그녀 개인에게 가하는 비판처럼 들리기 때문에 그녀는 자연히 비개인적인 태도를 취할 수 밖에 없게 된다. 만약 그것과 맺었던 연결이 공식적으로 끊어질 경우, 그 전까지 그 원리와 함께 했던 그녀의 관심 또한 갑자기 끊어지며, 그녀의 진정한 동기—본인의 권력과 명예에 대한 자연스러운 관심—가 명백하게 드러난다. 평생 이러한 발달 수준을 유지하면서 사는 여성은 젊을 때는 성공적인 삶을 살면서 얻은 권력과 영향력으로 중년기까지 만족스러운 날을 보낸다. 그러나 더 나이가 들어 노년기의 문제와 직면할 때 그녀는 어쩔 수 없이 상실감을 맛보게 된다.

그러나 그보다 더 발달한 단계에 도달하는 아니마 여성은 남성과 마찬가지로 그녀가 기꺼이 자기 자신을 희생시킬 수 있는 보편적 이상을 추구하며 개인적인 목표에서 자신의 구원을 찾을 수도 있다. 융은 "물론 이렇게 자신을 희생하려는 여성의 용기와 능력은 분명 존경할만하다"라고 말하면서도 "그 모든 노력에서 파생되는 긍정적인 것들을 보지 못하는 사람은 오직 눈이 먼 사람뿐이다. 그러나 그녀가 남성적인 직업을 택하고 남성처럼 연구하고 작업하면서, 그녀의 여성적 본성에 직접적으로 해를 끼치는 그녀와 완전히 일치하지 않는 삶을 사는 것을 부정하지 않을 것이다"[17]라고 덧붙였다. 그녀의 심리적인 무게 중심은 언제나 너무 높은 곳에 두어져 있고, 그래서 그녀의 존재의 심층을 울리는 것은 아무것도 없다. 그녀의 정동적 본성은 계속해서 아무 영향도 받지 못하는 것이다.

그녀의 일과 관심사는 처음에는 그녀를 만족시키지만, 나중에 그녀는 결국 자신의 외로움을 인식하게 되고 성욕이 깨어난다. 지나가는 남성에게도 흔들리는 그녀는 그와 교제하면서 자신을 충족시키려 한다. 그런데 놀랍게도 남성이 물러난다. 그를 사랑하고 그에게 자신의 모든 것을 바칠 준비가 되어 있는 그녀는 그가 그러는 이유를 알지 못한다. 그가 자신의 너무 진지한 태도에 거부감을 느낀다는 사실을 깨닫지 못하는 것이다. 아마도 그는 책임이나 의무로부터 자유로운 관계, 헤어질 때가 되면 깔끔하게 헤어진다는 보장만 있으면 그녀와 가볍게 교제할 의지는 있지만, 평생 그녀에게 시달릴 것이 두려운 것이다. 사랑 문제에서 남녀의 기대치가 다르다는 것은 현실적으로 큰 문제가 된다. 왜냐하면 그는 연애를 지속하는 동안은 즐겁지만, 불편한 징후가 보이면 곧바로 끊어버리는 가벼운 일로 여기기 때문이다. 하지만 그녀는 의식적이든 무의식적이든 잠재적으로 그 관계를 영구적일 수 있는 것으로 받아들이고, 실제로 사랑에 빠져 그를 종종 당황하게 만든다. 비록 이 여성이 실제로 이 남성을 사랑하는 것이 아니라 그저 누군가와 교제하고 싶어 그런 것이더라도 그 일은 결국 두 사람을 추월한다. 처음에 그녀는 그처럼, 비개인적인 태도를 취하지만 두 사람이 선험적인 선입견에 기대어 그들의 관계가 어때야만 하는지에 맞추느라 그들의 관계가 자연스럽게 발전하도록 내버려두지 않음으로써 문제가 생긴다. 남성은 자신에게 너무 많은 것을 요구할지도 모르는 관계에 빠지는 것을 두려워하고 거기에 진지하게 관여하는 것을 어색하게 느낀다. 자유를 그렇게 심하게 제한하는 것도 없기 때문에 그는 단지 즐거운 오락으로 남을 수 있는 것을 진지하게 받아들이려고 하지 않는다. 다른 한편 여성은 그 관계에 자신의 감정이 개입되는 것을 두려워한다. 그때 자신에게 무슨 일이 생길 것 같기 때문이다. 예를 들어, 그녀의 직업적 적응이 무너져 계속해서 생계를 꾸릴 능력도 없이 좌초될 수 있는 것이다. 여성은 오직 매우 어려운 상황에서만 역사가 그녀를 위해 규정해 놓은 여성적 역할에서 벗어나 자신을 새롭게 존중하는 법과 독립성을 배워왔다. 하지만 이러한 것은 그녀의 감정을 엄격하게 통제했을 때만 얻어지는 것들이다. 그녀의 모든 에너지는 그녀의 본성에 있는 남성적인 측면을 발달시키는 데 투입되었고, 여성 안에 여전히 가장 강력한 힘으로 남아 있는 여성적 본능을 훈련시키고 발전시키는 방향으로는 거의 나아가지 못했다. 그래서 연애를 시작하게 된 직업을 가진 여성은 본능에 자기 자신을 맡길 경우 본능의 수렁에 빠질 것을 두려워한다. 그래서 그녀는 자신의 지적 성취를 통해 얻은 우월성을 고수한다.

 여기서 더 나아가기 전에 다음과 같은 질문을 해 볼 가치가 있다 : 여성이 직업 세계에서 스스로 획득한 지위는 무엇인가? 이제 학교나 대학교에서 여성들이, 적어도 일부 여성들이 남성만큼 성과를 많이 낸다는 것이 정설이다. 상당히 많은 수의 여성이 순수 학문 분야는 물론 의학, 법학, 경제학 등 기술적인 분야의 시험에서 상위권을 차지하는 것을 볼 수 있다. 이러한 여성들은 남성과 동등한 조건에서 경쟁하기 위해 세상으로 나간다. 그러므로 우리는 고위직에도 비슷하게 분포되어 있을 것으로 기대한다. 그러나 실상은 그렇지 못하다. 거의 대부분의 경우, 여성들은 산업 현장이나 업계에서 가장 크고 책임감 있는 자리에 앉지 못한다. 우리는 유능하고 경력을 많이 쌓은 여성이 자기보다 어리고 업무 경험도 적은 젊은 남성에게 추월당하고, 상대적으로 보수가 적고 단순한 업무에 만족해야 한다는 불평을 듣고 또 듣는다. 이러한 현상은 두 가지 이유로 설명되었다. 한편에서 여성들은 남성들의 질투와 선입견 때문에 자신들이 고의적으로 배제되었다고 이야기한다. 또 다른 한편에서는 부양할 가족이 있는 남성이 급여가 높은 지위를 차지해야 한다고 주장한다. 그러나 이것이 유일한 설명일까? 남성들에게 업계에서 여성들이 더 낮은 직급에 머물러야 하는 이유를 물으면 그녀들의 무능함과 전면에 나서서 기획하고 행동하지 않는 점을 자주 든다. 그들은 예외를 분명히 인정하면서도, 대체로 여성들에게 책임이 많은 자리를 맡기는 것은 현명하지 못한 처사라고 여긴다. 그런 이유가 아니라도, 그들은 여성이 언제라도 결혼하여 자신들에게 주어진 책임을 저버릴 수 있다는 생각을 가지고 있다.

 사실 여성의 손을 거친 정말 창조적이고 독창적인 작품의 수는 비교적 적다. 뛰어난 여성 작가, 예술가, 음악가, 과학자 또는 자본가의 수는 놀라울 정도로 적다. 그 이유는 무엇인가? 여성은 정말 남성보다 창조적이지 못한 것일까? 이것은 미래만이 답할 수 있는 질문이다. 그러나 여성심리학에 있는 어떤 요소들이 이와 연관되어 있을 것이다.

우선, 문명이 태동했을 때부터 여성은 창조적인 작업을 할 수 없다는 광범위한 믿음이 팽배해 왔다. 어떤 의미에서 여성은 무엇인가를 창작하는데 적절하지 않다는 믿음이 암암리에 있었던 것이다. 창조성은 남성에게 주어진 특권이고, 여성이 무엇인가를 구상하고, 창조하는 것은 그녀의 본능적인 정숙성과 겸손함을 도외시하는 것으로 여겨졌던 것이다. 지난 세기 엘리엇George Eliot과 조르주 상드George Sand 같은 작가들조차 자신들의 정체를 숨기기 위하여 필명을 남성의 이름으로 할 만큼 압박감을 느꼈다. 지금과 같은 무상 교육의 시대에 어떠한 여성도 의식적으로 창조 활동을 해서는 안 된다고 **생각**하지 않는다. 하지만 여성이 창조 활동을 **해서는 안 된다**는 느낌은 여전히 남아 있다. 그것은 거의 금기와 같은 것으로, 의식적 편견이 작용하는 층보다 더 깊은 층에서 작용한다. 어떤 여성은 여성도 창조할 수 있으며 그렇게 말할 권리가 있다고 생각하면서도, 그 말을 입 밖으로 내지 못하는 경우가 많다. 그녀의 상태는 이전 세대의 여성들과 같은 성적 금기들로부터 자신을 해방시켰다고 생각하는 여성의 상태와 같다. 그녀는 의식적으로는 자유 연애를 믿지만 막상 일상에서 이론을 실천에 옮겨야 하는 상황이 오면 굉장한 갈등을 느낀다. 그것은 마치 여성들이 직업과 성취의 세계는 남성의 전유물이고, 남성 세계를 대표한다고 믿는 것처럼 보인다. 여성들은 지적으로, 의식적으로 이러한 편견에 맞서지만, 거기에는 때때로 원망과 씁쓸함이 묻어 있다. 하지만 그 편견은 사라지지 않고, 끈질기게 살아남아 여성의 무의식 깊이 스며들어 그러한 믿음을 형성한다.

여기서 내가 말하는 여성의 창조적 능력은 객관적인 현실의 외부 세계, 남성의 세계로 여겨지는 세계에서 발휘되는 여성의 창조적 능력이다. 여성의 세계에서는 당연히 여성이 주요 창조자이다. 빅토리아 시대의 편견은 생물학적인 영역(새로운 생명의 창조)이든 에로스의 영역(가정^{home}이라는 단어로 가장 잘 표현된 관계와 분위기를 창조하는 영역)이든 그녀의 창조적 능력을 발휘하는 데 방해가 되지 않는다. 이 영역에서 여성은 그녀의 본성의 여성적 측면을 바탕으로 창조하며, 그때 그녀의 창조와 표현은 여성들로 하여금 여성으로 행동하게 하는 내적 법칙과 관습을 따르는 방식으로 이루어진다.

여성이 가정 이외의 영역에서 창조적으로 기여하려고 할 때 그녀는 자신이 유일하게 배운 남성적인 방식으로 창조 작업을 하려는 유혹을 받는다. 그러나 여성의 방식은 그와 다르다. 그렇기 때문에 여성은 자신의 창조성의 원천을 이용하고 이 세상에 어떤 기여를 하기 전에 자신의 여성적 본성을 깊이 체험해야 한다. 그렇게 하지 않을 경우 그녀는 자신의 아니무스를 통해 말할 가능성이 높다. 오직 머리 속에만 있는 것이다! 우리는 매우 뚜렷한 예로 엘리자베스 브라우닝$^{\text{E. B. Browning}}$의 예에서 찾아볼 수 있다. 로버트 브라우닝과 만나기 전 그녀의 시는 매우 아름답고 매력적이었지만 모두 지적인 형식을 따랐다. 그녀는 약혼 기간 동안 나중에 "포르투갈로부터의 소네트"라는 제목으로 출판된 시들을 썼다. 여기서 그녀는 자신의 사랑 경험을 강조했고 처음으로 그녀가 정말 창의적이고 위대한 시인임을 보여주었다. 그래서 그녀의 전기 작가 가운데 한 명은 "그것은(소네트) 그녀의 눈으로만 볼 수 있는, 진정한 마음에서 나온 내밀한 것이다"라고 쓰기도 했다.

엘리자베스는 그녀의 정동을 세상과 공유한 적이 한 번도 없었다. 그녀는 서정시인이 아니라 지식인이었다. 그녀의 남편이 그녀의 시를 읽었을 때, … 그는 그녀가 자신의 가장 깊은 자아를 제한 없이 표현한 이 시들의 보편성에 더 깊은 인상을 받았다. 처음에 그가 출판을 제안했을 때 그녀는 단호했다. … 그녀는 자신의 지적 사고를 세상과 공유할 수 있었고 또 실제로 그렇게 하였다. 그녀는 세상을 위한 허구의 사랑 이야기를 쓸 수 있었다. 하지만 그녀의 정동과 그녀의 사랑 이야기는 공공 재산이 아니었다. … 만약 발표할 용도로 그 시들을 썼다면 그녀는 그만큼 자신의 마음을 보여줄 수 없었을 것이다. … 그녀의 정동은 그녀 개인의 것이지 공공의 것으로 만들 수 있는 것이 아니었다. 그의 마음에 제일 깊은 곳에 있는 것을 발표하려는 시인은 그가 불성실한 사람이 아닌 한, 자신의 정동에서 생각을 분리해야 한다. 그는 그의 정동 경험을 보편화해야 하는 것이다. 엘리자베스는 정동적 위기의 곁과 이 소네트들을 썼다. 이렇게 완전한 형태로 남아 있는 경우는 드물지만, 그녀의 시가 진정한 연인들의 영원한 목소리로 남을 수 있는 것은 바로 그런 경험 때문이다.[18]

여성의 창조는 추상적이지 않다. 그것은 외부 세계의 객관적인 경험을 기반으로 하지 않고 주로 자신의 주관적인 경험을 기반으로 하는 매우 개인적인 것이다. 남성의 세계에서 창조하려고 하는 여성은 자신의 남성적 자질들을 의식으로 끌어올려야 할 뿐만 아니라, 자신의 여성적 본성도 깊이 체험해야 할 필요가 있다. 남성 또한 일의 세계에서만 살 생각이 아니라면 그의 인격의 양 측면을 개발할 필요가 있다. 그래야 그도 여성의 영역에서 창조 활동을 할 수 있을 것이다. 남성은 대부분의 여성의 창조적 활동에 참여하지 못한다. 다르게 말해 여성만 어머니가 될 수 있는 것이다. 그는 의식적인, 즉 그들 사이의 관계를 만드는 데 참여해야 한다. 그러기 위해 그는 아니마로 의인화된 자신의 여성적 자질을 길들이고 단련시켜야 한다. 그와 동시에, 그의 남성적인 힘을 최대한 발달시키려는 요청 역시 약화되어서는 안 된다. 이에 대해 융은 "남성은 그의 여성적 측면을 발달시키고, 그의 정신과 에로스에 눈을 떠야 하는 입장에 처한다. 그가 절망적으로 유치한 방식으로 여성들을 쫓아다니며 멀리서 흠모만 하고 그녀들의 손바닥 안에서 놀아나지 않으려면 그것은 피해서는 안 되는 과제이다."[19] 그러나 '멋진 연인'이 되려 하거나, 자신의 감정을 통해 남성의 세계에 자리를 잡으려고 하는 사람은 절망할 것이다. 그는 단지 하나의 현상이 될 뿐, '남자'가 되지 못한다. 로렌스[D. H. Lawrence]의 소설 "채털리 부인의 연인"[Lady Chatterley's Lover]에 나오는 주인공이 바로 이러한 유형의 남성이다. 그는 삶의 풍파에 세상과 떨어져, 낮은 위치에 자신을 숨겼다. 그는 오로지 감정적 가치만 가지고 새로운 삶을 살려고 노력하지만, 여성들과 성적인 관계 외에 다른 관계를 전혀 맺을 수 없었다. 왜냐하면 그는 그 관계가 낳을 결과에 남성적으로 대처할 수 없었기 때문이다. 독자들은 결혼을 완벽하다고 말한 로렌스가 결혼에 대해 설명하지 않고 이야기를 마무리 지었다는 사실에 놀라지 않을 수 없을 것이다.

남성의 세계에서 가치 있고 영원한 것을 성취하려는 여성은 반드시 자신의 본성의 양 측면을 발달시켜야 한다. 그러나 그것을 이루고, 창조적인 작업에 자신이 얻은 지혜를 내놓을 준비가 되었다고 느낄 때조차 그녀는 자신의 내면에서 또 다른 장벽을 만나게 된다. 여성에게 그녀의 비밀스러운 지식을 공개하는 것은 자신의 근본적 본능인 겸손, 수동성, 유보적인 태도를 극복해야 하는 것을 의미하기 때문이다. 대부분의 여성에게 이것은 불가능한 일처럼 보인다. 여성의 본성은 뒤에 머물러 수동적인 태도를 유지하게 만드는, 즉 심리학적으로 말해 자신과 자신의 반응을 숨기고, 자신의 목표를 우회하면서, 무의식적인 경로로 추구하는 경향이 있기 때문이다. 여성이 한 개인으로서 자신을 분명히 드러내고, 공개적으로 자신이 할 말을 당당하게 하는 것은 그녀의 이러한 본성적 경향에 반할 것을 요구하는 것이다. 진정으로 정직하게 이런 일을 실행하는 데는 그녀의 자아의 완전한 희생을 수반하며, 그녀에게 매우 강력한 동기가 있어야 한다. 우리는 자신의 영지 주민들을 돕기 위해 여성으로서의 본래적인 정숙성을 접고, 말을 타고 알몸으로 마을을 돈 고디바 부인^{Lady Godiva}(중세 영국의 백작 부인. 영지 주민들의 세금을 올리려 남편을 말리기 위해 그의 제안대로 알몸으로 마을을 돈 전설의 주인공—역자 주)을 존경하지만, 생계를 위해서 자신의 매력을 이용하는 여성들에게는 다른 태도를 보인다. 동기가 다르기 때문이다.

하지만 고디바 부인과 같은 사례는 상대적으로 매우 드물고, 그녀와 비슷한 이유로 타고난 본성을 희생시키는 여성은 거의 없다. 여성은 흔히 다음과 같이 아니무스 의견을 말하면서 겸손의 족쇄에서 풀려나며 자신에게 이렇게 말한다: "그렇게 느끼는 것은 바보 같은 짓이야. 남자들은 그렇게 느끼지 않아. 그렇다면 나라고 해서 왜 그렇게 바보 같은 편견에 사로잡혀야 해?" 이런 내적 논쟁을 통해서 그녀는 자신을 두 부분으로 나눈다. 그녀는 지나치게 솔직하고 거침없는 발언을 하면서 자신의 이성적인 의견을 따르지만, 겉으로 드러나는 이런 솔직함은 그녀의 진정한 느낌을 억압해서 나온다. 그것은 그녀가 그 사안의 진정한 본질을 유보시키고 있다는 사실을 의미한다. 그 결과 그녀의 말과 행동은 종종 확신을 주지 못한다. 그 사실을 깨닫는다면 그녀는 자신의 행동에 드러난 결함을 급히 메우려고 할 것이다. 그녀의 감정을 걷어내고 열정을 쏟지만, 그러한 태도는 자연스럽게 청중들의 저항만 불러 일으킨다.

　이것이 성적인 문제나 또 다른 문제에 있어서 솔직함과 단순함에 대한 현대의 숭배 뒤에 있는 매커니즘이다. 이 문제에 대해 여성들은 이렇게 말할 것이다: "빅토리아 시대의 정숙성은 이제 고루하고 우스꽝스럽다. 이제 우리는 솔직해지고, 지나치게 신중한 태도를 버려야 한다." 그러나 여성은 본질적으로 신중하다. 여성의 본질은 숨겨져야 하는 것이다. 그 본질은 감정적 측면에서 상황이 정확히 맞아야만 자신을 드러낼 수 있다. 그러므로 지나치게 솔직한 태도는 지나치게 신중한 태도만큼 방해가 된다. 중요한 점은 다음과 같다: 여성이 자신을 드러내는 것은 감정과 관련된 문제로, 이성이나 논리의 문제는 전혀 아니다. 그러므로 아니무스를 통해 이러한 문제에 솔직하게 접근하는 여성은 마치 자신에게 성욕이 존재하지 않는 것처럼 행동하며 자신의 성욕을 억압하는 것일 뿐만 아니라, 자신의 깊은 감정까지 억압하는 것이 된다. 그에 대한 좋은 예로, 우리는 요즘 유행하는 올누드 또는 반누드 일광욕에 수반되는 성적 업악과 더 확대하면, '덜 문란한' 성행위로서 허용되는 행위들을 통해 성욕이 억압되는 경우를 생각할 수 있다. 이러한 경우 남성과의 만남에서 감정이 무르익고 사랑으로 발전할 수 있는 상황에서 '현대식으로' 지나친 솔직함을 발휘하는 여성이 더 깊은 감정을 표현하지 못할 수 있다. 아니면 그렇게 억압된 성욕은 악몽, 두려움 또는 다른 신경증 증상과 같이 무의식의 다양한 교란에서 나타날 수 있다.

　따라서 남성을 매우 솔직하게 대하는 것이 특징인 여성은 그들과 좋은 동료 관계를 유지하지만 감정적으로 깊은 관계를 맺지 못한다. 자신의 감정을 억압한 그녀는 만나는 남성의 감정과도 전혀 접촉할 수 없기 때문이다. 자신이 더 이상 그의 눈을 솔직하게 볼 수 없다는 사실을 깨닫는 순간이 그 관계의 중요한 전환점이 된다. 왜냐하면 그것은 공개적으로 드러나지 않을지도 모르는 그녀의 진정한 감정이 동요하기 시작했음을 의미하기 때문이다.

그래서 (돌고 도는) 원은 완성되었고 다시 한 번 여성은 초기 원시 상황— 남성 대 여성인 상황— 에서 남성과 직면한 자신을 발견한다. 그렇다면, 지난 반 세기 동안 더 많은 자유와 독립, 기존의 방식에 대한 반란을 통해 이룬 것은 아무것도 없는가? 여성은 다시, 남성의 대응물이라는 그녀의 예전 역할로 후퇴하는 것인가? 아니면 원초적인 관계로 되돌아오는 것은 다른 여성인가? 그녀는 자신의 문제로 더 깊이 되돌아간다. 자신의 문제의 해결책을 찾는 과정에서 그녀는 그녀가 본래 이루려고 했던 것보다 더 많은 것을 해냈다. 왜냐하면 오늘날 우리 사회는 남성과 여성 사이의 관계에 내재된 가능성을 감지하기 시작했고, 이것은 여성의 새로운 의식이 없었다면 거의 일어나지 못했을 일이기 때문이다. 사실 여성에게 생겨난 변화는 아마 여성운동의 의미를 살펴보는 데 중요한 열쇠가 될 것이다.

문화적인 운동의 의미를 찾는 데 있어서 참여자들이 의식적으로 갖고 있는 목표가 운동 자체의 목적이나 목표와 동일하다는 편견에서 벗어날 필요가 있다. 예를 들어, 영국 왕 헨리8세가 영국 교회와 로마 교회를 분리시키려고 했던 이유가 사실 개신교 정신과 큰 관련이 없다는 것은 쉽게 인정할 수 있다. 현재 아내와 이혼하고 새 아내와 결혼하려던 열망과 만족감은 전적으로 개인적이었다. 그러나 역사적으로 볼 때 중요한 것은 그의 재혼 성사 여부가 아니라, 그로 인해 교회가 두 갈래로 나누어졌다는 사실이다. 그러므로 우리가 지금 말하는 여성운동에서도 거기 참여한 일부 여성들이 개인적인 성장과 성과를 얻었다는 사실은 그렇게 중요하지 않고, 정말 중요한 것은 그녀들의 노력으로 인해 서구 국가들 전체가 남성과 여성 사이에서 맺을 수 있는 관계의 본질에 대해 새로운 통찰을 얻었다는 사실이다.

융은 남성과 여성의 관계에 대하여 말하면서, 그 중요성을 다음과 같이 언급하였다:

그러나 성문제에 대한 논의는 훨씬 더 깊은 질문의 다소 조잡한 서곡일 뿐이며, 그것은 남녀간의 심리적 관계에 대한 질문이다. 이것과 비교하면 다른 문제들은 하찮아지고, 그 문제와 함께 우리는 여성의 진정한 영역으로 들어간다. 고대 시대에 남성을 지배하는 원리를 로고스라고 한 반면, 여성의 심리는 무엇인가를 묶고, 푸는 에로스 원리에 기반을 두고 있다. 에로스라는 개념은 현대 용어로 정신적으로 관계 맺기$^{psychic\ relatedness}$가 되고, 로고스는 객관적 관심으로 표현될 수 있다.[20]

지난 백 년을 돌아보면, 여성운동에서 나타난 것처럼 여성성^{womanhood}의 목표는 남녀 사이의 더 의식적인 관계를 확립하는데 있다는 사실을 분명히 알 수 있다. 여성운동에 참여하는 여성 개개인은 그것을 깨닫지 못할지도 모른다. 하지만 일련의 역사적인 사건들은 그녀가 미처 깨닫지 못한 목표를 분명히 드러낸다. 여성의 길은 언제나 우회하며 목표를 향해서 나아갔다. 여성에게 질문을 직접 던지거나 그녀가 처음에 시도하는 것이 무엇인지를 관찰하는 것을 통해 그녀의 의도를 파악하는 것으로는 그녀의 목표를 결코 추정하지 못할 것이다. 왜냐하면 그녀도 자신이 정말 원하는 바가 무엇인지 모르기 때문이다. 처음에 그녀는 실타래를 찾겠다고 정리를 시작하지만 나중에는 결국 집 전체를 청소한다. 그녀는 자신의 의도가 처음부터 집 청소에 있었다는 사실을 아마 의식하지 못했을 것이다. 그러나 더 깊이 살펴보면 그녀도 알지 못했지만 자신이 언젠가 시간을 내서 봄맞이 대청소를 할 채비를 해왔던 것이 분명하게 드러난다.

여성은 자신의 상대적인 약함 때문에 일을 직접적으로 처리하기보다는 전략적으로 처리하는 법을 배웠다. 그런데 이러한 전략의 사용은 남성에 대한 것처럼 의식적으로 계획된 수완(手腕)이 아니라, 그녀가 가진 것보다 더 큰 힘을 요구하는 상황에 대한 본능적인 반응이다. 동물에게도 같은 것을 볼 수 있다. 나의 방문이 열려 있고, 나의 개는 밖에 나가 홀에 있는 사람을 향해 짖고 싶어한다. 나는 개에게 그렇게 하지 말라고 이른다. 개는 자기가 문을 향해 바로 달려 나갈 경우 힘이 더 센 내가 자기를 막을 것이라는 사실을 안다. 그래서 그는 내가 책에 집중할 때까지 기다리다가, 문 반대편 의자 뒤에서 어슬렁거린다. 그런 다음에 그와 나 사이에 있는 가구를 두고 방을 한 바퀴 완전히 돌아 열려 있는 문 쪽으로 간다. 마찬가지로 여성들은 힘으로 극복할 수 없는 상황에 직면했을 때 꾀와 전략에 의지한다. 마지막으로, 융은 여성의 불확정성과 무의식성은 남성의 더 의식적인 목적을 보완해 준다고 말했는데, 그것은 여성이 우회적인 방법으로 목표를 추구하는 경향에 한몫을 한다.

문예애호가적인 태도와 여성 운동은 일반적으로 이러한 우회하는 성향의 일환이었다. 여성은 어떤 의미에서든 자신의 고립을 의미하는 남성으로부터의 완전한 독립을 진정으로 원하지 않는다. 그녀가 진정으로 바라는 것은 관계로, 그것을 위해서는 어느 정도의 분리가 필요하다. 주인과 노예 사이에 실제 관계가 있을 수 없듯이 한 집단에서 지배자와 거기에 종속된 구성원 사이에 실제적인 관계는 있을 수 없다. 더욱이 여성의 정신의 독립적이거나 개인적인 측면은 완전히 방치되어 믿기 어려울 정도로 발달하지 않았고, 유아적인 상태에 있었다. 따라서 이전의 방치를 보완하기 위해 한동안 완전한 집중과 헌신이 필요했다. 여성 운동 초기, 여성의 독립과 교육적 성취에 온 마음과 혼을 쏟지 않은 여성은 외부로부터 오는 엄청나고 적대적인 여론과 여성에게 어떤 것이 옳고 적합한지를 따지며 억제하는 내부로부터의 관습의 타성에 대항하여 앞으로 나아갈 수 없었다. 그녀에게 익숙한 분위기가 그녀에게 여성으로서 올바르고, 합당하며 익숙한 길을 따르라고 그녀를 주저 앉혔고, 신성하게 제도화된 질서가 중요하게 다가왔다. 따라서 그런 관습을 깬 여성은 신의 뜻이라고 배운 것도 깨트릴 수 있었다. 오직 일편단심인 사람만이 그러한 속박으로부터 자유로울 수 있었다. 우리는 이렇게 자신이 뜻한 바에 완전히 헌신한 훌륭한 예를 스트레치Stratchey의 『플로렌스 나이팅게일의 생애』에서 찾아볼 수 있다. 이 놀라운 여성은 자신의 개인적인 만족을 위해서 사는 대신 가족, 안락함, 사회적 지위, 부, 심지어 사랑과 결혼까지 포기하면서 세상을 위해 일하며 유용하고 가치 있는 구성원이 되라는 긴급한 요구에 자기 자신을 바쳤다.

　그러나 여성은 언제나처럼, 여전히 자신의 진정한 목표를 알지 못한다. 그녀는 자신이 원하는 것은 독립과 경력이라고 생각했다. 그러나 그것은 그녀가 그녀의 진정한 목표, 즉 남성과 정신적이나 심리적 관계를 맺는 데 있어 부수적이기는 하지만 매우 필요한 단계였다.

　만약 여성이 자신의 진정한 목표를 이해하지 못하는 상황에서 그녀가 목적하는 바가 오해 받는 것은 당연한 일이 아닌가? 어쩌면 그녀보다 더 그녀의 진정한 목표를 잘 이해했던 극히 소수의 분별 있는 남성들은 그녀를 격려했다. 그리고 그들 가운데 가장 뛰어난 선견지명을 보인 것은 융이었다. 그는 남녀는 인류를 함께 구성하고 있으며, 여성이 중세 시대의 유럽에서와 같은 원시적 무의식 상태에 머물러 있다면 남성 혼자 더 큰 의식의 탐구로 나아갈 수 없다는 사실을 거듭 강조하였다. 물론 여성의 문제는 여성의 것이다! 그러나 그것은 인류의 문제이기도 하다. 여성이 자신의 문제를 해결하지 못하면 인류 전체가 여성의 무의식 수준으로 되돌아갈 것이다.

그러므로 여성은 그것이 비록 남성의 특권에 속하고 사물에 대한 생각이 남성과 다르더라도, 자신의 본성의 남성적 측면을 발달시키고 사물이나 생각을 사랑하는 법을 배워야 한다. 왜냐하면 그녀가 아무리 그 과제에서 성공하더라도 그녀는 그 생각 자체보다 그것을 어떻게 **응용**할 것인가 하는 것에 더 관심을 가질 것이기 때문이다. 사실이 그렇기 때문에 여성들의 관심은 언제나 사물을 통해서 사물의 뒤에 있는 인간 자체로 향한다.

이 세상에는 여성의 흥미를 말살시키는 어떤 종류의 비인격성이 있다. 만약 그녀의 일이 카드의 색인을 작성하거나 기계의 지렛대를 앞뒤로 움직이거나 하는 것과 같이 순전히 기계적인 작업이라면, 그녀는 그 일에 전혀 흥미를 느끼지 못한다. 그러나 남성은 아마 새로운 체계 아래서 일하는 것 자체에 흥미를 느낄지 모른다. 작업이 **어떻게** 진행되는지 흥미를 느끼다가, 아예 그 기계 자체를 사랑하게 될지도 모르는 것이다. 그러나 여성의 경우, 그녀는 아예 일종의 기계처럼 작업하든지, 아니면 그 작업에서 관심을 끊고 자신에게 그 작업을 맡긴 사람에게 관심을 쏟으면서 그 일을 할 것이다.

그러나 개인적 동기는 그녀로 하여금 영혼을 잃을 위험 없이 거의 무제한적으로 단조로운 노동을 하게 할 수도 있다. 예를 들어 그녀는 자기 집에 놓을 장식품을 만들기 위해 자수를 한 땀 한 땀 끝도 없이 놓을 수 있으며, 남편과 아들을 위해 스웨터와 양말을 계속 뜰 수도 있다. 하지만 그녀의 개인적 동기가 더 이상 작동하지 않는 세상에 적응하려 한다면 그녀는 새로운 종류의 비인격성, 즉 가장 남성적인 성격의 일을 찾아야 한다. 여성은 언제나 이렇게 그녀를 비인격적인 태도와 동일시하게 만들면서 그녀의 여성적 가치를 무의식 속으로 밀어 넣는 위험에 노출되어 있다. 그녀는 오직 보다 높은 수준의 의식성을 갖추는 것을 통해서만 이 위험을 피할 수 있다.

자신의 세대에 봉사하려는 진정한 열망을 가지고 사회생활을 시작하는 젊은 여성이 많다. 그녀가 품은 높은 이상은 언뜻 보기에 남성이 어떤 이념에 헌신하려는 것에 비견될 수 있는데, 예를 들어 그녀는 정의라는 대의(大義), 자비, 자유에 헌신하려고 애쓴다. 그러나 여성이 이 가치들을 향해 보이는 사랑은 남성의 것과 미묘하게 다르다. 해마다 그녀들은 교사, 간호사, 사회 복지사의 대열을 채우며, 다른 사람들에 대한 공감을 가지고 사회생활을 시작한다. 그녀는 자신의 감정을 통해 자신을 세상의 슬픔과 연결시키려 한다. 가정에 문제가 생겼을 때(그 문제가 수표 한 장으로 해결될 수 있는 것이 아닌 한) 남성은 쩔쩔매는 반면 여성들은 그 문제를 해결하는 수 천 가지 방법을 알고 있다. 마찬가지로, 가정보다 규모가 큰 병원이나 사회복지사 사무실에서 여성은 자기 자신과 자신의 감정을 동원하면서 고통을 완화시키려고 노력한다. 그러나 그러한 고통은 끝이 없으며, 그녀는 얼마 지나지 않아 매일같이 겪는 비참함의 무게에 압도당할 위기에 처한다. 그들 가운데서 더 민감한 여성은 그 문제에 짓눌려 다른 영역에 눈을 돌리거나, 신경증에 걸린다. 그리고 조금 더 강한 여성들은 어떤 불행이나 호소도 닿지 못하도록 냉담한 방어벽을 세운다. 이때 자신의 감정 반응의 깊이에 대한 두려움은 여성으로 하여금 아니무스적인 태도를 취하게 만든다. 다르게 말해서 그녀는 아니무스적인 견해를 가지고 환자들의 고통과 자신의 '연약함'에 대응한다. 그녀는 "수많은 사람들이 고통을 받아. 고작 그런 걸 가지고 왜 호들갑을 떨어?"라고 할지도 모른다. 소수의 여성만 삶 자체와 인류 전반에 대한 진정한 적응을 발견하는데, 그 길은 여성들을 개인적인 삶에서 여성을 이끄는 개인적 가치보다 더 우월한 가치가 존재함을 깨닫는 것을 통해서만 구할 수 있다.

초개인적 가치는 그것이 최상의 가치로 인정받을 때 여성을 한편으로는 압도당하거나 다른 한편으로는 어려워지는 곤경으로부터 구하는 힘을 가진다. 그 이유는 그 가치가 그녀의 개인적인 삶과 욕망을 초월할 뿐만 아니라, 그녀에게 너무나 아픈 영향을 미친 고통 받는 사람들의 개인적인 욕구까지도 초월하기 때문이다. 과거에 여성은 그녀의 종교에서 이러한 초개인적인 가치를 발견했다. 그녀는 주님에게 자신의 짐을 내려놓거나 슬픔을 위로하는 성모와 대화를 나누면서 위로를 받았던 것이다. 우리는 오늘날 심리학의 영역에서 한 여성이 자신의 개인적인 감정을 "거대한 세계의 슬픔 전체"와 분화시킬 수 있는 것은 오직 "종교적 태도"라고 불리는 것을 통해서라는 사실을 알고 있다. 그녀는 이 거대한 세상의 무거운 짐을 나눌 준비가 되어 있어야 하지만, 그것을 전혀 감당하지 못한다. "햇빛 비치는 바다로 이슬방울이 미끄러지면" 그 자신을 잃어버리지만, 곧 자기 자신을 되찾는다. 바다를 구성하는 것은 똑같은 물이기 때문이다. 이슬방울은 엄청난 양의 바다를 이루는 것이다. 이슬방울이 바다에 몸을 내맡기듯이, 여성도 개인보다 더 큰 어떤 정동적 경험이 그녀를 압도할 듯 위협할 때 삶 자체를 실현하기 위해서 자기 자신과 개인적 소망을 버리고 자발적으로 자신을 포기해야 한다. 이런 항복은 결코 순교가 아니다. 삶에 자신을 바치는 것은 여성에게 지극히 옳은 일이다. 그것은 그녀의 길이고 그녀에게 기쁨을 가져다 준다. 인생은 각 개인의 작은 삶을 통해, 그리고 여러 개인들의 역사적인 순간을 통해서만 실현되기 때문이다. 이런 비개인적인 삶은 모든 인류에게 뿐만 아니라 그녀 안에서도 이루어진다. 여성들은 이렇게 자신의 개인적인 욕구와 만족에 앞서서 삶을 완성시키려고 하면서 슬픔과 악의 문제를 해결하는 데 한 걸음 더 나아간다.

나는 이 점을 잘 보여주는 꿈을 기억한다. 꿈을 꾼 이는 광범위한 재난으로 인해 고통받는 사람들을 긴밀하게 돕는 일에 종사하는 여성이었다. 처음에 그녀는 자신이 덜어줄 수 없는 고통에 압도당했다. 그리고 나서 그녀는 자신이 할 수 있는 것은 이것밖에 없다고 생각하며 자신의 감정을 억누르려고 애썼다. 그러나 나중에 그녀는 그 모든 경험을 동화시킬 필요를 느끼게 되었다. 이 과정의 첫 단계로 억압된 감정이 다시 올라오면서 그녀를 압도하려고 위협했다. 자신이 목격한 각 사건이 그녀 자신의 개인적인 비극처럼 다가왔던 것이다. 그러던 어느 날 그녀는 **말들이 하늘에서 빙글빙글 돌고 있는 꿈**을 꾸었는데, 그것은 그녀가 전날 보았던 별자리를 떠올리게 하였다. 그 다음에 그녀는 하늘에 있던 것과 같은, 똑같은 경주 트랙이 지상에도 있으며 동물이 그 위에서 돌고 있는 것을 보았다. 거기에는 양, 황소, 그리고 그와 비슷한 동물들이 있었다. 그녀는 특히 말에 눈이 갔다. 장면이 바뀌고, 꿈속에서 그녀는 집에 있는 자신을 발견했다. 그녀는 바닥에서 시계를 집어 들었는데, 그것은 완전히 두 동강이 나있었다. 그 꿈에 대한 그녀의 연상은 경주 트랙이 해시계 같기도 하고, 별자리의 원(圓) 같기도 하다는 것이었다. 그러므로 그것은 년 단위로 시간을 재는 시계를 의미했다. 그러면서 그녀는 시간을 세기(世紀)의 단위로 말하는 춘분점의 세차(歲差)에 대해서 이야기하였다. 말하자면 이 시계는 역사의 시계였다. 꿈에서 이 역사의 시계는 작동하고 있지만, 그녀의 삶의 날들을 표시했던 그녀의 개인적인 시계는 완전히 고장났다는 것을 발견한 것이다. 그러므로 그 꿈은 그녀가 목격한 고통에 대한 태도가 변화되기 시작한다는 것을 의미했다.

여성이 자신의 개인적인 문제를 제대로 된 시각에서 살펴보려면 자신의 감정과의 접촉을 놓치지 않으면서 비개인적인 태도로 받아들이는 법을 배우는 것이 반드시 필요하다. 아니면 그녀는 대책없이 개인적인 관계의 망에 걸려서 고통 받을 것이다. 즉 그녀는 한 세대의 운명과 사회 전체의 책임을 마치 개인적인 운명에 속하거나 심지어 개인의 잘못으로 생각하게 된다.

여기서 무의식은 꿈 꾼 이에게 "당신은 더 이상 당신의 개인적인 삶의 관점에서 삶을 바라보아서는 안 된다. 역사의 관점에서 본 삶은 전혀 다른 의미를 가진다"고 말하였다.

제4장
우정

여성은 남성과의 친밀한 관계에서 언제나 아니마 역할을 하려는 유혹에 빠진다. 이러한 압박은 외부는 물론 내부로부터도 오는데, 이것은 남성이 그녀에게 자신의 이상적 여성상을 구현해주기를 바라기 때문이다. 남성에게는 여성이 어떠해야 하고, 그에게 어떤 반응을 보여야 하는지 하는지에 대한 패턴이 있으며, 그것은 그의 의식적 이상(理想)이나 그도 감지(感知)하지 못하는 무의식적 충동으로서 그의 안에서 작용한다. 이 패턴은 여성에게 지속적으로 적용되며, 만약 여성이 그것을 채워주지 않으면 그는 그녀를 거들떠보지 않거나 그의 요구를 따를 것을 강요한다. 그녀는 그의 정해진 목표와 동시에 내면의 충동에 의해 그가 원하는 것을 그에게 주고, 그의 요구에 자신을 맞출 것을 강요받는다. 그녀는 그가 원하는 아니마 역할을 정확하게 하기를 바라는데, 이것이 남성과 여성 모두의 생물학적 욕구가 세대를 통해 돌봐온 패턴이기 때문이다.

그러나 아니마 투사에 기초한 관계는 필연적으로 무의식적인 상태로 남는데, 이러한 경향은 여성의 아니무스의 작용에 의해서 증가한다. 만약 그녀와 그녀의 아니무스의 관계가 구속^{redemption}의 단계를 거치지 않았다면, 그것은 언제나 그녀에게 저 너머에 있는 가치들을 쫓도록 만든다. 유령같은 연인은 거짓의 냄새를 풍기며 헛다리를 짚게 하는 것이다. 약속의 남자, 즉 "신뢰가는" 남성은 그녀를 홀려서 그녀가 지각한 가치를 현실화하기 위해 멈추지 않고, 이솝 우화에 나오는 개처럼 훨씬 더 커 보이는 환영(幻影)을 쫓다가 현실을 버리도록 만든다. 그 결과 남성의 아니마를 연기하려는 본능과 유령같은 연인을 따르려는 내면의 경향이 결합하여 남녀가 **비현실적**인 관계를 유지하게 만든다.

아니마와 아니무스가 휘두르는 무의식의 힘이 너무 강해서 아직 시도되지 않은 발전 가능성을 가져오는 또 다른 요인이 상황에 등장하지 않았다면 어떤 인간 관계도 비현실적으로 남을 운명에 처한 것처럼 보일 것이다. 남성과 여성의 관계가 유일한 매우 중요한 관계로 남아 있었다면, 인류의 진보는 막혔을 것이고 그 관계를 여는 의식의 진화로 가는 길도 닫힌 채 남아 있었을지 모른다. 그러나 시대가 변했다. 여성들은 세상으로 나올 수밖에 없게 되었다. 이제 결혼은 더 이상 그녀들에게 유일한 삶의 길이 아니다. 성인이 된 다음에도 한동안 또는 평생 결혼하지 않은 여성도 많으며, 이들 모두 결혼에 실패했거나 "남겨진" 사람들이 아니다. 이 여성들은 나약하거나 어리석은 사람도 아니고, 같은 세대 사람들 가운데 매력이 떨어지는 사람도 아니다. 어쩌면 그녀들은 가장 활기차고 진취적이며 최고의 지능과 주도권을 가진 여성일지도 모른다.

이러한 부류의 여성들 사이에서 우정은 전례 없이 중요한 자리를 차지하게 되었다. 이러한 여성들 사이에서 발견되는 관계는 종종 매우 수준이 높고, 심리적으로나 물질적으로나 극도로 자유로운 관계이다. 여기서 말하는 자유의 의미는 거기에 또 다른 동기가 존재하지 않는다는 것이다. 왜냐하면 남녀 모두에게 동등한 중요성을 가지는 남녀 사이의 관계와 달리, 이러한 관계는 상호 재정적 의존도, 본능의 상호 만족을 위한 어떠한 의무도 수반하지 않기 때문이다. 법적 구속력도, 계약도, 사회적 요구도 없다. 이 유대의 바탕은 상대방에 대한 인간적인 호감과 한 인격이 다른 인격에게 끌리는 것, 상호 관심 그리고 성관계나 상호간의 관계보다 우정에 더 중요한 목적인 내면의 심리적이고, 영적 일치에 기반을 둔다.

그러나 이러한 심리적 또는 인적 요인은 매우 취약하다. 투사와 환상의 파괴적 영향으로부터 보호받으려면 관계의 **구조** 자체에 대한 확실한 작업이 수행되어야 하는 것이다. 그 관계는 구체화되어야 한다. 즉 실체를 부여받아야 하는데 이것은 특히 여성이 해야 하는 일로, 현실세계에서 여성적 가치를 실제로 탄생시키는 것을 의미한다.

여성적 가치와 여성의 문화적 과제를 이야기할 때 공허한 문구를 사용한다는 비판을 듣기 쉽다. 여성이 남성에 대한 의존이나 남성과의 경쟁에서 자신을 해방시킬 수 있는 구체적인 여성적 가치를 가져와야 한다고 말하는 것은 쉽지만, 이것이 정확히 무엇이고 어디서 찾을 수 있는지를 말하기란 매우 어렵다. 여성적 가치의 특성이 남성의 그것과 너무 다르기 때문에 남성적 관점에서 판단했을 때 가치로 인정받기 어려운 것이 어려움을 가중시킨다. 많은 경우 그 가치들은 전혀 인정받지 못한다. 여성적인 가치는 남성들이 여러 시대를 거쳐서 분화시킨 가치들과 경쟁할 수 없다. 여성은 여성이 로고스 영역에 속하는 사고, 판단, 효율의 능력을 어느 정도 획득하지 않는 한 그녀가 무의식적 본능에 지배되는 영역과 의식적인 여성적 가치나 에로스적 가치를 구별하는 선구자가 될 수 없다는, 남성이 규정한 여성의 가치에 의존한다. 그러나 여성들이 그런 생각에 매달려 있는 한, 새로운 가치 역시 과거의 가치에 **매어 있을 수밖에 없다.**

이러한 에로스의 새로운 가치는 본능적으로 아니마 역할을 수행하려는 여성성^{feminine}과 반드시 구별되어야 하고, 그 자체로 분화된 실존을 누려야 한다. 이러한 이유로 남성과 여성의 관계에서보다 본능이 덜 중요한 역할을 하는 영역, 즉 여성들의 우정의 영역에서 새로운 가치가 처음으로 독립적인 모습을 보인다는 것은 놀라운 일이 아니다.

어떤 여성은 남성과 이해 관계에 도달하는 것을 어렵다고 느끼지만 여성과는 편안하고 쉽고 우정을 쌓는다. 동성의 구성원들 사이의 이끌림은 사춘기 소년과 소녀들 사이에 흔한 것으로, 이러한 우정은 그들의 가장 친밀한 정서적 유대를 형성한다. 그들은 완전히 정상적인 동성애 단계를 겪는다. 그러다가 이성 구성원에 대한 우정과 사랑이 이전의 사랑을 대체하지만, 이러한 우정을 낳는 정서적 발달의 단계는 어린 청소년들에게만 국한되지 않는다. 청소년기의 우정에 의해 발현되는 본능적 사랑은 다른 본능적 결합에 주된 자리를 내주기는 하지만, 친구에 대한 사랑은 보통 평생 지속되고 종종 개인의 정동 체험에서 매우 중요한 자리를 차지한다.

미성숙한 기간이 크게 늘어난 현대 사회에서 젊은이들의 정서적 발달도 거기에 상응하여 지연되고 있다. 만약 성인이 된 다음에도 우정이 제 1순위를 차지하는 상태라면 그것은 사춘기의 정상적인 정동 단계가 연장된 것에서 기인하며, 그 시기가 지나면 그 상태 또한 지나갈 것이다. 이런 종류의 발달 지연은 일부 여성들 사이에서 일어나는 동성애적 우정 관계를 설명할 수는 있지만 이 설명을 모든 관계에 적용시키기는 어렵다.

과거 어느 시기에 남성들 사이에서 우정을 추구하는 경향이 눈에 띄게 증가했던 적이 있다. 예를 들어, 독립 도시 국가인 폴리스가 형성되었던 시기 그리스 문명에서 이러한 종류의 운동을 목격할 수 있었다. 이 시기에 문화적인 관점에서 소년에 대한 사랑이 이성애보다 더 칭송되었다. 이 주제를 다루는 플라톤의 『향연』(饗宴)은 인간의 사랑이 도달할 수 있는 영적 경지의 뛰어난 사례로 오랫동안 남아 있다. 몇 세기 후, 유럽 사회에서 비슷한 상황이 만연했다. 기사도 시대에 남성들은 원탁의 기사단이나 템플 기사단 같은 길드로 모였고, 장래가 유망한 소년들은 유명한 기사의 종자(從者)가 되려는 야망을 품었다.

남성끼리 서로에게 헌신하는 시기가 오랫동안 지속된 결과 남성적인 미덕의 힘과 의의가 강화되었고, 여성과의 관계에서 본능적인 만족만 추구하는 순수한 육체적 동기는 그만큼 감소했다. 유럽 사회에서 여성의 지위에 현저한 변화가 일어난 것은 기사도 운동의 일환이었는데, 그때까지 여성을 바라보는 남성의 시각은 주로 가정에서 그녀가 차지하는 역할에 초점이 맞춰져 있었다. 그녀는 가정주부였고 성적 대상이었으며, 아이들을 낳고 기르는 존재였다. 그러나 남성들의 관심이 남성 친구들과의 활동을 중심으로 새로운 발달 국면에 접어들었을 때, 그들은 여성을 이상화하기 시작하였다. 그들에게 있어서 여성은 영적 가치의 매개자, 영혼의 삶의 상징으로 된 것이다. 한편으로는 성 연대의 발전, 다른 한편으로는 여성에 대한 남성의 태도 변화로 인한 문화 운동의 한 부분이었던 남성 사이의 정서적 우정은 그 당시의 특징이었다.

지난 수십 년 동안 여성들 사이의 우정도 이와 비슷한 방식으로 진행되면서 지역사회에서 유례 없이 중요한 자리를 차지하였다. 여성들의 정서적 삶에서 일어난 이 변화는 개인뿐만 아니라 우리 문명 전체에 있어서도 중요하다. 우리가 오늘날 과거 남성에게 심오한 영향을 끼쳤던 것과 같은 문화 단계를 거치고 있기 때문이다.

이 단계에 들어서게 된 원인 가운데 하나는 여성이 남성에게만 몰두하면서 여성적 가치가 발달하지 못했기 때문이다. 여성들 사이의 연대의 증가에 대한 기대로 인하여 결과적으로 감정이나 관계와 관련된 가치들이 전적으로 새롭게 발달하게 되었는데, 여성에게 일어난 이런 변화는 남녀 사이의 관계도 변하고 다시 활성화되어야 한다는 과제를 남긴다.

오늘날 우정을 쌓는 것이 가정이나 하나의 가구 단위를 만드는 것만큼 중요하다고 여기는 여성의 수는 놀라울 정도로 많다. 여성이 결혼해서 가정을 꾸리는 대신, 주로 여성과 관계를 맺게 만드는 지금과 같은 사회 구조적인 변화는 여태까지 없었다. 이런 현상에 기여한 원인으로 여러 가지 경제적, 교육적, 사회적 요인을 들 수 있을 것이다. 그러나 우리가 그 의미를 이해하려면, 아마 그것들을 미리 결정짓는 심리적 변화를 찾기 위한 외부적 조건들을 살펴보아야 할 것이다.

현대 사회에서 한 개인의 삶은 물론 사회적인 삶에도 영향을 미친 혁명을 가져온 다양한 흐름을 구별하려는 시도를 하는 지금 인과론이라는 용어는 버려야 한다. 지금 일어나는 현상을 단지 한 개인의 문제로 다룬다면 그 안에 담긴 문화적 의미는 보이지 않을 것이고, 그 집단적 운동에 대한 책임 한이 개인에게 지워질 것이기 때문이다. 인류 전체에 일어나는 점진적 변화의 관점에서 볼 때, 한 개인은 그 표상에 불과한데도 말이다. 이런 식으로 볼 경우 우리는 동성하고만 관계를 맺는 사람은 변화하는 본능의 피해자이자 병에 걸린 사람이거나, 유아기를 지나 성인기로 넘어가는 사춘기 문명의 어색한 모습으로 보게 될 것이다. 만일 후자라면, 개인이 감내해야 하는 본능적 좌절감과 그에 따르는 불가피한 고통은 사회가 겪을 수밖에 없는 성장통(成長痛)으로 간주되어야 한다.

그러나 사회 변화에 대한 연구는 개인을 대상으로 해야 한다. 우리는 고등교육과 경제적 해방을 위한 운동이 일어나는 이 문화적인 시대에서 많은 여성의 성격이 남성적으로 변하는 특정한 변화를 관찰할 수 있다. 이러한 움직임이 일어나게 된 배경은 가벼운 흥미 위주로 돌아가던 여성들의 사교 생활이 경박함에서 벗어나고, 현대 사회의 다양한 발명품들이 가정에서 그녀들의 관심과 흥미를 끌만한 창의적인 작업을 거의 남기지 않았다는 사실에 기인했을 것이다. 거기에 심리적 재정향^{reorientation}의 결과 삶을 순전히 가정적이고 본능적 측면에서만 살려는 유혹으로부터 진정한 전환이 일어났고 그것은 그 세대의 여성들에게 새로운 방향으로의 발달이 일어났다는 사실을 의미한다. 여성의 옷차림이 단순해지고, 그전에 남성의 관심을 끌기 위해서 발달시켰던 타성과 나약함을 포기하는 것으로 표현되었다. 대신 초기에 직업을 가진 여성들은 다소 남성적인 복장과 태도 그리고 남성적인 특성까지 취했는데, 그것은 표면적인 것에 머물지 않고 그녀들의 실제적인 심리적 사실을 나타냈다. 이런 여성들은 그전에 오직 남성에게만 있는 전형적이고, 예외적인 것이라고 생각되었던 마음의 태도를 발달시키고 있었던 것이다.

이러한 옷차림과 사고방식, 관심의 변화는 지금 우리가 이야기하고 있는 여성들 사이에서 우정이 증가하고 있는 것과 일맥상통한다. 이 모든 것은 여성이 자신의 새로운 면모를 찾던 시기에 남성으로부터 일정한 독립이 필요하다는 것을 나타낸다. 그러나 거기에 따르는 경제적이고 사회적인 변화를 단순하게 지적하는 대신 이제는 여성들이 느끼는 그런 욕구의 중요성을 이해해 보자. 역사적인 시각에서 볼 때 이러한 사회적 행동의 이면에는 본성상 생물학적이고, 심리적인 혁명적 의미가 담겨있고, 그 생물학적 의미를 밝히는 것은 우생학자들의 많이다. 그러나 그 심리적 의미는 이 책의 주제인 우리 시대를 특징짓는 새로운 의식의 시대에 여성들이 가져야 하는 공헌과 밀접하게 관련된다.

　일상생활에서 관찰할 수 있는 사실들을 먼저 살펴보자. 이전에 회관이나 주거용 호텔에서 혼자 살았던 두 여성이 처음에는 아마 편의상 함께 살기 시작한다. 여성은 성향상 집안일을 주관하려는 욕구가 크지만 혼자 사는 데 따르는 비용이 너무 많이 드는 것이다. 두 사람이 살림을 합침으로써 각자 자신의 친구는 물론 가정생활에 대한 자신의 욕구를 충족시키는 가정을 만들 수 있게 된다.

　여성들은 이제 가사노동의 단조로움과 지루함에 반발하여 집을 나갔고, 이것은 매우 기이하고 재미있는 일이다. 그러나 인간의 삶의 여명기부터 가정을 꾸리고 가족들을 돌보는 것이 여성의 과제였다는 사실은 여전히 남아 있다. 사실, 가정 같은 것이 만들어질 수 있었던 것 자체가 아마 여성의 특별한 천재성에 기인했을 것이다. 모든 나라에서 여성들은 여러 세대에 걸쳐 요리와 바느질 그리고 자기 자신과 가족의 육체적 욕구를 충족시키는 것에서 주된 만족감을 찾았다. 이러한 과제들은 보편적 제공자로서의 대지모(大地母)와 관련된 여성의 본성을 충족시키는 것이었다. 여성이 이러한 종류의 활동으로부터 완전히 단절되면 그녀의 본성의 한 측면은 메마른다. 그래서 집단 주거 시설에 살았던 많은 여성은 더 이상 보잘것없는 벌집의 일원으로 살 수 없다고 결심하며 자기 집을 가지고 싶어한다.

　편의상 함께 살림을 차리게 된 서로 알지 못했던 두 여성 사이에서 시작된 우정은 시간이 지나면서 점차 강화되고, 진정한 가족 단위가 형성될 때까지 수개월 간 지속될 수 있다. 하지만 두 사람은 각자 서로 다른 기준을 가지고 살림을 꾸린다. 그들 사이의 연결고리는 주로 우정인데, 처음 만났을 때 두 사람은 아마 서로에게 깊이 끌렸고, 그런 감정 때문에 함께 살 생각을 하게 되었는지도 모른다. 이러한 친구 사이의 유대감은 편의에 의한 것이 아니라 상호간의 사랑에서 비롯되고, 결과적으로 그녀들의 삶은 매우 풍부해지고 결혼 생활에서나 볼 수 있는 것 같은 영속성과 안정감을 갖추게 된다.

그러한 관계의 가치와 일상적인 교제들, 공유된 삶의 관심사들, 집 등의 가치는 많은 면에서 우리가 결혼에서 발견할 수 있는 가치들과 비교될 수 있다. 또한 여성 간의 관계에서도 결혼 관계와 마찬가지로, 다른 사람과 긴밀한 관계를 맺을 때 제기되는 인격의 그림자 부분을 인식해야 하는 필요성이 중요한 요인으로 작용한다. 물론 결혼에서 가능한 성애적 사랑과 상호 의존은 친구 사이에서보다 훨씬 더 친밀한 결속을 가져다 준다. 예를 들어, 남편과 아내가 여러 가지 많은 문제, 심지어 가장 중요한 문제에서조차 의견이 맞지 않거나 그들의 관심사가 그들을 멀리 떨어트려 놓아도 두 사람 사이에 열정적인 사랑만 있다면 그들 사이의 간격은 여전히 메워질 수 있다. 그러나 여자 친구 사이의 상황은 전혀 다르다. 여성은 타고난 본성 때문에 가장 먼저 감정적 분위기를 명확히 할 필요가 있다. 만약 오해가 생기면 그녀들은 문제를 제쳐두거나 어려움을 얼버무리는 것으로 만족하지 못한다. 그녀들은 상호 이해에 도달해야 하고, 각자 자신의 태도를 분명히 하며 상대방의 동기와 관점을 납득해야 한다. 이것은 그것이 어떤 사건이든 간에 그 사건에 대한 철저한 토론을 통해서만 이루어질 수 있는데, 이것은 결코 쉬운 일이 아니다. 그 토론은 그녀들에게 사태의 **진실**을 인식하도록 만든다. 하지만 이때의 진실은 사실에 관한 진실이 아니라 **감정**에 대한 진실이다. 이런 종류의 관계성에 대한 작업은 특히 여성의 영역에 속해 있다. 대부분의 남성은 그러한 작업을 지루해 하고 두려워한다. 그러나 에로스와 관계성에 대한 성격 발달은 이 작업을 통해서만 가능하며, 그 외에 다른 어떤 것을 통해서도 이루어질 수 없다. 여성들은 상호간의 관계를 통해 이 영역에서 새로운 의식을 발달시키기 시작했으며, 그것은 남성들이 그들의 주의를 사실과 진리에 집중시킴으로써 사고를 발달시켜왔던 것과 비교될 수 있다.

사랑 때문이 아니라 주로 사회적이나 경제적 편의를 위해 주요 관계를 형성하는 여성들도 오늘날의 방식으로 표현되는 이러한 문화적 움직임에 사로잡혀 있지만 거기에 담긴 심리적 의미는 전혀 이해하지 못한다. 그녀는 그런 모드에 "빠져드는" 것이지, 어떠한 방식을 지시받거나 의식적인 이유로 그러한 삶의 패턴을 **선택하는 것**이 아니다. 그녀의 행동은 "상황"과 "때"가 스스로 충족되는 방법을 보여주는 아주 좋은 예이다. 여성의 문화적 의미는 개인적인 것 이상이지만, 이러한 여성은 개인적인 이유로 시대에 부합한다. 단순히 개인적이기만 한 가치를 넘어서는 가치를 알아보는 사람은 더 의식적으로 그가 사는 시대의 문화 발전에 참여한다. 그녀는 우정에서 새로운 종류의 관계를 추구하며, 개인적인 취향이나 편의를 뛰어넘는 의미를 지닌 인간적 상황의 진실을 찾고 이 가치를 추구함으로써 우리 문화가 그동안 소홀히 해온 여성적 가치를 구축하는 운동에 의식적으로 참여한다.

인간관계와 감정-진실에 대한 이러한 새로운 태도는 자연스럽게 여성 간의 관계뿐만 아니라 남성과 여성의 관계에도 적용될 수 있다. 그러나 오늘날 이러한 새로운 가치들은 주로 사회적, 경제적 힘에 의해 주로 여성들 사이에서 형성되는 긴밀한 연계 때문에 생기는 중이다. 대부분의 여성은 인간관계에 있어 극도로 미숙하며, 여성적 관심의 집중을 필요로 한다. 우리 문화에서 에로스의 여성적 가치는 원시적이고 무의식적인 상태로 남아 있기 때문이다. 그래서 여성들이 어쩔 수 없이 서로 동행을 구할 수 밖에 없는 처지에 놓이지만 않았다면, 여전히 아무런 진전도 일어나지 않았을 것이라는 것을 쉽게 상상할 수 있다. 남성과 마찬가지로 여성도 의식적이고 유도된 작업의 도움 없이 무의식적이거나 본능적인 방식으로 성적 유대에 의해 생성될 수 있는 정도의 관계에 만족할 수 밖에 없었을 것이다.

이러한 새로운 특질들이 나타나기 시작하면서 여성은 완전히 새로운 방식으로 여자 친구들을 소중히 여기는 법을 배우고 있다. 오늘날까지도 남성은 상황에 의해 의식에서 극도로 현대적인 단계를 밟을 것을 강요받지 않았으며, 대부분의 경우 여전히 여성에게 그녀가 다른 여자 친구들과의 관계에서 얻을 수 있는 일종의 정서적 만족과 안정을 주지 못하고 있다. 물론 이것이 부자연스러운 일은 아니다. 남성은 사고 영역과 남성의 영역에 속하는 모든 것들에서 지도자가 되고 교사가 되어야 했다. 이제 여성이 앞장서서 감정적인 문제를 가르칠 준비가 되어 있어야 한다. 왜냐하면 이런 문제들은 여성의 영역에 속하고, 그녀의 천재성의 필수적인 부분을 이루기 때문이다.

이러한 인간관계의 가치를 스스로 찾아낸 여성은 그것을 남성과의 관계에 끌어들이고 싶어하지만, 남성 스스로 그러한 가치를 원하는 경우는 거의 없다. 그러나 그가 교훈을 배우는 데 흥미를 느끼고 더 깊은 이해가 관계에 가져오는 강화된 가치를 인식하게 된다면 자발적으로 이전의 무의식 상태로 돌아가지 않을 것이다. 그러나 이것은 남성에게 힘든 길이고 그의 본능에 너무 이질적인 것이어서 그가 그것에 열광할 것이라고 기대하기 어렵다. 그가 몹시 사랑하는 여인을 위하여 그것을 기꺼이 시도할 수는 있더라도, 남성이 이러한 종류의 의식적인 관계를 만들기 위하여 스스로 솔선수범하기까지는 꽤 오랜 시간이 걸릴 것이다. 한 세기 동안 고등 교육을 받았음에도 불구하고 새로운 과학이나 새로운 철학 체계를 발달시키는 여성이 거의 없듯, 여성이 개발하기 시작하는 새로운 영역을 즉시 받아들일 남성이 거의 없는 것과 같은 맥락이다.

그럼에도 불구하고 점점 더 많은 여성이 사회에 진출하고 사업과 전문직에 종사하면서 일과 협력을 기반으로 매일 남성과 접촉하게 됨에 따라 필연적으로 동료 관계 comradely relationship에 대한 필요성이 커졌다. 남성과 여성 사이의 그러한 우정은 실제로 매우 가치 있는데, 그것이 여태까지 있었던 에로틱한 색조가 짙거나 공공연한 성적 관계와 달리 정신적 친밀성을 기반으로 한 것이기 때문이다. 공동의 작업에 초점을 맞춘 아이디어의 교환과 관심사의 공유뿐만 아니라 음악, 문학, 예술, 야외활동의 공유는 그들의 관계에 더 많은 것들을 가져다줄 수 있을 것이다. 두 사람 모두 미혼에 그 밖에 다른 이성을 만나고 있는 상황이 아니라면, 더 다양하고 배타적인 친밀감이 발달할 가능성이 크다. 거기에 비록 아니마와 아니무스 투사의 특징인 깊은 정감이 배열되는 일은 없더라도, 그들이 수개월 동안 맺은 동료관계는 나중에 그들이 누군가와 결혼하게 되었을 때 그들이 유독 만족스러운 결혼 생활을 할 수 있는 안정적인 기반을 다지는 역할을 했다는 것을 알게 될 것이다. 그리하여 수년 동안 동지애를 통해 발달한 정신적 관계의 가치는 서로에게 적응해야 하는 과제를 지니고 있는 부부의 결혼 생활에 더 큰 친밀감을 제공할 것이다.

이러한 관계의 가치는 실제 살아있는 우정에서 발전되었을 때도 진실하고 실제적이지만 추상적이거나 일반적인 용어로 설명하기 매우 어렵다. 그러한 용어를 사용하는 작가는 실제적이거나 구체적인 의미가 없는 거창한 단어를 사용한다는 비난을 듣기 쉽다. 이것이 언제나 새로운 풍조를 소개하려는 사람들을 괴롭히는 단점인데, 그 이유는 말이라는 것이 스스로 그 단어는 그 단어가 나타내는 가치를 직접 경험한 사람들에게만 의미가 있기 때문이다. 이러한 종류의 새로운 관계를 아주 조금이라도 경험해 본 사람들은 내가 하는 말의 의미를 이해할 것이다. 그와 반면에, 그들의 삶에서 그러한 관계를 의식하지 못하는 사람들은 내가 말하는 것을 전혀 이해하지 못할 가능성이 크다. 그러나 만약 그들이 관심을 가지고 현실을 그들의 가장 친밀한 관계로 끌어들이는 시도를 한다면, 감히 예측하건데 그들도 경험을 통해서 내가 말해야 할 것에 대한 열쇠를 찾을 것이다. 일반론 같은 것을 늘어놓는 것처럼 보이는 것을 피하기 위해서, 나는 독자들이 일상에서 쉽게 경험할 수 있는 흔하면서도 구체적인 예를 들어보려고 한다.

편의상 시작되는 두 여성 사이의 관계에서 처음에는 정신의 더 피상적인 층들만 개입한다. 그래서 갑자기 일어나는 일상적인 문제와 삶의 현장과 밀접하게 관련된 문제는 평범한 예의와 호감을 통해 해소할 수 있다. 그러나 우정이 깊어짐에 따라 정신의 더 깊은 층이 개입할 가능성이 계속 커진다. 매일 일어나는 접촉이 표면적 반응을 뛰어넘는 반향을 일으킬 수 있기 때문에 억압이라는 함정을 피하려면, 관계 속에서 드러난 어떠한 정동도 기꺼이 받아들이고 다루려는 의지와 더 큰 솔직함이 필요하다. 예를 들어, 지배하려는 강박적인 욕구가 상황의 조화를 위협한다면 그 발현 뿐만 아니라 원인까지, 즉 어떤 대가를 치러서라도 자기가 원하는대로 하겠다는 의지까지 인식하고 그것을 다루어야 한다. 그런 솔직한 태도만이 둘 사이의 관계가 억압에 의해 왜곡되지 않을 것이라는 확신을 줄 수 있다.

두 여성 사이의 우정에 더 정동적이고 본능적인 성격의 사랑이 스며들면, 새로운 요소의 존재를 무시하고 의식하지 않으려는 경향이 강하게 나타난다. 동성의 두 사람 사이의 사랑을 이야기할 때 우리는 편견과 금기로 둘러 싸여 있는 주제에 바로 접근한다. 그러나 오늘날 **동성애적**[homosexual]이라는 표현은 많은 의미로 쓰이고 있다. 그래서 우리가 동성인 두 사람 사이의 우정을 논의하기 위해 먼저 그 말의 의미를 명확히 해야 할 필요가 있다.

우정에서 정동적 관여가 강렬하게 일어나더라도 육체적으로 표현되지 않을 수도 있다. 여성 사이의 사랑은 반드시 육체적인 성관계를 수반하지 않기 때문에 하나의 관점에서 볼 때 그러한 우정은 결코 동성애적이라고 불리지 않을 것이다. 그러나 성적 표현이 전혀 없는 여성의 억압된 본능은 노골적인 성적 행위나 의식적인 성적 충동조차 존재하지 않더라도, 그녀의 주된 관계에 영향을 미치고 성애적 개입의 전형적 특징인 정동을 불러일으킨다. 그러므로 더 넓은 관점에서 그러한 우정에 개입되는 정동이 본능적이거나 성적인 것을 인식해야 한다. 또 다른 경우, 친구 사이의 사랑이 더 구체적으로 성적인 방식으로 표현될 수도 있는데, 이때 그런 행동의 동기가 사랑이라면 왜곡[perverted]된 것이라고 간주할 수 없다.

불행하게도 이 두 가지 상황을 명확하게 구분하는 일반 용어는 존재하지 않는다. 만약 동성애라는 용어에 부정적인 의미가 함축되어 있지 않았다면 명확히 구분할 필요는 굳이 없었을테지만 그렇지 않은 만큼, 사람들이 부정적으로 여기는 행위나 범죄를 연상하게 하는 용어로 높은 도덕성과 윤리적 성격을 띠는 이러한 우정을 지칭하는 것은 옳지 않을 것이다. 그러나 현재로서는 다른 용어가 없기 때문에 동성애라는 단어를 쓸 수밖에 없다.

그것이 동성애든 이성애든 어떤 성적 관계를 판단할 때, 거기에 수반되는 정동의 질이 그 관계를 뒤따르는 신체적 표현의 특성보다 더 가치 판단의 기준이 되어야 한다는 사실을 항상 명심해야 한다. 그래서 도착^{perversion}이라는 용어의 적용에 주의해야 한다. 사람들은 여성 사이의 우정에서 성애적 사랑의 요소를 억압하는 경향이 아주 자연스러운데, 그러한 경향은 여성 사이의 성애에 대한 전통적인 혐오 때문에 강화되는 경향이 있다.

친구들이 실제로 알고 있는 것을 의식적으로 억누르는 것이 아니다. 문제는 이것보다 더 깊이 들어가는데, 그 이유는 성욕이 의식 이하의 수준에서 억압되기 때문이다. 많은 사람들, 특히 여성은 이런 종류의 개입의 가능성을 꿈도 꾸지 못하지만, 그렇다고 내가 문자 그대로의 의미에서 여성은 그런 종류의 꿈을 전혀 꾸지 않는다고 말하는 것은 분명 잘못된 것이다. 그것은 얼마든지 있을 법한 일이지만, 그럴 가능성 자체를 전혀 상상하지 못하는 것이다. 그것은 의식 속에서 향유될 수 없고, 그것의 존재에 대한 어떠한 증거도 무시된다. 이런 식으로 억압되는 본능적 개입은 그 상황에 들어가는 어떤 강박적인 요소에서 나타난다. 두 여성은 보이지 않는 힘에 이끌려, 그들 사이에 항상 존재하는 정동의 문제를 일으키지 않을 수 없는 것처럼 보인다. 본래의 강도(強度)만큼 인식되지 않은 강도는 의식에서는 사라지지만, 온갖 종류의 다른 징후들을 통해서 다시 나타난다. 예를 들어, 그것은 건강이나 안락에 대한 지나친 염려 등으로 나타날 수 있는데, 한 친구가 다른 친구를 굉장히 애지중지하며 돌보는 것을 들 수 있다. "얘, 스웨터 입어." "조금 더 먹어." 거기서 얻는 점수는 그다지 중요하지 않을 수 있지만, 요점은 개인적인 참여를 통해 얻은 정서적 만족에 있다. 정동적인 염려는 아마 의견의 불일치나 다툼에서 분출구를 찾을 것이며, 거기에는 직접적으로나 간접적으로 상대방을 지배하려는 의도가 있을 것이다. 많은 경우 다툼의 원인은 지극히 사소한 것으로 양측은 어느 방향으로든 해결책에 만족할 것이다. 관심의 강도는 논쟁에서 이기는 것이 아니라, 다툼이 허용하는 상호 관여에 있기 때문이다.

 이러한 성격의 다툼은 격렬한 폭발이나 아예 우정이 깨지는 것으로 이어질 수도 있다. 성적인 요소가 전적으로 억압되어 있기 때문에 두 친구는 서로 다투는 이유를 알지 못한다. 하지만 그들은 통제할 수 없는 힘에 의해 그들의 결속에 부담을 주고 서로 상처 주며, 상대방에게 "무엇인가를 얻어내기 위해" 노력하게 된다. 이런 식으로 깨지는 우정은 소소한 부분에서 매우 놀라울 정도로 지저분해질 수 있다. 점잖고 교양 있다고 생각했던 여성들이 갑자기 살쾡이 같은 모습을 드러내는 것이다. 억압된 성욕에 뿌리를 둔, 친구로부터 "무엇인가를 얻어내야 한다"는 강박관념은 모든 종류의 요구에서 표현의 출구를 찾을 것이다. 예를 들어, 인식되지 않은 본능적인 개입이 없었다면 상식적인 선의만 가지고도 쉽게 정리될 수 있는 사업이나 공동 소유물의 분할에서 큰 다툼이 발생할 수 있는 것이다.

 우정이 단순한 동지애보다 더 깊어지고 성적인 요소가 솔직하게 받아들여지면 더 근본적인 관계가 가능해지고, 더 깊이 있고 안정된 관계가 형성된다. 그러나 의식적인 —심리적인— 관계를 풀려면 서로에게 가지고 있는 감정의 진정한 본질에 대해 최대한 정직해야 한다. 만약 친구들이 그 문제에 직면하는 것을 거부하지 않는다면, 그들 사이에서 생기는 본능적 유대감은 그들의 사랑을 더욱 강화시킬 수도 있다. 그들이 그들의 충동의 진정한 동기와 목적을 이해하기 위해 노력하고 계속 애쓴다면, 그들은 아마도 물리적인 끌림이 힘을 잃고, 그것이 그들이 서로를 통해 경험해야 할 삶의 일부의 중요성을 깨닫게 하는 자연의 방식이었다는 것을 알게 될 것이다 심리적으로 말하자면, 이런 종류의 결합의 목적은 두 여성 모두에게 여성적인 요소의 힘을 강화시키는 데 있다. 이것이 이루어지면 그녀들 사이에 있는 자연적인 양극성은 다시 자기 주장을 하게 되고, 이 측면을 실현시키기 위해 두 사람은 각자 남성에게 눈을 돌리게 된다.

그러나 우정은 보통 이러한 방향 전환에서도 살아남아서 친구들에게 이성관계에서는 거의 경험하지 못하는 특정한 가치들을 계속 맛보게 한다. 우정의 내적 본질은 결코 심리학 에세이에서 다룰 수 있는 것이 아니다. 오히려 그것은 심리학 소설을 통해 묘사하는 것이 더 바람직하지만, 그 진정한 가치는 반드시 경험을 통해서만 깨달을 수 있다. 그러므로 지금 이러한 논의를 통해 할 수 있는 것은 그것의 살아있는 가치에 대한 단서를 제공하고, 나머지는 서로 사랑하는 두 사람 사이에서 형성되는, 일상적인 사건과 문제를 다루기 위해 형성되는 올바른 관계에 대해 이야기하는 것이다.

남녀 사이 보다는 여성들 사이에서 더 뚜렷하게 나타나는 어려움이 있다. 예를 들어, 경쟁하는 경향이 존재할 수도 있고, 자신의 여성적인 면을 배타적으로 행사하려고 하면서 서로에게 남성의 역할을 강요할 수도 있다. 또한 함께 사는 모든 커플들에게 있는 동일시의 경향이 특히 더 강할 것이다. 만약 두 사람이 서로 사랑한다면 그들은 당연히 항상 함께 하기를 바랄 것이다. 같은 일을 하기 원하고, 같은 방식으로 사고하고, 함께 놀고, 심지어 그들의 친구의 행동에 대한 이야기까지 모든 것을 공유하려고 할 것이다. 그들은 같은 견해를 갖게 되고, 결국 사회에 하나의 얼굴을 제시한다. 우리는 이런 종류의 동일시의 고전적인 예를 나오미에 대한 룻의 사랑에서 찾아볼 수 있다. 나이든 여성(나오미)과 운명을 같이 하기로 했을 때 그녀(룻)는 이렇게 말하였다. "나더러 어머님 곁을 떠나라거나 어머님을 따라가지 말고 돌아가라고 강요하지 마십시오. … 어머님의 겨레가 나의 겨레이고, 어머님의 하느님이 나의 하느님입니다. 어머님이 숨을 거두시는 곳에서 나도 죽고, 그곳에 묻히겠습니다"(룻1:16-17). 많은 친구들은 이런 마음으로 함께 인생을 시작한다. 그들의 지인들도 그들을 떼어놓을 수 없는 존재로 여기게 되고, 그들을 한 단위로 취급한다. 그래서 둘 가운데 한 사람만 초대되는 일은 결코 일어나지 않으며, 상대방이 모르는 새로운 소식이나 관심사 같은 것은 결코 존재하지 못한다. 두 사람 모두 같은 장소를 가고, 같은 사람들을 만나기 때문이다. 이 모든 것은 그들 사이의 동일시를 증가시키고 그들의 관계를 불모로 만든다. 그것은 마치 그들 사이에 두 개의 연결된 삶이 아니라, 단 하나의 삶이 있는 것과 같다. 그러나 분리된 것만이 연결될 수 있다. 결혼에 관한 그의 논문에서 융은 바로 그 점을 강조했다. "자기 자신을 의식하기 위해서는 나를 다른 사람과 구별할 수 있어야 한다. 관계는 구별이 존재하는 곳에서만 일어날 수 있다. 무의식의 내용이 전혀 구분되지 않는 토양에서는 어떤 관계도 확립될 수 없다. 그곳에서는 타인에 대한 자아의 원초적 동일성의 본래적인 무의식적 상태, 즉 관계의 완벽한 부재가 지배한다."[21] 만약 두 가지가 동일하다면, 그것들은 연관될 수 없다. 그것들은 에너지나 관심이 없는 동일성으로 흐른다.

  그러면 여기서 다음과 같은 의문이 떠오른다. 이러한 동일시의 정체stagnation를 예방하기 위해 무엇을 할 수 있을까? 그것을 방지할 방법이 있는가, 아니면 그 사이는 매우 가까운 두 사람 사이에서 일어날 수밖에 없는 관계의 무덤인가? 인간은 본질적으로 친밀함과 연합, 이해를 갈망하기 때문에 진정한 독립성을 구축하는 것은 어려운 일이다. 외로움과 고립은 견디기 어렵기 마련이다. 실제로 인간관계로부터의 소외와 철수는 너무 가까운 관계에서 비롯되는 위협만큼 위험하다. 고립되고 소외된 사람은 결코 발달할 수 없다. 그러므로 문제는 이렇게 귀결된다: 어떻게 하면 두 사람이 동일시하는 과정에서 서로에 의해 자기 자신을 잃지 않으면서 충분히 분리되고 거리를 유지하며, 그와 동시에 자기 안으로 들어간 고립 상태, 즉 모든 관계에서 벗어난 자기중심주의에 빠지지 않으면서 충분히 친밀한 관계를 맺으며 살 수 있는 방법이 있을까?

이 문제는 앉아서 생각하는 것으로만 해결할 수 있는 문제가 아니다. 거기에는 시간과 성장이 들어가야 한다. 그것은 정적인 맞춤adjustment의 문제가 아니다. 그것은 삶 안에서의 문제다. 두 사람 사이의 맞춤이 오늘은 만족스럽더라도 몇 년 또는 몇 주 안에 그렇지 못할 수도 있다. 그런 문제는 "살아가면서", 즉 실전을 통해서 풀 수밖에 없다. 정신적 발달은 그러한 문제를 해결함으로써 이루어진다. 그러나 그들 사이의 관계가 발달하기를 바라는 모든 사람들은 특정한 난관과 직면할 것이고, 거기에는 조정이 필요할 수도 있다. 그런데 처음부터 그런 난관을 고려한다면 함정은 일부 피할 수 있을 것이다.

여성들이 함께 생활할 때 가장 빈번하게 저지르는 실수 가운데 하나는 충분한 분리를 마련하지 않는 것이다. 예를 들어, 그들은 모든 방을 공동으로 사용하는 방향으로 틀을 세운다. 두 사람이 거주하는 곳이 현대식 좁은 아파트라면 피하기는 힘든 실수이다. 그러나 완벽한 분리가 가능한 상황에서조차 서로 친구에게 항상 접근할 수 있기를 바랄 수 있기 때문에 방문을 열어두는 습관을 들일 수 있다. 그러나 혼자 있고 싶어하는 때가 온다. 그때 그녀는 방문을 닫는 것을 주저할 수 있다. 자신의 행동이 친구에게 부정적인 감정을 품으며 친구를 멀리하려는 개인적인 행위로 간주될까봐 두려운 것이다. 그래서 문은 결국 열린 채로 남고, "문은 열어 놓는다"는 무언의 법칙이 생긴다. 유일한 예외는 한 친구가 다른 친구를 귀찮아 하거나, 적대감을 암시하며 자기 안으로 들어갔을 때이다. 그 결과 만약 그녀가 예민한 사람이라면, 다른 사람으로부터 어떤 사생활도 기대할 수 없고, 자신의 생각이 자신의 것이 아니며 친구를 상대로 어떠한 비밀도 가지고 있지 못하다는 느낌을 받기 시작한다.

하지만 사실 우리 내면의 가장 깊은 경험들은 전달될 수 없다. 만약 어떤 사람이 비밀을 가질 수 없다면, 그는 어떤 비밀스러운 것들로부터 배제될 것이다. 우리 마음속에는 노출되는 것을 용납하지 않은 것들이 있기 때문이다. 예를 들어, 아직 채 형성되지 못한 생각의 씨앗들은 태아처럼 자라고 성숙하기 위해 오랫동안 인간의 정신 속 숨겨진 심연에 살아야 한다. 그러므로 비밀이 없는 개방된 관계를 계속 유지하고 살 수밖에 없는 여성은 결국 공개하기 적합한 자기 자신밖에 알지 못하고, 그로 인해 그녀의 의식은 얕아질 수밖에 없다. 만약 이 여성이 내향적인 사람, 내면의 삶을 중요시하는 사람이라면 이 파괴적인 공개에 의식적이거나 무의식적인 반감이 생길 것이다. 그러면서 자신이 비밀로 부쳐야 하는 생각에 빠진 것을 발견한다. 예를 들어 그녀는 친구에게 큰 반감을 느끼며 얼굴조차 보는 것이 역겹고 집에서 나갔으면, 어쩌면 더 나아가 죽었으면 하는 마음까지 생기는 것이다. 이제 그녀도 스스로 물러날 수 없는 것이, 수면 바로 아래 있는 부정적인 감정이 친구에게도 드러나기 때문이다. 그녀가 사실은 그녀의 삶의 바탕이 되는 사랑과 동지애를 베풀어 준 친구를 싫어하지 않고, 정말 사랑하고 아낌에도 불구하고 말이다. 그러므로 그녀는 다시 한번 자기 자신에게 개방성과 접근성을 강요할 것이고, 친구와의 동일시를 향해 한 걸음 더 나아가 과격한 내향화를 추구했던 그녀의 감정을 보상하려 들 것이다. 이와 같은 경우 형성된 사랑의 구속(拘束)은 깨기 어렵고 또 견디기 어려운 것이 된다.

이러한 종류에는 언제든 터질 수 있는 폭발물과 같고, 파괴적인 일이 발생하는 것은 시간 문제이다. 동거를 시작할 때 처음부터 분리 문제를 합의했다면 많은 어려움을 피할 수 있었을 것이다. 만약 두 사람이 관계는 분리된 개인 사이에서만 형성될 수 있다는 사실을 알았다면, 서로 약간의 사생활을 남기기로 합의했을 것이다. 그런데 사생활과 분리에 대한 강한 욕구는 심리적 성장의 결과이다. 그것이 발달하지 않은 사람과 어린아이들은 욕구 면에서 집단적이다. 그들에게 단체로 일하고 자는 것은 그들 내면의 어떤 것에도 반하지 않은 것일 수 있다. 오늘날 미국에는 "집단"에 대한 숭배 같은 것이 존재한다. 집 안의 모든 방이 거의 다 개방되어 있거나 커튼 정도로 분리된 식으로 지어지는 집을 흔히 볼 수 있다. 온 가족이 모든 방을 공유한다. 일부는 그것을 더 선호하고, 그것은 "각자에게 가장 좋은 것"을 대신하는 "모두를 위한 최선"이라는 국가적 추구의 일부이다. 이런 집단적인 방식으로 사는 사람 가운데 다수는 모든 방이 열려 있는 집에 사는 것에 만족하는 것으로도 모자라 혼자 있을 때조차 라디오를 틀어 눈에 보이지 않은 방문자의 수다로 그들의 사생활이 침해당하는 것을 즐긴다. 이런 분위기에서 개인의 심리적 발달은 일어날 수 없다. 왜냐하면 사생활은 인간의 기본적 욕구이며 사생활 없이는 개성도 없기 때문이다. 다른 사람과 항상 함께 사는 사람은 집단적으로만 기능한다. 내가 여기서 말하는 집단적으로 기능한다는 말은 관습에 의해 그 특성과 한계가 이미 정해지고, 정의 내려진 역할에 따라 기능하는 것을 가리킨다. 예를 들어, 여성은 "아내", "엄마", "친구", "시민", "숙녀" 또는 "좋은 사람"으로서 집단적으로 기능한다. 그 가운데 하나의 역할에 맞게 살아가기 위해 여성은 의식적이거나 무의식적인 규칙, 말하자면 집단 유형의 규칙을 알아야 한다. 그러나 실제 그 상황이 어떠한 상황인지 또는 그녀가 어떻게 느끼는지를 인식하는 것은 요구되지 않는다. 그녀는 단지 어떤 일들이 "어떻게 되어야 하는지", 그녀가 어떻게 "행동해야 하는지", 어떤 감정들이 "적절한지"만 알면 된다.

그녀의 정신의 집단적 측면은 일반적인 상황의 어느 지점까지 평균적이거나 보통 규칙을 사용해서 기능할 수 있다. 그런데 전적으로 평균에 해당하는 생물은 존재하지 않는다. 모든 사람들은 평균에 근접할 뿐이다. 비좁은 곳에서 함께 살게 된 두 여성은 곧 자신들이 기준에 맞게 사는 것에 실패했다는 사실을 확실하게 깨닫는다. 자신이 "좋은 친구"나 "교양 있는 여성"이라는 전통적 상에서 벗어났다는 인식은 여성에게 그녀의 태도를 정할 것을 강요한다. 만약 그녀가 그것의 진정한 의미를 깨닫지 못하면 그 역할 기준에 부합하지 못한 것을 인간의 나약함 탓으로 돌리고, 친구에게는 실수로, 이상(理想)에 부응하는 것에 실패한 것으로 설명할 것이다. 아니면 그것을 어떤 성패가 달린 것으로 받아들인다면, 거기에 부합하지 못한 것을 더 중요하게 생각할 수도 있을 것이다. 왜냐하면 그 전통적인 상으로부터의 이탈이 그녀가 집단적 존재, 즉 '어느 한' 여성으로서 기능하는 것이 아니라 하나의 개인, 말하자면 '이' 특별한 여성으로서 기능하고 있다는 것을 나타내기 때문이다. 그녀는 개인적인 이름을 가질 권리가 있는 분리된 실체이며, 집단적 기준을 따라서는 같이 갈 수 없다는 점을 바탕으로 친구와 생활 양식을 맞추어야 한다. 그러므로 그녀는 다른 사람과의 밀접한 접촉과 거기에서 파생될 수 있는 환멸로부터 자기 자신은 물론 상대방까지 한 사람의 개인으로 인식할 가능성이 높아진다.

여성이 집단의 구성원으로만 산다면 그녀는 자신의 이상을 유지할 수 있지만 오직 집단적으로만 살게 된다. 그녀가 스스로 인식하는 것은 일반적인 특성과 유사하거나 동일한 것뿐이다. 그녀는 그 집단의 최소 공통 분모로 축소되고 마는 것이다. 그녀는 좋은 일원일 수도 있고, 나쁜 일원일 수도 있지만, 결국 그저 한 여성일 뿐이다. 그러나 다른 사람들과 떨어져 어느 한 사람과 가까운 관계를 맺는 삶을 시작하는 순간 그녀는 자신의 안에서 개인적인 여성을 구별하지 않을 수 없게 된다. 이것을 서로 반대되지만 동일한 논리로 말한다면, 한 여성이 **개인적 특성이 아니라 개인적 반응에 의해** 집단의 다른 구성원과 자신을 분리하고 구별하기 시작하는 순간, 기존의 동일시 대신 관계를 발전시킬 가능성과 실제적인 필요성이 발생한다. 집단에서 원시적인 무의식의 일치^{oneness} 상태는 동일시이다. 그러나 집단의 개별적 구성원들에게 분리된 존재로서의 의식이 발달하기 시작할 때 이 일치는 대극의 쌍, 즉 이원성으로 나누어지는데, 그것들은 모두 서로 반대되는 것들이 모인 것이다. 예를 들어, "위와 아래", "옳고, 그름"이 같이 있는 것이다. 동일시의 분열에서 발생한 대극들은 **개인성**^{individuality}과 **관계성**^{relationship}이다.

대부분의 사람들에게는 긴밀한 우정과 친밀함에 대한 갈망이 있는데, 사실 그것은 관계에 대한 갈망이고 그 뿌리는 우리가 흔히 생각하는 것보다 훨씬 더 깊다. 이러한 충동이나 갈망의 원인은 아마 인간 정신의 개인적 구별에 대한 갈망에 비추어 이해되어야 할 것이다. 우리는 성적인 사랑, 결혼 그리고 자식에 대한 열망이 개인적 욕구나 그 욕구의 충족보다 더 근본적인 욕구를 바탕으로 한다는 사실을 잘 알고 있다. 우리는 여기서 개인의 목표보다 생명의 생물학적 목표를 우선하는 종이나 진화의 법칙의 작용을 볼 수 있다. 우리는 한 남성이나 여성이 어떻게 이 생물학적 충동에 사로잡혀 번식 본능이라는 생물학적 목표가 충족될 때까지 모든 장애물을 뛰어넘고, 개인의 측면에서는 재앙에 해당되는 결혼에 이르는 것을 보고 또 보게 된다. 그러나 인간은 생명의 생물학적 목표만 가진 동물이 아니다. 인간은 정신적 존재이기도 하다. 하지만 그가 자신의 정신적 본성을 만들거나 창조한 것은 아니다. 인간의 마음^{mind}과 영^{spirit}과 정신^{psyche}은 그의 육체가 거쳐온 것과 유사한 진화적인 생명의 과정의 결과일 것이다. 이 정신은 인간의 의지나 개입 없이 그리고 사실상 그가 무슨 일이 일어났는지에 대한 의식적 인식도 없이 나타났다. 우리가 알고 있는 한 인간 본성의 이 측면은 생물학적인 생명 과정과 마찬가지로 자율적으로 자기-조절 과정에 의해서 발생하고 또 발달한 것이다. 그러므로 우리는 이 영역에서 사람은 생명의 정신적 목표의 작업 결과 생긴 존재라고 말할 수 있다. 우리는 생명의 **생물학적** 목표를 말할 뿐, 의식적인 마음, 의인화되거나 신인동형동성론적 마음이나 의지를 상정하지 않는다. 마찬가지로, 내가 생명의 **정신적인** 목표를 언급할 때 거기에는 그러한 "목표"를 품고 있거나 안고 있는 사람 또는 신적인 존재의 마음이나 의지를 가정하는 것이 아니라, 그저 생명의 생물학적인 목표의 유비를 사용할 뿐이라는 사실을 알아야 한다. 말하자면 개인에게서 경험적으로 관찰할 수 있는 심리적 목표가 존재하는 것은 아닐까 하고 제안하는 것이다. 만약 한 개인의 내면을 살펴보는 것이 가능하다면, 우리는 그 젊은이가 결혼을 서두르는 이유에 생물학적 충동의 압박도 작용하지만, 정신적인 영역에서도 그를 정신적 목표를 향해 나아가게 하는 일련의 사건이 일어나고 있다는 사실을 발견할 수 있다.

 대부분의 사람들에게 발견되는 교제에 대한 열망은 생물학적인 것에 필적할만한 정신적 충동이다. 그것은 생명의 목표의 유형을 따라서 사람들을 관계 속으로 밀어 넣는다. 그러한 충동에 따라 행동하는 여성은 편의적인 면을 들어 자신에게 자신의 행동을 설명할 것이다. "혼자 사는 것보다 편하니까." "돈이 덜 드니까." "일반적으로 권장되는 거니까." 아니면 그와 비슷한 말을 할 것이다. 이것이 그녀의 의식적인 동기이다. 하지만 생명에는 또 다른 속셈이 존재한다. 친밀한 관계에 들어서자 마자 그녀는 중요한 결정을 내려야 한다는 것을 깨닫는다. 만약 그녀가 집단적 표준의 대표가 아닌 그녀 자신을 인식할 것을 요구하는 상황의 요구를 충족시킬 수 없다면, 그녀는 그 상황으로부터 퇴각(退却)하는 것을 선택할 수밖에 없다. 그러나 그렇게 할 경우 그녀는 다시 고립 상태로 돌아가고 이것은 심각한 퇴행 없이는 일어날 수 없다. 앞으로 **나아가야 한다.** 그녀는 그 **관계를 위해 노력해야 한다.** 아니면 정신적 죽음을 의미하는 퇴행을 선택해야 한다. 만약 그녀가 앞으로 나아가 관계의 어려움에 직면하기로 결심하자마자 그녀는 친구와의 분리―의식적 분별―에 착수해야 한다는 사실을 바로 깨닫는다. 그녀는 개인으로서의 자기 자신을 찾도록 강요받는 것이다.

  그녀가 집단 유형에서 자신을 차별화하기 위해 취하는 각각의 조치는 그녀가 원하든 원하지 않든 친구와 "다시 시도할 것"을 강요하고, 그러면서 관계를 조금 더 차별화시킨다. 삶이 그녀를 붙잡은 것이다. 그녀는 삶의 목적 가운데 하나의 도구가 되었다. 살아있는 것은 정체되지 않는다. 진화해야 하는 것이 삶의 법칙인 듯하다. 이렇게 우리는 고립과 외로움이 여성을 교제로 내몰고, 그 교제가 결국 그녀에게 진정한 자신은 무엇이고 누구인지를 찾도록 강요하는 것을 보게 된다. 정신적 영역에서 발달을 향한 이러한 이중적인 움직임은 규칙적으로 작용하는 삶의 목표임이 틀림없다. 일부 사람들의 삶에서 정신적 삶의 목표는 생물학적 목표와 같은 방향으로 움직인다. 그들은 삶의 두 영역에서 동시에 성취감을 얻을 수 있다. 그러나 두 가지 충동이 서로 반대되는 경우도 있다. 이런 경우 대립은 개인에게 매우 심각한 갈등을 일으키기도 한다. 나는 그 예로 내가 주목했던 몇 가지 전형적인 상황을 언급할 것이다. (아마도 동성의 친구와 함께 살고 있는) 어느 여성에게 한 남성이 갑자기 청혼을 했다. 한편에서는 친구에 대한 의리와 그러한 관계에서 가끔 나타나는 더 커다란 의식(意識)은 그녀에게 그녀의 삶을 우정에 헌신하라고 하였다. 그리고 또 다른 한편에서는, 그 남성과의 특별한 관계가 그녀의 의식과 정신적 발달을 뒤로 밀어내더라도 생물학적 충동과 인습적 견해가 합세하여 그녀에게 결혼할 것을 권했다. 우정이 모든 경우 결혼보다 더 많은 정신적 가치를 지니고 있다고 말하는 것이 아니라 그 반대 또한 사실일 수 있다. 나는 여기서 정신적 가치가 더 우세한 우정의 경우를 인용할 뿐이다. 왜냐하면 이 두 가지—우정과 결혼—가 겨룰 때 사람들은 결혼을 선택하는 경향이 언제나 더 많은데, 그것은 아내와 어머니로서의 운명을 완수하려는 생물학적 충동의 작용 외에도 개인의 정신 안에 사회적 견해만큼 큰 위력을 발휘하는 인습적 평가가 작용하기 때문이다. 개인은 그러한 갈등 속에서 선택해야 하며, 그러한 딜레마가 초래하는 갈등의 심각성을 통해 우리는 생명의 생물학적 목표 가운데 가장 강하고 위압적인 목표에 정면으로 맞서는 삶의 정신적 목표를 엿볼 수 있다. 주어진 상황에서 어떤 목표가 더 우세하고, 따라야 할 것인지를 예단하거나 그 다음에 뒤따를 사건들이 그 선택을 정당화할 것인지 아닌지를 예단하는 것이 불가능하다는 사실은 인간의 삶에서 정신적 목표가 그 만큼 중요하다는 사실을 입증한다. 그 영역이 그만큼 광범위한 것이다.

　우정을 선택할 경우 그 여성과 그녀의 친구 사이의 관계는 가볍게 해지(解止)될 수 없는 무게와 중요성을 가지게 된다. 이 두 여성은 자신들의 인생에서 가장 중요한 관계를 함께 맺을 것을 선택한 것이다. 그녀들의 우정은 위에서 설명한 것과 같은 방식으로, 각자 자신의 개성을 의식적으로 차별화할 때까지 일반적이거나 원형적인 패턴을 따르는 경향이 클 것이다. 거기에서 우리는 두 가지 두드러진 관계 유형을 관찰할 수 있다. 결혼에 바탕을 둔 첫 번째 유형에서는 한 쪽이 남성의 역할, 다른 한 쪽이 여성의 역할을 지속적으로 맡는다. 남성의 역할을 맡은 여성이 이러한 경험을 통해 자신의 여성적 가치를 포착하지 못하는 한 그녀의 정동 발달은 정체된 상태를 유지하는 경향이 크다. 그녀는 대개 그 당시 어울리는 친구와의 전이에서 오는 기쁨과 환희 속에서 살면서 그녀들 사이에 발생하는 어려운 문제를 다루는 것을 거부하며, 대신 계속 단 한 사람하고만 차례로 관계를 맺는다. "사랑하는" 상태가 가져다주는 즐거움을 포기하려고 하지 않는 그녀는 그래서 친구에게 투사한 여성적 가치를 동화시키지 못한다. 그녀는 그렇게 친밀한 관계 속에서 살아가는 동안 그녀의 투사가 위에서 설명한 방식으로 도전 받을 때, 내적으로 변화하려고 하기보다는 관계에서 물러나 상처를 주고 심지어 그 관계를 깨뜨릴 것이다. 그러나 그녀는 얼마 지나지 않아 또 다른 여성과 비슷한 상황을 맞게 된다. 이러한 유형의 여성은 그녀의 나이가 어떻든 "남자답다"는 말을 듣지 못하고, "사내녀석 같다^{boyish}"는 말을 듣는다. 이것은 그녀의 성격이 청소년기에 머물러 있다는 것을 암시한다. 그녀가 여성 원리를 동화하지 못하는 것은 영원한 젊은이와 같은 것이고, 다른 여성과 파국을 맺은 뒤에 또 다른 여성에게 계속해서 전이를 일으키는 것은 퇴행을 의미한다. 그러한 여성은 계속 사춘기에 머무를 것이고, 성장하지 않거나 성장하지 못할 것이다.

여성의 역할을 맡은 다른 여성은 보통 아내의 정신적 유형에 따라 기능하지 않고, 그녀의 소년같은 친구의 아이나 어머니가 된다. 그녀의 상태는 모녀 관계를 바탕으로 한 또 다른 두 여성 사이의 친밀한 우정 유형에서 발견되는 것과 유사한 것이다. 이 경우 두 사람 모두 외모나 관심사 면에서 남성적인 특성이 두드러지지 않고, 관계에서 더 적극적으로 행동하는 사람도 없다. 이 모녀 유형은 두 사람의 정신적 발달에 끊임없는 위협이 되는데, 그 이유는 그들 가운데 한 명이 고정적으로 아니면 대개의 경우 번갈아 가면서, 자녀 대 어머니의 위치에 앉는 경향이 있기 때문이다.

자신의 어머니와 만족스러운 관계를 맺지 못했던 여성은 그녀의 어머니가 그녀에게 가르쳐 주어야 했던 여성적 지혜의 유산을 얻지 못한다. 그것은 어머니와의 밀접한 관계와 이해를 통해서만 배울 수 있는 것으로, 지각을 통해 배울 수 있는 것이 아니기 때문이다. 아니면, 그 어머니 자체가 여성스러운 사람이 아니어서 딸에게 필요한 것을 주지 못했는지도 모른다. 어떤 경우든 딸의 여성적인 측면이 취약해지고, 그 결과 그녀가 완전히 성숙해지기까지 다른 여성과의 관계가 필요하다.

그러나 모성적 요소가 두 친구 사이의 관계에서 더없는 가치를 지닌 만큼 위험한 요소도 가지고 있다. 모든 인간에게 가슴 속 깊이 어머니에게 되돌아가려는 퇴행의 갈망이 있기 때문이다. 우리 모두 두 살 때 할머니 집에 맡겨진 어린 소녀와 다르지 않다. 어머니가 그녀를 데리러 왔을 때 그녀는 누구나 다 예상할 수 있는 것처럼 이제 막 자라기 시작한 아기 단계로 퇴행하여 먹는 것을 거부한다. 그녀는 그녀에게 얼른 밥을 먹이는 어머니에게 안긴다. 그런 그녀에게 할머니는 이렇게 말한다. "왜 그래? 루시야, 너는 이제 다 큰 애야. 시리얼을 먹지 그래?" 아이는 아무런 대답도 하지 않지만, 조금 후에 그녀가 그녀의 인형에게 이렇게 말하는 것이 들린다. "인형아, 어떤 사람들은 네게 이제 다 큰 애처럼 굴어야 한다고 말하지만, 나는 네가 아직 그럴 필요가 없다고 생각해." 어머니와의 어린아이 같은^{childish} 관계가 깨지는 것을 두려워했던 이 소녀처럼, 어느 여성 또한 어쩌면 그녀의 생애 처음으로 여성스러운 여성과의 관계가 그녀에게 가져다 준 사랑과 따뜻함을 잃을까 두려워 어머니-친구와의 어린아이 같은 관계가 깨지는 것을 두렵게 생각할지도 모른다. 하지만 그녀가 자기 자신의 여성적 가치와 감정적 가치를 얻으려면 의존적 상태에서 벗어나 자신의 유치한 사랑을 해방해야 한다.

그러나 그들 사이에서 일어나는 모든 상황에 대한 반응을 수면 위로 끌어 올리려고 한다면, 이러한 "유형"들이 적절하지 않다는 사실이 바로 밝혀지고 무의식적인 형태를 초월하여 서로 의식적인 정신적 관계를 만들어 낼 필요가 생길 것이다. 이것은 새로운 창조이고, 더 높은 유형의 여성만이 할 수 있는 정동 발달과 경험의 새로운 국면에 접어든 것을 의미한다. 이러한 종류의 우정은 직장에서 적응하기 위해 많은 에너지를 바친 자립한 여성들 사이에서 가장 흔하게 볼 수 있다. 이러한 종류의 우정의 경우, 두 사람 사이의 우정이 비록 안정적이고 영구적이어도 여성에 대한 배타적 지향은 아마 일시적일 것이다. 왜냐하면 다른 여성과의 사랑에서 얻을 수 있는 가치를 가장 쉽게 얻는 것은 바로 이러한 유형의 여성이기 때문이다. 젊은 여성으로서 독립적으로 경력을 쌓을 수 있게 한 바로 그 자질이 그녀로 하여금 친밀한 관계 속에서 현실적이고 의식적으로 작업하게 만드는 것이다. 그렇게 함으로써 그녀가 결혼 대신 경력을 선택하면서 희생했던 여성적이고 감정적인 가치를 스스로 얻게 될 것이다.

일반적으로 결혼한 여성 사이에서 여성과의 우정은 그렇게 중요시되지 않지만 결혼 관계에 대한 가치 의식이 발달하고 적용되면서 결혼의 중요성이 제고(提高)되는 경우도 가끔 있다. 결혼한 여성이 이러한 성격의 감정을 진지하게 받아들이는 것은 다소 이례적이다. 일단 남편과 아이들의 사랑과 관련된 모든 사회적 명성을 바탕으로 자기 자신을 확립한 여성에게 자신의 정신에서 발달하지 못한 부분에 매달리려는 욕망이 거의 생기지 않기 때문이다. 그런 것을 시도하려는 여성은 정말 예외적인 여성이다. 그녀에게는 삶의 좋은 일들이 별다른 노력 없이 다가온다. 그녀에게는 스스로 자신을 창조적으로 만들 발달에 대한 긴급한 요청이 없다. 기혼 여성은 그녀가 개인적으로 발달하지 못했다는 사실을 거의 알지 못한다. 그래서 이러한 측면이 발달한 여성에게 그녀는 단조로운 친구로 여겨진다. 그러나 어쩌면 나중에 자식들이 집을 떠나거나 남편과 사별한 다음 그녀가 자신의 자원(資源)에 의지할 수밖에 없게 되었을 때, 그녀는 자신의 정신적 발달을 다시 시작하고, 자신이 인습적으로 받아들이지 않았던 부분을 탐색할 수도 있다.

  오늘날 활기찬 미혼 여성들의 특징을 살펴보면, 그들에게 실제로 결혼할 기회가 있었다는 사실을 발견할 수 있다. 그녀는 일반적인 전통 결혼과는 다른 것을 원했거나 대학이나 직장에서 자신의 날개를 먼저 펼칠 것을 원했기 때문에 결혼을 거부했던 것이다. 결혼한 자매와 친구들의 삶을 살펴본 다음 그것이 말할 수 없이 단조롭다는 사실을 깨달았던 그녀는 결혼을 미래의 일로 미뤄뒀지만, 그것이 나중에 자신에게 어떠한 어려움을 안겨주게 될지를 알지 못했다. 결혼할 시기가 되었을 때 그녀는 더 깊고 현실적인 관계를 원했고 수년 동안 일을 통해 성숙과 발전을 추구했다. 그러나 그녀가 속한 집단의 남성은 모든 집단적 가치를 포함하면서 관계적인 면에 대한 요구는 결여된 구식의 결혼을 계속 고집했다. 그래서 이 여성이 서른이나 서른 다섯 살쯤 되어서 드디어 결혼할 준비가 끝났다고 생각했을 때 또래 남성들은 이미 결혼한 상태였다.

그러한 여성들이 삶의 정동적 측면을 실현하기 위해 선택할 수 있는 길이 세 가지 있다. 먼저, 그녀는 남성과 혼외 관계를 맺을 수 있다. 아니면 그녀는 자신보다 훨씬 나이가 어린 남성과 결혼할 수도 있다(오늘날 미국에서 매우 흔히 볼 수 있는 해결책이다). 그것도 아니면, 여자 친구들에게 의지하고 그녀들과의 우정을 통해 자신의 정동적 욕구를 충족시킬 수도 있다. 마지막 길이 많은 여성이 걸어온 길이다.

  그러므로 여성들 사이의 우정은 지난 80년이나 100년 동안 일어난 사회 혁명에서 제일 두드러지게 나타난 경향의 일부이다. 그들은 산업화와 기계화가 가져온 경제적 조건의 변화, 여성의 교육 및 경제적 해방, 그리고 여성 스스로 일어난 정신적 변화 등과 같은 사회적이고 일반적으로 중요한 인간 운동에 뿌리를 두고 있다. 여성들 사이의 동성애적 우정의 증가는 문명의 과도기적 단계로 간주되어야 한다. 그것은 어쩌면 개인의 발달에서 여성성^{womanhood}이 사춘기를 지나고 있는 것인지도 모른다. 사회의 이러한 경향은 아마도 인간 진화의 증상일 것이고, 각 개별적인 우정 관계에서 친구들은 이 경험을 통해 더욱 성숙해질 것이다.

  이러한 움직임은 편견 없이 간주되어야 한다. 우리는 그 움직임의 정신적 목표와 의의, 창조적 할당량을 찾아야 하지, 그것과 충돌하는 편견에 따라 그것들을 바라보지 말아야 한다. 책임감 있고 씩씩하며 유연한 여성이 가장 발달된 상태로 간주되어 온 결혼을 거부하고, 다른 여성과의 심도 있는 관계로 '퇴행'하는 것을 발견할 때 우리는 그들이 그것을 인지하고 있든 없든 무엇인가를 찾고 있다는 것을 인식한다. 결혼은 인간의 성적 본능과 생식 본능에 대한 적응을 나타내며, 생물학적 차원에서 성숙한 적응이라는 것이 분명하다. 그러나 우리가 이미 살펴본 것처럼, 한 걸음 물러서는 것은 더 의식적이고 차별화된 관계가 가능해지는, 여성의 정신적 발달로 향하는 움직임과 관련이 있다. 생물학적으로 보았을 때 그 움직임은 퇴행에 해당되지만, 정신적으로는 점진적인 의미를 갖는다. 여성은 과거의 결혼 형태에서 집단적 가치만을 위해 살았고, 결혼을 제외하고는 사회에 설 자리가 전혀 없었다. 그녀의 본성에 있는 개인적인 측면은 온전히 발달하지 못했고, 그녀의 무의식적인 남성적 영혼인 아니무스 안에 감춰져 있었으며, 그것은 그녀의 남편에게 투사되었다. 그러나 그녀가 자신의 개인적이고 남성적인 가치관을 개발하기 시작했을 때, 현실적으로는 자신의 남성적인 면을 규율에 복종시키면서 살아간다. 그녀는 그것을 예전처럼 더 이상 배타적으로 남성에게 투사하지 않을 것이다. 그 결과 그녀는 자신이 더 이상 남편의 아니마, 그의 반쪽으로 살 수 없고, 자신을 위해 자신을 이 세상에 세워야 한다는 것을 깨닫는다. 이 진화의 단계에서 그녀의 다른 여성과의 우정은 정신적인 이유뿐만 아니라 사회적인 이유로도 그녀에게 열려있는 유일한 정동적 경험의 형태였다. 그래서 더 완전한 발달과 성숙을 추구하는 여성 사이의 관계가 매우 흔해졌다.

 잠재적인 아내들과 어머니들을 미혼으로 남기는 우정을 향한 이러한 움직임은 문명의 퇴행적 국면으로 간주되어야 한다. 그러나 정신적, 문화적 관점에서 볼 때, 그것은 새로운 시작을 위해 한 발 물러서는 것임을 알 수 있다. 왜냐하면 이 단계를 통해 과거의 많은 여성이 오로지 남성의 아니마를 의인화하면서 그의 반쪽으로만 살 것이 요구되는 상황에서 벗어나, 개인적 발달을 이룰 수 있는 더 완전한 기회를 가진 삶을 살았기 때문이다. 이런 사회적 움직임은 여성이 남성과 무의식적으로만 관계를 맺었을 때 생겼던 정신적 일방성에서 벗어나 그녀가 자신을 한 사람의 의식적이고 완전한 개인으로 발견하게 되는 미래적 여성의 발달상—여성성^{womanhood} 그 자체—을 미리 보여주는 것인지도 모른다.

  새로운 것은 결코 가장 높은 곳에서 생기지 않고, 항상 더 낮은 곳에서 생긴다. 수년 동안 진행된 남녀관계의 변화는 관습적인 결혼 단계에서 한 걸음 후퇴하는 것이 선행되었는데, 그것은 여성이 자신의 영역에서 새롭고 더 개인적인 능력을 개발할 수 있도록 하기 위해서였다. 이것이 달성되어야만 그녀는 남성과 의식적인 관계를 맺을 수 있기 때문이다.

제5장
결혼

　거의 모든 여성은 결혼하기를 원한다. 왜냐하면 결혼은 삶의 성취를 위한 최고의 기회를 제공하는 것처럼 보이기 때문이다. 결혼은 여성에게 단순한 교제보다 더 깊고 풍부한 만족감으로 사랑하는 남성과의 일상적인 교제를 약속하며, 아이를 낳고 양육하여 그녀의 모성 본능까지 충족시킬 뿐만 아니라, 찬란한 청춘의 시절과 투쟁의 중년기를 지나, 황혼기에 접어 들어 자신보다 더 소중한 배우자와 이전보다 더 친밀하게 지내는 날들을 약속한다. 삶의 경험을 공유함으로써 상대방의 장점과 단점들을 인식하고 이해하는 과정에서 그를 사랑하는 방법을 배우며 다른 개인의 숨겨진 깊이를 깨닫는 기회가 생긴다. "부유할 때나 가난할 때나, 아플 때나 건강할 때나, 죽음이 두 사람을 갈라놓을 때까지" 라는 주례사는 물질 세계 뿐만 아니라 정신 세계에도 적용되는 말이며, 외적인 삶 뿐만 아니라 내면의 삶에도 적용되는 말이다.

　이렇게 여유 있게 그린 결혼의 상(像), 즉 즐거운 사랑, 부드러운 사랑, 주는 사랑, 받는 사랑 등 빛과 그림자가 다 포함된 결혼 상은 많은 소녀들이 품는 꿈의 일부를 형성한다. 우리는 자신의 이상에 들어맞는 결혼을 한 젊은 여성을 종종 보는데, 이러한 결혼은 잡음도 없고 추문(醜聞)도 없다. 이야깃거리가 없는 나라가 가장 행복한 나라라는 말이 있는데, 이것은 나라보다 작은 단위인 가족에도 해당되는 말이다. 그렇기 때문에 이러한 결혼은 정신치료자의 직접적 관찰 아래 놓일 일이 없다.

그런데 그런 이상을 충족시키기는커녕 더 작은 것조차 충족시키지 못하는 결혼도 많다. 소녀는 자신이 바라는 결혼의 모습을 분명히 그릴 수 있지만, 대부분의 경우 그 꿈을 실현할 방법을 알지 못한다. 그녀는 그녀가 그리는 결혼의 핵심을 이루는 사랑과 상부상조, 친밀감과 우정에 대한 비전을 어떻게 실현해야 하는지 모른다.

결혼의 문제는 여기서 다루기에 너무 포괄적인 주제이며, 이 자리는 "우애결혼companionate marriage"이나 "자유연애free love"와 같은 남녀 사이의 또 다른 결합과 비교해 결혼의 이점을 따지는 자리도 아니다. 그러나 여성이 그녀의 평범하고 평균적인 결혼생활에서 아내라는 위치에 적응하면서 겪는 특정한 문제들을 여기서 다룰 필요는 있다. 그녀의 문제 가운데 일부는 그녀의 개인적인 관계의 특성에 달려 있을 것이고, 다른 일부는 모든 사람들이 삶의 유효한 기초로서 당연하게 여겨지는 일반적인 고려 사항에 달려 있다. 그러나 이 외에도, 가정적인 문제부터 시작하여 이혼 과정의 폭로에서 우리는 그것이 설령 좋은 의도, 선의에서 비롯된 것이라 해도 두 사람 사이에 환상과 오해가 생길 수 있음을 볼 수 있다. 그것들은 한편으로는 그것이 사랑으로 덮을 수 있다고 생각되는 개인적인 관계의 문제이자 다른 한편으로는 일반적으로 허용될 수 있는 행동이라고 생각했던 것들이다.

결혼식에서 결혼 서약을 하는 두 젊은이를 볼 때 우리는 한 사람의 경험이 또 다른 한 사람의 경험이 되며 그들이 "함께 삶에 뛰어든다"

고 생각하게 된다. 이러한 태도에는 결혼이란 그 자체로 하나의 제도이며, 결혼이라는 경험이 남녀에게 동일하거나 거의 동일할 것이라고 여긴다는 점을 암시되어 있다. 그러나 조금 더 깊이 생각해 보면, 그런 생각은 사실과 전혀 들어 맞지 않는다는 사실도 알 수 있다.

남성에게 결혼은 그의 개인적인 삶의 영역에 속하는 일로, 그의 집단에서의 위치나 일에 별다른 영향을 미치지 않는다. 그러나 여성의 상황은 전혀 달라서, 그녀에게 결혼은 아주 많은 변화를 가져온다. 그녀의 삶 전반이 바뀌고 그녀의 사회적 지위도 완전히 바뀌어 버린다. 결혼 여부에 따라 여성에게 열리는 세계가 전혀 달라지는 것이다. 기혼자 아무개 여사는 그녀가 여전히 미혼이었다면 절대로 받지 못했을 존중과 관심을 받는다. 여성에게 결혼은 하나의 성취이다. 그래서 어떤 여성은 그것을 그녀에게 유일하게 요구되는 일로 여기며 결혼에만 성공하면 남은 인생을 편안하게 즐기면서 살면 된다고 생각한다. 남편에게 만족하는 것과 상관없이 결혼한 여성은 도착 지점에 도달한 사람과 같은 만족스러운 얼굴을 세상에 내보인다. 그래서 어떤 냉소주의자는 많은 여성이 자신이 어떤 남성을 유혹하여 그와 결혼했다는 것 이외에 개인적인 구별에 대한 다른 주장이나 요구가 없다고 비꼬기도 했다. 거기에 이렇게 덧붙일 수 있을 것이다. "신이여 불쌍한 그 남자를 도와 주소서!"

일반적으로, 어떤 지위를 얻기 위해 결혼한 여성은 원칙적으로 자신을 남편과 완전히 동일시하면서 그의 업적이 곧 그녀의 것처럼 받아들여진다. '그'가 굉장한 업적을 이룬 경우 '그녀'에게 바람이 들어가는 것이다. 그래서 그녀의 남편이 명예로운 자리에 선출되면 그 영광과 존경을 마땅히 나누어 가져야 한다고 생각한다. 나는 어떤 여성이 이렇게 말하는 것을 들은 적이 있다. "**우리**는 책을 쓰고 있어요",

"**우리**는 주(州) 의회 의사당을 짓고 있어요." 이러한 여성들의 태도는 사회에 의해서 조장된다. 유명 인사의 아내는 그녀가 아무리 멍청하거나 지루한 여성이더라도, 아니면 호감을 전혀 사지 못하는 여성이더라도 그녀의 남편을 반기는 사람들에게 초대를 받는다. 그녀의 지위는 그녀의 노력이나 업적, 성격에서 온 것이 아니라 오직 남편의 업적에 달려 있다. 이와 반대되는 경우도 마찬가지다. 그녀의 남편이 보잘것없는 사람이라면, 그녀가 아무리 부지런하고 유능하며 매력적인 사람이더라도 그녀의 친구들은 "불쌍한 아무개 여사! 남편이 그렇게 보잘것없는 사람이라니, 너무 안 됐어. 그녀 정도면 훨씬 더 잘난 사람을 만날 수도 있었을텐데"라고 말할 것이다. 이러는 친구들 또한 그녀의 남편보다 더 잘난 사람들이 모이는 식사 자리에는 그녀를 초대하지 않을 것이다.

이와 같은 이유로 여성이 남편을 선택할 때는 수 많은 요소들—재산, 지위, 사회적 위상과 기호—이 의식적으로나 무의식적으로 작용한다. 그러나 남성이 아내를 선택할 때 이러한 요소들이 전혀 작용하지 않는 것은 아니지만, 큰 영향력을 발휘하지는 못한다. 남성은 일반적으로 결혼을 통해 그의 본능적 측면과 사랑의 측면을 실현시키고, 그의 일과 자아를 실현시키는데 초점을 더 맞춘다. 반면에 여성은 결혼을 생각할 때 자신의 개인적 성향뿐만 아니라 남성의 부양 능력, 공동체에서의 공헌 가능성 같은 것도 반드시 살펴본다. 그녀에게 결혼이란 자신을 전적으로 만족시켜 줄 수 있는 원천이기 때문이다.

몇 세대 전까지만 해도 딸을 가진 부모들은 이러한 요소들을 공개적으로 거론하였고, 그런 것들이 뒷전으로 밀려난 것은 비교적 최근의 일이다. 중매결혼은 개인의 의향을 따르는 결혼으로 대체되었고, 특히 영미 문화권에서 연애결혼이 대중으로부터 큰 호응을 받았다.

백 년 전까지만 해도 결혼 준비 과정에서 큰 자리를 차지했던 부부의 재산 계약과 결혼할 청년의 전망은 대부분 운에 맡겨졌다.

예전에도 분명히 인지되었던 이러한 요소들을 따지는 것은 신부가 아니라 부모의 몫이었다. 신부가 너무 세속적으로 보여서는 안 되었기 대문이다. 오늘날에는 여성이 자신의 삶을 스스로 계획하는 경우가 이전보다 많지만, 세속적으로 보이는 것은 여전히 꺼려한다. 그녀는 연애결혼을 바라고 자신의 성향대로 하려 하지만, 돈과 사회적 지위의 문제는 예전과 같이 중요한 문제로 남는다. 여성이 의식적으로 그것을 따지지 않을 경우, 그것은 무의식으로 들어가 유리한 고지에 숨어 상황을 통제할 것이다. 이것은 한 개인의 사회적 적응의 측면에서 볼 때 확실한 손실을 의미한다. 어떤 여성이 결혼의 세속적 측면을 무시하고 자신이 좋아하는 남성을 선택했다면, 거기에는 그녀도 인지하지 못하는 어떤 동기가 작용한 것이 분명하다. 어쩌면 그녀는 자신의 호불호의 이유를 진심으로 인식하지 못할 수도 있다. 그녀는 사랑은 하지만 "평생 안정적인 삶을 유지하기 어려울 것 같은 예술가적 기질의" B의 마음을 받아주지 않고, 그의 사회적 지위 때문에 비열한 성격의 A를 선택한 것을 명확하게 몰랐을 수도 있다. 일이 여기서 끝난다면 아무 문제도 없을 것이다. 그러나 A와 결혼하여 좋은 집과 사회적 지위를 얻은 그녀는 이제 감정적 결핍을 느낄 위험성이 크고, 그런 그녀의 주위에 B가 있을 경우 아주 복잡한 일이 일어날 수 있다. 여성은 이러한 문제를 반드시 염두에 두어야 하는데, 이렇게 해야만 자신의 무의식적 강박관념으로부터 해방되어 자신의 감정 상태를 솔직하게 살펴볼 수 있기 때문이다. 세속적인 동기를 앞세운 결혼을 하게 될 여성이 자신이 예비 남편을 사랑하지 않고 그저 그가 그녀에게 줄 수 있는 자리를 원한다는 사실을 솔직하게 인정한다면, 그를 사랑한다고 착각하는 것보다 재앙을 야기할 가능성이 훨씬 적다. 그러나 자신의 무의식에 속아 세속적 결혼을 한 여성이 자신의 원래 동기를 깨닫는 순간, 남성의 애정을 그렇게 냉정하게 이용한 것에 경악을 금치 못할 것이다. 이렇게 여성이 자신의 진정한 감정을 깨닫지 못하는 이면에는 개인보다 종(種)의 생존에 더 관심이 많은 자연이 자리한다. 자신이 세속적인 계산으로 결혼했다는 사실과 남편에 대한 자신의 진정한 감정을 몰라야만 그녀와 그녀의 아이들의 안녕이 최대한 보장되기 때문이다.

이러한 사회적 요소들을 제대로 의식하고 있으면서도 그 조건을 충분히 만족시키지 못하는 남성을 사랑하는 여성은 그런 세속적 이점을 포기하고 가난한 남성과 결혼할 수도 있을 것이다. 이때 그녀는 자신이 무엇을 얻고 또 잃는지 뚜렷하게 인식한다.

사회적 관점에서 보면 결혼은 가정이나 교회와 같은 사회적 기관이며, 따라서 특정한 일반 법칙의 지배를 받는다. 일반적인 경우를 지배하는 법과 관습은 개별 사례에도 적용되지만, 그 관리에 대한 완전한 지침을 줄 것으로 기대할 수 없다. 그러므로 모든 사람은 그들의 마음속에 결혼과 결혼의 의무에 대한 생각을 가지고 있지만, 대부분의 남성과 여성은 그들의 생각을 공식화하는 것을 매우 어려워할 것이다. 법적 계약으로서 결혼과 그 요건은 법령에 규정되어 있다. 그러나 이러한 규칙과 법칙은 필연적으로 일반화되고 외적 행동만 언급하며, 암시적 행동의 더 미묘한 영역, 즉 생각, 감정 또는 심지어 언어에는 닿지 못한다. 예를 들어, 결혼 생활에서의 신의는 오로지 육체적 성욕의 측면에서만 생각되고, 지원도 주거, 음식, 의복 등으로만 규정될 뿐이다. 그러나 결혼에 영향을 미치는 이러한 것들은 우리의 명예규범에서 최소한의 것을 나타낸다. 각자가 그리는 결혼 그림에서 이러한 형식적인 의무는 규정되어 있지만 명시되지 않은 채로 당연하게 여겨지는 다른 많은 것들도 있다. 사람들이 이러한 것들을 의식하고 있다면 결혼 전에 논의할 수도 있지만, 그 '당연하다'는 특성은 그것을 대놓고 언급하는 것을 불필요하거나, 심지어 무례한 것처럼 보이게 만든다.

결혼에 대한 관념은 일반화된 것이지만 그 일반화가 획일적이지는 않다. 각 사회, 인종, 지리적 집단은 '결혼 제도'의 구조에 대해 나름대로의 가정(假定)을 가지고 있으며, 공동체 내의 소집단마다 결혼에 대한 관념은 놀라울 정도로 다양하다. 각 개인이 품고 있는 결혼에 대한 그림은 가족 전통, 소설, 연극에서 수집한 모습, 친척과 친구, 특히 부모의 결혼생활에서 관찰한 것들에 의해 수정된다. 한 개인에게 결혼과 그에 따르는 의무에 대한 생각은 이렇게 다양한 원천을 통해서 형성되지만, 그는 결혼이 매우 개인적이고 거의 우연의 복합체가 아니라 보편적으로 유효한 기준처럼 받아들인다. 밑바닥에 깔려 있는 가정과 편견은 인식하기 어렵기 때문에 두 사람이 결혼 전에 이것을 논의하는 것은 거의 불가능하다. 하지만 그것들은 제3자가 보기에 제멋대로이거나 비합리적으로 보일 수 있는 행동을 유발한다. 결혼에 대한 두 사람의 관념이 정확하게 일치하는 법은 없으며, 서로 다른 견해 때문에 조만간 남편과 아내 사이의 의견 충돌은 거의 불가피하지만 그 충돌 지점이 올바른 생각을 가진 사람이라면 모두 수용할 수 있고, 받아들였던 부분들이다.

예를 들어 어떤 여성이 그녀가 사랑하는 남성과 결혼하는 이유는 그가 가진 매력과 꼭 집어 말하는 능력, 그리고 아마 적지 않은 비중을 차지하는 것으로 그의 성관계 기술 때문일 것이다. 그녀는 "가난하지만 즐거운 결혼 생활"에 동의했을지도 모른다. 그러나 신혼의 달콤한 꿈이 지난 다음, 결혼에 대한 오래된 가정들이 다시 고개를 내밀기 시작한다. 아내로서 그녀는 언니나 친구들과 같은 방식으로 부양되어야 하고, 부모와 함께 살았던 집에서와 같은 안락함을 기대할 권리가 있으며, 만약 아기를 가졌다면, 건강에 유의해야 한다고 속삭인다. 그녀는 자신의 여성적 본능에 따라 이러한 의견을 간접적으로 받아들일 것이다. 그녀는 가난을 받아들인다고 하면서 남편이 그녀의 친구들은 당연하게 누리는 것들을 제공하지 못하면 그에게 실패자라고 느끼게 만든다.

또 다른 형태의 어려움은 무의식적이나 기질적인 차이에서 비롯될 수 있다. 예를 들어, 아내는 사교적인 성격이고 남편은 일을 마친 뒤 독서를 하는 것으로 하루를 마무리하는 것을 좋아하는 사색적인 사람이라면, 그녀의 남편이 '당연히' 자신과 함께 파티에 가거나 '당연히' 옷을 잘 차려 입고 저녁 모임에 아내의 친구들을 반갑게 맞이해야 하는 호스트의 역할을 해야 한다는 그녀의 생각은 끝없는 논란의 원인이 될 수 있다. 이러한 종류의 조정은 결혼 전에 논의된 적이 없었을지 모른다. 그녀가 그에게 그러한 사교성을 당연히 가정했고, 마찬가지로 그녀의 남편은 그러한 사교성을 필요로 한적이 없었기 때문에 그것이 문제된 적이 없었을 것이기 때문이다.

남편이 아내에게 기대하고 상정하는 것은 그녀를 당황스럽게 만들지도 모른다. 모든 것을 체계적이고 조직적으로 짜려는 그의 남성적 성향은 그녀를 "거의 미쳐버리게" 만들지도 모른다. 나는 다음과 같이 말하는 여성을 한두 번 본 것이 아니다: "매주 토요일 오후에는 골프를 치고, 성관계는 일요일 아침에 해요! 그가 일요일에 또 성관계를 하려고 든다면, 나는 소리지를 거에요!" 그러나 남편은 그가 피곤하고 사업상의 문제로 고민할 때 아내와 사랑을 나눌 수 없다는 것을 너무

'당연한' 것으로 여긴다. 그렇다고 해서 그가 아내를 사랑하지 않는 것은 아니다. 그러나 여성에게 정해진 일정처럼 치르는 성관계는 그저 습관일 뿐, 그녀는 그것을 결코 사랑이라고 느끼지 못한다.

남편은 남편대로 그가 '당연히' 아무 예고 없이 친구들을 집에 데려올 수 있고, 아내는 언제나 그들을 맞을 준비가 되어 있으며, 기꺼이 그들을 맞이해야 한다고 생각할 것이다. 그 집은 아내의 집일 뿐만 아니라 그의 집이기도 하기 때문이다. 그러나 이때 그가 잊고 있는 것은 예상 밖의 추가적인 일을 떠안는 것은 그의 아내라는 사실이다. 가령, 가사 도우미가 모처럼 쉬는 날 예상하지 못했던 손님들이 온다면 그의 아내는 상처를 받고, 그를 원망하게 될 것이다. 이렇게 "사소한" 일들도 모두 주의 깊게 논의되어야 하는데, 그 이유는 남편이나 아내 모두 알지 못하는 사이에 너무 쉽게 상대방에게 폭군처럼 굴 수 있기 때문이다. 어떤 남성은 그와 그의 아내 사이에 있었던 일에 대해 이야기하는 도중에 "메리가 폭군이라고요? 아닙니다. 메리는 폭군이 아니에요!"라고 하다가, 목소리를 높이면서, "그래요 메리는 독재에요!"라고 하였다.

그러나 문제는 이보다 더 깊다. 그것은 그들 모두에게 공평해야 할 조정의 문제만이 아니다. 여성적 가치를 무시하는 남성의 태도에는 어떤 미묘한 가정(假定)이 깔려 있다. 남성은 친구 외에 친하지 않은 사업 동료도 집으로 데려올 수 있다. 친구들을 데려올 때 그는 아마 그의 아내가 그들과 친분을 쌓고 그녀의 여성적 가치인 관계성을 발휘하기를 원하지만, 사업 동료들을 데려올 때 그는 그녀가 그들과 친구 관계를 맺는 것을 원하지 않는다. 이때 그는 단지 그녀가 아름답게 보이고 사교 모임이 아닌 사업 모임인 그 자리에서 여성적 매력을 발산하기를 바란다. 그는 그녀가 그가 갖춘 장비 가운데 가장 경쾌하고 즐거운 장비처럼 행동하고 남편의 사업에 도움이 되는 것으로 만족감을 느낄 것을 기대한다. 이때 아내는 인위적인 태도를 취해야만 이 역할을 수행할 수 있다. 만약 그녀가 이 역할을 맡는 것에 동의한다면 그녀는 가면을 써야 하고, 개인적인 관계를 맺는 창조를 요구하는 그녀의 깊은 본성은 부정된다. 만약 그녀의 사회생활 전반이 이러한 패턴에 기반을 둔다면 그녀는 융이 페르조나^{persona}라고 부른 사회적 가면과 동일시하게 되는데, 페르조나는 고대 그리스의 연극배우들이 무대 위에서 자신이 맡은 배역을 나타내기 위해 썼던 가면을 가리킨다. 페르조나라는 용어의 선택은 매우 적절하다. 그리스 연극에서 가면을 쓰고 등장했던 인물들은 '행복한 연인', '질투심 많은 아내', '사랑을 많이 받는 아버지' 등 모두 집단적 역할을 표현했기 때문이다. 오이디푸스, 엘렉트라, 요카스테는 한 개인이 아니라 하나의 유형이며, 각각 전형적인 가면이나 페르조나를 가지고 있는 것이다. 모든 사람은 매일의 삶에서 자신의 본 모습을 숨길 필요를 느낄 때마다 어떤 가면이나 페르조나를 쓴다. 그러나 그것을 너무 자주 또는 너무 지속적으로 착용하면 그것을 벗지 못하게 되고, 그가 선택한 역할인 가면은 영구적이고 변하지 않는 속성이 된다. 그래서 그 사람은 그의 페르조나와 완전히 동일시하게 된다. 이것은 공통 분모가 전혀 없는 낯선 사람들과 만나고, 그들과 친구인 것처럼 행동하며 그들을 접대해야 하는 상황에 자주 노출되는 아내를 위협한다.

그런 식으로 아내의 매력을 이용해야 한다는 남성의 생각은 그녀의 근본적 욕구를 배제하는 것처럼 보인다. 그녀에게 그것은 남편의 사업을 발전시키기 위한 그녀의 여성적 본성, 즉 그녀의 영혼 자체에 대한 착취이다. 아내는 그의 사업 동료에게 매력적으로 보여야 하는 것을 당연하게 여기는 남편의 생각이 왜 그녀를 그토록 불편하게 만드는지 깨닫는 경우는 거의 없다. 그녀는 착취당했다고 느낄 뿐이다. 남편 역시 자신의 뜻을 따르지 않는 아내를 이해하지 못하고, 그녀가 이기적이고 비협조적이라고 여긴다. 그것은 그녀를 더욱 화나게 만들고 그녀에게 소외감을 안긴다. 만일 그녀가 자신이 그렇게 반응하게 된 원인을 깨닫는다면 자신의 관점을 남편에게 설명하고 서로 조금 더 이해하는 것으로 이어졌을 것이다. 아니면 그가 처음부터 그녀의 도움이 필요하고 그의 성공은 결국 그녀와도 연결된다고 하면서 그녀에게 협력을 요청했다면 이해 관계도 일치하고 그녀의 관계에 대한 욕구도 그와의 파트너십을 통해 충족되었을 것이다.

이러한 가정은 그것이 의식적이든 무의식적이든 오해를 낳으며 부부 사이의 화합을 심각하게 위협하기도 한다. 하지만 의식적일 때보다 무의식적일 때 상황에 더 강하게 작용하는 이상한 강박적 영향으로 인해 또 다른 불행한 영향을 끼친다: 그 가정 속에 묶여 있는 정신 에너지가 소용돌이처럼 작용하여 주위에 있는 모든 것들을 왜곡시키는 것이다. 이렇게 저항할 수 없는 힘의 중심은 거의 묘한 무언의 요구, 즉 권력에 대한 표현되지 않은 의지를 낳는다.

예를 들어, 야심만만하거나 지배적인 성향의 여성은 결혼을 통해 자신의 욕망을 전적으로 충족시켜야 하기 때문에 자기도 모르게 남편에게 어마어마한 요구를 하게 된다. 그는 그가 받아들일 수 없고 피할 수도 없는 힘을 행사하는 그녀를 마치 목에 걸린 맷돌처럼 느낄 것이다. 이 효과는 때때로 의도적으로 취한 조치에 의해 증가한다. 그가 때때로 그녀의 욕망을 받아들이고 실행하려고 해서 더 고조되기도 한다. 예를 들어, 많은 남성들의 에너지는 아내의 야망을 만족시키기 위해 돈벌이라는 단일 출구에 쏠린다. 그리고 다른 한편으로는 전도유망한 유능한 소녀가 오직 자기만이 '집안의 우두머리'라는 남성의 가정으로 인해 그림자로 전락하는 경우도 있다.

　소위 "사랑에 빠지다"라고 알려진 조건은 이러한 모든 가정이 자라고 번성하는 비옥한 토양을 제공한다. 왜냐하면 그것은 사랑하는 대상과 특정한 동일성을 가지고 있기 때문에 연인들은 그들이 서로 신기할 정도로 비슷하고, 서로 운명 지어졌으며, 말을 하지 않아도 서로를 이해한다고 느낀다. 나는 언젠가 웅얼거리거나 얼굴 표정만 가지고 의사소통을 하는 부부를 만난 적이 있다. 그들은 "말은 너무 어설프고, 모든 것을 망친다"고 하였다. 두 사람은 서로 상대방을 하나부터 열까지 속속들이 알고 있다고 생각했으며, 그들보다 서로를 깊게 이해하는 관계는 없을 것이라고 믿었다. 서로의 경험에 기초하지 않고 신비한 혈연의식^{kinship}에 의존하는 통합은 정신의 무의식적인 부분을 파트너에게 투사하는 것에서 비롯된다. 남성은 여성에게 자신의 여성적 인격인 아니마, 즉 영혼을 보고, 여성 역시 남성에게서 자신의 아니무스를 본다. 서로 사랑하는 두 사람 사이에서 일어나는 동일성의 감정은 매우 높이 평가 받아야 하는데, 그것이 우리 사회를 구성하는 불특정 다수가 모여서 사는 집단 속에 사는 개인 누구나 느끼는 소외감과 외로움으로부터 우리를 구원하기 때문이다. 그러나 이런 동일성에 대한 감각은 심리적 투사에서 비롯된 것이며, 실제 사실과 반드시 일치하지 않아서 두 사람에게 거짓된 안정감을 준다. 두 사람 모두 그들 사이의 영역을 탐색할 필요성을 깨닫지 못하기 때문에 각자 상대방 실제 성격에 대해 완전히 무지한 채 살아가는 것이다.

　자신에 대한 남성의 기대를 충족시키려는 여성의 성향에 의해 일심동체라는 환상이 커진다. 사랑에 빠진 모든 여성은 무의식적으로 자신을 아니마 역할에 적응시키는 것이다. 심지어 자신이 원하는 바를 분명히 알고 그것을 직설적이고 솔직하게 추구하는 아니무스 여성조차 사랑에 빠졌을 때는 단호하게 끊는 태도를 버리고 부드럽고 유연해지며, 남성의 기분에 민감해지면서 그가 직간접적으로 표현하는 모든 것에 반응한다. 하지만 이런 종류의 극적인 변화는 단지 지나가는 단계일 뿐이다. 그녀의 결혼 생활이 일단 안정기에 접어들면 인격의 다른 측면이 고개를 들기 시작하면서, 이전에는 남편에게 기꺼이 결정을 맡겼던 많은 일들에 대해 자신이 매우 확실한 생각을 가지고 있다는 사실을 발견한 그녀는 남편만큼 당혹감을 느낀다.

남성이 그녀에 대해 가지는 관념에 자신을 맞추려는 여성의 이러한 성향은 종종 "그에게 맞는 아내가 되려는" 의식적인 노력에 의해 강화되는데, 그것은 가사일뿐만 아니라 그의 영역에 속하는 모든 부문에서까지 완벽해지려는 식으로 나타난다! 매력적이고 귀여운 어린 소녀 한 명이 떠오르는데, 물리학 교수와 약혼했던 그녀는 그의 완벽한 배우자가 되는 것을 자신의 도리라고 믿었다. 하지만 복잡한 수학 이론을 완벽하게 익히려는 그녀의 시도는 그들 사이의 관계를 향상시키지 못했다. 그녀의 남편은 그녀와 그러한 주제로 대화를 나눌 것이 아니라, 그의 지나치게 학구적인 삶에 균형을 바로잡아 줄 수 있는 다른 것을 바랐기 때문이다.

연인과 만나는 과정에서 일시적인 성격의 변화가 일어난 소녀는 그녀의 본성과 기질 면에서 그를 무의식적으로 기만한다. 이 의도하지 않은 기만은 사랑은 본래 맹목적이라는 환상 때문에 더욱 커지며, 그녀의 결혼생활의 안전과 영속성에 매우 실질적인 위험 요소가 내포되게 된다. 이러한 종류의 무의식성은 인생과 자신에 대한 경험이 한정된 젊은이들에게 가장 광범위하게 나타나지만, 그러한 삶의 시련들이 결혼에 대한 그들의 생각을 변화시킬 수 있다는 면에서 나이 든 사람에게 가하는 위협만큼 크지는 않다.

사실 남편과 아내의 상대적인 나이와 성숙한 정도는 우리가 생각하지 못할 정도로 결혼의 심리적 상황을 결정한다. 쉰 살의 신부는 열다섯 살의 어린 신부라면 도저히 상상하지도 못할 문제에 부딪힐 것이고, 그 반대도 마찬가지다. 나이 차이가 두드러진 것이 특징이었던, 나의 눈길을 끌었던 결혼 사례가 여럿 있는데 그 가운데 하나는 홀아비가 된 남성과 그의 아들이 과부와 그녀의 딸과 결혼한 예이다. 언뜻 보기에 부모와 자식이 같은 가족 안에서 결혼함으로써 부모자식 사이의 구분이 애매해진 것 이외에는 달리 이상할 것이 없어 보였다. 그러나 그 딸과 결혼한 것이 아버지이고, 그 어머니와 결혼한 것이 아들이라는 소리에는 놀라지 않을 수 없었다. 이들이 겪을 문제는 아버지와 아들이 자매와 결혼하는 또 다른 경우와 매우 유사한 듯 보이면서도 완전히 다르다. 여기서 우리는 세 가지 다른 유형의 결혼을 떠올릴 수 있다. 젊은 두 남녀의 결혼, 젊은 여성과 나이든 남성의 결혼 그리고 젊은 남성과 나이든 여성의 결혼. 나는 각 유형의 결혼에서 두드러지게 나타나는 문제를 이야기할 것이지만, 연령에 따른 분류를 완성하기 위해 나이든 사람들끼리의 결혼도 추가하려고 한다.

이 네 가지 유형의 결혼은 각각 전형적인 문제와 특정한 심리적 과제를 가진다. 내가 여기서 말하는 결혼의 과제는 두 사람의 사회적, 정서적 적응을 위한 수단을 만들고, 아이를 낳아 그들의 사회적, 감정적 적응을 돌보는 것을 것을 넘어서는 과제이다. 왜냐하면 결혼은 내면의 삶과 개인의 문화적 발달에 관계된 과제도 부과하기 때문이다.

우선 함께 삶을 시작하는 10대 후반에서 20대 초반인 젊은 부부의 결혼을 살펴보자. 이 젊은 남녀는 삶의 경험이 거의 없거나 아예 없을 것이다. 이것이 그들이 경험하는 첫 번째 친밀한 관계이다. 그들은 손에 손을 잡고 사랑과 관념의 세계를 탐색하며, 친구도 함께 사귈 것이다. 그들이 자란 가정에서의 삶을 제외하고 그들이 아는 유일한 삶이 그들 스스로 꾸미는 삶이다. 서로에 대한 사랑은 아니마와 아니무스의 상호 투사로 시작되는데, 그들의 경우 이것은 종종 성공적인 결혼의 토대가 된다. 모든 사안들에 대해 서로 비슷한 생각을 가지고 있다는 그들의 가정은, 두 사람의 사고와 태도가 아직 뚜렷하게 확립되지 않은 유연한 상태이고 둘이 함께 직면하게 될 삶의 경험들을 통해 완성될 것이기 때문에 상대적으로 문제가 되지 않는다.

그러나 이런 종류의, 안정적이고 행복한 결혼은 대체로 두 개인의 정신적 발전을 촉진하지는 않는다. 왜냐하면 그것은 의식적이거나 심리적 관계가 아닌 동일시를 기반으로 하기 때문이다. 일찍 결혼한 젊은 남녀는 외적인 문제들에 시달리는 경우가 매우 많다. 그들은 대체로 가정을 꾸리고, 계속 증가하는 그들의 욕구를 충족시킬 충분한 수입을 벌고, 사회 생활을 구축하는데 모든 시간과 에너지를 쏟아야 한다. 거기에 멀지 않아 등장하게 될 아이의 존재는 그를 품고 돌보게 될 어머니뿐만 아니라 그들을 부양해야 하는 아버지에게도 예전보다 더 많은 시간과 에너지를 요구하면서, 자연히 삶의 더 미묘한 측면을 인식할 여유를 주지 못한다. 그들의 정신적 관계의 문제는 아이들이 그들의 손을 떠나고, 경제적으로 어느 정도 기반을 잡은 중년기까지는 드러나지 않는다. 그러다가 사십 대 중반이 되면 겉으로 보기에 안정적이고 만족스러운 많은 가정에 갈등이 생긴다.[22] 15년이나 그보다 더 오랜 시간 동안 함께 가정을 꾸려온 두 사람이 어느 날 갑자기 "더 이상 서로 사랑하지 않는다"는 사실을 깨닫는 경우가 드물지 않다. 그들 사이의 근본적인 조화와 관계의 부족에 대한 인식은 그들에게 이혼 가능성까지 논의하게 만든다. 실제로 많은 부부들이 바로 이 시기에 이혼하는데, 그렇게 두드러지거나 긴박한 이혼 사유도 없다. 주요 당사자들은 "나는 이제 그 사람을 더 이상 사랑하지 않아"라고 이야기하는 것으로 충분해 보인다. 그들은 이렇게 하룻밤 사이에 사라진 그 "사랑"이 처음부터 존재하지 않았다는 사실을 전혀 깨닫지 못하는 것 같다. 그것은 분명히 의식적인 관계가 아니다. 그것은 투사의 산물로, 투사가 사라지거나 두 사람 사이에 사랑이 실재한다는 환상이 사라지는 순간 두 사람 모두 낯선 사람을 마주하는 듯한 느낌을 받는다. 이것은 그들이 투사된 내용을 그들의 인격에 통합하는 아니마나 아니무스의 투사 문제의 해결이라는 삶의 과제를 성공적으로 완수하지 못해서 일어난 결과이다. 아니마 투사의 문제를 해결한 남성은 아내를 통해서 흐릿하게 반영된 아니마를 보는 대신, 그것이 자신의 남성적 부분을 보충해주는 부분이고 자신의 정신^{psyche}이라는 사실을 깨달으며 그의 아니마, 그의 영혼을 얻는다. 여성 역시 같은 방식으로, 이전에는 남편이 반영하는 것을 통해서나 볼 수 있었던 자신의 아니무스를 얻을 수 있다. 이러한 아니마, 아니무스의 반영이 청소년 결혼의 전형적인 문제이다.

두 번째 유형의 결혼은 성인의 결혼이라고 할 수 있다. 여기서도 남녀는 비슷한 또래이다. 청소년의 결혼에서 남성이 보통 조금 더 나이가 많은데, 성인기의 결혼의 경우도 남녀의 나이 차이가 그것과 비슷할 수 있지만 남성이 항상 연상인 것은 아니다. 30대 넘어 결혼하는 사례는 비교적 최근에 나타난 현상이다. 지난 세기 중반까지만 해도 스물 다섯 이전에 결혼하지 못한 여성은 불쌍한 노처녀로 여겨졌다. 그러나 오늘날 서른 다섯 이후에 결혼하는 여성의 수는 결코 적지 않은 수준이지만, 이 나이대의 결혼은 청소년의 결혼과는 매우 다르다. 성인이 된 남성과 여성은 삶의 경험도 더 많을 것이고, 대부분의 주제에 대해서도 비교적 뚜렷한 주관을 가지고 있다. 성격이나 습관 또한 이미 뚜렷하게 형성되어 있고, 서로 굉장히 다르거나 전혀 맞지 않은 친구 집단이나 활동 영역을 가지기도 한다. 늦게 결혼하는 여성은 일반적으로 사업을 하거나, 장사를 하거나, 전문직에 속한 여성이다. 그녀는 자신을 위해서 경력을 쌓고, 스스로를 부양하며, 가족과 떨어져 독립적인 삶을 산다. 그녀는 남편을 통해 간접적으로 자신의 생각을 가지려고 하지 않는다. 그녀는 정치, 종교, 일, 사회 그리고 이혼이나 자유 연애와 같은 다양한 주제들에 대해 잘 정립된 그녀만의 견해를 가지고 있다. 이 두 사람의 결혼은 함께 삶의 경험을 쌓고 세상에 대한 시각을 형성하는 청소년의 결혼과는 다른 양상을 보인다. 삶의 경험이 이미 쌓인 채로 결혼하는 그들이 조화를 이루며 함께 나아가려면, 서로의 견해를 이해하고 존중하며, 자유롭게 나누는 관계를 형성해야 한다. 그들은 동일성이 아니라 차이를 기반으로 하는 관계를 형성해야 하는 것이다.

첫 번째 단계로, 두 사람은 가능한 한 그들의 관계에 영향을 미치는 모든 세부 사항들 ─ 재정적인 문제, 사생활의 문제, 개인적으로 친구를 만날 권리, 개인적인 습관을 통일해야 할 의무에 대해 이야기해야 한다. 이 외에도 다른 많은 문제가 논의되어야 하며, 그들의 결혼이 만약 좌초되는 것을 피하려면 잠정적인 합의가 어느 정도 이루어져야 한다. 결혼을 앞둔 남녀는 흔히 "우리는 자유로운 결혼을 믿어요"라고 말한다. 그런 그들에게 자유 결혼의 의미를 물으면 그들은 다음과 같이 대답한다. "우리는 서로에 대한 충성 서약으로 묶여 있다고 생각하지 않아요". 그러나 우리는 그들의 가정이 다른 모든 점에서 관습적이고 그들이 그것에 대한 자각이 없는 것뿐이라는 사실을 발견할 수 있다.

일반적으로, 남성이 한 조(組)의 가정(假定)을 가지고 여성이 또 한

조(組)의 가정을 가지는데, 이것이 문제를 더욱 복잡하게 만든다. 재정의 문제를 예로 들어 보자. 그들은 여성이 계속 일을 하면서 경력을 쌓고, 수입을 공유하는 내용에 합의했을지도 모른다. 그리고 그들은 "그런데, 아이가 생겼을 때는 어떻게 할 것인지?"에 대한 질문 받을 것이다. 그때 여성은 이렇게 대답할 것이다. "물론 내가 일하지 못하는 기간 동안 남편이 나를 부양할 것이고, 그 다음에도 당연히 아이들을 부양할 것이다." 그러나 남편은 아마 이렇게 말할 것이다. "내가 가계 부담을 반이나 2/3(그 비율이 무엇이든 간에)를 책임지는 것에 동의했고, 그것이 내 한계야"라고 말할지 모른다. 그러나 첫 아이가 태어나면 남성은 그가 적어도 한동안은 아내를 부양해야 한다는 사실을 깨닫는다. 그러나 그 순간, 그는 모든 것을 똑같이 나누고 공유한다는 여느 "진보적"이거나 "현대적"인 이론에 따라 행동하기는커녕, 오래된 유형이나 그의 할아버지가 이전에 했던 것을 그대로 따라할 것이다. 즉 그는 아내에게 살림에 필요한 돈만 제공하는 것이다. 그 결과 여성은 자신의 필수품을 사는 데 드는 돈까지 그에게 요청해야 한다. 결혼의 의무에 대한 그의 가정과 그녀의 가정이 전혀 달랐던 것이다.

　사생활에 관한 질문을 받은 또 다른 커플은 그들이 비록 각자 자기 방을 쓰고 하루 가운데 대부분의 시간을 혼자 지내는 것이 익숙하지만, 결혼하면 한 방을 쓰는 것이 마땅하다고 주장했다. 그런데 만약 그들이 결혼한 사람은 반드시 이래야 한다는 그들의 가정대로만 산다면 지나치게 가까운 거리(친밀함)에서 질식하는 듯한 느낌을 받을 것이다. 이때 그들은 그 문제를 수면 위로 끌어올리거나 그들 사이에 분리가 조금 필요하다는 이야기를 꺼내지 못한다. 그들 사이의 내적 일체감을 이미 깨뜨리고 있는 균열의 실체를 드러내는 것이 두렵기 때문이다. 무의식적인 남편과 아내 사이의 이해를 해치는 방식은 이처럼 무한히 증식될 수 있으며, 각각의 경우 치료법은 더 큰 솔직함을 통해서만 찾을 수 있다.

성인들은 일반적으로 일찍 결혼하는 사람들이 나중에 가서야 도달하는 지점에서 문제를 시작한다. 그들 또한 젊은 사람들처럼 아니마와 아니무스 투사의 문제를 어떤 방식으로든 해결해야 하지만, 그들의 경우 투사의 문제는 상대적으로 작은 문제로 그들의 주된 문제는 그들 사이의 관계이다. 청소년의 결혼과 비교했을 때, 성인 사이의 결혼에는 자녀가 없을 확률이 더 높기 때문에 두 사람 사이의 본질적인 관계에 집중해야 할 필요성이 더 강조된다. 자녀는 부모 사이에 유대감을 형성하는 존재이기도 하지만, 그들을 떼어놓는 '완충제' 역할을 하는 존재이기도 하기 때문이다. 많은 부부가 서로 직접적인 심리 접촉을 통해 더 큰 의식성으로 나아가야 하는 시점에서 그것을 피하기 위해 (아마도) 무의식적으로 자녀의 존재를 이용하는 경우가 잦다. 이것은 자녀가 없는 결혼에서는 가능하지 않은 일이다. 그래서 그런 결혼의 전형적인 문제는 각자 자신과 배우자를 독특하고 의식적인 개인으로 발견할 수 있는 심리적 관계를 해결하는 것이다. 따라서 그들의 과제는 관계를 통해 의식에 도달하는 것이 된다.

젊은 여성과 나이가 든 남성 사이의 결혼의 경우 여성의 주된 동기 가운데 하나는 안정을 얻으려는 욕구일 가능성이 크다. 그녀는 "자신이 신뢰할 수 있는 남자", 즉 지역 사회에 이미 정착하고 부양 능력이 검증된 사람과 결혼하기를 바란다. 일반적으로 이런 유형의 결혼에서 애정은 열정을 대신한다. 그녀는 자신에게 성적으로 많은 것이 요구되지 않을 것을 확신한다. 남편은 그녀에게 거의 아버지와 같은 존재로 전환은 매우 쉽다. 그녀의 소녀 시절의 가정 환경을 그대로 새 보금자리로 옮기면 된다. 아버지에게 향했던 애정과 존경이 그대로 남편에게 향한다. 부녀 사이의 관계 양식이 그대로 계승되는 것이다. 딸-아내는 남편이 자신을 귀여워하고 그녀의 비위를 맞춰 줄 것을 기대한다. 아버지-남편은 남편대로 그의 집에 있는 헌신적이지만 책임감이 없는 아이에게 안정적 환경을 제공하는 대가로 모든 결정권을 가질 것을 기대한다. 심리적으로 이것은 소녀가 아버지로부터 자신을 전혀 해방시키지 못했고, 남성의 아니마는 그의 아이 같은 아내처럼 어리고 발달하지 못했다는 것을 의미한다. 지금도 여전히 흔하게 볼 수 있는 이러한 유형의 결혼은 19세기 중반까지 가장 일반적으로 볼 수 있었던 유형이다. 이것은 개인의 측면에서 여성의 극단적 유아성과 관계의 측면에서 남성의 극단적 유아성을 반영하는데, 그 책임은 사회 구조 전체에 있다. 찰스 디킨스와 당시 대부분의 소설가들은 그것을 이상적인 결혼으로 묘사하였지만, 여성이 자신의 남성성과 개인적 역량을 개발함에 따라 이러한 결혼 유형은 덜 보편화되었다. 이제 많은 여성이 자신의 노력과 능력을 통해 스스로를 부양할 수 있게 되면서, 남편을 통해 그것을 구할 필요가 없어졌다. 스스로 결정하고 자신의 편의와 행복을 위한 것을 스스로 얻는 것을 배우게 된 그녀는 다른 사람이 자기 대신 결정하는 것을 좋아하지 않으며, 아버지-남편에게 의존하는 것을 좋아하지 않는다. 무엇보다 중요한 것은 그녀가 자신을 어린아이의 위치에 두는 관계의 빈약함에 대해 매우 큰 불만을 품는 것이다.

아버지-딸 사이의 결혼의 전형적인 문제는 이러한 심리적 상황을 해결하는데 있다. 적응의 측면에서 그녀는 계속 아이로 남아야 하지만, 발달의 측면에서 그녀는 어른이 될 것을 요구받는다. 그녀가 자신의 안전을 외부, 즉 남편을 통해 얻으려 하는 한 그녀는 개인적인 발달을 이루지 못한다. 그러므로 그녀의 과제는 자신의 내면에 존재하는 남성 원리, 또는 로고스와 관계를 맺으면서 성숙해지는 것이다. 그때 그녀는 독립된 하나의 정신적 개체가 되고, 두 사람의 결혼은 또 다른 국면으로 접어든다. 진정한 성인이 된 그들은 이제 그들의 나이 차이에도 불구하고 그들 관계의 정신적 문제를 충분히 해결할 수 있게 된다.

이런 유형의 결혼과 정반대되는 나이 든 여성과 젊은 남성의 결혼은 오늘날의 미국에서 결코 흔한 유형의 결혼은 아니다. 결혼 대신 일하며 경력을 쌓고 사회에서 자신의 입지를 다진 여성들은 서른 다섯에서 마흔이 될 무렵 결혼의 문제가 다시 부각되는 것을 경험하는데, 이때 상황은 이전과 다르다. 이 여성들은 안정적인 생활을 보장하는 충분한 수입이 있기 때문에 외부의 지원을 구하지 않는다. 그녀에게 필요한 것은 동료애와 애정이다. 거기에 더해서 그녀는 점점 더 자신의 성적 갈망을 의식하게 된다. 이 문제의 해결을 위해 여러 가지 다른 방법들이 그녀 앞에 나타난다. 성적 갈망의 문제를 그렇게 크게 느끼지 않는 여성은 다른 여성과 교우 관계를 가지는 것을 통해 그 문제를 해결하거나, 성적 문제를 건너 뛰고 바로 모성으로 넘어온다. 그녀는 아이를 입양하여 그를 지원하면서, 그의 아버지이자 어머니가 된다. 만약 성적인 문제가 더 시급하여 그녀의 정동적 욕구가 친구나 아이를 통해서 충족되지 않을 경우 그녀는 남성과 관계를 맺는다. 그러나 일반적으로 또래 남성들 가운데 그녀가 만날 만한 사람은 거의 없기 때문에 나이 들어서 하는 결혼은 특히 여성들에게 더 문제가 된다. 이때 그녀가 택할 수 있는 방법은 두 가지이다: 기혼 남성과 불륜 관계를 맺거나 (이 문제는 뒤에서 다룰 것이다) 자기보다 어린 남성, 그래서 일반적으로 그녀보다 정신적으로 미숙한 남성과 결혼하는 것이다.

자기보다 어린 남자에 대한 여성의 관심을 설명하는 요인 가운데 하나는 그녀의 정서적 미숙함에 있다. 자신의 전문성을 키우는데 집중한 결과 그녀는 자신의 여성적 가치를 개발하는데 소홀할 수밖에 없었다. 따라서 그녀는 자신의 감정적 반응에 대해서 거의 알지 못하는 경우가 대부분이다. 모든 것을 포용하는 모성의 온정적인 면을 제외하면 본성의 정동적 측면은 지나치게 분화되어 있지 않은 것이다. 그녀가 성숙하지 못한 남성과의 관계에서 만족감을 느끼고 그런 남성에게 끌리는 이유도 바로 그렇기 때문이고, 그와 비슷한 관계의 유형이 자신의 부족함을 반영하기 때문이다.

일반적으로 그녀가 선택한 남성은 그녀보다 어릴 뿐만 아니라, 세상에 적응하는 면에서도 그녀보다 열등하다. 나는 능력 있고 성공한 여성이 그녀보다 훨씬 어린 남성과 결혼하여 그를 부분적이거나 전적으로 지원하는 경우를 많이 알고 있다. 남성과 여성의 전통적인 역할이 완전히 뒤집어진 것이다.

점점 흔해지는 이러한 사회 현상은 매우 이상한 현상이다. 그것은 미국이 모계 사회로 나아가면서, 강하고 능력 있는 여성이 상대적으로 자기보다 발달하지 않은 여성적인 남성과 결혼하여 어머니와 아들 같은 관계를 맺으려고 하는 것이 아닌가 한다. 거기서 여성은 전부-어머니, 공급자^{provider}, 조직자^{organizer}-이고, 남성은 가정에 필요한 존재이기는 하지만 거의 부속물이다.

정신적인 측면에서 보았을 때 이러한 결혼에서 부부 사이의 관계는 전혀 만족스럽지 못하고, 빅토리아 시대의 전형적인 결혼과 비슷하지만 남녀의 역할이 뒤바뀌면서 그 단점이 부각된다. 빅토리아 시대의 가부장적^{patriarchal} 결혼 제도에서 여성은 아무리 어린아이 같은 측면이 많더라도 자신의 영역에서 확실한 여주인이었다. 그녀는 가정에서 여성적인 영역을 맡았고, 자녀를 낳는 특별한 임무를 수행했다. 그러나 현대의 가모장적^{matriarchal} 결혼 제도에서 남성의 존재는 별 볼일 없다. 그는 지원을 받지만 가사일을 전혀 책임지지 않는다. 과거에 여성의 생물학적 기능은 그녀의 삶을 다양한 관심사와 일, 애정으로 채웠는데, 오늘날의 남성은 그렇게 그녀의 삶을 채워주지 못한다. 그렇기에 그는 지금 여성에게 전적으로 의존하지만 의존은 관계가 아니다. 지배자와 종속된 개인 사이에는 어떠한 심리적 관계도 가능하지 않은 것이다.

자신이 속한 사회에 제대로 적응하지 못한 남성은 결혼 생활에서도 지배적인 어머니-아내의 아들 역할 밖에 하지 못한다. 더구나 그는 그에게 주어진 자리에서 정서적인 측면에서조차 그녀를 만족시키지 못한다. 남성은 정신적으로 그의 어머니-공급자인 여성과 성적으로 관계를 맺을 때 심리적으로 쾌락과 만족이 곧 행복에 해당하는 유아적 수준에 머물고, 그에게 있어서 행복은 목표 그 자체이다. 남성의 성욕은 신체적 욕구와 충족에 너무 밀접하게 연결되어 있기 때문에 그 영역을 쾌락 원리로부터 해방시키려면 장기간의 훈련이 필요하다. 따라서 지금 이 사례, 즉 젊은 남성의 욕구 충족의 대상이 되는 여성이 그의 어머니 역할을 맡을 경우 그를 일종의 '속물적인 사랑$^{cupboard-love}$'으로 이끄는 욕구의 강박으로부터 그가 자신을 스스로 해방하는 일은 결코 없을 것이다'.[23]

이 경우 여성은 어머니의 역할을 충족시키는 데 강박적으로 매달린다. 왜냐하면 나이 든 여성은 자연히, 자기보다 어린 남성의 관심을 계속 붙잡지 못할 것을 두려워하고 그가 원하는 것을 들어주지 않으면 그가 그녀를 떠나 더 젊고 매력적인 여성에게 갈 것을 두려워하기 때문이다. 그래서 그녀는 그의 모든 요구를 들어주거나 적어도 그런 척하려는 강박에 시달리게 된다. 이 세상에는 모든 은밀한 동기를 제쳐두고 여성 대 남성으로 자신의 감정 그대로 솔직하게 반응하는 용감한 여성은 그렇게 많지 않을 것이다. 그러나 이와 같은 솔직한 반응만이 그 남성의 "나에게-이것이-필요하니까-줘"라는 태도를 포기하도록 만들 수 있다. 하지만 그러한 상황에서 그런 위험을 무릅쓸 만큼 용감하거나 객관적인 여성은 그렇게 많지 않다. 또한 그렇게 충분히 용기가 있는 어머니-아내 하더라도, 자신의 감정을 표현할 만큼 자신의 감정을 자각하는 경우가 매우 드물다. 아들-남편과 결혼한 여성은 보통 여성적 본성이 발달하지 않고 자신의 반응도 의식하지 못하며, 반응이 서투르거나 유치하고 자기중심적이기 쉽다. 자신의 감정을 모르는 그녀는 그것을 상대방(남성)에게 투사하여 "그가 얼마나 많은 것을 요구하고", "얼마나 형편 없는지", "얼마나 배은망덕한지" 하는 불평 불만을 쏟는다. 이때 그녀의 말투는 자식을 제대로 가르치지 못했을 때의 어머니의 말투, 그의 행동이 마땅치 않을 때 그를 탓하거나 그런 자식을 낳게 만든 "신"을 향해 불평할 때의 어머니의 말투이다.

   그녀의 감정이 미숙한 상태에 머무는 한 그녀는 계속해서 다른 사람이 그녀에게 의존하게 하는 것을 통해서 자신이 원하는 것을 성취하려고 한다. 그녀는 자신이 끌리는 남성에게 그녀의 유아성을 투사하거나 그가 그것을 반영하도록 만드는 것이다. 이러한 결혼이 완전히 실패한 결혼은 아니더라도, 그녀는 남편의 미성숙함에서 비롯된 문제들을 다루지 않으면 안 된다. 그녀는 자신에 대한 남편의 의존을 줄이는 과정에서 그녀의 유아성과 의존적인 정동적 본성을 변화시킬 수 있다. 결혼을 통해 내적으로 성장하는 과정에서 그녀는 젊은 시절 방치했던 자신의 감정적 측면을 발달시킨다. 이러한 유형의 결혼에 나타나는 전형적인 문제는 이런 식으로 다가오는데, 그녀에게 주어진 삶의 과제는 그녀 안에 있는 여성 원리, 즉 에로스 원리와 관계를 맺는 데 있기 때문이다.

이런 유형의 결혼으로 이끈 정동적 요소들은 자연히 실제적인 삶에서 독자적 형태로 나타나지 않는다. 그렇기는커녕 부부의 특별한 문제는 다양한 조합으로 나타난다. 예를 들어, 그다지 성공적이지 못한 결혼 가운데 아내가 남편에게 모성을 느끼지 않는 결혼, 기간에 관계없이 위기에 닥쳤을 때 아내가 남편에게 도움과 지원을 요청하지 않는 결혼은 거의 없다. 어린 나이에 결혼한 부부에게 각자 개인적 욕구를 차별화하는 과제가 대두되고, 성인이 된 다음 결혼한 부부에게는 심리적 동일시에서 비롯된 문제에서 벗어나는 과제에 부딪치게 된다. 그럼에도 불구하고 이런 유형의 결혼에서 관찰되는 전형적이고, 두드러진 문제들이 성공적인 결혼 생활을 하는 데 절대적으로 피하기만 해야 하는 요소들인 것은 아니다. 하지만 만약 드러나지 않았다면 두 사람의 관계에 치명적인 영향을 미쳤을 문제들임에는 틀림이 없다.

남녀가 성숙하면 성숙할수록 이러한 외적 조건들은 크게 문제 되지 않는다. 여성은 자신에게 더 적합하고 더 개인적인 기준을 마련할 때까지 한 사회에서 보편적인 지혜에 해당되는 관습에 따라 살아야 한다. 정신 발달의 측면에서 집단적이기만 한 사람에게 집단적 오류는 피할 수 없는 함정이 된다. 개인으로 분리되어 있지 않고, 정신 발달의 측면에서 태도와 기준이 여전히 집단적 관점에 달려 있는 여성에게는 결혼 생활에서 전통적인 범위 내에서 지낼 것이 권고된다. 왜냐하면 집단적인 관점에서 실수하는 것은 그녀에게 실수이기 때문이다. 그러나 자기 자신을 집단적 규범으로부터 해방시킬 만큼 자신을 발달시킨 또 다른 여성은 개인적인 이유를 앞세우면서 관습의 구속을 뛰어넘으며, 결혼 생활에서도 관습적이고 평균적인 사람이라면 실패할 시도를 성공시킬 것이다.

결혼식의 소란과 흥분이 가라앉은 다음 신혼 생활을 시작하는 신랑과 신부가 제일 먼저 직면하게 되는 것은 그들이 혼자라는 사실이다. 결혼은 하나의 제도이며, 그들의 특별한 결혼은 그들이 속한 집단에서 중요성을 지닌 사회적 행사다. 그러나 그들이 관련되어 있는 만큼, '삶에서' 결혼은 그것을 두 사람의 관계로 축소시켜버리는 특성이 있다. 화려한 연애 시절 젊은이들은 결혼의 이러한 측면을 간과하는 경향이 있다. 그들은 결혼한 다음에도 연애 시절에 그랬던 것처럼 두 사람이 함께 즐거운 날들을 보낼 것이라고 생각하고, 그들의 이전 경험에 비춰 그들의 열정이 실현될 것이라고 기대한다. 그러나 결혼 생활에 동반되는 친밀성의 정도를 예상하는 경우는 거의 없다. 연애를 하는 동안 남성은 자신의 다른 모든 관심사를 제쳐두고 사랑하는 사람이 좋아할 것이라고 생각하는 것들, 말하자면 그녀의 성격과 취향에 맞을 것이라고 생각하는 것만 가져온다. 그는 그가 그녀를 기만한다고 여기지 않는다. 그는 다른 관심사를 그녀와 함께 나눈다는 발상을 하지 못하며, 그가 그녀에게 그런 것들의 존재를 숨긴다는 사실도 알지 못한다.

　그러나 결혼한 뒤에는 상황이 완전히 달라진다. 이제부터 남편과 아내는 그들이 보내는 모든 시간을 상대방에게 해명해야 하고, 모든 주제에 대한 자신의 생각과 의견도 밝혀야 한다. 만약 한 사람이 자신의 견해를 숨긴다면, 다른 사람에게 극도로 당황스러울 수 있는 관행이 더 이상 그가 무의식적으로 봐주는 문제가 아니라 그를 의식적으로 실망시키는 문제로 된다. 그러므로 두 사람은 그들의 결혼의 성격을 크게 결정지을 행동 원칙을 세워야 할 필요성이 생긴다. 이것을 깨닫는 젊은이들을 그렇게 많지 않다. 이때 남성은 아내에게 곤란한 사안은 밝히지 않고 "그녀가 알아도 좋은 것"만 밝힐 수도 있고, 용기를 발휘하여 모든 것을 아내에게 솔직하게 이야기하고 그녀와 논의할 수도 있다. 아내 역시 똑같은 선택의 문제에 직면한다. 그녀 또한 의도적으로 어떤 문제를 혼자 간직하기로 결정하거나, 위협이 될만한 문제를 남편에게 밝히고 그와 상의할 수도 있다. 첫 번째 선택은 시간이 지날수록 그들을 거짓된 상황으로 몰아갈 것이다. 그것은 피할 수 없고 점점 더 커질 소원함을 대가로 현재의 평화를 사는 것이다. 두 번째 선택은 최소한 두 사람 사이에서 이해의 향상과 관계의 증진을 기대할 수 있다. 실제 관계가 아닌 아니마-아니무스 투사에서 비롯된 환상을 기반으로 하는 사랑에서 현실과 마주하는 것은 파괴적으로 작용하기 쉽다. 하지만 두 사람이 서로 사랑한다면 그들의 사랑은 계속 그들을 서로에게 돌아가도록 만들고, 두 사람 사이의 문제의 원인을 파악하기 위해 노력하게 만든다. 그래서 그런 일들이 생길 때마다 그들의 결속은 더욱 견고해지며, 그들이 실제 노력해서 구축한, 어떤 것으로도 파괴할 수 없는 이해의 영역이 해가 지날수록 넓어지면서 그들은 더욱 자신감을 가지고 그들의 관계에서 진실을 추구하며 앞으로 나아가게 된다.

 이와 같은 상호 이해를 증진시키는데 노력을 기울이는 과정에서 그들의 삶의 본능적인 측면과 관련된 문제들이 떠오르는 것은 피할 수 없다. 그래서 남편과 아내 사이에 올바르고 살아있는 성관계를 위해서는 신체적, 심리적 측면에서 상대방과의 합의와 조정이 필요하다. 그 가운데 신체적인 측면에서의 합의가 더 많은 시간과 의지를 요구한다. 일반적으로, 남성보다 여성이 자신의 본성의 이면을 훨씬 덜 의식하고, 성을 경험하지 않은 채 결혼하는 경우가 훨씬 더 많다. 대부분의 경우 그녀는 그것이 그녀에게 기대되는 행동이고 자신보다 남성의 만족감을 더 중요하다고 느끼며 남성에게 맞추는 경우가 많다. 나는 어머니나 다른 사람들로부터 여성은 성적인 것을 즐기지 않지만, 남편의 애정을 붙잡기 위해 그의 욕망에 맞추고 그에게 응답하는 것처럼 보여야 한다는 조언을 들은 많은 소녀들을 알고 있다. 그러나 이러한 조언은 성에 대한 그녀의 느낌을 왜곡시키면서 그녀와 그녀의 남편 모두에게 악영향을 끼친다. 그는 문제가 어디에서 비롯되는지 알지 못한 채 자신이 왜 그렇게 마음속 깊은 곳에서 만족감을 느끼지 못하고 충족되지 못한 욕구가 왜 그렇게 빨리 다시 올라오는지 알지 못한다. 아내의 경우 그녀의 본능적인 본성에 더 깊은 무엇인가가 그녀의 내면에서 깨어나지 않는 한 남편에 대한 거부감이 점점 더 커지고 내적 저항감도 커진 채 그에게 "복종"할 가능성이 있다. 반면에 남편은 "결혼의 권리"를 내세우며 끈질기게 그녀에게 관계를 요구할 가능성이 크다. 이때 그는 결혼의 '권리'에 쓰인 본래 용어는 "권리^{rights}"가 아닌 "의식^{rites}"(儀式) 즉, 일차적인 의미에서는 '권리'와 아무 관련이 없다는 사실을 (그가 그 사실을 알고 있었다는 전제 하에) 완전히 잊은 것이다. 그가 잊고 있는 것이 또 하나 있는데, 아내에게 즐거움을 주지 않는 행위를 그가 계속하려고 하는 것은 옳지 않다는 점이다.

아니면 여성이 결혼 생활 초기 불감증일 경우, 부부가 그녀의 경험 부족에서 비롯된 문제, 즉 몇 달이면 나아질 문제를 너무 심각하게 받아들이고 그녀의 영원한 결함으로 여길 수 있는 경우도 있다. 만약 그들이 만족스럽지 못했던 그들의 첫 경험을 바탕으로 불감증을 기질적인 것으로 여기는 섣부른 판단을 내린다면, 다음에도 역시 실패할 것이라는 그들의 예상은 성공할 수도 있는 이후의 시도조차 실패하게끔 한다. 그러나 사랑은 결국 오랜 경험을 통해 획득하는 기술이다. 그것을 진지하게 실천하는 사람은 표현 능력이 점점 좋아지는 예술가처럼 자신을 더 광범위하고 깊게 표현하게 된다. 하지만 사람들이 사랑의 기술을 단지 기술로만 본다면 그것을 올바르게 실행하지 못한다.

사랑은 그 사람이 그때 느끼는 감정을 진솔하게 표현하는 것이어야 하기 때문이다. 일반적으로, 남성이 여성보다 자신의 신체적 정동에 민감하고 더 빠르게 반응하기 때문에 그는 여성에게 그런 감정이 올라오기도 전에 신체적 만족감을 얻을 수 있다. 그런데 만약 그가 그녀에 대한 사랑으로 자신의 반응을 조절하는 방법을 배운다면, 그는 그녀를 충분히 만족시킬 수 있을 것이다. 물리적인 측면에서 방해를 받지 않고 사랑을 키우려면 그들은 그 주제에 대해 서로 대화를 나누어야 한다. 말을 해야 하는 것이다. 그렇게 해야만 그들은 그들의 경험과 반응을 비교함으로써 사랑에 대해서는 물론 자기 자신에 대해서 배울 수 있다. 그런데 사랑의 몸짓과 반응은 너무 개인적이고 본능적인 것이어서 남녀 모두에게 극도로 예민한 화제이다. 이러한 친밀함의 문제에 대한 대화를 시도함으로써 그들은 그들 내면의 관습적인 편견에 직면하게 된다. 그때 그들은 그들이 굳이 인식하거나 인정할 것을 강요받지 않은 인습적인 일들을 실행해보고 싶어할 수도 있다. 아주 흔한 이 특성은 특히 사랑의 문제에 있어서 사실이다. 많은 사람들이 그들에게 있는지도 모르는 편견 때문에 사랑을 나누는 데 방해를 받는다. 그것보다 조금 더 의식화된 사람들은 비판적인 눈으로 그들이 하는 것을 관찰한다. 이때 그들의 행위가 "정상적인" 성욕의 범주를 넘는 것에 대한 두려움이 그들의 자유로운 사랑을 방해할 수 있다. 아니면 그들은 사랑은 어떤 방식으로 이루어져야 한다는 '견해'를 가지면서, 다른 몸짓들이나 행동은 잘못되었다고 말할지도 모른다. 언젠가 한 여성이 나에게 다음과 같은 말을 한 적이 있다. "남편이 아내의 볼에 키스를 하는 것은 아무 문제도 없어요. 그러나 목 아래 키스하는 것은 상상할 수도 없어요." 만일 온갖 종류의 암묵적인 금지로 사랑을 제한하지 않는다면, 남편과 아내는 기꺼이 그것들을 실험하면서 그들 사이에서 받아들여질 수 있는 모든 진정한 사랑의 표현을 거리낌 없이 실행에 옮길 수 있을 것이다. 하지만, 이 외에도 두 사람의 관계를 방해하는 또 다른 미묘한 관습들이 많다. 그것은 어느 한쪽만 경험한 것에서 비롯된 것이더라도 선례(先例)에 의해 만들어진 태도이고, 사랑의 모든 행위는 그전에 있었던 유형을 따른다. 사랑을 나누는 것은 감정의 표현이다. 그것은 구속될 수 없고 자유롭게 내버려둬야만 살아있는 영^{spirit}이 스스로 자신을 표현하며 남녀에게 그들의 사랑의 본성을 알 수 있게 한다.

남녀의 성 경험은 신체적으로나 정신적으로나 동일하지 않다. 그것은 두 사람의 신체적 차이만 봐도 알 수 있다. 정신적 차이는 더 세밀한 조정을 필요로 한다. 그런데 이런 차이는 너무 미묘해서, 많은 사람들은 그것을 전혀 알지 못하며 그것을 무시함으로써 짜증과 소외만 느끼게 된다.

남성에게 남녀의 결합은 구체적인 관계의 상징으로, 사랑의 영적 결합을 나타낸다. 그에게 성은 사랑하는 사람과 진정한 결합을 이루는 명백한 수단이며, 그녀가 그의 아니마의 특성을 지니고 있기 때문에 그녀를 통해서 힐끗 보았던, 자신의 방랑하는 환상적인 정신을 제압하기를 바랄 수 있는 한 가지 방법으로 나타난다. 그녀가 환상 속에서 방랑하는 자신의 영을 달랠 수 있는 희망으로 제시되는 것이다. 남성은 어떤 오해나 견해 차이, 이기적인 자아의 요구나 태도로 인해 그들 관계에 균열이 생기더라도, 그녀에게 성적으로 다가가기만 하면 관계가 회복될 것이라고 확신한다. 그는 성 관계 후 그들 사이의 감정이 너무 자주 깊어지고 강화되어 그에게 기적과 다름없다고 주장한다. 그는 "우리 사이의 감정이 깨지거나 갈등이 생겼을 때 성관계가 그것을 바로잡습니다"라고 말한다.

그러나 여성은 머리로는 그 사실을 알지 못하더라도, 자신의 여성적 본성 깊은 곳에서부터 둘 사이의 감정이 서로 맞지 않을 때의 성관계는 그녀를 침해하는 행위이고 거기에 동의하는 것 역시 자신에게 가해지는 폭력에 동의하는 것을 의미한다는 사실을 알고 있다. 왜냐하면 그녀에게 있어 가장 중요한 것은 지배와 이기심을 뒤로 하고 그들 사이의 감정적 어려움을 먼저 해결하는 것이기 때문이다. 그래서 그녀는 두 사람 사이의 감정이 다시 좋아지고 서로에 대한 이해와 수용(受容)이 재개되기만 하면 분쟁의 원인에 대해 따지고 그것을 해결하는 것을 뒤로 미루는 것을 크게 개의치 않는다. 그래야 자신의 본성을 거스르지 않고 남편의 육체적 사랑을 받아들이고, 거기에 반응할 수 있기 때문이다.

물론 이러한 문제는 몇 주나 몇 달 안에 조정될 수 없으며, 수년 동안 다져진 긴밀한 친밀감과 고된 작업을 필요로 한다. 이러한 문제를 해결함으로써 남성과 여성은 점차 자신의 본성을 더 의식하게 되고, 이러한 방식으로 서로에 대해 견고한 관계 구조를 구축할 수 있다. 그런데 비록 그들의 관계에 고유한 가치를 제공하지만 성장과 발전을 방해하는 매우 불안한 요소가 얼마 지나지 않아서 나타난다. 여성이 임신하는 것이다. 이것은 그녀에게 매우 중요한 경험인데, 그것은 그녀의 존재의 모든 단계에서 그녀에게 영향을 준다. 새로운 본능, 출산 본능이 그녀를 사로잡는 것이다.

여성의 번식 본능에서 성의 비중은 아주 적으며, 남은 대부분을 차지하는 것은 모성이다. 반면에 남성에게 부성은 번식의 본능에서 상대적으로 적은 비중을 차지한다. 그래서 아내의 임신 소식을 접한 남편은 그것이 그에게도 매우 중요한 사실임을 알면서도, 그 중요성을 주로 아내에게 일어나는 변화를 통해서 지각한다. 그에게 그 일은 그의 외부에서 일어나는 일이다. 이 단계에서 남성은 여성이 그녀의 존재 자체를 근본적으로 뒤흔드는 경험을 하는 동안 오직 상상 속에서, 그리고 공감을 통해서 그 경험에 참여한다. 이 기간과 거기에 이어지는 자녀의 유아 시절, 여성의 본능이 거의 전적으로 모성적 흐름에 따라 움직일 때 그의 본능은 계속해서 성적 욕구와 그것의 표현에 집중된다. 여성이 이렇게 모성적 과정에 몰두해 있을 때 남성은 불만을 느끼거나 리비도가 "느슨해진다." 아내가 이전처럼 그에게 정동적으로 응답하지 못하기 때문이다. 여기서 문제는 대부분의 남성에게 부성 본능은 아이가 태어난 다음에야 일어나는 반면 모성 본능은 대부분의 여성에게 임신 초기부터 작용하며, 그렇기 때문에 그들 사이에 조정이 어렵다는 점이다.

이러한 남편과 아내의 본능 차이는 종종 두 사람 사이에 심각한 문제를 야기한다. 특히 모성이 여성의 성적 관심을 압도하는 경우 더욱 그렇다. 그러한 경우 그녀는 임신 기간 동안 자기 안에서 일어나는 신비한 변화에 몰두하는데 그치지 않고 아이를 낳은 뒤에도 모든 관심과 신경을 아기에게 먼저 쏟으면서 남편에게 시간과 주의를 기울이지 않는다.

성적으로 발달하지 않고, 어린아이 상태로 남아 있는 여성이 남편과의 성적 관계에서 쾌락이나 만족을 얻지 못하고 모성으로 도피하는 경우도 가끔 있다. 대부분의 경우 그런 일은 무의식적으로 일어나며, 거기서 남편으로부터 더 이상 성적 요구를 받지 않으려는 무의식적 의도를 엿볼 수 있다. 이때 자녀에게 본능이 쏠려 있지 않은 남편이 다른 곳에서 위로를 찾기 시작하는 것이 놀라운 일일까? 하지만 아내는 자신의 홀대가 그 상황에서 어떤 역할을 했는지 깨닫지 못한다. 그래서 그녀는 자신의 잘못을 무시하고 의무를 저버린 남편만 비난한다. 그녀는 남편이 다른 여성에게 관심을 돌리기 시작한 것을 그들의 결혼 생활에 대한 첫 번째 위험 신호이자, 그들의 결혼 생활이 그녀의 손에서 빠져나가기 시작했다는 것을 깨닫는 대신, 온갖 꾀를 부리거나 그의 신의에 호소하면서 그를 붙잡으려고 한다. 이러한 반응은 완전히 본능적인 것, 말하자면 자기-보호 기제인 동시에 그 이상이다. 왜냐하면 우리 사회는 "남편을 관리하는 것"을 아내의 몫으로 돌리기 때문이다. 그리하여 또 다른 '마땅한' 관습이 개입한다. 실제로 바로 이 지점에서 여성들의 요구가 늘어나고, 소유욕 또한 강해진다. 예를 들어, 남편이 혼자 외출하는 것을 막는 여성이 있을 것이다. 만약 그녀가 아이를 돌보기 위해 집에 있어야 한다면, 그 또한 집에 있어야 한다. 그가 혹시라도 다른 여성과 대화한다면 그녀는 질투하고 그를 질책한다. 그녀는 그를 붙잡기 위해 모든 것을 하지만, 그들의 관계에 숨을 불어넣을 수 있는 유일한 일만 하지 않는다: 그들의 관계의 현실을 되살리는 것이다.

   다음에 소개할 일화는 어떤 여성이 꾀 대신 용기를 내어 현실을 택했을 때 일어나는 결과를 잘 보여준다. 그들이 직면한 난국(難局)의 유일한 치료책은 이혼 밖에 남지 않았다고 여길 만큼 결혼 생활에서 권태감을 느꼈던 한 부부에게 마지막 방편으로 그들의 진실한 반응을 표현할 것을 제안했던 일이다. 거기에는 수년 동안의 그들의 습관을 깨트리는 것도 포함되었는데, 그 이유는 그들이 자신들의 감정을 끊임없이 억눌러왔기 때문이다. 그들은 마음속에 있던 상대방에 대한 적개심을 말 그대로 "끄집어" 냈고 그것은 크게 효과가 있었다. 첫 번째 시도로 아내가 남편의 무의식적인 이기적 행동을 접했을 때 그녀에게 일어났던 부정적인 반응을 밝히자 그는 자리에서 벌떡 일어나 그녀에게 관심을 보이며 "당신이 그렇게 말하니까 굉장히 매력이 있는데!"라고 말하였다. 그의 말은 그녀에게 전반적인 상황을 아주 새로운 시각으로 보게 했고, 그녀의 잘못을 깨닫게 하였다. 지금까지 그녀는 자신의 진정한 감정을 밝힐 경우 남편의 애정을 잃을 것을 두려워했던 것이다.

여성이 남성의 관심과 애정을 붙들기 위해 의도적인 체계나 기술을 사용하는 것이 그렇게 드문 일은 아니다. 우리는 그것이 아무리 진실하지 못한 방법이라고 할지라도 그녀를 완전히 비난할 수는 없다. 결혼 생활이 파탄 날 경우 여성들이 모든 책임을 뒤집어 쓰기 때문이다. 이혼이 매우 흔한 미국에 비해 영국에서 이런 경향은 훨씬 더 크게 나타난다. 그러나 미국 사회에서조차 이 오래된 견해를 고수하고 있는 사람이 그렇게 많지 않음에도 불구하고, 여전히 그 오래된 감정에 흔들리는 것 또한 사실이다. 그렇기 때문에 결혼한 여성은 남편의 관심과 반응에 지나치게 신경을 쓰는 경향이 있다. 예를 들어, 어떤 여성은 그녀의 행동과 말이 남편에게 어떤 영향을 미칠지에만 신경을 쓰고, 의식적으로 그를 관리하려고 한다. 또 다른 여성은 남편에 대한 일방적인 배려에 반발감을 느끼고 자신의 모든 열정을 반기를 드는 데 사용한다. 그러나 그녀의 관심이 어떤 형태로 나타나든 그것은 결국 남편과 그의 반응에 지나치게 몰두하는 것으로 끝난다. 그 결과 그녀는 자기 자신을 찾거나 자신의 존재의 중심을 찾거나, 자신의 삶에서 그녀가 나아갈 길을 찾는 일에 관심을 쏟지 못한다.

사회적인 시각에서 보았을 때 결혼 생활을 성공시켜야만 하는 아내에게 이러한 관심의 전환은 불가피한 일이다. 개인적으로 아무리 많은 어려움이 있더라도 그녀는 남편과 좋은 관계를 유지하는 것처럼 보여야 하고 모든 사교 모임에도 참석해야 한다. 남편과의 관계에서 개인적이고 본능적인 관심사에 더해서 남편의 사회 생활, 그의 동료와의 관계에도 참여해야 한다. 왜냐하면 결혼은 그저 제도이고, 개인 간의 친밀한 관계에 그치는 것이 아니라 문자 그대로 사회적 관계이기도 하기 때문이다. 사회에서 가정은 하나의 단위이고, 가정에서의 시간들은 하루하루가 의무와 오락으로 채워져 있다 − 이것이 바로 삶을 구성하는 주요 요소이다. 이런 의미에서 성공적인 결혼 생활은 각 구성원에게 많은 것을 포용할 수 있는 아량과 일정 정도 이상의 애정과 이해를 요구한다. 그러나 이런 유형의 "성공적인 결혼"은 어둠과 미지의 것, 열정적인 본능과 정동이 사는 정신의 깊은 차원을 알지 못한다. 사실, 편안하고 친밀한 친교 관계를 유지하며 일상을 보내려면 깊은 곳에 자리하고 있는 알지 못하는 어둡고 파괴적인 힘들을 계속 통제하고 있어야 한다. 그러므로 남편과 아내 사이의 간극이 그렇게 커지는 일을 흔하지 않다. 많은 사람들에게 −그들이야말로 분명 가장 평범하고 가장 행복한 사람들일 것이다 −그런 삶과 사랑의 경험만으로도 충분하기 때문이다. 그들은 가정에서 경험하는 애정과 교제에서 그들이 필요로 하는 모든 것을 얻는다. 그러나 그들의 본성이 더 높고 깊은 정동 체험을 추구하는 사람도 있다. 나는 위에서 아내가 아이에게 몰두하는 것이 남편을 불만족스러운 상태로 만들 수 있다는 사실을 이야기했다. 그러한 경우 일부 남성들은 자신의 성향과 내적 욕구에 이끌려 결혼에서 찾지 못한 더 깊은 체험을 다른 여성과의 관계에서 찾으려고 한다.

　이러한 상황은 아내에게 감정적으로 매우 어려운 문제를 야기한다. 그녀는 당연히 자신의 전반적인 입장이 위태로워졌음을 느낀다. 그녀는 다른 여성에게 관심을 돌린 남편이 더 이상 자신을 사랑하지 못할 것이라고 믿는다. 그녀는 만약 그 여성이 객관적으로 자기보다 못한 여성이라면 남편이 매우 한정된 관계를 맺을 수밖에 없을 것이라고 생각하며, 자기보다 나은 여성일 때보다 경계심을 덜 보인다. 전자의 경우 아내는 그녀가 겪는 현실적이고 깊은 고통에도 불구하고 그 일 자체에서 역겨움과 굴욕감 정도만 느낀다. 그리고 만약 그 외도가 표면 위로 드러나지 않을 경우 시간이 지나면 지나갈 것을 기대하며 모르는 척 지낼 수도 있다. 그러나 후자의 경우, 즉 남편이 교양이나 정신적인 면에서 남편과 비슷하고, 자기보다 낫다고 생각되는 여성에게 빠졌을 경우 그녀는 더 큰 경계심을 보인다. 그녀는 그런 여성과의 관계는 도덕성이나 교양이 없는 여성과의 관계보다 더 길게 이어지지 않을까 하고 두려워한다. 그런데 남성이 진지한 혼외 관계를 이어가는 것보다 일시적인 외도를 계속하는 것이 어떤 면에서 결혼 생활에 더 큰 위협이 된다. 왜냐하면 남성의 에로스적인 면에서의 발달은—남성이 여성들과 관계를 맺는 그의 본성의 측면—그가 맺는 관계의 특성에 달려 있기 때문이다. 다시 말해서 남성이 결혼 생활의 밖에서 학습한 것이 아내를 대하는 그의 태도에 불가피하게 반영된다는 것이다. 그래서 그가 (교양, 도덕성이) 수준이 낮은 여성과 열등한 유형의 관계를 맺으면 그의 정부와의 관계에서 익힌 행동 양상이 그대로 아내와의 관계에도 적용된다. 만약 그의 정부가 그가 제멋대로 들었다 놓았다 해도 되는 여성, 그가 쉽게 대해도 되는 여성, 상처를 받았어도 선물로 금방 마음이 풀어지고 그가 일말의 책임감도 느끼지 않아 되는 여성, 오로지 자신의 편의와 쾌락에 맞춰서 행동해도 되는 여성이라면 그는 그 "사랑의 관점"에서 배운 것을 그대로 아내에게 적용하려고 한다. 역경(易經)은 남성을 만나기 위하여 온 "대담한 처녀"에 대해 이렇게 말한다: "열등한 것은 너무 무해하게 보이고, 유혹적이게 보여서 사람들은 거기에 쉽게 빠져든다. 그것은 너무 작고 연약해 보여서, 그가 아무런 해도 입지 않고 즐길 수 있다고 생각하는 것이다."[24] 그러나 모든 남성은 얼마 지나지 않아서 그런 여성과의 관계도 그에 걸맞은 대가를 무겁게 치르게 된다는 사실을 경험하는데, 그것 또한 그가 전혀 예상하지 못한 영역에서 나타난다. 그는 그 여성 역시 그만큼 자신의 이익을 추구하고 자신이 원하는 것을 얻기 위해 모든 수단을 동원한다는 것을 경험하면서 그 경험을 집으로 가지고 간다. 그래서 그는 아내도 그의 정부처럼 행동할 것이라고 생각하면서 불화가 생겼을 때 그녀의 요구를 지레짐작하면서 방어적인 태도를 취한다. 자연히 그녀는 남편이 자신을 낮게 평가한다는 것을 깨닫는다. 남편의 그러한 행동을 달가워하는 여성은 당연히 없기 때문에 결국 그녀가 "그래, 그가 나에 대해서 그렇게 생각한다면, 그것이 어떤 것인지 제대로 한 번 보여주지" 하는 것으로 반응하면서 그의 예상은 실현되고 만다.

남성이 그와 유형은 다르지만 문화적 배경과 도덕성, 사회적 지위가 비슷한 여성과 혼외 관계를 맺는 경우도 가끔 있다. 이때 이 새로운 관계는 가정 내의 갈등을 완화하는 데 기여할 수도 있다. 남성의 혼외 관계는 어떤 면에서 자녀에게 몰두하는 아내의 태도에서 나온 것일지도 모른다. 그녀는 자신의 모성 경험을 통해 남편과의 관계에서 필요한 중요한 것을 배우고, 남편 역시 다른 여성과의 관계를 통해 아내와의 관계에서 필요한 중요한 것을 배울 수 있는 것이다. 결혼 관계로 묶이지 않은 여성과의 관계는 감정의 법칙에 따라 움직여야 하기 때문이다. 둘 사이에 아무 계약도 없기 때문에 버림받지 않으려면 그는 모든 면에서 그의 판단이 아니라 여성의 관점에서 볼 때 좋은 것을 해야 한다. 그녀가 선물을 받았다고 해서 감정이 바로 풀리는 사람이 아니라면 그는 그녀와 같은 시각에서 그녀를 만나야 하며, 정신적 관계에 따른 책임을 받아들여야 한다. 그것은 그의 아내가 그에게 부과하지 못했던 책임이다.

　결혼에 따른 사회적 의무의 부재, 자녀라는 연결고리를 통해서 생기는 남편과 아내 사이의 유대감의 부재는 발생하는 모든 상황에서 서로에 대한 다양한 감정의 음영에 애인^{lover}과 정부^{mistress}의 관심을 집중시키는 역할을 한다. 애인과 정부는 완전히 별개의 실체이다. 그들은 전혀 인정되지 않는다. 그러나 남편과 아내 사이에는 그들의 집중력을 방해하고 실제로 그들 사이의 실제 감정 상황을 의식하지 못하게 만드는 특정한 집단적 의무가 존재한다. 그들은 하나의 단위이고 다른 사람들 앞에서 언제나 통일된 모습을 보여야 하며, 같은 사회 안에서 움직여야 한다. 그들 사이에 아무리 심각한 문제가 있어도 그들은 친구들 앞에서 누구보다 조화로운 한 쌍으로 보여야 한다. 그들의 가정은 통일된 목표를 가지고 있어야 하는 것이다. 그들의 자녀는 그들이 더 단순하고 통합된 관계일 것을 필요로 한다. 그들의 판에 박힌 듯한 일상은 그들 관계의 정동적 측면에 충분히 집중할 기회를 주지 않는다. 그러나 사랑의 강렬함을 동화하거나 의견 불일치를 해소하려면 시간이 필요하다. 많은 기혼자들은 그들이 가족 앞에서 습관적으로 쓰는 가면 아래 그 두 가지를 억제하는 것이 쉽다는 것을 발견한다. 그러다 보니 어떤 비현실성이 몰래 스며들고, 그들의 연합은 안일한 무의식성으로 흐르는 경향을 보인다. 그러나 이러한 종류의 관계에는 많은 규칙이 따른다. 말하자면, 그것이 그들의 일상 생활을 구성하는 동안 혼외 관계는 일종의 학교가 되고, 그들이 거기에서 배우는 내용은 그들 가정에 그대로 적용되는 것이다.

　결혼과 이혼이 쉬워진 오늘날에는 결혼이라는 주제 전체를 굉장히 가볍게 생각하는 경향이 크다. 현대 사회의 태도는 다음과 같다: "이혼이 이렇게 쉬운데, 왜 결혼을 진지하게 받아들여야 하지?" 결혼 생활에서 끔찍한 잘못을 저지른 30대 초반의 어떤 여성은 나에게 언젠가 이런 말을 한 적이 있다. "아니, 결혼을 왜 그렇게 진지하게 받아들여야 하는데요?" 이것은 결혼의 의미를 제대로 인식하고 있는 사람에게는 거의 상상할 수 없는 질문이다. 결혼의 본질 자체가 영원성이기 때문이다. 결혼하는 남녀는 그들에게 가능한 모든 다른 관계들 가운데서 이 관계를 선택하고 이 관계를 영구히 하기 위해, 즉 평생의 관계로 만들기 위해 그것을 가꾸어 나가겠다고 선언한다. 그것은 여러 종류의 관계 가운데서 가장 멀리까지 나아가는 관계이다. 만약 여성이 의무를 진지하게 받아들이지 않고 결혼한다면, 그녀는 어떠한 관계도 진지하게 받아들이지 않는다는 것을 의미한다. 그러나 그녀의 심리적 경계는 오직 관계를 통해서만 정의될 수 있다: 이렇게 해야만 그녀는 자기 자신을 찾을 수 있는 것이다. 그녀가 자신의 결혼을 진지하게 받아들이지 않는다면, 자기 자신 또한 결코 진지하게 받아들이지 않을 것이다. 사회의 붕괴는 그러한 태도에서 시작된다.

그런데 어느 누구도 자신의 사랑이 평생 변하지 않을 것이라고 장담하지 못하고, 심지어 그의 감정이 일년 동안 지속될 것이라고 보장하지 못한다고 말한다. 이것은 분명 사실이다. 그리고 현대 의식에서 그 계약의 본질인 사랑을 더 이상 이행하지 못할 경우 그것을 파기하는 것이 의무이기 때문에 그것을 지속하는 것보다 도덕적인 것도 사실이다. 하지만 결혼 생활을 지속하려는 마음 없이, 아니면 "결혼 생활이 만족스럽지 않으면, 이혼하지 뭐!"라는 유보적인 마음으로 결혼하는 여성이 있다면, 그녀의 결혼 생활은 결코 성공할 수 없다. 위험한 사업에 뛰어드는 어느 모험가도 "만약 일이 잘 풀리지 않는다면, 언제든지 돌아갈 수 있어"라고 속이는 목소리에 귀를 기울이며 사업하지 않는다. 이와 같은 유보적인 정신 태도는 결코 성공으로 이끌지 않는다.

그래서 이혼이라는 쉬운 탈출구를 열어 둔 채 결혼이라는 모험에 뛰어드는 여성이 있다면, 그 모험은 착수 단계에서부터 실패할 운명에 처한다. 모든 종류의 긴밀한 관계에 따르는 어려움과 위험은 우리에게 에너지를 쏟을 것을 요구한다. 암암리에 "언제든지 되돌릴 수 있어"라는 태도는 모든 에너지를 동원시키지 못한다는 것이 잘 알려져 있는 심리학적 사실이다. 문제를 해결하기 위해 모든 수단과 방법을 동원했음에도 불구하고, 말하자면 할 수 있는 것을 다 했음에도 불구하고 결혼에 실패했을 때 이혼을 생각해야 한다. 수많은 결혼을 관찰한 나의 경험에서 판단하자면 결국 그들의 정신적 문제는 전혀 해결하지 못한 이혼으로 끝난 사례가 많다.

그러나 견딜 수 없는 결혼에서 벗어나기 위한 방편으로 이혼이라는 탈출구를 선택할 수밖에 없는 여성은, 결혼을 결심했을 때와 같은 목적 의식과 진지함을 가지고 관련된 모든 사항을 살펴보고 검토해야 한다. 자신의 곤경(困境)을 해결할 방안으로 이혼을 선택하기 전에 아내가 고려할 수 있는 것은 굉장히 많다. 그들 사이에 자녀가 없어도–있을 경우는 더 말할 것도 없지만–그녀는 결혼 생활이 그녀의 삶 전체에 남긴 흔적을 평생 지고 살아야 한다. 시간을 되돌리는 방법이 없기 때문이다. 만약 그녀의 결혼 생활이 빠르게 종료되어 그녀의 리비도가 여전히 해결되지 못한 문제에 묶여 있다면, 그녀는 끝맺지 못한 관계의 짐을 계속 지고 가야 한다. 그리고 그 문제들은 그녀의 삶의 모든 지점에서, 그녀가 다른 남성과 가까워질 때마다 부담으로 작용할 것이다. 그것은 일종의 유령으로 되고, 그녀는 첫 번째 남편과의 관계에서 해결하지 못한 문제를 풀기 전까지는 그 유령으로부터 벗어나지 못한다.

우리는 결혼을 진지하게 받아들여야 한다. 심리적인 관점에서 어떤 남성의 아내가 되는 것은 그의 다른 반쪽이 되는 것과 같다. 그것은 그의 아니마에 대한 책임을 스스로 떠맡는 것을 의미한다. 그들의 만남이 결혼으로 이어진다면, 그것은 그 남성이 그 여성에게 자신의 아니마를 투사했다는 것을 암시하고 그녀의 어떤 자질이나 자질의 콤플렉스들이 실제로 그의 정신의 이러한 측면을 반영한다. 그러므로 그 여성은 남편과의 관계에 공을 들일 때, 그가 자신에게 투사한 아니마의 부분에도 동시에 공을 들인다. 만약 결혼생활에서 그와 만족스러운 합의에 이르지 못하면 아내는 그녀가 남편에게 그토록 싫어하는 자질과 닮은 무엇인가가 자기 안에 잠복해 있어서 그런 것은 아닌지 진지하게 자문해야 한다. 자신의 소유욕, 이기심, 무의식을 확실히 다루기 전까지 그녀는 그의 문제를 도울 수 없다. 그녀와 관련된 그의 결함은 그의 의식적인 관심사, 즉 에로스나 감정으로 중재되어야 하는 심리적 관계의 측면에서 가장 멀리 있는 그의 정신 영역에 있기 때문이다. 만약 여성이 이 영역에서 그를 돕지 못하면 그가 그것을 의식하는 것은 거의 불가능하다.

이때 만약 그 여성이 남편의 에로스가 발달하지 않았다는 이유로 결혼에서 도망친다면, 그보다 더 만족스럽지 못한 남성과 재혼할 가능성이 높다. 다시 말해, 여성이 남편과의 관계에서 자기 자신을 의식하는데 가능한 모든 노력을 기울이고 가정과 환상, 투사에 의해 흐려진 그들 사이의 현실에 대해 더 이상 되짚을 것이 없을 정도로 그것을 살펴보지 않은 한, 남편과의 관계를 폭력적으로 끝맺은 일을 정당화하지 못할 것이라는 말이다. 남편과 아내 사이의 관계는 독특한 관계이기 때문이다. 그것은 삶이 제공하는 다른 어떤 관계보다 더 많은 발달을 가능하게 한다. 그렇기 때문에 일단 결혼 생활을 시작하면, 거기에서 얻을 수 있는 모든 가치들을 얻기 위해서 때로는 타협하고, 결혼하기 전에 소중히 간직했던 환상과 가정을 버리더라도, 가능한 한 그 한계까지 나아가야 한다. 이것을 할 수 있는 여성에게는 그녀의 개인적 발전과 성장, 그리고 삶의 어떤 위험도 전복시킬 수 없는 확립된 관계의 측면에서 큰 보상이 있을 것이다.

제6장
모성

　어머니와 아이의 관계는 너무 단순해서 모든 순진한 여성들은 그것을 당연한 것으로 여긴다. 그러나 그 안에는 정동적인 내용이 너무 많아서 모든 시대의 예술가, 시인, 이야기꾼들이 거기 현혹되었고, 너무 복잡해서 심리학자들은 여전히 그 관계가 현재와 그 이후에 끼치는 지속적인 영향력을 추적하기에 바쁘다. 아이가 그의 어머니와 맺는 근본적인 관계에 대한 탐색은 그가 어른이 된 다음의 성격 형성에 영향을 미치고, 어떤 면에서는 의식적으로, 그리고 더 많은 경우 그 사람의 동기와 행동에 깊이 영향을 미치는 요소들에 대한 광범위한 자각으로 이어진다. 이제 현대 연극과 소설들은 무의식에 대한 심리학자들의 관찰에서 비롯된, 이제는 상식이 된 내용들을 참고하는 것으로도 모자라 그 전체적인 플롯까지 실제 아머니와 아이의 관계에서 일어나는 일에서 따온다. 나는 지금 "현대의 연극"을 언급하고 있다. 적지 않은 고전극에서 이미 같은 근본적인 주제를 다루었기 때문에 굳이 '현대'라는 형용사를 사용한 것이다. 이러한 관계가 주가 되는 전형적인 플롯의 예를 들자면 고전극 가운데 『오이디푸스왕』, 『엘렉트라』, 『햄릿』, 『롯』 등을 들어야 할 것이다 그리고 현대극과 소설로는 『은

색 줄』,『아들과 연인들』,『슬픔이 엘렉트라가 되어』 등이 있다. 그런데 이상한 현상은 위에서 언급한 대부분의 작품들을 보면 아이의 관점만 반영할 뿐, 어머니의 관점에서 관계의 문제를 다루는 희곡이나 연극은 찾아보기 힘들다는 점이다. 더 이상한 현상은 우리가 보는 심리학 서적들조차 아이의 콤플렉스와 갈등에 초점을 맞출 뿐, 어머니 편에서 그 문제를 다루는 것을 거의 완전히 배제하는 점이다. 오늘날의 여성들은 이러한 논의가 그토록 크게 일방적으로 진행되는 것을 모르지 않으며 거기에서 당혹감을 느낀다. 그런 맥락에서 나에게 이렇게 말했던 여성이 있다. "오늘날 어머니로 산다는 것은 참 쉽지 않아요." "만약 당신이 '나쁜' 엄마라면, 당신의 아이는 자신의 모든 어려움을 그를 돌보지 못한 당신 탓으로 돌릴 거에요. 하지만 당신이 '좋은' 엄마여도 비난과 질책을 여전히 피할 수는 없을 거에요. 왜냐하면 당신의 지나친 친절과 돌봄이 그를 빠져나오기 힘든 고착 상태에 빠뜨렸다는 말을 할 테니까 말이에요."

  이것이 실제로 어머니가 처한 진퇴양난의 상황이다. 만약 그녀가 어린 자녀들에게 헌신하고 그들이 성장함에 따라 그들의 욕구에 동일시했던 "전적인 어머니"라면, 성장한 뒤에도 그들이 그녀에게서 벗어나지 못하고 철이 없는 채로 남아 있는 것을 발견한다. 그녀는 "좋은 엄마"였지만 그 결과는 "나빴다". 그것도 아니면 그녀가 자녀를 특별히 챙기지 않고 그들의 삶에 크게 간섭하지 않으면서 자신의 삶을 계속하는 "나쁜 엄마"였어도 그들은 여전히 그녀의 앞치마를 붙들거나 존재하지도 않는 종류의 자유를 찾는 유치한 시도를 하며 뛰쳐나갈 것이다. 이러한 혼란을 피할 방법은 거의 없어 보인다. 어머니의 역할은 처음부터 실패할 운명인 것 같다. "어머니"를 매도하는 사람들이나 어머니를 예찬하는 사람들 모두 그녀의 과제의 실패만 예측한다.

그러면 다음과 같은 의문이 생긴다. 여성은 어떻게 이 딜레마를 해결할 수 있을까? 어머니와 아이의 특별한 관계를 오직 책임이라는 관점에서만 보아야 할까? 어머니와 아이 사이의 근본적인 관계에서 오는 위험과 어려움을 적절하게 해결할 수 있는 방법은 없을까? 여기서 우리는 여성의 문제를 다루고 있기 때문에 자연스럽게 어머니의 관점에서 이 주제에 접근할 것이다. 따지고 보면, 이 일차적인 측면은 어머니와 아이의 관계가 영아에게 의식이 싹트기 훨씬 전부터 시작되고, 아이가 거기 영향을 끼칠 수 있게 되기 전부터 이미 관계의 큰 틀이 튼튼하게 확립되었던 것이다. 여성이 **어머니로서** 자신의 자녀나 자기 자신과 맺는 관계는 이후의 사건에 믿을 수 없을 정도로 영향을 미치는 미리 결정된 요소들이다.

그러나 어머니의 문제를 생각할 때 우리는 단 한순간도 아이의 개인적 입장을 염두에 두지 않으면 안 된다. 왜냐하면 진정한 해결책은 아이와 어머니 양쪽의 입장을 충분히 고려해야 하기 때문이다. 어머니가 아이를 착취하거나 아이가 어머니를 무시하고 그녀를 쓰러뜨리는 사례를 볼 때, 아니면 일부 심리학자나 소설가들의 주장을 들으면 어머니와 아이의 관심사는 근본적으로 다르다고 생각할 수 있을 것이다. 어머니와 아이 사이의 관계는 너무 깊고 근본적인 것이어서 우리는 그들의 관심사가 본질적으로 반대될 수 없다는 선험적인 믿음에서 시작해야 한다. 그러한 사례가 유일한 대안은 아니다. 물론 각 세대가 다음 세대로 교체되어야 하는 것은 사실이지만 이 역사적 성취에서 우리는 삶이란 지나간 세대를 내던지고 짓밟는 것이라고 말할 수 있을까? 특정한 원시인들이 노인들을 위한 "자살 기둥"을 만들거나 그들이 부족에 더 이상 도움이 되지 않을 때 그들을 산 채로 매장하는 것과 같은 것인가? 오늘날 우리는 이런 비개인적인 신조를 따르기에는 너무 개인주의자가 되었다. 이 책이 다루는 모든 문제의 해결책은 한 사람의 행복을 위해 다른 사람의 희생이 필요하다거나, 개인의 만족과 자기중심적 야망을 뛰어넘는 가치를 향해 나가야 한다는 종류의 심리적인 상호의존적 관점을 취하지 않는다. 각자의 진정한 성취는 자신만의 욕구를 충족시키는데 있지 않고, 여러 세대를 통해 이어져 내려온 생명의 움직임과 조화를 이룬 정신의 또 다른 부분이 추구하는 목표에 충실하는 데 있다는 인식에서 문제의 해결책을 찾을 수 있을 것이다. 어머니와 아이의 다양한 목표가 양쪽의 본질적인 개성을 만족시키는 방식으로 충족되기 위해 각자 개인적인 충동과 소망을 초월하면서도 삶에서 정신적 발전과 성취에 대한 각자의 권리를 무시하거나 무시하지 않는 초개인적 법칙을 인식해야 한다.

모성성^{motherhood}의 경험은 임신과 함께 시작된다. 여성이 처음 자신의 태내에 새로운 생명을 품고 있다는 것을 깨달았을 때 기쁨과 성취감, 경이로움까지 느끼지만 그녀에게 임신 자체는 아주 자연스러운 것처럼 보인다. 그런데 같은 소식을 접한 남성에게 그것은 거의 믿을 수 없는 기적, 그가 완전히 파악하기 어려운 일처럼 보인다. 그러나 임신과 출산은 여성의 본성에 있어서 필수적인 부분이다. 그녀가 자기 안에 있는 "대지 여성$^{\text{earth woman}}$"과 조금이라도 접촉하고 있다면 그녀는 처음에 자기에게 그런 일이 일어났다는 사실에 놀라지만 곧 자기에게 일어나야만 하는 당연한 일로 받아들인다. 마치 그녀 안에 있는 어떤 것이 "이것이 여성이 되는 길이야"라고 말하는 것처럼 말이다.

그러나 임신에 대한 여성들의 반응 방식은 굉장히 다르다. 원시적이거나 순진한 여성에게 그 모든 과정은 거의 전적으로 본능적인 수준에서 이루어진다. 그런 여성들은 아기를 가지기를 원하고, 아이를 돌볼 때 육체적으로나 정신적으로 최상의 기분을 느낀다. 그들은 육체적으로 모성적이며, 그들의 사랑은 아주 단순하고 자연스럽게 아이에게 전달된다.

　최근까지 우리는 일종의 맹목적인 감상주의로 이것을 보통의 평범한 유형의 여성이라고 추정해왔다. 여성이라면 '당연히' 어머니가 되는 것을 기뻐해야 한다고 여겼던 것이다. 그녀에게 예상되는 감정들이 부재할 때 그녀는 죄책감을 느낀다. 그러나 실제 모성 경험은 그러한 기대가 시사하는 것처럼 그렇게 쉽고 갈등이 없는 것은 아니다. 문명은 개인의 중요성에 대한 자각과 함께 개인의 자아의 발전을 가져오기 때문이다. 자신의 자아를 자각한 여성은 오로지 본능적인 방식으로만 반응하지 않을 것이다. 그 사실에 대한 자각은 충격으로 다가올 수도 있고, 의식적인 태도로 맞이해야 하는 예상치 못한 경험으로 다가올 수도 있다. 그녀의 정동 반응은 기쁨과 수용일 수 있고, 아니면 그녀의 삶의 패턴과 계획을 방해하는 끔찍하고 성가신 것으로 받아들여질 수도 있다.

　그녀의 반대는 순전히 이기적인 근거에서 비롯될 수 있다. 그녀는 자신의 삶을 누리기 원하며, 몸매가 망가지고, 젊음의 에너지를 잃는 것에 억울함을 느낀다. 그녀는 자신이 겪게 될 고통을 미리 짐작하면서 두려움을 느끼며, 밤낮으로 아이를 돌보게 될 정신 없고 힘든 날들에 대해 저항감과 혐오감을 느낄 수도 있다. 그러한 여성은 정동적으로 아직 어린아이이다. 그녀의 삶에 대한 모든 방향은 쾌락을 추구하는 데 있다. 그런 여성은 자기 안에 모성의 시련에 맞설 힘도 용기도 찾지 못할 것이다. 그 시련은 혼자 맞아야 하는 것이기 때문이다!

　또 다른 여성은 그것보다 더 심각한 이유로 임신을 꺼릴 수도 있다. 그녀는 덜 이기적인 관점을 가지고 있지만, 모성이 그녀의 삶에 가져올 간섭을 극도로 싫어할 수도 있다. 여성의 임신으로 인해 삶의 모든 계획이 크게 흔들리는 젊은이들이 결코 적지 않다. 예를 들어, 부부의 계획대로 가정을 꾸리는 데 필요한 예산을 충당하는데 있어 여성의 수입까지 필요한 경우, 임신은 긴급하고 심각한 문제를 야기한다. 남편에게 예산 문제는 충분히 심각할 수 있는 사안이지만 그에게 있어 그것은 결국 바깥 세상에 속하는 방법과 수단의 문제이다. 그러나 여성에게 그것은 자신의 본성에 극심한 갈등이나 분열을 일으키는 삶의 위기이다. 그것은 자신의 육체가 자신을 배신한 것처럼 다가올 수도 있다. 그녀는 더 중요해 보이는 문제들 때문에 임신을 바라지 않는다. 하지만 그녀의 마음 깊은 곳에서 무엇인가가 구약성서의 계명이 다시 한 번 이행되는 것에 기뻐한다. "생육하고, 번성하라."

때때로 임신에 대한 여성의 저항은 남편에 대한 원망으로 변하기도 한다. 그녀는 마치 그가 그녀를 배신하고 그녀의 의지에 반하는 경험을 그녀에게 강요한 것처럼 느낀다. 나는 처음 임신한 날부터 수년 동안 남편에게 심한 저항감을 느끼고 자신의 모든 고통을 남편 탓으로 돌렸던 여성을 기억한다. 따라서 그녀는 그가 자기에게 가까이 다가오는 것을 불쾌하게 느꼈고, 그를 상대로 완전히 불감증이 되었다. 하지만 다행스럽게도, 대부분의 여성들은 모성의 문제를 그들 자신의 본성의 일부로 받아들이고 이러한 막다른 골목에 봉착하지 않는다.

자신이 임신한 것을 원망하는 여성은 구토나 유산의 위험과 같은 다양한 장애로 고통 받기 쉽다. 이것은 적어도 부분적으로 그녀의 정신적 태도의 결과인데, 만약 그녀가 자신의 저항의 본질을 깨닫고 임신이 자신의 운명의 성취이며 자신에게 속한 것이지, 그녀에게 강요된 것이 아니라는 사실을 깨달으면 그 증상들은 깨끗하게 사라지고 다시 찾아오지 않는다.

자아 감각이 발달한 여성은 임신한 것을 반드시 원망하지 않는다.

대부분의 경우 그녀는 그것을 당연한 것으로서 "살면서 있을 수 있는 일"로 여긴다. 처음에 그녀는 그 사실을 남들의 눈에 띄지 않게 감추지만, 나중에는 거기에 맞게 대비하면서 아기를 맞을 준비를 하고 아기에 대한 기대와 미래에 대한 애정 어린 계획을 세운다. 이런 식으로 자신이 경험하는 일의 외적 측면에만 몰두하는 여성은 그녀 안에서 일어나는 사건의 중요성을 전혀 의식하지 못할 수도 있다. 나는 여러 명의 자녀를 둔 어떤 여성이 그것들을 통해 이루어지는 창조적 행위를 전혀 깨닫지 못했던 것을 보았다. 여성이 자기 안에 있는 모성의 의미를 경험하고 자신을 여성이자 어머니로 의식하려면, 생물학적 본능을 충족시키고 아이의 욕구에 적응하는 것 이상의 것이 필요하다.

위에서 기술한 것처럼, 과거에는 모든 여성은 '으레' 아이를 원할 것이라는 인식이 팽배하였다. 그러나 오늘날에는 아이를 원하지 않거나 아니면 아이를 양육할 능력이 없다고 솔직하게 밝히는 젊은 부부를 많이 볼 수 있다. 그들은 임신을 피하려던 그들의 의도에 반하여 아이가 생기면 문제를 스스로 해결하려 들면서 그 진행을 막는데, 많은 경우 그 일이 거의 중요하지 않은 것처럼 매우 가볍게 행동한다. 마치 대자연의 목소리와 그들의 행동의 의미에 대한 이해 같은 것은 그들이 취하는 합리적이고 물질적인 삶의 태도에 가려진 것만 같다.

기독교적 입장에서 매우 혐오스러운 행위인 낙태와 유아 살해가 항상 규탄받았던 것은 아니다. 그것은 원시 부족 사회나 중국과 같은 고대 문명에서 자유롭게 행해졌고, 낙태는 중세까지 유럽 사회에서도 매우 흔했다. 현재 세계의 추세는 규정된 상황에서 낙태를 합법화하는 방향으로 가고 있다. 그러나 그러한 행동이 잘못되었다는 인식은 뿌리 깊게 남아 있다. 낙태를 잘못된 것으로 보는 이유는 일반적으로 그것을 생명을 빼앗는 행위, 일종의 살인으로 보기 때문이라고 할 수 있다. 생존 가능할 정도로 충분히 발달한 배아를 지울 때 대다수의 사람에게 그것은 유아 살해에 가깝게 느껴지지만, 그것보다 덜 발달된 배아에 대한 의견은 많이 갈린다. 그러나 수정된 모든 난자는 잠재적인 새로운 생명이고 엄격한 논리적 태도를 가지고 본다면 가장 어린 배아와 완전한 형체를 갖춘 아이는 크게 다르지 않다. 그래서 극단적인 생명 존중 논리를 가진 사람들은 그것을 확장하여, 수정된 난자를 파괴하는 것이 악이라면 정자세포와의 만남을 막는 일 또한 잘못된 것이라고 주장하면서 피임약이나 피임기구의 사용까지도 비판한다.

 오늘날의 상식적인 태도는 피임에 반대하는 이러한 주장을 터무니없는 것으로 여기며 거부하는데, 이것은 변덕스럽고 위험한 현대 사회에 충분히 대비되어 있고 또 제대로 보살필 수 있는 환경을 갖춘 아이만 세상에 데려올 필요가 있다는 것에 대한 인식이 있기 때문이다. 따라서 전통적인 도덕의 관점에서 문제를 해결하려는 시도는 필연적으로 극단적인 축소로 이어진다. 한편으로는 피임약이나 피임기구에 대한 개인의 심리적 반응의 연구와 다른 한편으로는 낙태에 대한 연구를 통해 삶의 가장 어려운 영역에서 행동의 지침으로 삼을 수 있는 더 깊고, 근본적이며, 개인적인 도덕성을 발견할 수는 없을까?

 현대인들은 대체로 임신은 의도적으로 이루어져야 하고 가장 적절한 시기에 의식적으로 수행되어야 하는 과제라고 여기는 상식적인 태도를 가지고 있다. 그러나 의도하지 않은 임신이 가끔 일어나기 때문에 항상 계획대로 일이 진행되지는 않는다. 그래서 젊은 부부가 이러한 가능성을 염두에 두지 않으면 딜레마에 빠질지도 모른다. 그러한 상황이 닥쳤을 때 그들은 아이에게 적절한 양육 환경을 제공하는 데 필요한 경제력은 물론 지금의 가계 지출도 감당하기 힘들다면서 낙태를 생각할 수 있는 것이다. 그러나 문제에 대한 가장 손쉬운 해결책으로 보이는 이 흔한 듯한 피상적인 방법은 그 과정에서 상당히 많은 괴로움과 위험을 동반하고, 큰 대가를 요구한다. 그들은 그것이 법에 의해 처벌될 수 있는 범죄라는 것을 제대로 인식하지 못하며, 그 심리적인 영향도 거의 떠올리지 못한다. 그들은 임신을 '종료'하면 모든 것이 예전으로 돌아갈 것이라고 생각하는 것 같다. 하지만 그들은 시간을 되돌릴 수 없으며, 돌이킬 수 없는 상황이 존재한다는 사실을 깨닫지 못한다.

내가 주목했던 많은 사례 가운데 하나가 이 점을 설명하는 데 도움이 될 것이다. 30대 중반쯤 되는 한 여성이 한계에 도달한 것 같은 느낌을 받는다며 나를 찾아왔다. 그녀는 자신이 그렇게 느끼는 이유를 알지 못했다. 과거 이야기를 하는 과정에서 그녀는 열 여섯 살 때 여행 중에 우연히 만난 어느 남성과 "문제가 생겼다"고 밝혔다. 그녀는 부모님에게 그 사실을 한동안 숨겼지만 곧 들켰고, 그들은 매우 당황하였다. 그들은 그 남성에 대해 아는 것이 전혀 없었고 그녀 역시 마찬가지였기 때문이다. 그들은 딸이 미혼모가 되면 그것은 곧 집안 망신이 될 것이라 여겼고, 그녀의 인생 또한 망가질 것이며 특히 누구도 원하지 않는 아이에 대해 지게 될 무거운 책임을 두려워하여 깊이 고민하지 않고 딸에게 멀리 떨어진 도시에서 낙태 수술을 받게 하였다. 그녀는 10년에서 15년 전에 일어난 그 "작은 사건"과 자신이 현재 겪고 있는 어려움을 연결시킬 생각을 조금도 하지 못했다. 그럼에도 불구하고 그 일은 그녀의 깊은 본성에 상처를 입히고 그녀의 가장 깊은 여성성에서 멀어지게 하였다.

당시 그녀는 거의 해결할 길이 없는 난처한 상황에 빠져 있었다. 그녀는 존재 자체가 어머니를 당황하게 만들고 위태롭게 할 무고한 아이를 세상에 내놓기보다는 차라리 없애는 편이 낫다고 판단한 부모의 조언을 따랐다. 그녀는 자신에게 닥친 곤경에서 꺼내줄 가장 쉽고 빠른 방법을 택했고 자신의 행동의 진정한 의미에 대한 고민을 외면하였다. 그녀는 자신의 의식적인 소망보다 훨씬 더 깊은 어떠한 과정을 자신이 방해하고 있다는 것을 깨닫지 못했다. 현대 여성은 동물처럼 아무 고민없이 어린 나이에 임신할 수 없다. 그녀는 아이를 부양할 능력이 없고, 본인의 문제에 다른 사람을 끌어 들이는 것은 옳지 못한 일이다. 상황에 대한 의식의 판단은 여기에서 멈춘다. 그녀는 자신의 깊은 곳에서 무언가가 움직였다는 것, 모성 본능이 그녀를 사로잡기 시작했다는 사실을 깨닫지 못했다. 그러나 당시 그녀는 정확히 그러한 상황에 있었다. 자신이 무너지게 된 원인을 찾기 시작한 그녀는 의식 바로 아래 죽은 아기와 관련된 지각되지 않았던 억압된 감정을 발견하였다. 당시 그녀는 자신의 운명을 위협했던 사건으로부터 벗어났다고 안도하면서 그 사건을 넘겼지만, 10년 후 그녀는 당시 자신의 필요에 의해 눈물 한 방울 흘리지 않고 없앴던 아이를 위해 눈물을 흘려야만 했다.

  왕도는 없다! 이와 같은 경우 어린 소녀는 그 의미를 전혀 알지 못하는 상황에 빠지고, 그녀가 무엇을 하든 일이 틀어져 자연의 순리대로 아이를 낳아도 문제는 해결되지 않는다. 한편으로 그러한 아이는 결코 잉태되어서는 안 된다. 무고한 아이에게 어머니의 잘못에 대한 부담을 강요하는 것은 결코 옳지 않기 때문이다. 또 다른 한편으로 낙태는 국가의 법은 물론 자연의 법칙에도 어긋나는 일이기 때문이다. 성급하게 행동하는 것도, 임신한 적이 없었던 것처럼 하는 것도 문제를 바로잡지 못한다. 그런 시련을 겪은 소녀는 또래 친구들과 심리적으로 단절되는 상황을 피할 수 없고, 그런 시련을 겪기 전과 똑같은 척하는 것 역시 위선 그 자체이다. 이런 성격의 경험이 의식되지 않고 억압되면 그것은 나중에 소녀의 삶에 대한 모든 적응을 위협할 수 있는, 무의식 안에서 짜증의 원천으로 작용한다.

그런 상황에서 어떻게 대처할 것인가 하는 것은 당연히 매우 어려운 질문이다. 소녀는 자신이 덫에 걸렸다는 사실을 깨달았다. 그녀는 마치 운명이 그녀에게 그 길을 택할 것을 강요한 것 같은 느낌을 받았다. 삶의 현실에 너무 일찍 뛰어들게 된 자신으로서는 감당하기 어려운 문제에 부딪쳤다. 자신의 부모가 제안한 길을 택함으로써 그녀는 곤경과 관련된 도덕적 갈등을 피했고 그로 인해 인식을 잃었다. 만약 그녀가 탈출구를 미친 듯이 찾는 대신 자신이 처한 상황의 악과 진지하게 마주하려고 했다면 그 갈등을 통해 더 높은 의식 수준에 도달했을 지도 모른다. 그것을 통해 그녀는 운명에 휘둘리며 의미도 모르는 채 내몰리는 대신 자신의 의지로 자신의 거취에 대한 결정을 내릴 수 있었을 것이다.

그것이 무엇을 수반하는지 완전히 의식하고 선택할 때 그 결과가 모두 나쁜 것은 아닐 것이다. 정신적 발달은 그러한 도덕적 갈등을 용기 있게 견뎌냄으로써 이루어진다. 이 문제는 호손$^{\text{Nathaniel Hawthorne}}$의 『주홍글씨』와 린 뱅크스$^{\text{Lynne Reid Banks}}$의 『L자 모양 방』의 주제를 형성한다. 각각의 소설에서 사생아를 낳은 여주인공은 그 부담과 책임을 받아들임으로써 조금 더 일반적인 삶을 살았다면 불가능했을 정신적 발달과 성숙을 이룬다. 다른 길을 선택한 여성 또한 자신의 실수의 결과로부터 도망치기 위해서가 아니라 자신의 문제에 아이를 끌어들이지 않겠다는 의식적인 각오로 그 길을 선택했다면, 같은 결과를 얻었을 것이다. 만약 그녀의 동기가 그러했다면, 그녀는 돌이킬 수 없는 도덕적 또는 심리적 상처를 입지 않고 그녀가 의식적으로 감내하는 고통을 통해 인격의 발달을 이룰 수 있을 것이다.

성공적으로 종료된 낙태 수술은 그 경험의 내적 측면의 중요성에 대한 가장 두드러진 예를 제공한다. 외적으로 드러나는 것이 없는 만큼 안에서도 중요한 일이 일어나지 않았을 것이라고 가정할 수도 있다. 그러나 외적 상황을 질병과 같은 단지 불쾌한 필연처럼 넘기더라도, 내적 영향은 그렇게 쉽게 넘기지 못한다. 그 밖에 다른 사소한 수술은 액면 그대로 받아들일 수 있는 경험이고, 고통과 불안, 회복 기간이 지나면 모든 것은 뒷전으로 밀리며 길게 이어지는 내적 흔적을 남기지 않는다. 그러나 임신에 대한 개입은 이러한 방식으로 작용하지 않는다. 거기에는 신체적인 변화 이상의 것이 동반되기 때문이다. 아이를 품고 낳는 것은 생물학적 과제이다. 모성 본능의 뿌리는 여성의 본성의 가장 깊은 층으로 거슬러 올라가 그녀가 전혀 깊이 의식하지 못하는 힘과 접촉하게 만든다. 여성이 임신하면, 그녀가 그것을 알든 모르든 고대의 힘들이 그녀 안에서 동요하고 그녀가 그것들을 무시할 경우, 그녀는 위험에 처한다.

다음에 소개할 이야기는 이러한 모성 본능의 동요를 매우 잘 보여주는 예일 것이다. 이 사례에 나오는 여성은 일을 계속 하고 싶어했기 때문에 피임을 철저히 해왔고 따라서 자신의 임신 사실을 전혀 알지 못했다. 그러나 어느 날 밤 그녀는 아주 의미심장한 꿈을 꾸었는데, 그 꿈은 세 번이나 반복되면서 그것이 매우 중요한 꿈임을 알렸다. 여기에 그녀의 말을 그대로 옮겨 적는다.

"아주 유쾌해 보이는 커다란 어미 코끼리가 있었어요. 그 코끼리는 그녀를 놓치지 않고 따라가려고 애쓰는 아주 작고 어린 소녀와 대조되어, 몸집이 아주 크고 따뜻해 보이는 코끼리였어요. 소녀는 피로 때문인지 아니면 길에 있는 흥밋거리에 신경을 빼앗겨서인지 걸음을 가끔 멈추곤 했어요. 그러면 코끼리도 멀리 떨어지지 않은 지점에서 잠깐 고개를 돌리고(코끼리가 꿈에서만 할 수 있는 방식으로) 웃으며 낙담하지 말고 어서, 어서 따라오라고, 포기하지 말라는 몸짓을 했어요. 그러면 소녀는 힘을 내서 명랑하게 그녀를 다시 따라갔어요. 둘은 함께 굉장히 즐겁게 여행을 했어요. 그 코끼리는 매우 현명했고, 소녀는 매우 어리고 행복해 보였어요.

나는 소녀가 길 위에서 잠시 망설이다가 다시 걷기 시작했을 때 잠에서 깼어요. 그때 나는 추위에 떨면서, 놀랍게도 침대에서 내려와 코끼리를 따라 대륙을 가로지르며 여행을 다녔던 그 작은 소녀처럼 방을 가로지르면서 걷고 있었어요. 이런 일이 두 번이나 있었어요. 그리고 세 번째 꿈에서 그들은 여행을 마쳤어요. 둘은 캘리포니아에 있는 골든 게이트에 도착했고, 코끼리는 지는 해 바로 앞에 있는 작은 섬에 앉았어요. 작은 소녀는 그녀 바로 앞에 서서, 기다리고 있었어요. 해가 빠르게 졌어요. 내 꿈은 여기서 끝나요. 분석가와 작업하면서 코끼리와 나와의 모든 연관성, 특히 인도에서 코끼리가 가지는 종교적인 의미까지 살펴보았어요. 그런데 이런 의문이 생겼어요. 그것들이 나에게 어떤 의미를 가지는가? 어미 코끼리가 나를 데리고 간 이 탐험이나 여행의 목적은 무엇인가? 그것에 대해 나는 어떤 태도를 가져야 하는가?"

꿈에 나온 어린 소녀는 의심의 여지도 없이 꿈꾼 이의 일부이다. 이 "일부"는 코끼리를 따라다니며 여행의 짐을 져야 했다. 그녀는 한참 망설인 후에야 그렇게 할 수 있었고, 실제로 상당한 격려를 필요로 했다. 그녀의 무의식 깊은 곳에서 온 너무 급박한 부름은 그녀로 하여금 침대에서 나와 코끼리를 따라가도록 하였다(그녀에게 몽유병 증상은 없었다). 그녀는 "무슨 탐험을 하기 위해 코끼리가 당신을 부른 것이었을까요?"라는 질문을 받기 전까지 그녀는 자신의 임신 가능성에 대해서 전혀 생각하지 못했지만, 그것은 곧 사실로 밝혀졌다. 그러자 꿈의 의미가 단번에 분명해졌다. 그 커다란 어미 코끼리는 그녀를 모성 경험으로 안내하기 위해 나타났던 것이다. 그녀는 자기 자신을 위해서 세웠던 계획을 잠시 내려놓고, 어미 코끼리를 따라 대륙 끝까지 가서 그녀를 기다리는 고통과 위험을 경험하면서 동쪽에서 새로 뜨는 해와 함께 새로운 삶의 국면으로 들어가야 했다.

 이 굉장히 의미심장한 꿈은 꿈꾼 이에게 깊은 영향을 주었다. 그 꿈을 꾸기 전까지 그녀는 어린아이처럼 살았지만(길에 있는 모든 흥미로운 사물에 관심을 보이는 작은 소녀의 모습에서 그와 같은 태도를 엿볼 수 있다), 아는 것이 전혀 없는 임신은 어느새 그녀에게 다가왔다. 삶이 그녀에게 책임감 있는 일, 어쩌면 사람에게 주어질 수 있는 가장 책임감 있는 과제, 즉 새 생명을 세상으로 불러들이는 일을 맡을 것을 요구했다. 그녀의 안에 있는 태모(太母)가 그녀에게 이제 어린아이에서 벗어나 그녀에게 주어진 과제를 이행하도록 한 것이다.

 여성이 모성 경험을 하나의 과제로 인식하는 의식의 단계에 도달하는 순간, 개인적인 호불호(好不好)를 초월하는 어떤 것이 그녀의 삶으로 들어오고, 여성은 어머니의 기능을 통해 의식적으로 자신을 실현하는 자유를 얻는다.

 여기서 하나의 과제로서 모성의 중요성을 묻기 위해 잠시 멈추는 것이 좋을지도 모른다. 생물학적 수준에서 볼 때 종의 번식은 모든 생명체에게 있는 공통적인 기능이다. 그것은 음식과 주거 마련이라는 과제와 더불어 인간 수준 이하의 모든 종에게 그들의 거의 모든 에너지를 요구하는 작업으로 인도하고, 인간 또한 이 두 가지 작업에 그들의 가용 에너지 대부분을 소진한다. 하지만 물리적인 세계에 대한 통제력이 증가함에 따라 번식이라는 과제는 그 중요성이 점점 줄어들었다. 인구수를 적절하게 유지하기 위해 여성들이 아이를 많이 낳아야 할 필요성이 없어진 것이다.

출산의 사회적 의미 또한 상당히 축소되었다. 그럼에도 불구하고 출산은 생물학적 본능의 실현이라는 의미를 떠나도 결코 적지 않은 의미를 가진다. 어떤 의미에서 아이는 그녀와 그녀의 남편을 완성하는 존재다. 어떤 종류의 불멸이 아이에게 담긴다. 그는 말하자면 부모의 삶을 영속적으로 잇고 그들의 살아있는 분신인 것이다. 그렇기 때문에 많은 사람들에게 가정을 꾸린다는 것은 굉장히 중요한 일이다. 더 주관적인 다른 차원에서 봤을 때 어머니 자신이 모성 경험을 통해서 재창조되고 그녀가 낳은 아이의 몸에서 상징적 불멸성을 얻게 된다. 이러한 이유로 가정을 꾸리는 것은 많은 사람에게 매우 중요한 일이다. 또 다른, 보다 주관적인 전망에서 어머니 자신이 출산 경험을 통해 재생산되고 그녀가 낳는 물리적인 아이가 그녀에게 자신의 본성을 완수한 행위를 통해 다시 창조된 새로운 자아의 상징이 될 수 있다는 점에서 상징적 불멸을 얻는다. 그래서 위에서 인용한 꿈에서, 바닷속에서의 밤의 여행을 위해 해가 지는 것은 동쪽에서 떠오르는 내면의 아이, 새로운 태양의 영웅을 탄생시키는 결과를 낳을지도 모른다. 이렇게 해석할 때, 그 꿈은 이 여성의 개인적 차원에서의 영웅 탄생 신화, 즉 임신과 출산의 경험을 통해서 재창조되는 여성의 재탄생을 그린다.

많은 여성들은 출산 경험에서 자신이 완전히 의식하는 것보다 더 많은 일이 일어난다는 것을 어렴풋이 느낀다. 그녀는 출산의 의의가 실제 육체를 가진 아이의 생산보다 더 깊은 것을 직관적으로 알고 있다. 아기는 그녀가 설명할 수 있는 것보다 훨씬 더 중요한 존재다. 아이에 대한 그녀의 사랑에는 더 깊고 주관적인 의미에 속하는 감정이 담겨 있는데, 그것은 아이가 생명의 갱신, 즉 불멸과 재창조의 약속을 상징하기 때문이다. 육체적 아이는 어머니에게 또 다른 자기, 비개인적 "대상" 자기이다. 출산 경험에서 태어난 영적 아이는 어머니의 개인적 자아가 다시 태어나는 것이 아니라 융이 자기^{Self}라고 부른 비개인적인 정신의 새로운 중심이다.

여성이 임신했을 때 생물학적으로나 정동적으로나 그녀의 관심은 그녀 안에서 일어나는 새롭고 중요한 창조적 과정에 집중할 것을 요구받는다. 그녀는 자기 안으로 철수한다. 삶은 그녀에게 그녀의 몸, 거의 그녀의 실체를 아이에게 넘겨줄 것을 요구한다. 그녀는 더 이상 남편과의 생활에 자신을 완전히 내줄 수 없다. 남편은 그녀의 관심이 줄어든 것을 느끼고 거기에 섭섭함을 느낄 수도 있다. 그녀의 관심을 그들의 공통 관심사로 되돌리려는 그의 노력이 별다른 성과를 내지 못하게 되면 이번에는 그가 자기 안으로 들어갈지도 모른다. 아니면 그가 조금 더 이해심이 많은 사람이라면, 아내의 태내에 있는 아이를 그의 어머니가 그를 소중하게 여기는만큼 소중하게 여기지는 못하지만, 그것이 아이의 요구로부터 비롯된 것임을 깨닫고 그의 관심과 에너지를 그들의 결혼의 결실인 창조 작업에 쏟을 수도 있다.

게다가 그에게 더 어려운 것은 아내의 개인적인 요구나 이기적인 요구와 임신에 따른 정당한 요구를 구별하는 것이다. 사실 여성 스스로도 그것을 제대로 구별하지 못할 위험성이 상당히 크다. 그녀는 어쩌면 무의식적으로 자신이 경험하는 불편을 과장하여 남편이 **어머니인 그녀—생명의 여사제(女司祭)—**가 아니라 **그냥 그녀 자신**을 돌보고 배려해 줄 것을 요구할지도 모른다. 아니면, 그와 반대로 이기적으로 행동하지 않으려는 마음에서 자신이 느끼는 불편을 과소평가할 수도 있다.

자신이 온전히 아내로 살지 못하는 동안 남편의 사랑을 잃을지도 모른다는 두려움과 자기연민에서 나오는 잘못된 태도는 임신한 여성이 느끼는 고통과 제약을 짐작하는 것이 어려운 남성을 더욱 당황하게 만든다. 그래서 일부 남성은 그들이 상상조차 할 수 없고 본질적으로 절대로 경험할 수 없는 시련이 가져오는 불편을 완전히 무시하기도 한다. 그리고 아마 대다수를 차지하는 다른 남성들은 그 고통을 과대평가하여, 그것이 남성에게 일이 가지는 의의와 마찬가지로 여성의 정신적 안녕을 위해 필요한 삶의 규율이라는 것을 깨닫지 못한다.

만약 이 과정에서 여성이 임신으로 인한 불편과 제약에 크게 얽매이지 않고 생명이 자신을 통해 살아가는 것을 기꺼이 허락한다면, 그녀는 남성으로부터 독립되고 온전한 그녀가 되어 완전히 새로운 의식을 경험할 수 있을 것이다. 그녀는 모든 어머니이자 자손이다. 그녀는 생물학적으로나 정신적으로나 성모 여신의 완전성에 도달하고 순결의 분리^{separateness}를 어느 정도 되찾는다. 고대부터 임신한 여성은 "그녀 안에" 어떤 것, 어떤 개인적인 것을 대표하는 것으로 숭배되어 왔다. 역설적이게도 이러한 개인성의 측면은 그녀가 집단적 역할을 완전히 완수하는 것을 통해서 얻어진다. 임신한 여성은 이제 더 이상 과거의 그녀―개인적인 것의 육화―가 아니다. 그녀는 "어머니들" 가운데 하나이다.

이러한 정신으로 어머니인 상태^{maternity}가 받아들여질 때 여성은 자신의 **개인적인** 분리감을 경험한다. 그녀에게 임신은 심오한 정신적 모험이 된다. 그것을 통해 그녀는 창조적인 어머니와 일체감을 느끼는 동시에 자신의 정체성도 느낀다. 그것은 그녀가 **혼자**―그녀와 그녀 안에 있는 새로운 삶, 새로운 생명, 아직 발화(發話)되지 않았고 무력한, 아직 태어나지 않았지만 그 누구도 부정할 수 없는 아주 긴박하게 명령하는 그 생명이— 떠나야 하는 여정이기 때문이다.

그런 다음 그녀의 시간이 오면 그녀는 새로운 생명을 세상에 가져오는 매개체가 되기 위해 자기 자신을 포기해야 한다. 자유로워질 그 새로운 존재가 그녀의 육체라는 감옥에서 나오기 위해 난폭하게 공격을 가할 때 그녀는 육체의 모든 문을 열어 주어야 한다. 그때 여성은 점차 깊은 곳으로 내려가는 것을 경험해야 한다. 그러면서 그녀를 다른 사람들과 구별 지었던 그녀의 성격, 사회 계급, 인종 등의 모든 특징이 벗겨지고 그녀의 머나먼 여성 조상들처럼 오직 하나의 여성으로서만 드러난다. 그녀는 자신의 가장 근본적 과제를 수행하는 여성적 존재가 되는 것이다.

피상적이고 이기적인 여성에게 그것은 끔찍하고 굴욕적인 시련이고, 본성이 더 심오한 사람들에게는 다른 방법으로는 거의 찾아볼 수 없는 삶의 의의에 대한 지식을 가져다 준다. 이런 이유 때문에 많은 여성은 출산의 고통에도 불구하고 그것을 경험하기를 원한다. 왜냐하면 그 길, 오직 그 길만이 삶의 가장 깊은 의미와 접촉할 수 있는 길이기 때문이다.

그러나 아이의 탄생과 함께 모성성^{motherhood}의 과제가 시작된다. 그것을 제대로 완수하는 데 다년간의 헌신적 봉사가 필요하다. 그것은 너무나 길고 힘든 과제라 여성은 거기에 완전히 몰두하게 된다. 그녀는 그것을 평생의 과업으로 생각하면서 모든 관점의 감각을 잃고 자신의 모든 개성이 어머니 역할에 병합되도록 허용하지만 이것은 실수이다. 왜냐하면 여성의 삶에서 아이를 낳고 기르는 데 주어진 기간은 틀림없이 매우 중요하지만 하나의 단계에 불과하기 때문이다. 그 기간에도 그녀는 어머니일 뿐만 아니라 아내이기도 하다. 만약 그녀가 어머니로서의 기능에만 동일시한다면 그녀는 남편의 권리와 요구를 무시하고 아이들의 성장도 심각하게 방해할 뿐만 아니라 자신의 삶의 균형조차 잃어버리고 만다.

출산과 양육은 단지 20년에서 30년 정도의 긴 기간 동안 지속되는 과제일뿐 끝이 없는 것은 아니다. 그래서 현명한 여성은 그 의무를 이행하는 동안에도 끝을 예상하고 자신의 관심이 아이들로부터 해방되어 다른 분야로 향하게 될 과도기에 대한 계획을 세울 것이다.

자녀에 대한 사랑이 부부 사이에 진정한 유대감을 형성할 수 있지만 젊은 부부일수록 특히 아기를 돌보는 데 있어 어머니의 집착은 둘 사이를 갈라놓을 위험이 있다. 아이와 가장 친밀한 접촉을 위해서는 유아의 개인적 보살핌이 가져다주는 실제 육체적 즐거움, 특히 유아의 젖을 빠는 육체적 행위를 통한 모성애의 자극은 엄마 혼자만의 경험이다. 아이와의 친밀한 접촉, 아이를 돌보는 데서 오는 기쁨, 특히 아이를 품고, 젖을 먹이는 것을 통해 오는 모성적 사랑의 자극은 오직 어머니 혼자 경험하는 것이기 때문이다.

아이가 어머니의 친밀한 사랑을 받는 이유는 그가 어머니에게 전적으로 의존하고, 약하기 때문이다. 이런 전적인 의존성은 역설적이게도 약한 자가 가지는 가장 큰 힘이다. 아이들은 "아기-왕 King Baby!"이 된다. 아이는 어머니의 연민에 호소하면서 독재자가 될 수 있다. 만약 그에게 점진적으로 그의 욕구를 충족시키는 방법을 가르치지 않는다면 그의 약함은 어머니의 짐이 될 것이다. 하지만 어머니는 아이의 약함을 견디면서 자비를 배우기도 한다. 약자는 자비를 모른다. 그는 자신의 약함을 이용해 강자가 지쳐 쓰러질 때까지 그를 도와줄 것을 요구하지만, 강자는 그에게 등을 돌리지도 그를 저버리지도 못한다. 강자의 힘은 그에게 의존하는 이에게 묶인 채 그들을 향한다.

그러나 자녀에게 자신을 너무 오래 묶어둔 어머니는 결국 입장이 뒤바뀌는 것을 발견한다. 약자는 이제 그녀이다. 자녀들이 자라서 그녀를 더 이상 필요로 하지 않게 되어도 그녀는 그들을 보내지 못한다. 만약 그녀가 자녀 안에 있는 부분 외에 자기를 전혀 남기지 않고 그들을 위해 희생했다면 그녀는 본능적으로 그들에게 매달릴 것이고 그들은 자기 방어책으로 자신을 강박적으로 붙잡으려는 손을 떨쳐 버리려고 할 것이다. 이러한 위험에 대한 인식이 어머니가 자녀가 자립하도록 격려하는 데 도움이 될 것이다. 느리거나 서투른 아이를 위해 무엇을 하려는 유혹이 들 때 그에게 스스로 할 수 있는 가능성이 조금이라도 있다면 그녀는 그것을 자제해야 한다. 그가 그 과정에서 어려움을 겪더라도 그가 가진 모든 자원을 사용할 시간을 충분히 주고 난 다음 그에게 도움을 주어도 결코 늦지 않다. 이 규칙은 물리적인 일뿐만 아니라 지적인 일, 정서적인 일에도 똑같이 적용된다. 만약 그들의 관계가 신뢰와 존중을 바탕으로 형성되었더라면 그는 자신이 필요할 때 도움을 요청할 것이다. 그때까지는 실제 현실을 경험하며 배우도록 내버려두는 것이 가장 현명한 처사이다. 이렇게 했을 때 어머니와 아이의 개성 모두 상대방의 영역을 침해하지 않는 자유로운 안목을 가지게 될 것이다.

 물론 아이를 낳고 기르는 첫 몇 해가 가장 바쁘고 정신이 없는 시기이다. 아이들이 어릴 때는 그들의 지속적인 신체적 욕구와 훈련 요구를 충족시켜야 하고, 그들을 보살피느라 쉴 틈이 나지 않는다. 자녀를 사랑하는 어머니는 용맹한 정신으로 이 과제를 수행한다. 그녀의 가장 깊은 바람은 그들에게 가장 좋은 것을 주는 것이다. 그것이 그녀의 이상이며 그녀에게는 거기 부응하겠다는 굳은 결의가 있다. "이것이 어머니의 마음이다!" 그러나 많은 어머니는 자신에게 매일 주어지는 과제를 수행하면서 자신이 이상에 부응하는 삶을 살지 못한다는 사실을 은연 중에 깨닫는다. 자녀와 그들의 요구를 도저히 견딜 수 없을 순간이 생기는 것이다. 그녀는 그러한 감정을 피로나 다른 불편함에서 비롯되었다고 여기고 그것을 인간의 나약함으로 간주하거나 자신의 이기심이나 약함을 책망한다. 그녀는 자신의 인격의 다른 부분을 전혀 생각하지 못하고 자신이 느끼는 감정의 기복을 불가피한 것으로 여기지 못하며 자신이 생각하는 모든 것을 사랑하고 베푸는 이상적인 어머니가 되도록 자신을 몰아붙인다. 이러한 태도는 자녀들을 언제나 받기만 하는 사람으로 만든다. 그들은 모든 것을 받고 취하는 존재가 되는 것이다. 지나치게 방종한 어머니 밑에서 이기적이고 까다로운 아이가 나오며, 그의 무력함은 어머니의 관심과 주의를 더 요구한다. 자신의 모든 관심을 아이에게 쏟는 어머니 밑에서 자라는 아이는 그의 모든 것을 어머니에게 의존하게 되는 것이다. 어머니의 관심이 전적으로 자기에게 집중된 아이는 모든 주도권을 어머니에게 의존한다. "엄마를 위해서 해봐"라는 태도의 문제는 아이의 관심을 그의 바람과 욕망의 충족이 아닌 어머니의 바람과 욕망의 충족이라는 잘못된 방향으로 몰아간다는 데 있다. 이것은 음식을 먹거나 다른 자연적인 기능에 속한 육아 문제에서 종종 나타난다. 건강한 아이는 배가 고프거나 먹는 행위에서 오는 만족감 때문에 음식을 먹거나 먹어야 한다. 그것은 "착해야 한다"거나 먹으라는 말에 따르는 것과는 별개인 독립적인 목표이다. 그런데 만약 그의 식사가 어머니의 주의를 끄는 기회로 작용하게 되면 그의 관심의 초점은 신체적 만족에서 어머니의 주의를 끌면서 얻어지는 정동적 만족으로 전환된다. 이런 거짓된 정동 관계는 종종 교실과 운동장으로 옮겨지고, 우리는 아이가 매 순간 이렇게 말하는 것을 듣는다: "엄마, 내가 한 것을 봐!" "엄마, 내가 만든 것 좀 봐!" 아이들이 이런 식으로 어머니를 부를 때 그녀는 당연히 그들의 헌신과 의존에서 큰 기쁨을 느끼지만 점차 그들에게 삼켜지고, 그들이 그녀 곁을 떠날 때 그녀가 짊어져야 하는 고통을 쌓게 된다. 그녀는 그들의 의존에 의존하게 되어서 그들 없이 어떻게 살아야 할지 전혀 알지 못하게 된다. 오랫동안 그녀를 만나지 못한 그녀의 친구들은 더 이상 곁에 없으며, 그녀가 이전에 했던 활동들도 마찬가지이다. 그녀는 모든 신경을 오직 아이들에게 쏟았던 것이다. 그러나 아이들이 떠나면 그녀에게는 할 일이 아무것도 남지 않는다. 몇 년 동안 그들의 지속적인 요구에 모든 에너지를 소진한 그녀는 새로운 관심사를 찾을 에너지나 주도권이 없다. 자신이 더 이상 "어머니"가 아니게 되었을 때 그녀는 사회질서에서 모든 의미를 상실했음을 깨닫는다.

자녀에 대한 어머니의 태도가 아이가 자신의 삶의 공백을 채워줘야 한다는 무의식적 동기에서 벗어나지 않는 한 이러한 결과를 피할 수 없다. 아이의 지나친 방종은 그녀에 의해 억압된 그의 관심을 숨기려는 가면에 불과한 것인지도 모른다. 왜냐하면 어머니가 자녀에게 바라는 것이 그가 아니면 공허하고 아무 목적 없는 그녀의 삶에 의미를 주는 것이라면, 그녀는 그에게 큰 짐을 지우고 그가 충족시키기 어려운 요구를 하는 것이기 때문이다. 어머니의 이러한 태도는 아이를 실제로 삼키는데, 이것은 결코 드문 일이 아니다. 이것이 가장 노골적으로 드러나는 것이 아마 입양된 아이들의 경우로, 이때 부모는 아이에게 더 공개적으로 감사를 요구하고 그것은 정당한 것처럼 보인다. 친자식일 경우 부모에게 그 출생의 책임이 있기 때문이다. 하지만 이 경우에서조차 부모가 사랑을 빙자하여 자녀들에게 평생 헌신과 봉사를 요구하는 것은 심리적 노예가 될 것을 요구하는 것을 의미한다. 어머니의 태도는 이중적이다. 어머니는 아이들을 사랑하고 아이들을 위해 큰 희생을 치르지만, 아이들이 그녀의 삶을 채우기를 기대한다면 그녀의 사랑은 자기애에서 나온 가식(假飾)이며 겉으로 드러난 친절은 잔인함 그 자체이다.

만약 어머니가 반대의 길을 택해 자녀가 그녀의 삶을 채울 것을 기대하지 않는다면 모성애에 쏟아질 수 없는 관심의 부분은 다른 곳에서 만족을 구해야 한다. 그녀는 자녀를 사랑하고 그들의 복지(福祉)를 위해 노력하지만 자신에게는 그들과 별개의 자기만의 삶이 있고, 거기에는 남편에 대한 사랑, 친구에 대한 욕구, 자신에 대한 관심이 들어있다. 이와 같이 자기 자신을 위한 시간과 관심을 추구하는 것은 타당하고 또 필요하다. 만약 그녀가 어머니의 역할에 자신을 동일시하고 자녀의 요구에 전적으로 희생해야 한다고 생각한다면, 그녀는 머지않아 그들의 요구를 원망하고 그들에 대한 상반된 충동에 의해 분열될 것이다. 만일 그녀가 그런 원망을 억압하지 않고 그 원인을 깨닫는다면 그녀는 문제의 해결책을 찾을 수 있을 것이다. 여성이 자기 자신을 잃지 않으려면 자녀가 어릴 때에도 균형 감각을 잃지 말아야 한다. 그렇게 하지 않으면 그들의 요구는 점점 더 까다로워질 것이다. 기계 취급을 받는 것보다는 가끔 그들의 기대에 완벽히 부응하는 것에 실패하는 것이 나으며 그것은 자녀의 삶을 위해서도 더 나은 일이다. 자녀의 입장에서도 그들이 아무리 물리적으로 완벽한 돌봄을 받았더라도 그들의 어머니가 자신의 삶을 깊이 성취한 여성이 아니면 그것도 결국 아무 소용도 없는 일이기 때문이다.

어머니가 자기 자신의 삶을 위한 시간과 기회를 가질 필요가 있다는 사실을 강조하지만 나는 아이에 대한 관심이 항상 뒷전으로 밀려나도 된다는 인상을 주고 싶지는 않다. 출산과 양육은 심각하고 힘든 과업이며, 그것을 위해 개인적 희생을 할 각오가 되어 있지 않은 사람은 그것을 시도하려 해서는 안 된다. 그러나 가족에서 각 구성원의 개성은 아이는 물론 어머니의 개성을 충분히 고려해야 한다.

  이것을 위해 처음부터 아이에게 혼자 있는 훈련을 시키는 것도 가능하다. 어린아이는 지속적인 감독 없이 행복하고 안전하게 즐기는 법을 곧장 배운다. 아주 어린아이조차 하루 중 잠깐 동안 혼자 지낼 수 있으며 그 경험은 그에게 유용할 수 있다. 현대인의 생활과 현대 교육 방식에 내재된 과잉자극의 경향은 혼자 있는 경험으로 균형 맞출 수 있으며, 아이는 그것을 통해 진취성과 자립심을 기를 기회를 얻는다. 이것은 어머니에게도 구원이 될 것이다. 그녀는 잠시 동안 자신의 생각을 방해받지 않고 자신의 일을 하거나 성인으로서의 관심사에 주의를 기울일 수 있을 것이다. 이런 것들은 아이들이 계속 그녀 곁에 있으면 가능하지 않은 일이다.

  어머니는 아이들이 영유아기 동안 그녀처럼 아기의 욕구에 전적으로 관심을 쏟을 필요가 없는 사람들이 가지는 관심사에 전혀 접촉하지 못할 위험이 크다. 어머니의 삶의 많은 시간은 아이들에 대한 걱정과 관심으로 채워지는 것이다. 다른 상황이었다면 그 시기는 그녀가 지적으로 가장 활동적일 시기다. 사회에 진출한 그녀의 자매들은 그 나이에 종교, 사회, 지적 문제 등 오늘날의 모든 문제에 대해 고심한다. 어린아이를 둔 어머니는 그러한 주제에 관심을 가질 시간이 없기 때문에 세상 일에 대해서 올바른 판단을 할 수 없는 자신의 무능함을 두고 자신이 아이처럼 되었다고 변명한다. "여성이 결혼하는 것은 재미있는 동료를 잃는 것과 같다"는 젊은 대학 졸업생의 신랄한 말에는 불쾌한 진실이 담겨 있다. 젊은 어머니들이 어린아이들하고만 접촉하는 것은 그녀의 지적 발달만 방해하지 않고 훨씬 더 광범위하고 장기적으로 파괴적인 결과를 초래한다. 성인의 세계에 사는 여성은 관계의 문제, 즉 성인의 정동과 개입에 직면할 수밖에 없다. 그러나 어린아이에게만 관심을 쏟는 여성은 그녀의 정동적 반응이나 관계에 있어서 어린아이 상태로 남아 있을 수밖에 없다. 삶의 이면을 수행하고 발전시키는 주요 책임은 여성에게 있기 때문에 이것은 특히 더 불행한 일이다. 아이에 대한 그녀의 모성적 태도 자체가 성인의 적응이지만 그것이 오로지 본능적인 태도로 남는 한, 어떠한 정신적 발달도 기대할 수 없다. 아이에 대한 어머니의 본능적인 태도가 의식에서 충분히 생각한 다음에 이루어지는 것이라면, 그리고 그녀의 정신의 다른 부분들을 등한시하는 것이 아니라면 그것은 그녀의 인격 발달에 크게 기여할 수 있을 것이다.

끝나지 않는 의무의 긴급성 때문에 헌신적인 어머니가 적어도 몇 년 동안은 자신의 다른 문화적 관심사를 희생하고 있다는 것을 뻔히 알면서도 그렇게밖에 할 수 없다는 사실은 인정되어야 한다. 그럼에도 불구하고 그녀가 그 과제의 내적 가치를 인식한다면 성장이 중지되지는 않을 것이다. 만약 그녀가 자신의 자유 의지로 자신에 대한 사랑이나 그녀의 길을 깊이 받아들이는 정신으로 그 일(자녀를 돌보는)을 하면, 그녀는 자녀가 집을 떠난 뒤에도 무력하고 공허한 채 남지 않을 것이고 그들에게 강박적으로 정동적 보상을 요구하지도 않을 것이다. 만약 그녀가 본능적인 모성을 자기 안에서 되찾는다면 그녀의 보상은 그것이 가져오는 성장과 발전을 통해서 올 것이다. 이때 그녀를 해방하는 힘은 아이를 낳아 키우는 경험에서 오는 것이 아니라 그녀 자신의 모성 경험에서 온다.

이러한 모성적 경험을 이해하기 위해 모성 감정의 본질과 그것을 다른 본능적 정동과 구별하는 본질적인 요소가 무엇인지를 살펴볼 필요가 있다. 생명의 보존에 대한 욕망은 어머니의 사랑의 두드러진 특성이다. 어머니의 과제는 아이가 어떻든 간에 그를 돌보고 키우는 것이다. 그녀는 자기에게 주어진 재료를 가지고 가장 좋은 것을 만들어내야 한다. 남성은 다른 모든 활동 영역에서 그에게 주어진 재료를 마음대로 바꿀 수 있다. 재료가 마음에 들지 않으면 작업을 반쯤 마쳤어도 그것을 버릴 수 있다. 그러나 아이는 이와 달라서, 아무리 신체적으로나 정신적으로 문제가 있어도 도중에 버릴 수 없다. 어머니가 더 나은 것을 선택하겠다고 자기 아이를 버릴 수는 없는 것이다. 그녀는 아이를 지켜야 하며, 최선을 다해 오래도록 아이를 데리고 살아야 한다. 거기에는 원대한 단련이 뒤따르는데, 어머니는 그에 대한 보상으로 인격이 발달하게 된다.

그러나 많은 자녀에 대한 여성의 사랑의 수준은 거의 동물과 같아서 아이나 사람에 대한 사랑이라고 부르기 어려운 경우가 많다. 그런 어머니에게 자녀는 아직 깨지지 않은 자신과의 유대감 때문에 그녀로부터 부분적으로 분리된, 그녀가 열정적으로 사랑하는 자신의 작은 부분을 상징한다. 나는 몇 년 전에 갓난아기를 잃은 시골 여성을 본 적이 있다. 내가 찾아갔을 때 그녀는 불 앞에 앉아 퉁퉁 부은 젖가슴을 끌어안고 몸을 앞뒤로 흔들고 있었다. 눈물이 그녀의 뺨을 타고 흘러내리고 있었고 비탄과 슬픔에 신음을 흘리던 그녀의 의식은 정동적 고통과 육체적 고통으로 가득 차 있었다. 내가 그녀 쪽으로 몸을 기울였을 때 그녀는 "아, 우리 아기만 여기 있다면 내 젖을 빨 수 있고 그러면 내가 조금 편해질 텐데." 여기에는 다음 아기가 태어나 그녀의 텅 빈 팔을 채워줄 때까지는 "자신의 아이를 위해 울지만, 위로받지 못하는" 원시적인 어머니가 있다.

유아기 동안 어머니와 아이는 두 사람 모두에게 커다란 폭력이 가해지지 않는 한 결코 깨지지 않는 자연스러운 하나의 단위를 이룬다. 그러나 시간이 지나면서 이 하나됨은 적어도 신체적인 측면에서 점차 해체된다. 그와 동시에 아이는 정동적으로나 정신적인 분리를 스스로 쟁취해야 한다. 그러나 독립이 성공적으로 이루어지려면 어머니도 그 과제를 함께 나누어야 한다. 그만큼 어려운 과제이다. 불행하게도, 그들 사이의 결합은 아이의 신체적인 성장과 발달에 의해 감소되는 대신, 그것의 존재에 대한 의식적인 증거가 부족하기 때문에 그저 시야에서 멀어진다. 이런 식으로 그것은 더 미묘하고, 그래서 더 위험한 형태를 띠며, 영원한 동일시로 발전하기도 한다.

동일시와 진정한 사랑의 차이가 확연하게 드러나는 사례도 있지만, 그 요소들이 풀 수 없을 만큼 뒤엉켜 있는 사례 또한 있다. 그러한 경우 어머니보다 소위 자녀에 대한 사랑의 본질을 알지 못하는 사람도 없을 것이다. 예를 들어, 언젠가 네 살 된 아이의 어머니가 나에게 이런 말을 한 적이 있다. "우리 아들은 위대한 정치가가 될 거에요." 그때 사람들은 그렇게 무거운 짐이 지워진 그 불쌍한 어린아이를 동정할 것이다. 아마 그는 별다른 재능이 없이 자랄 것이고, 정치보다는 기계학이나 음악으로 눈을 돌릴지도 모른다. 그러나 어머니의 야망과 실현되지 못한 잠재력은—그 여성은 사회적으로, 지적으로 능력 있는 여성이었다—그 아이를 옭아 맸을 것이다. 그래서 그 아이는 어머니가 남자였다면 선택했을 삶을 살도록 조련(調練)될 것이다. 그녀는 자신이 부당한 일을 하고 있다는 것, 아이에게 자신의 삶을 살도록 그를 자유롭게 내버려두는 것이 아니라, 그녀 자신이 살고 싶어했던 삶을 살도록 유도하면서 미묘한 압력을 가하고 있다는 사실을 전혀 생각하지 못했..

이러한 종류의 동일시는 굉장히 흔하게 일어난다. 그것은 아이가 어릴 때는 가려질 수 있지만 그 아이가 청소년기에 들어서면 점점 더 확연하게 드러난다. 그때 아이가 그것을 거부하지 못하고 자신의 개성을 주장하지 못하면 못할수록 점점 더 해로운 것이 된다. 아이의 문제는 그가 아직 자기 자신을 찾지 못하는 데 있다.

그가 예외적으로 중심이 잘 잡힌 사람이 아닌 이상 그의 진정한 성향과 능력은 젊음이라는 모호함 속에 묻혀 있기 쉽다. 그래서 어머니의 욕망에서 비롯된 압력이 그에게 자신의 욕망을 발견하는 것을 방해하거나 그것을 포기하게 한다. 그는 그의 타고난 성향에 맞지 않은 다른 역할에 자신을 맞추려다가 나중에 그가 처한 상황의 실체를 깨닫고 좌절할 수도 있다. 또 다른 경우, 어머니가 딸에게 바랐던 것이 사실은 어머니의 야망의 실현일 수도 있다. 예를 들어, 그녀는 딸의 의사를 전혀 고려하지 않고 딸이 "사회적으로 성공"하거나 "좋은 집안에 시집가기를 원한다." 그런데 그 딸은 어쩌면 기질적으로 사회생활에 적합하지 않을 수도 있고 진정으로 지적인 삶을 갈망할 수도 있으며 돈이 많은 남성과 사랑에 빠지는 대신 가난한 남성을 사랑할 수도 있을 것이다. 그러나 어머니와의 동일시가 불길하게 그녀에게 걸려 있어 그녀는 어떤 식으로든 목이 졸린다. 한편으로 그녀가 만약 자신의 욕망을 포기한다면 무력감에 빠지고 원망으로 가득 차게 되고, 다른 한편으로 만약 어머니와의 무의식적 결속을 지켜 나간다면 자신의 삶을 살지 못하고 있다는 죄책감 때문에 신경증으로 고통을 받을 수도 있다.

딸에게 이런 식으로 자신의 야망을 묶어 둔 어머니는 딸에게 굉장히 많은 애정을 쏟으며 만약 딸이 그녀를 부정한다면 범죄를 저지르는 것처럼 느끼도록 만들기도 하고 또 다른 경우 그녀의 모든 정성에도 불구하고 딸이 냉담한 태도를 보이며 시큰둥하게 대하거나 저항하는 것을 보며 당혹감을 느끼기도 한다. 이때 그녀는 더 많은 애정을 표현하고 둘 사이에 화목한 분위기를 만들기 위해 노력을 거듭하지만, 아무 결과를 얻지 못한다. 그녀는 딸의 어려움에 대해 아무것도 이해하지 못하고 자신의 "사랑"에 무의식적인 권력적 태도가 숨어 있는 것을 알지 못한다. 그녀는 자신이 딸에게 한 개인으로서 자기 자신을 찾을 것을 버리고, 어머니의 부속물로 남을 것을 요구한다는 사실을 깨닫지 못하는 것이다. 딸의 냉담함은 어머니의 겉으로 드러나는 애정에 대한 반응이 아니라 어머니의 무의식적 소유욕에 대한 반응이다. 하지만 어머니가 자신의 동기에 대해 자각하지 못하는 만큼, 당연히 딸의 냉담함을 이해할 단서를 얻지 못한다. 이런 사례는 딸의 관점에서 설명했을 때 명확해지는 경우가 많다.

정동과 감정이 가엾을 정도로 억압된 많은 젊은 여성이 나에게 어머니의 과도한 애정 표현이 무섭기만 했고 어머니가 딸이 뒤로 물러서면 물러설수록 더 눈에 띄게 애정을 표현했다는 말을 하였다. 추가 질문을 통해 다음 사실이 더 명확해졌다. 어쩌면 그 어머니는 자기도 모르게 자신의 이상을 함축한 "나의 딸"을 사랑한다면서 자신의 무의식적인 자기-탐색이 딸에게 그녀의 개성을 희생하고 어머니가 원하는 대로 살 것을 강요하는 부당한 요구를 한다는 사실을 깨닫지 못했던 것이다. 그 결과 딸은 자신의 실제 모습과 어머니가 자신에게 품은 이미지가 전혀 다르다는 것을 느끼고 무의식적으로 어머니의 사랑 뒤에 숨은 터무니없는 소유욕까지 감지하면서 거북이처럼 그녀의 껍데기 속으로 들어갔다. 그것이 그녀가 어머니의 정동 표현에 맞서는 유일한 방법이었다. 그녀는 그녀가 만약 어머니의 사랑을 받아들인다면 자신 역시 그렇게 교묘하게 제시되는 요구에 응답해야 하는 것을 두려워했던 것이다. 그것은 그녀의 영혼 자체를 대가로 바치는 것이었기 때문이다.

자녀를 있는 그대로 받아들이고 그에게 최선을 다하는 진정한 모성적 감정은 똑같이 모성애라는 가면을 쓰고 있는 어머니-아이의 동일시와는 확연히 대조된다. 절제된 모성 감정을 실현시키는 성숙한 여성은 자녀의 능력을 가늠하고 그것을 발달시키며 그가 충분히 성장할 기회를 제공한다. 자녀가 부모와 다르면 다를수록 그는 자유롭게 자신의 적성을 개발하고 자신의 한계 안에서 최대한 성장할 수 있도록 더 많이 보살펴야 한다.

  자녀의 능력이 부모의 기대에 미치지 못하면 부모는 심각한 문제에 부딪치게 된다: 그들은 과연 자녀에게 어떤 태도를 취해야 하는가? 이와 같은 상황을 다른 방식으로 풀었던 두 가지 사례가 떠오른다. 교양 있고 지적인 가정에서 아들이 지능을 제외한 모든 것을 가지고 있었던 사례들이다. 첫 번째 가정의 아들은 나이가 들수록 훈련 받지 않은 관찰자들조차 지능에 확실한 장애가 있는 것을 알 수 있을 정도로 문제가 확연했다. 그러나 야심만만하고 사회에서 성공한 그의 아버지는 욕망에 눈이 멀어 자신의 아들을 있는 그대로, 즉 여섯 살 아이의 지능을 가진 소년으로 보지 못했다. 소년이 자라면서 그의 아버지는 계속 비싼 가정교사를 고용했고, 아들이 명문 대학교에 진학해야 한다고 고집을 부렸다. 아버지의 그러한 태도가 아들의 어려움에 어느 정도 기여했을지 정확히 따질 수는 없지만 그의 정동에 확실히 영향을 끼쳤을 것이다. 아버지의 맹목성 때문에 아들은 그에게 주어지는 교육의 혜택도 받지 못했고 그에게 실제로 도움을 주었을 훈련도 전혀 받지 못하면서 완전히 잘못된 환경에서 자랐다. 그런데도 그의 아버지는 자신이 아들을 사랑하고 있다고 믿었다.

  이와 현저한 대조를 이루던 것이 두 번째 가정으로, 지적인 관심사를 가졌던 지적인 부모에게 입양된 소년의 경우였다. 그의 양부모는 당연히 아이가 그들과 같은 관심사를 가질 것을 원했지만 그는 공부를 썩 잘 하지 못했고 관념보다 사물에 더 관심을 보였다. 그의 적성을 인식한 부모는 그에게 좋은 성적을 요구하는 대신 그의 교육 과정에 손재능 작업을 포함시키고 결국 그에게 목수 훈련까지 시켰다.

첫 번째 사례에서 부모는 아이와 동일시하여 그가 그들이 바라던 것과 다를 수도 있다는 생각을 결코 하지 못했다. 그들을 그를 있는 그대로—그들의 피와 살로서—사랑하지 못했고 그가 그들이 설계하고 기대한 모습으로 사랑하였다. 두 번째 사례의 양부모는 더 진정한 부모의 감정을 보여주었다. 그들은 아들과 일정한 거리를 유지하고 심리적 동일시에서 벗어날 수 있었다. 그들은 또한 그가 어떤 사람이었는지 어떤 사람이 되어야 하는지와 상관없이 소년을 있는 그대로 사랑하였다. 그들은 첫 번째 사례의 부모와 달리 아이가 그들에게 맞추도록 시도하지도 않았다. 오히려 그들은 소년의 본성이 무엇인지 관찰하고 그들의 바람과 야망을 현실에 맞추고, 아이가 타고난 본성을 발달시키려고 하였다.

이렇게 행동할 수 있기 위해서는 높은 수준의 훈련이 필요하다. 그것은 동물의 본능적인 모성 감정이나 원시적인 어머니의 본능적 감정이 아니라 구속된^{redeemed} 모성적 사랑이다. 원시적인 환경 아래 있을 때 자연적인 모성적 본능은 그것이 목적하는 바를 이루는데 적합하지만, 그 환경적 조건이 사라졌을 때 본래적인 형태는 삶의 욕구나 시류 어느 것에도 이상적으로 맞지 않게 된다. 그때 그것이 가진 모든 것을 포용하는 성격은 오히려 심각한 위협이 된다.

여성의 자아는 자신의 야망과 권력, 위신에 대한 욕망의 충족을 위해 자신의 자녀에게 손을 내밀고 그를 붙잡을 수 있다. 이때 자녀는 자녀대로 의식이 깨어나고 자아 단계로 발달한다. 그러면 처음에는 서로의 본능적인 사랑을 바탕으로 이루어졌던 부모와 자녀 사이의 결속은 권력 투쟁으로 바뀐다. 이러한 상황은 엄마와 아이 모두의 의식이 더 발달해야 해결될 수 있다. 이러한 잘못된 관계가 발생하지 않도록 정신적 발달이 가능한 한 빨리 이루어져야 하는 것이 확실하다. 이것은 어머니가 그것을 시작해야 한다는 것을 의미한다. 아이가 그의 유아적 의존성에서 벗어남에 따라 어머니는 아이와의 무의식적 동일시와 거기서 비롯된 아이에 대한 지배에서 벗어나야 하고, 그러기 위해 아이를 심리적으로 놓을 수 있어야 한다. 그러면 청소년기의 특징인 권력 투쟁에서 폭력이 크게 줄어들거나 아예 그것을 피할 수도 있다. 그러나 아이의 자유는 쟁취되는 것이기 때문에 전혀 없어지는 것은 아닐 것이다. 만약 어머니가 자녀를 지배하려는 욕망에서 해방된다면 아이는 어머니의 독재가 아닌 자신의 유아성과 싸워야 할 것이다. 그가 자유로워짐에 따라 그들 사이에는 진정한 심리적 관계가 전개되고, 이 관계가 점점 발전하면 서로에 대한 애정도 깊어진다. 해가 거듭될수록 그들 사이의 나이 차이가 점점 무의미해지면서 그들은 예전보다 더 평등한 입장에서 만나게 될 것이고 그들의 관계는 점점 더 만족스럽게 될 것이다.

그러나 어머니가 자신의 사랑 속에 숨어 있는 자기중심적이고 소유적인 경향을 의식하지 못하면 필연적으로 어머니와 자녀 사이에 갈등의 시기가 온다. 젊은 남성과 젊은 여성이 된 소년과 소녀는 더 큰 자유와 그들의 부모뿐만 아니라 그들 자신의 유아성의 속박으로부터도 벗어나기 위해 자연스럽게 손을 뻗는 것이다. 거기에서 엄마와 아이 모두의 약점이 드러나기 쉬운 투쟁이 일어난다. 어머니의 사랑이 아이를 소유하고 자신의 정서적 성취를 찾으려는 욕망을 숨겼다면, 상호간의 자유를 위한 투쟁은 모성의 "다른 면", 즉 융이 "잡아먹는 어머니"라고 부르는 모성적 태도의 "뒷면"에 대한 의존을 드러낼 것이다. 자연에서 어머니의 이러한 측면의 원형은 갓 태어난 자신의 새끼를 잡아먹는 동물에서 볼 수 있고, 오늘날 인간의 삶에서 자신의 아이를 자신의 꼭두각시, 장난감, 독특한 소유물로 여기는 여성에게서 볼 수 있다.[25] 극단적인 경우 이 "잡아먹는 어머니"는 딸의 모든 시간과 에너지를 처분할 권리가 있다고 생각한다. 그녀의 딸은 말 그대로 그녀의 노예이다. 우리는 이런 말을 하는 어머니를 얼마나 자주 보는가. "우리 딸들 중에 한 명은 남편과 나를 돌보기 위해 집에 있어야 해요". 그때 그녀는 딸의 의견은 전혀 묻지 않는다. 또 다른 경우, 어떤 어머니는 딸을 자기 마음대로 결혼시키거나 파혼시키거나, 아니면 경력을 만들어주거나 그것을 깰 권리가 자기에게 있다고 생각한다. 심지어 내가 주목했던 사례처럼 딸의 미덕을 자신의 편의에 맞게 처분하는 것이 그녀의 권리라고 생각하는 경우도 있다. 이러한 모성의 남용은 실제로 일어난다!

그러나 딸의 멍에는 어머니의 겉으로 드러난 지배를 통해서가 아니라 어머니의 직접적인 개입이나 의식적인 의도 없이, 훨씬 더 교묘한 방식으로 이루어지는 경우가 훨씬 더 많다. 딸의 행동을 결정하고 딸이 자신의 삶을 살지 못하게 방해하는 힘은 어머니 본인이 아니라, 그녀의 개인적인 어머니의 이마고^{imago}이다. 딸은 그녀가 무력한 아이였을 때 어머니는 언제나 옳고, 강력한 힘을 가지고 있다는 유아적인 믿음에서 자신을 해방시키지 못하는 것이다.

이 보편적인 상황에서 딸이 직면해야만 하는 그녀 자신만의 문제도 있다.[26] 그녀는 어머니의 이마고로부터 벗어날 수 있는 방법을 찾아야 한다. 여기서 우리는 특별히 그 난제(難題)의 다른 쪽에 초점을 맞추고 있기 때문에 다음과 같은 질문을 해야 한다. 어떻게 해야 어머니는 자신과 자신의 아이의 인간적인 현실을 왜곡하는 이 이마고로부터 벗어날 수 있을까?

  자신이 언제나 옳다는 가정(假定)을 버리지 않은 여성은 자녀에게 항상 심리적으로 어머니의 이미지를 투사하게 만든다. 그녀는 자녀를 언제나 자신의 지도를 필요로 하는 어린아이로만 보면서 어머니-자식의 멍에를 씌운다. 이미 성장한 아들과 딸을 두고 "나에게 그들은 언제나 어린아이이다"라고 말하는 여성은 그들을 자신과 별개의 독립된 개체로 인식하지 못한다. 이런 식으로 그녀는 "태모^{Mother}"의 역할에 빠지고 그 원형의 긍정적인 측면뿐만 아니라 부정적인 측면도 지닌다. 그 둘은 분리될 수 없기 때문이다. 여기서 해방되려면 그녀는 자녀가 아직 의식이 발달하지 않은 유아였을 때 자신은 성인 여성이었기 때문에 선점할 수 있었던 유리한 고지를 기꺼이 포기하고 현재의 현실에 근거해 자녀와 관계를 맺어야 한다. 자신의 과거 행동에 대해 자녀와 대화를 나눌 때 그녀는 그들이 제시하는 의문에 원형적인 입장을 취하면서 "나는 네 어머니이기 때문에 누구보다 잘 알아. 그 이야기는 더 이상 꺼내지마"라고 하지 말고 "당시 나는 그게 최선이라고 판단했어. 나는 나를 위해서 그리고 너를 위해서, 네가 판단을 내리기에는 너무 어렸기 때문에 그렇게 한 거야. 내가 잘못했던 것일지도 몰라. 만약 그렇다면, 기꺼이 내 태도를 바꿀 수 있어"라고 말해야 한다. 이렇게 말하는 그녀는 자신의 진정한 우월성—당시 그녀는 나이나 경험에 있어서 확실히 우위였다—을 주장하지만, "지극히 현명한" 어머니의 이마고 뒤에 숨지 않는다. 이러한 태도는 젊은이가 설 자리를 마련한다. 그는 어떤 결정이 왜 내려지는지, 판단이 어떻게 바뀔 수 있는지를 알게 된다. 그리고 나이가 들면서 그의 어머니가 왜 그러한 결정 내렸는지를 짐작하고 책임감 있는 판단을 내리는 법을 배우면서 어머니가 그를 대신하여 생각하는 것을 그만둘 수 있다.

이러한 행동방침은 더 이상 필요 없어질 때까지는 굳건하게 수행되어야 할 어머니의 지위에 대한 권한과 책임을 포기하는 것을 의미하지 않는다. 아이의 인격을 지배하는 것을 두려워하여 어떠한 훈육의 행사도 두려워하는 현대 이론가들은 작은 문제를 피하려다 큰 화를 초래하기도 한다. 그들은 아이에게 외부 세계의 실재를 중재해주어야 하는 확고한 권위의 기반을 제거하고 그 대신 그의 욕구만 채워주는 특별한 환경을 제공한다. 이러한 변화는 아이를 덜 의존적으로 만드는 것이 아니라 그를 그의 부적응적이고 비사회적인 행동이 용인되는 환경이 아니면 살아갈 수 없게 만든다. 그러나 권위적인 "이것을 하라"와 "그것을 하지 말라"는 명령이 점차 동등하게 권위적인 현실 세계의 명령과 금지로 대체될 때 아이는 독재자 같은 부모보다 훨씬 더 전제적인 방식으로 지배하는 현실의 조건에 즉각적인 충족을 필요로 하는 자신의 개인적인 욕구를 적응시키는 법을 배운다. 그가 이것을 배울 때까지 그는 삶 자체를 위해 따뜻함, 보금자리, 음식을 필요로 한다. 아이가 엄마에게 의존하는 것은 현실이다. 그리고 의존하는 입장은 필연적으로 의존하는 대상의 권위에 대한 복종을 의미한다. 그 권위는 바르게 사용될 수도 있고 바르지 않게 사용될 수도 있지만, 아이가 자립할 수 있을 때까지 책임 지고 그것을 행사하면 바르게 사용되는 것이다. 그러나 부모가 신비하고 영원한 힘을 가지고 있다고 하면서 힘을 행사하면 그것은 잘못 사용되는 것이다.

어머니가 좋은-나쁜$^{good\text{-}bad}$ 모성 본능과의 동일시에서 벗어나는 방법은 오직 그녀의 자녀와 자신의 심리적 분화를 통해서이다. 그녀는 자녀에게 그들의 삶을 살고 그들의 죽음을 맞이할 수 있는 권리를 부여하고, 그들은 그것을 즐길 수도 있고 그것으로 인해 고통받을 수도 있다. 이것은 인간의 천부적(天賦的) 인권이며 그것을 빼앗는 사람은 결코 용서받지 못한다. "나는 당신을 행복하게 해주고, 당신을 고난과 역경으로부터 철저하게 지켜주며 당신의 삶을 편하게 만들어 주고 싶다"고 말하는 것은 끔찍한 태도이다. 그것은 매우 친절한 것처럼 보이지만 실제로는 너무 잔인한 것이다. 그것은 아이에게 신의 역할을 하려는 시도에 지나지 않는다. 간과할 수 없는 어머니-자녀의 문제의 미묘한 측면이 또 하나 있는데, 그것은 어머니의 무의식과 아이 사이의 동일시에 달려 있다. 이것은 항상 존재하고, 사람들이 그들의 삶의 경험으로부터 오는 발달이나 정신분석을 통해 자발적으로 수행될 수 있는 무의식에 대한 작업에 의해 의식화되고 점진적으로 해방될 때까지 지속된다. 어머니의 무의식과의 이러한 동일시 때문에 아이는 어머니와 "신비적 융합" 상태에 있게 된다. 그 결과 어머니의 무의식 속에서 인식되지 않은 삶이 무엇이든지 간에 그것은 모호한 형태로 아이의 정신 속에 존재하게 된다. 이 연결고리에 대한 인식은 여성이 이전보다 더 진지하게 자신의 정신적 발달 문제와 씨름할 수 있는 가장 강력한 동기가 된다. 어머니가 될 때 여성에게는 가장 미묘하고 힘든 종류의 해악으로부터 그녀는 물론 그녀의 아이를 보호할 수 있도록, 자신의 무의식의 문제를 살펴볼 깊은 의무가 부과되기 때문이다.

아이를 출산하는 순간 여성은 더 이상 그녀의 정동적 윤리적 문제를 억압하는 쉬운 길을 선택할 수 없게 된다. 만약 그녀가 혼자일 경우 그것은 오직 그녀에게만 해가 되고, 어쩌면 그녀는 자신에 대한 모든 불편하거나 고통스러운 사실을 의식하지 못한 채 남을 수 있다. 심지어 자녀가 없는 가정일 경우 여성이 자신의 문제와 직면하지 않는 것은 남편과의 관계에서만 심각한 문제를 야기할 될 뿐, 관여되는 사람은 단 둘 뿐이다.

그러나 만약 자녀가 있다면 그녀의 행동은 심각한 결과를 초래한다. 그녀가 자신의 문제를 억압하는 것은 그녀가 혼자일 때처럼 그녀의 정신적 발달에 영향을 미치기도 하지만 문제가 거기서 끝나지는 않는다. 어머니와 아이의 인격의 분리는 의식적으로도 매우 느리게 진행되며, 그들 사이에 있는 무의식적 결합을 깨는 것은 훨씬 더 어려운 일이다. 우리는 매일 동일시에서 비롯된 아이와 부모 사이의 유사성을 보게 된다. 아기나 나이가 더 든 어린아이도 부모의 말과 몸짓을 따라하는 것에서 즐거움을 느낀다. 아이가 본능적으로 행하는 이 모방은 아이가 그의 부모와 동일시하는 데서 비롯된다. 또 아이와 부모 사이의 또 다른 비일상적인 유사성도 관찰할 수 있다. 예를 들어 얼굴 표정이나 잠버릇, 소화 시키는 버릇 같은 것들, 감정 반응이나 지적 취향 같은 것들처럼 의식의 통제를 받지 않는 것들을 들 수 있다.

 이렇게 뿌리 깊게 박혀 있는 동일시는 매우 천천히 깨진다. 무의식 수준에서 보았을 때 부모와 아이 사이에는 그들을 나누는 벽이 없는 것처럼 보인다. 아이는 어머니가 입 밖으로 표현하지 않은 생각을 그것이 마치 자기 안에서 떠오른 생각인 것처럼 반응한다. 아기는 그의 어머니가 두려움을 느낄 때 운다. 아무리 어린 아이도 어머니의 드러나지 않은 정동을 감지하는 것이다. 그보다 좀 더 큰 여자아이가 내게 어머니가 무슨 말을 하거나 행동을 할지 항상 미리 알고, 자신은 거기에 맞춰서 행동했다고 말한 적이 있다. 물론 그녀가 '항상' 미리 알아차렸다고 하는 것은 과장일 것이다. 그러나 분명히 그 아이는 어머니의 의도를 읽을 수 있는 묘한 재능을 가졌을 것이다.

 어머니와 아이의 무의식적 동일시는 이보다 훨씬 더 놀라운 방식으로 드러날 수 있다. 예를 들어 어머니에게 어떤 정동 장애가 있으면 아이에게 공포나, 악몽, 짜증, 소화불량, 천식 또는 기타 다른 설명하기 어려운 신체적 장애나 신경증적 증세를 관찰할 수 있을 것이다. 이것은 부모 사이에 풀리지 않고 무시되는 문제가 존재할 때 발생하며 그 문제의 원인이 완전히 억압되어 있을 때 특히 더 심하게 일어난다. 부모 사이에 풀어지지 않은 정동적 문제가 아이들에게 영향을 미친 사례는 계속 언급되어 왔다. 예를 들어, 나를 찾아온 소녀 가운데 재난이 일어나는 꿈을 되풀이해서 꾼 소녀가 있었다. 그녀는 **그녀의 집이 불타고 있거나 인디언들이 쳐들어 오는데 아버지는 어머니의 반짇고리에 꿰매어져서 가족을 돕지 못하는 꿈을 꾸었다.** 이 꿈은 물론 그 아이가 무의식적으로 부모 사이의 정서적 상황을 감지했다는 것을 의미한다. 다시 말해서 이 꿈은 그녀의 아버지가 아이처럼 그녀의 어머니에게 의존하는 아이, 즉 정신적으로 그녀의 앞치마를 붙들고 있는 아들과 같다는 것을 의미한다.

또 다른 사례에서 여섯 살 된 작은 소녀는 부모가 겪는 어려움에 대해 들은 것은 아무것도 없지만 그들이 헤어지려는 시점에서 다음과 같은 놀라운 꿈을 꾸었다. "**정원에 갔는데, 진홍색 옷을 입은 악마가 공격했다. 그녀가 그로부터 도망치려고 하자, 다른 쪽에서 검은 옷을 입은 수녀들이 위협하였다. 그녀는 막다른 골목에 몰려서 공중으로 뛰어올라서 도망칠 수 있었다.**" 우리는 여기에서 자신의 나이를 뛰어넘는 문제에 봉착한 아이를 볼 수 있다. 악마와 수녀들은 그녀 부모의 해결되지 않은 성적 문제를 분명하게 나타낸다. 이러한 성인 사이의 갈등을 다룰 수 없는 아이는 땅을 떠난다―그 문제들로부터 벗어나기 위해 환상 속으로 뛰어드는 것이다. 그 소녀가 나에게 왔을 때, 그녀는 매일의 삶에서 요구되는 일상적인 행위들조차 할 수 없었고, 그 대신 완벽하게 비현실적인 세계에서 살고 있었다.

아이는 그녀의 어머니와 신비적 융합$^{mystical\ participation}$ 상태에 있고 어머니의 무의식의 병은 아이들의 병이 된다.[27] 그것이 아이에게 해를 끼치지 않도록 하려면 어머니는 자신의 문제들을 의식적으로 받아들이고 그것들과 실제로 싸워야 한다. 그러면 아이는 고통을 받지 않게 된다. 그러나 그녀가 의식화되어야 하는 것을 계속 무의식에 내버려 둔다면 그것은 아이에게 반드시 나쁜 영향을 미친다.

이 무의식적 유대는 너무 가까워서 어머니는 억압으로부터 자신을 반드시 해방시켜야 한다. 그녀는 신체적 수준의 감염에서 자신을 지켜야 하듯 정신적 수준에서도 무의식에서 무시된 것들에 의한 감염에서도 자신을 지켜야 한다. 감기에 걸렸을 때 그녀는 아이를 보호하기 위해 그와 거리를 둔다. 바이러스성 전염병이 돈다면 그녀는 바이러스를 집으로 데려오는 위험을 무릅쓰기 보다 음악회의 티켓을 포기할 것이다. 이와 마찬가지로, 어머니는 자신을 정신적으로 깨끗하게 지킬 필요가 있다. 그녀는 적대적이거나 원망하는 감정을 품는 위험을 무릅쓸 수 없다. 남편과 의견 충돌이 있거나 그들 사이에 문제가 생기더라도 그녀는 아이에게 영향이 가지 않도록 문제를 잘 처리해야 한다. 이와 같은 필요성은 그녀가 "그렇게 야단 법석을 떨 만한 일은 아니야" 라고 속삭이면서 무력하게 있는 대신 남편과의 관계를 정리하는 데 필요한 용기를 모으게 하는 강력한 원동력이 된다.

그때 모성^{maternity} 훈련은 그것이 부과하는 외적 의무에만 한정되지 않는다. 외적 수련은 그 자체로 혹독하다. 아이를 돌보는 데 밤잠을 설치고, 어느 때고 반복해서 그를 목욕시키고, 간호하고, 행동을 수정하고, 아이가 조금이라도 아픈 기색을 보이면 떠오르는 불안, 수년 동안의 지적 생활과 사교 모임의 희생, 길게 이어지는 개인적 욕망의 포기─도 간과할 수 없다. 그런데 자녀가 사춘기에 들어서면 부모에게는 그 이상의 훈련이 부과된다. 아이들은 결국 그들 또래들과 어울릴 수밖에 없기 때문이다. 그들은 부모가 고통스럽게 지켜낸, 그들의 가장 가치 있는 성취로 여기는 태도와 신념들을 버릴 것이다. 그때 부모는 자식들이 그들의 삶을 걸고 실험하고, 위험에 뛰어드는 것을 지켜보아야 하며, 가장 어려운 과목을 배워야 한다―간섭하지 말고, 기다려야 하는 것다.

그러나 이 모든 것 이상으로, 정신적인 영역을 알게 된 여성에게 모성은 그 표면 아래에 도달하고 그녀의 가장 깊은 곳에 숨어 있는 자기 중심성과 이기심을 직접 공격하는 규율을 부과한다. 자녀의 신체적 안녕은 어머니에게 달려 있지만 그녀에게는 아이의 신체에 대한 책임보다 그 깊고 근본적인 책임이 있는 것이다. 어머니가 아이의 영혼을 위험에 빠뜨리지 않으려면 열심히 노력하며 자신의 정신적인 집을 잘 정리해야 한다.

이 문제는 아이에 대한 이타적인 사랑으로 해결될 수 있는 문제가 아니다. 그녀가 자기 자신이나 아이의 개인적 복지를 뛰어넘는 가치에 헌신하기만 하면 어머니-자녀의 관계 속에 있는 이 문제를 해결하는 길을 찾을 수 있을 것이다. 아이가 어머니와의 고착 상태에서 헤매지 않도록 하기 위해서는 그녀 안에서 의식적이고, 성숙한 개인성을 발달시켜야 한다. 이때 그녀의 자녀는 자유롭게 자기 자신을 찾을 수 있게 된다. 그녀는 중국 격언처럼 "손이 가는 대로 가게 하라"고 할 수 있는 것이다. 그녀는 모성 경험을 의식적으로 하나의 과제로 받아들임으로써 정신적 재탄생의 길을 찾을 수 있을 것이다. 그때 어쩌면 부모는 아이를 통해 영원히 살 것이라는 오래된 믿음을 정당화할 수 있을 것이다.

제7장
잘못된 길에서 벗어나

　우정과 결혼에 대한 질문에 국한시킨다면 오늘날 여성의 정동적 삶에 대한 논의는 완전하지 않을 것이다. 인류만큼 오래된 사랑과 연인의 문제는 지배적인 문화와 심리적 강조점과 이해의 변화에 따라 세대별로 각각 새롭고 다른 방식으로 나타난다. 성적인 사랑과 표현의 문제에 대한 사회와 태도의 변화의 결과로, 오늘날의 남성과 여성은 과거 사회적인 판결과 관습에 지배당했던 시절보다 더 직접적이고 의식적인 방식은 특정한 개인적인 문제와 직면할 것을 강요받는다.

　모든 시대에서 개인은 그가 사는 시대의 꼭두각시, 때로는 아예 그 시대의 희생자가 되는 경향이 있다. 인간의 문제는 시대를 거쳐 기본적으로 동일하게 유지되지만 그 형태와 양식(樣式)이 변한다. 순환이 아닌 나선형의 느린 리듬의 움직임이 발생한다. "현재"$^{present\ day}$를 나타내는 점은 원 주위를 이동하지만 진화 과정에서 의식의 한 단계에서 다른 단계로 넘어가면서 선(겉으로 보기에 직선 같지만 큰 원의 호에 불과할 수 있는 것)을 따라 "진전"^{progress}한다. 따라서 두 가지 움직임이 구별된다: 첫 번째는 원시적인 양식에서 고대를 거쳐 현대인으로의 인간 의식의 진화이다. 두 번째는 십 년을 주기로 하는 비교적 빠른 유행fashion의 변화이다. 첫 번째는 길고 느린 움직임이다. 각 세대에서 이동점moving point은 정지한 것처럼 보이는데 그 이유는 각 세대의 수명 기간 동안에 일어난 변화가 미미했기 때문이다. 이와 비교했을 때 두 번째 움직임은 속도가 빠른 편인데, 그 "주기"가 천 년 단위가 아닌 십 년 단위이기 때문이다. 한 세대에서 이러한 후자의 움직임에서 오는 변화는 보통 미미하지만 나이 든 사람들이 "젊은 사람들의 행동 방식"을 개탄하거나 "세상이 어떻게 되려고 그러는 건지" 하고 불평하게 만들기에는 충분하다. 그러나 때때로 문화의 형태는 갑자기, 하룻밤 사이에 혁명적인 폭력성을 띠며 변한다. 그리고 한 세대가 이어지는 동안 이상한 현상이 관찰된다. 부모와 조부모가 가장 신성시 했던 가치들이 수정되지 않고 완전히 전복되는 것이다. 선배들이 소중히 했던 것이 아이들에게는 저주가 된 것이다. 그러한 혁명적인 변화는 우리 시대에 도덕적이고 성적인 기준에서 일어났다.

　개방적인 사고를 가진 한 어머니는 최근 딸에게 난잡한 "애무"에 빠지지 않기를 바라는 마음을 표현했고 이에 소녀는 이렇게 대답했다: "엄마, 우리는 우리 세대가 어떻게 생각하는지에만 관심이 있지, 엄마 세대가 어떻게 생각하는지는 전혀 관심 없어요." 열다섯 살 소녀의 입에서 나온 이 독립 선언은 특별하다. 그녀와 그녀의 친구들은 마치 그들 조상들의 입장과 단절되었다고 느끼는 것처럼, 종(種)의 문화적 연속성과도 완벽하게 단절된 것을 의식적으로 인식하고 있는 것 같다. 유럽에서 온 이민자들 역시 이와 비슷한 단절을 겪고 있는데, 이것은 이민자들이 미국화 과정에서 겪는 가장 기본적인 문제 가운데 하나이다. 그러나 그들이 아무리 큰 문제를 겪는다고 해도 현대 젊은이들이 겪는 문제와 비교할 수는 없다. 왜냐하면 오늘날 젊은이들은 전(全) 세대가 성행위를 지배하는 문화적 형식과 관습의 혁명적인 변화 아래 있기 때문이다.

자기 세대의 의견에만 귀를 기울인다고 주장하는 젊은이들은 그들 안에서 의식적이거나 지적 관점의 변화에 의해서 그들의 조상들이 취했던 태도가 완전히 파괴되거나 해결되지 않는다는 사실을 깨닫지 못하고 있다. 새롭게 형성된 생각과 이상이 의식의 장(場)에 자리 잡을 때 폐기된 태도는 무의식 속으로 가라앉으면서 어느 누구도 피할 수 없는 영향력을 행사한다. 현대적인 관점은 과거의 태도를 동화시키면서 얻어지는 개인적인 성취 같은 것이 아니라 오히려 집단적 관점의 변화, 갑작스러운 전환에서 얻어지는 결과적인 변화에 의해 얻어진다. 그래서 이전에는 높이 평가되었던 것이 이제는 별 것이 아니게 된다. 전통적인 "양식"은 젊은이들의 일반적인 정신적 내용의 재조정을 통해 변해 왔다. 그러나 그것은 집단의 각 구성원들에게 나타난 집단적인 변화이다. 그러므로 오늘날 애무나 자유 연애에 탐닉하는 소녀는 격식을 차리고 젊은 남성들과 어울렸던 그녀의 이모나 이모 할머니들만큼 관습적인 정신에 따라 행동하는 것이라고 볼 수 있다.

사실, 개인은 대체로 그가 사는 시대의 꼭두각시에 불과하다. 수많은 젊은이들은 그들이 원하는 대로 사랑하고 아무 제약없이 자신을 자유롭게 표현할 수 있는 자유를 추구하면서 엘도라도(낙원)를 찾아 떠나는 개척자들처럼 앞으로 나아간다. 그들 가운데 일부는 이미 새로운 땅에 자리를 잡았다. 그러나 그렇게 용감하게 모험을 떠났던 많은 사람들은 개척자가 될 준비가 되어 있지 않다. 그렇기에 바다는 약속의 땅 해안가에도 닿지 못한 허름한 돛단배들로 뒤덮여 있다. 어떤 배들은 늪에 빠졌고 또 어떤 배들은 아무 희망 없이 난파되었으며 또 다른 몇몇은 정처없이 표류하고 있다.

이 망명객들은 낡은 방식을 전부 버리고 떠났다. 권위에 기초한 낡은 규칙은 더 이상 그들에게 적용되지 않는다. 새롭게 주어진 상황에서 무엇이 옳고 그른지는 조금 더 깊은 차원, 즉 진정한 도덕성에 대한 더 근본적인 이해에서 결정되어야 한다. "권위"라는 예전 기준으로 돌아간다는 것은 필연적인 퇴보를 의미한다. 자신에게 무엇이 옳고 그른지를 결정하려는 사람들은 단순히 시키는 대로만 해서는 결코 "선"(善)을 얻을 수 없을 것이다. 경험, 즉 의식에서 내딛는 한 걸음, 한 걸음은 반드시 앞으로 나아가게 만든다. 휘트먼Walt Whitman이 말한 것처럼, "내가 하는 말을 잘 이해해야 한다. 그것이 무엇이든 간에, 모든 성과 뒤에는 그보다 훨씬 더 큰 투쟁이 존재하는 것이 사물의 이치이다."

오늘날 성도덕의 혼돈은 전적으로 현대적이다. 다른 시대에는 시대가 바뀌면서 규범code도 바뀌었지만, 일반적으로 비슷한 환경에 사는 사람들은 동일한 규범을 가지고 살았다. 예를 들어, 고딕 시대의 사회는 문화적인 면에서 매우 획일적인 사회였다. 빅토리아 시대 역시 비슷한 균일성이 유지되었다. 모든 사람들은 비슷한 생각과 이상을 가지고 있었다. 그러나 오늘날—최소한 미국에서는— 중심이 되는 이상적인 태도나 이상적인 의식이 없기 때문에 한 "계층"의 사람들에게 참이 다른 계층의 사람에게는 완전히 거짓일 수 있다. 게다가 이러한 "계층"은 각기 독립적이고 고립된 것이 아니라 종종 서로 얽혀 있으며 그 구성원들은 서로 무차별적으로 어울리며 산다. 대학생, 사무실 직원, 교사, 전문직 및 비즈니스 여성 등 모든 그룹에서 다양성이 두드러지게 나타난다. 게다가 이러한 다양성은 여유 있는 더 안정된 계층의 여성과 소녀들 사이에서도 똑같이 나타난다. 이 여성들 가운데 일부는 어린아이와 같은 정도로 순진한 여성도 있고, 태도 면에서 세련되거나 환멸을 느끼거나 완고한 여성도 있다. 이 중 많은 이들은 지적인 관점에서는 자유롭지만 정동 반응 면에서는 관습에 완전히 얽매여 있다. 또 다른 이들은 더 이상 어린아이처럼 순진하지 않지만 그들의 거칠고 궤변적이며 거의 난폭하기까지 한 태도가 자신들의 개인적 품위와 사랑, 부드러움에 대한 이상에 반하여 그들을 거절하는 세련된 사람들의 잔인한 태도에 반발한다. 그러나 이 모든 것들은 새로운 표준을 찾으려는 모색이다.

　남성과 여성의 서로에 대한 행동 변화의 정도가 매우 다양하게 일어나는 동안 유럽과 미국에서는 거의 모든 사회 계층과 지역 공동체에서 어떤 변화가 일어났다. 그 변화의 방향은 언제나 더 많은 자유와 구속의 완화, 장벽과 금기의 파괴를 향했다. 서로에게 끌리는 남녀에게 어떤 형태의 성적 친밀감이 사회 관습에 의해 거의 보편적으로 허용되었는데, 대부분의 경우 두 사람이 약혼했거나 교제 중인 관계, 즉 확립된 관계였다. 그러나 상대적으로 낯선 사람끼리 서로의 관계와 우정을 확인하려는 의도에서가 아니라 지나가는 애정 행각으로서 애무와 스킨십이 일어나는 또 다른 경우도 있다. 오늘날 이러한 자유는 거의 일반적으로 행해지는 "예상되는 일"로, 어느 남성이 이제 막 소개 받은 여성에게 키스하는 상황이 발생하더라도 특정 집단의 구성원들은 전혀 놀라지 않는 경우도 관찰할 수 있다. 그러므로 이러한 친밀감이 흔히 받아들여지는 것이 종종 더 완전한 성적 표현으로 이어진다는 것은 놀랄 일이 아니다. 오늘날 사람들이 성관계를 맺는 것을 주저하지 않는 이유는 남성과 여성의 사회적, 성적 행동에 지대한 영향을 미친 피임 방법이 널리 퍼진 것과 크게 관련이 있다. 임신 가능성이 성행위와 분리된다면 성은 자연히 사회나 집단의 문제가 아니라 더욱더 개인의 문제가 된다. 사회가 근본적으로 관심을 가지는 것은 자녀(출산)이지, 그 부모의 행동이 아니기 때문이다.

　많은 사람들은 집단의 통제로부터 개인을 해방시키는 것을 크게 우려한다. 그들은 피임 지식의 광범위한 보급이 필연적으로 부도덕성의 증가로 이어질 것을 두려워한다. 이러한 두려움의 바탕에는 두 가지 가정이 있다: 첫째, 결혼에 의해 승인되지 않은 성행위는 반드시 잘못되고 부도덕하다는 것과 둘째, 인간은 본질적으로 사악하며, 사람들이 "부도덕적인" 행동을 자제하는 이유는 오로지 후환을 두려워하기 때문이라는 것이다. 이것은 죄는 오직 "지옥의 불"에 대한 두려움으로 다스릴 수 있다는 낡은 믿음에 기인한다.

남녀 사이의 성적 표현이 출산과 완전히 분리된다면 친밀감은 필연적으로 그들의 개인적 관계의 표현으로 인식될 것이다. 임신에 대한 두려움이 줄어드는 만큼 그들은 그들 사이의 정동적 상황에 관심을 기울이게 된다. 그러나 이러한 두려움이 사라졌다고 해서 남녀가 항상 음란과 방탕에 빠지는 것은 아니다. 예를 들어, 자궁 절제술을 받은 여성이 특히 더 부도덕함에 빠지기 쉬울 것이라는 주장을 들어 본 적이 없다. 오늘날 피임 지식의 보급은 성행위를 자제하도록 만들던 생물학적 근거 대부분을 제거했다. 그렇기 때문에 정신적 관심에 근거한 새로운 도덕이 마련되어야 한다.

그러나 많은 여성에게 성적 문제에서 도덕성은 결과적인 임신 가능성에만 달려 있지 않다. 그녀에게 친밀한 남녀 관계는 그것이 결혼을 통해 정당화^{sanctifying}되지 않는 한 그 자체로 잘못된 것이다. 결혼은 그렇지 않으면 사악한 관계를 거룩하게 만든다. 결혼을 통해 정당화되지 않은 성행위는 본질적으로 잘못된 것이라는 감정은 모든 기독교인들에게 뿌리 깊게 박혀 있으며, 다른 문명화된 사람들에게도 널리 퍼져 있지만 일부 사람들이 생각하는 것만큼 보편적인 감정은 아니다. 로마 제국의 지배 아래 있던 이교도 세계는 물질적, 물리적 자원의 남용으로 사람들은 물질주의와 방탕, 향락에 빠지는 위험에 처했다. 그

후 기독교 교리는 육체나 물질에 반대되는 영성(靈性)을 강조하면서 대두되었고 정절(貞節)은 소수를 위한 금욕 수행이 아니라 다수를 위한 미덕이 되었다. 그러면서 수세기에 걸쳐 서서히 성에 대한 서구 국가들의 태도가 전반적으로 바뀌었다. 성은 특별한 도덕적 의미가 없는 전적으로 정상적인 신체적 기능으로 간주되는 대신, 도덕성과 부도덕성을 판단하는 중요한 요소가 되었다. 그래서 "나쁜 여자"는 성적으로 문란한 사람, 혼외 관계를 맺은 것이 밝혀졌거나 그렇게 의심되는 여성을 의미하게 되었다. 그러나 남성에게는 같은 척도가 적용되지 않았다. 나쁜 남자라는 표현이 나쁜 여자라는 표현과 같은 의미를 가진 적은 한번도 없었다.

그러나 관습은 변하며 성적 관습이 특히 그렇다. 심지어 청교도적 태도가 가장 강했을 때조차 지역 사회마다 다양한 성적 관습이 존재했다. 사실 이러한 관습은 그와 비슷하게 중요한 다른 관습들보다 더 쉽게 변하기 때문에 각 세대가 자신의 성적 관습과 도덕성을 신으로부터 받은 것이라고 확신하는 것은 참으로 이상한 일이다.

성적 억압이 가장 심했던 빅토리아 시대에도 영국과 미국 일부 시골 지역에서는 "교제 중인" 젊은이가 성관계를 가지면 첫 아이가 태어나기 전까지 결혼만 하면 사회적으로 비난받지 않는 것이 관례였다. 사실, 두 사람의 결합이 결실(아이)을 맺을 것을 증명하지 않고 결혼하는 것이 오히려 잘못된 것으로 여겨졌을 것이다.

우리는 이 관습에서 종종 간과되지만 여전히 매우 중요한 사회적 요인을 관찰할 수 있다. 사람들은 소녀가 임신을 하게 되면, 그들의 결혼을 의도된 것으로 간주하고 그들이 그 관계를 완성하는 것을 올바르다고 여기며 성관계를 용인하였다. 그러나 그 의도가 경박할 경우 그것은 받아들여지지 않았다. 그들은 공동체에서 인정하는 결혼이나 약혼에 버금가는 계약 관계를 맺지 못했어도 그들의 진지함을 인정받았다. 이 관습에서 문란함은 허용되지 않았다. 연인 사이의 애정 표현은 그들 개인의 문제지만 그 결과로 한 가정이 탄생하면 그 관계는 공동체의 문제가 된다. 그러므로 소녀는 다음과 같은 질문을 먼저 해야 한다. "내가 임신하면, 그는 나와 결혼을 할까?" 그녀는 이 점을 확실히 한 다음에 그에게 자신을 허락해야 한다.

젊은 남성은 이러한 시골 공동체에서 일부분은 그의 도덕성 때문에, 또 다른 일부분은 공동체의 압력 때문에 불성실하게 행동하지 못한다. 오늘날 도시 집단에서도 비슷한 상황이 전개되고 있지만, 성적 표현의 자유가 증가함에 따라 예전처럼 개인에게 의무가 강요되지 않고 개인의 행동을 통제하는 소공동체의 힘 또한 되살아나지 않는다. 이에 따라 낡은 장벽이 놀라울 정도로 파괴되는 것을 볼 수 있는데, 그 것은 다른 통제 수단을 마련해도 제어할 수 없는 파괴이다. 성에 대한 이 새로운 태도가 얼마나 널리 퍼져 있는지를 알기란 어렵다. 몇몇 공동체에서는 아직도 구습이 유지되고 있으며, 많은 시골 지역의 젊은이들은 그 부모 세대만큼 순결한 것이 틀림이 없다. 그러나 다른 지역에서는 오래된 금기가 사라졌고, 한 세대 전만 해도 성적 경험이 전혀 없었을 젊은이들이 실험에 뛰어들고 있다는 명백한 증거가 있다. 그들이 사랑의 영역에서 행하는 실험은 많은 경우 애무 단계에 그치지만, 완전한 성적 표현을 하는 젊은이들 또한 많다.

익숙했던 장벽과 금기가 깨졌음에도 불구하고 무서운 결과가 뒤따르지 않을 때 성적인 것을 금지하고 두려운 신비로 여기는 감각이 시들해진다. 폐기된 규범을 대체할 새로운 진지한 태도가 나타나지 않는 한 모든 문제는 사소하고 중요하지 않은 것으로 간주된다. 한 젊은 여성이 그녀보다 나이가 든 친구에게 이렇게 말한다. "성은 그냥 양치질 같은 거야! 왜 그런 걸로 야단법석이야?" 여기서 성적인 것은 사소한 것이다. 성은 동물에게 나타나는 신체적 표현처럼 가장 낮은 지표(指標)로 축소되어 피임만 제대로 하면 별 의미 없는 본능적인 행동이자 밥을 먹는 것만큼 사소한 일이 된다. 그러나 그들이 아무리 성(性)을 가볍게 여기더라도 젊은이들이 성적 방종을 다소 의무처럼 여기는 것을 관찰할 수 있다. 이제 막 어린아이 티를 벗은 소녀의 말에서 그러한 생각을 엿볼 수 있다. "나는 어딘가 잘못되었나 봐. 성관계를 안 해." 그들의 행동은 그들의 말을 거짓으로 만든다. 성은 사소한 것이 아니며 그렇게 될 수도 없다. 성은 중요하다. 그러나 이전에 성행위를 둘러싼 금기를 통해 표현되었던 성의 중요성은 이제 "내가 성행위를 안 한다는 것은 건 내게 뭔가 문제가 있다는 걸 거야"라는 발상에서 발견된다. 여기서 성은 이 소녀에게 '정상'의 기준인 것이다.

성의 심리적 중요성은 자연히 성의 의미에서 찾아야 한다. 그러나 성을 사소하게 여기는 태도 때문에 사랑의 가능성마저 모두 배제하는 젊은 여성들은 성의 의미를 부정한다. 깊은 정동 경험도 만족스러운 육체적 경험도 그녀들에게는 불가능하다. 왜냐하면 아무 제약 없이 취할 수 있는 육체적인 성에서는 욕망이 결코 쌓일 일이 없고, "잠재력" 역시 항상 낮으며 어떠한 정신적, 문화적 성취도 기대할 수 없다.

성적 충동이 현실의 장벽과 부딪힐 때 욕망의 잠재력은 증가하지만, 의도된 인위적인 장벽은 그와 같은 효력을 발휘하지 못한다. 예를 들어, 진정한 도덕관념이 아니라 수줍음 때문에 남성에게 애무 이상의 행위를 허락하지 않은 여성이 있다면, 남성은 더 큰 열정에 사로잡히거나 넌더리를 내면서 그녀를 떠날 것이다. 어떤 결과로 이어지든, 오직 그녀의 변덕에만 의존하는 그 장벽에서 얻을 수 있는 것은 아무것도 없을 것이다. 그러나 그녀가 수줍음이 아니라, 자신에게 정말 의미 있는 도덕적 가치 때문에 사랑하는 사람과의 성관계를 거부하는 상황이라면 그녀가 쌓은 장벽 뒤에 그들의 사랑의 잠재력과 축적된 에너지가 그들이 처음에는 극복할 수 없을 것이라 여겼던 결혼의 장애물을 극복할 수 있게 해줄 것이다.

젊은이들의 도덕성은 필연적으로 집단 양심의 문제이기 때문에 사랑을 견제당하는 젊은이들은 외부 세계의 장애물을 올바르게 극복해야 하는 상황에 직면한다. 비슷한 상황에서 나이 든 사람들은 그 장벽으로 인해 쌓인 에너지를 외부의 장애를 극복하는데 쓰지 않고, 그 에너지는 그들 안으로 들어간다. 그래서 변화는 그들의 정신적 태도 차원에서 일어난다. 그들의 사랑은 그들로 하여금 그들의 도덕적 기준을 수정할 것을 강요한다. 그들 집단의 도덕성을 받아들이고 동화시킨 나이 든 사람들은 종종 그들의 내면에 쌓인 에너지의 도움으로 심리적 장애와 무력감을 극복하면서 더 의식적인 도덕성에 도달한다.

이것은 매우 어려운 작업인데, 집단의 지배로부터 개인을 분리하는 것은 느리게 진행되기 때문이다. 인류의 초기에는 집단이 전부이고 개인은 아무것도 아니었다. 인류의 진화 과정에서 개성^{individuality}은 오직 점진적으로, 그리고 매우 부분적으로만 얻어졌다. 각각의 인간 역시 어린 시절에는 개인의 권리나 성취가 없는 집단의 일원에 불과하며, 자라면서 점차 부모와 집단으로부터 자기 자신을 분리도 한다. 또한 대부분의 경우 이러한 분리 또한 부분적으로만 일어난다. 그의 부모가 특정한 방법으로 그를 독립시키지 못하는 것은 아니지만 마지막에는 결국 젊은이 스스로 독립해야 한다. 그의 부모로부터 독립을 선물 받으면 그들에게 신세를 지는 것이 되어 결국 독립할 수 없게 된다. 그는 필연적으로 자기 자신이 될 권리를 스스로 얻어야 하며, 그렇지 않으면 그의 가족이나 사회의 관습적인 규칙과 규정에 영원히 의

존해야 한다. 특히 자신의 본능에 따라 살 권리는 대체로 부모나 사회의 금지에 저항하는 것이기 때문에, 스스로 쟁취해야 한다.

인가된 결혼의례를 통해 성본능을 길들여 인류의 목적에 이바지하려던 시도가 이루어졌다. 대다수의 사람들은 이 의식을 통해 그들 내부에 있는 이 신성한 불에 적응하고 그들 바깥에 있는 외부 사회에 적응한다. 그러나 성욕은 결코 길들일 수 없는 본능이다. 그것은 길들여지기를 거부하면서 전적으로 구속되지 않는 방식으로 작용한다. 성적인 사랑은 인간에게 심어진 신성한 불의 불꽃이며, 그는 그 불을 통해 천국에 가는 길을 찾을 수 있고 잠시 동안 신들과 동일시할 수도 있으며, 저주 받고 그가 필사적으로 잡으려고 했던 불에 영원히 타버릴 수도 있다. 이 '신성한 불'은 화로를 따뜻하게 덥혀 줄 수 있는 수준의 광휘(光輝)로 조심스럽게 결혼에 내려앉는다. 연장자에 의해 젊은이에게 이 불꽃에 대한 권리가 '주어질' 수 있지만, 과거에 신부를 얻는 유일한 방법은 적대 부족으로부터 약탈혼(掠奪婚)을 하는 것이었고 이 관습은 여전히 많은 부족에서 결혼 형태로 남아있다. 실제로 결혼 예식은 납치의 재현이다. 신혼여행을 떠나는 신혼 부부를 쫓아가는 관습은 이 오래된 형태가 미국 사회에 여전히 남아 있음을 암시한다. 따라서 새 화로에 불을 붙이려는 성화가 전해질 때 교회와 공동체의 승인, 아버지의 축복과 신부를 '넘겨주는' 결혼 관습은 젊은이들에게 공동체의 반대를 무릅쓰고 무엇인가를 훔치고 쟁취해야 한다는 생각이 남아 있는 것을 보여준다.

상징적으로 이 관습들은 성인이 될 권리를―집단과 분리되고, 개인이 되는― 훔치는 심리적 필요성과 관련이 있다. 이것은 '필연적인 범죄'이다. 자신을 집단과 분리하고 개인이 되려는 사람들의 꿈에 바로 이러한 내용이 나온다. 예를 들어, 한 여성이 "공원에서 자신의 이름을 한 꽃을 발견했고, 기뻐하면서 꽃과 화초 등을 모두 모아 그것을 가지고 떠났다. 그녀는 곧 공원 경비원들이 자신을 향해 오는 것을 보았는데, 처음에 그녀는 자신의 전리품을 숨기려는 충동을 느꼈지만 용기를 내어 그것을 깃발처럼 높이 들고 경비원들의 제재를 받지 않고 당당히 그 곳을 벗어났다." 이 꿈은 그녀가 공원에서 자라는 자신의 꽃, 즉 자신의 개성을 발견하고 그것을 가져간다는 사실을 의미한다. 공원에 있는 꽃들은 개인의 것이 아닌 공공의 것이기 때문에 그녀는 실제로 그것을 훔치는 것이라고 볼 수 있다. 하지만 그녀는 그것을 자신의 것으로 인식하여 그것을 가져가 자신의 깃발로 만든다. 실제 삶에서 그녀는 이제 더 이상 규칙과 관습에 얽매이지 않고 신의 본성에 따라 자신의 개성을 기준 삼아 거기에 맞춰 살아야 한다.

신화에서 개성과 개인의 자율성의 획득은 신들이 자신들을 위해 남겨둔 사물을 훔치는 것으로 표현된다. 개인이 되는 것은 신처럼 되는 것이다. 그래서 아담과 이브는 선악과를 훔친다. 이것은 본능적 절도(竊盜)와 밀접한 관련이 있는 지식이다. 프로메테우스가 신성한 불을 훔쳐 지상으로 가져온 이야기도 또한 같은 맥락이다.

아마도 인간은 성적인 사랑을 경험함으로써 이 신성한 불에 근접하고 신들로부터 이 최고의 선물을 훔칠 수 있는 것인지도 모른다. 그러나 신화에서 그러한 행동을 할 수 있는 것은 영웅 뿐이다. 오늘날 많은 사람들은 새로운 삶의 필요성을 느끼면서 그와 같은 경험을 하기를 원하지만, 그것은 어디까지나 그들의 개인적인 만족을 위해서이다. 오늘날 해외의 퇴폐적인 민주주의 정신은 "왜 안 되나요? 누구나 모든 것을 가질 수 있어요." (누구나 대통령이 될 수 있다!) 본능은 우리에게 이용되기 위해 존재해요. 그것은 집단이나 귀족, 부모의 것이 아니에요. 그것은 우리의 것이에요." 이러한 자기 추구 정신에서 신성한 불을 찾을 수 없다. 신들은 물러난다. 그러나 쾌락을 사랑하는 사람들은 종종 자신의 쾌락을 제외한 어느 것도 찾지 않는 만큼, 이 사실을 인식하지 못한다. 그들에게는 프로메테우스의 불을 훔칠 능력이 없고 영웅의 역할도 그들의 영역 밖의 일이다. 그들은 7월4일날 불꽃놀이나 즐기고, 금지된 놀이에 심취하는 나쁜 소년들에 불과하다.

또 다른 사람들 가운데 자신을 위해 최선을 다하지만 충분히 도전적인 모습을 보이지 않는 사람들도 있다. 그들은 존재하는 권력과 관련해서 법을 더 잘 준수한다. 그러나 그들 또한 그들이 원하는 것을 얻기 위해 앞에 언급된 집단 못지않게 단호하다. 그들의 태도는 이렇게 말하는 것 같다: "우리가 연애를 필요로 할 때 연애를 할 수 있어야 한다. 자유는 우리에게 유익하다. 사회, 아니면 다른 권위가 그것을 승인하고 또 제재하도록 하자. '시험적인' 결혼이나 '공감적인' 결혼과 같은 '좋은 말'을 붙여서 그것을 존경받을만한 것으로 만들면 좋겠다. 아니면 그것을 죄가 아니라 하나의 실수 정도로 간주하면서 별로 중요하게 여기지 않았으면 좋겠다. 그러면 귓속말로 자랑할만한 '애무'든 아니면 '끝까지 가보는' 것, 이런 것들을 두고 우리에게 화를 내거나 우리의 행동을 심각하게 받아들일 사람이 없도록 말이다." 이러한 태도는 상황을 경시하고 사건을 하찮은 것으로 만들며 그 일을 저지른 사람을 어린아이로 남게 하는 결과를 초래하며, 거기서 어떤 자유도 얻을 수 없고 본능이나 삶을 새롭게 경험할 수도 없을 것이다. 관대한 어버이의 마음으로 죄를 지켜보고 묵인하는 신들로부터 프로메테우스는 불을 훔칠 수가 없게 되는 것이다.

여성의 혼외 관계는 관련된 개인의 지위에 따라 문제와 조건이 다르다. 첫 번째로, 아직 10대일 때 지침이 되어 줄만한 삶의 경험과 지식이 거의 없는 상태에서 처음으로 성을 경험하고 이 근본적인 문제에 대해 그들의 태도를 결정할 것을 요구받는 어린 여성과 소녀들을 자주 볼 수 있다. 더욱이 이 일은 그들이 정동적으로 예민한 나이에 일어난다. 과거 비슷한 나이의 소녀들은 그런 열정과 경험 부족에서 비롯되는 결과로부터 더 조심스럽게 보호를 맡았지만, 오늘날의 소녀들은 알아서 스스로 행동하도록 방치되는 경우가 많다.

두 번째 집단의 여성의 조건은 완전히 다르다. 이들은 결혼이 그녀의 정동적, 성적 문제에 대한 완전한 최종적 해결책이 전혀 되지 못한 여성들이다. 이혼 직후의 재혼율이 이 사실을 증명한다. 몇 년 전만 해도 이렇게 빨리 재혼하는 여성은 사회로부터 배척당했을 것이다. 그러나 현재는 명백한 불륜의 경우를 제외하면 사람들은 어깨 한 번 으쓱하고 재혼한 여성은 이전처럼 받아들여진다. 그러나 가끔 다른 남성과 사랑에 빠졌음에도 불구하고 여성이 이혼을 요구하지 않고 그대로 남편과 지내는 경우도 있다. 이러한 종류의 상황은 당연히 위장되거나 철저하게 비밀로 부쳐지지만, 오늘날 미국의 많은 부부들의 삶에 대한 면밀한 조사는 그러한 상황이 드물지 않다는 사실을 드러낸다. 보통의 평범한 여성은 마음속으로 자신이 일부일처제를 지키지 않고, 남편이 아닌 다른 남성이 그녀를 감정적으로나 육체적으로 매혹한다는 사실을 인정해야 하는 것이다. 그런 상황을 머나먼 과거에 살았던 도덕적이고 존경받는 여성은 어떤 대가를 치르더라도 자신에게 숨기려고 했을 것이다.

세 번째 집단은 결혼 대신 일을 선택하고 독립적인 경력을 가진 여성들로 구성되어 있다. 그녀가 성인이 되고 처음 몇 년 동안 한 것은 자신의 전문성을 높이는 데 관심과 에너지를 집중하는 것이었다. 그녀들은 30대 중반까지 자유로웠다. 그러다가 삶의 정동적인 측면에 눈을 돌릴 때 사랑에 빠지는 것이 별로 드문 일은 아니다. 그때 그녀의 문제는 어린 소녀나 결혼한 여성의 문제와 상당히 다를 것이고 그 해결책 역시 그녀들과 다를 수밖에 없다.

젊은이들은 보통 10대 후반과 20대 초반에 처음으로 어린 시절에 경험했던 우정보다 그들을 더 깊이 자극하는 정동적 관계를 경험한다. 그들은 이 깊은 동요를 성적인 것으로 인식할 수도 있고 전혀 성적이지 않고 완전히 이상주의적인 것으로 인식할 수도 있다. 사, 오십 년 전에 이와 같은 완전한 무자각은 일반적이었지만, 현대의 자유로운 풍조에서도 여전히 우리가 생각하는 것보다 더 많은 사람들에게서 일반적으로 찾아볼 수 있는 모습이다. 그럼에도 불구하고 행동의 규제가 사라지면서 "젊은이들의 사랑"에 성적인 요소에 대한 인식이 아무래도 조숙하고 또 널리 퍼지게 되었다. 자유롭게 키스하고 애무를 주고받게 된 젊은이들은 정동의 물리적 측면을 인식하게 되고 이러한 것들에 대해 거리낌없이 토로하게 되면서 더 많은 장벽이 파괴되었다. 이 모든 것들의 자연스러운 결과로 많은 젊은이들은 다른 사람들과 함께 그들의 충동을 자유롭게 실험하지 못할 이유를 찾지 못한다. 전통적인 행동의 장벽을 한 번 넘은 후 그들은 그들이 예상했던 것보다 더 깊이 빠졌음을 깨닫고 "어디까지 선을 그어야 할까?"하는 문제가 발생한다. 그리고 이와 같은 질문을 하는 이들은 어린아이와 거의 다를 바 없는 사람들이다.

이제 서로 쓰다듬고 애무를 포함하는 관계를 시작하는 사람들은 그저 그들이 속한 세대의 방식을 따를 뿐이다. 그들 가운데 많은 사람은 정동적으로 상당히 미숙하며, 키스와 포옹은 성적 포옹보다 더 진실하게 그들의 사랑의 성격을 구체적으로 표현한다. 그리고 자연 자체가 개입하면서 언제 선을 그어야 할지를 결정한다. 열다섯 살 소녀가 나에게 털어놓은 그녀의 연애 이야기를 살펴보자. 사랑하는 소년과 함께 춤을 추러 갔던 소녀는 한적한 곳에서 점점 더 흥분하여 서로 껴안기 시작하면서 분위기가 고조되었다. 그녀의 집에 머물고 있었던 그는 그날 밤 그녀의 방에 들여 달라고 간청했다. 그들은 각자 그들의 사랑의 강도가 그들이 마지막 단계를 밟는 것을 정당화해줄 것을 확신하며 성관계를 가지려 하였다. 집이 조용진 뒤 소년은 소녀의 방을 찾아 갔지만 이때 자연이 개입했다. 졸음에 사로잡힌 소녀는 곧바로 잠이 들었고 소년은 자기 방으로 돌아가는 수밖에 없었다. 그리고 그곳에서 그 또한 곧바로 잠이 들어버렸다. 나는 이러한 일들이 많은 사람에게 일어난다고 확신한다. 자신의 정동에 쉽게 속는 젊은이들은 그들의 사랑이 완전한 성적 표현을 요구한다고 생각한다. 그것이 오늘날의 일반적인 풍조라는 편견 때문이다. 그러나 그들의 사랑의 진정한 본질은 그들의 감정적 욕구를 만족시키는 애정, 키스와 애무를 통해서이다.

  모든 사람들이 저렇게 운이 좋은 것은 아니다. 10대임에도 불구하고 육체적으로 성숙한 젊은이들의 몸은 "어린아이" 같은 키스에도 자극받아 정동적으로 아직 성숙하지 못한 그들에게 성관계를 가지도록 부추길 수 있다. 자연히 육체적 행위로서의 성관계는 그들에게 깊은 정동적인 의미를 주지 못하고, 그들은 실망하고 만다. 이 특별한 포옹은 그 행위를 통해 "천국 그 자체"를 경험할 것을 기대했던 사람들을 현실로 떨구며 그들에게 환멸만 안겨주는 것이다. 그 결과 그들은 성(性)이 그들이 생각했던 것만큼 중요한 것이 아니며 오히려 하찮고 별 볼 일 없는 것처럼 느낀다. 소녀들은 소년들보다 이런 환멸에 더 취약하기 때문에, 냉정을 회복한 다음 소녀는 그것이 약간 역겹다는 생각까지 하게 된다. 여성에게 있어 성(性)은 그녀의 감정과 더 긴밀하게 연결되어 있는 자신의 일부이며, 감정과의 연결 또한 남성보다 더 긴밀하다. 그렇기 때문에 자기 자신으로부터 성을 분리하고 그것을 분리된 것으로 취급하는 것, 즉 오직 순간의 자극과 즐거움을 위해 탐닉하는 가벼운 것으로 취급하는 것은 여성의 가치를 특히 더 파괴한다. 이러한 일은 분명 소년에게도 매우 유감스럽게 다가오는 일이기는 하지만, 그것이 소녀의 여성적 가치를 파괴하는 것과 같은 방식으로 그의 남성적 가치를 파괴하는 것 같지는 않다.

  이와 같이 환멸을 경험한 다음 소녀는 사랑이 신성한 것이라는 감각을 잃어버리고 만다. 그녀는 성에 별 의미가 없다고 느끼지만 남성이 그것을 원하고, 자신은 그것을 통해 그의 관심을 얻고 유지할 수 있다면 거절할 이유도 없다고 생각한다. 그러한 태도를 통해 그녀는 필연적으로 자신의 본성의 더 깊은 면과 완전히 단절된다. 여성적인 원리인 에로스와 접촉하는 여성에게 성적인 것은 결코 사소한 일이 될 수 없다. 오직 그녀의 감정을 억누르고 무시함으로써 그녀는 끌리지도 않는 남성과의 행위를 묵인할 수 있는데, 이것은 그녀가 더 이상 여성으로 기능하지 않고 성을 남성의 방식으로 받아들이는 것이 된다. 하지만 이러한 행동 방식에 빠진 대부분의 소녀들은 정말로 의식이 완전히 깨어있지^{unawakened} 않은 상태이다. 다르게 말해 그녀들의 정동이 잠든 상태이다. 일반적으로 젊은 남성은 자신의 본능을 더 잘 인식하며 또래 소녀보다 정동적인 면에서는 미숙하지만 육체적인 면에서는 더 성숙하다. 사실 남성의 육체적 강도는 여성에게는 완전한 미스터리이다. 한 소녀가 언젠가 나에게 이렇게 말한 적이 있다. "남자들은 관계를 하는데 정말 많은 에너지를 쏟아요. 나는 그들이 어떻게 그렇게 하는지 상상조차 못하겠어요. 너무 격렬해요. 나는 그들이 행위를 빨리 끝내고, 둘이 더 재미있는 것을 하러 가기만을 기다려요."

이런 식으로 남성의 욕망에 끌려 다닐 때 여성은 점점 더 자기 자신과의 접촉을 잃는다. 어쩌면 그녀도 처음에는 그렇게 하는 것이 자신에게 행복을 가져다 줄 것이라고 생각하며 그것을 따랐을 것이다. 그러나 그것은 그녀에게 환멸만 주었고, 그래서 그녀는 삶이 그 분야에서 제공할 수 있는 것을 전부 경험했다고 생각한다. "소설가들은 다 거짓말쟁이에요. 그건 별 볼일 없어요. 하지만 삶에서 기대할 수 있는 게 그것밖에 없다면 최대한 그것을 이용하는게 낫겠죠"라고 덧붙였다. 이러한 태도를 취하면서 그녀는 문자 그대로 애무에서 시작해 문란한 생활에 빠졌다가 20대만 되어도 삶에 완전히 싫증을 내고 환멸을 느낄 것이다. 그녀는 삶이 제공할 수 있는 감각이라는 감각은 전부 경험한 것이다!

서른이 되기도 전에 완전히 지쳐버린 젊은 여성은 어느 정도 사회적 문제가 된다. 그녀는 자신이 삶의 더 깊은 측면을 접촉하지 못했다는 사실을 전혀 깨닫지 못한다. 그녀에게 행복은 사라졌고 삶은 이제 단물 빠진 껌에 불과하다. 그녀는 스물이나 스물다섯 살 먹은 불쌍하고 가련한, '냉담한$^{hard\text{-}boiled}$ 애'다. 그녀는 아무것도 아닌 일에 자신의 욕망을 걸었고, 쾌락 원칙에 따라 자신을 만족시키기 위해 노력했다. 그러나 쾌락조차 그녀를 배신했다.

과거에 젊은이들은 사회의 도덕적 통제를 통해 이 특정한 함정으로부터 보호를 받았다. 결혼 계약이 체결될 때까지 육체적 충동과 욕망은 억제되어야 한다는 법령은 모든 것을 일시적인 육체적 만족으로 여기는 것에서 진지하게 임해야 하는 것으로 끌어올렸다. 만약 사회의 퇴보적인 움직임이 일어나지 않으려면 오늘날 개인이 누리는 자유의 증대에는 더 큰 개인의 책임감이 동반되어야 한다.

인간에게 있어 성은 동물처럼 단순히 번식을 위한 수단이나 생식 충동을 충족시키는 수단이 아니다. 오히려 그것은 인간의 정동적인 삶과 정신적 삶에 적합하도록 "개조되어" 왔다. 이러한 변화로 인해 그것은 두 인간 사이의 가장 친밀한 사랑, 관계에 대한 표현이 되었다. 그러나 생물학적 영역에서 심리적 영역으로의 전환에는 언제나 그렇듯 인간이 너무 쉽게 빠질 수 있는 함정, 즉 자아의 함정, 개인적인 쾌락과 만족의 함정이 있다. 심리적 의식의 각성과 자연을 통제하는 힘은 가능성이 풍부한 삶의 영역을 이기적으로 착취할 경로를 열어준다. 예전에 그 영역은 첫째, 생물학적 현실, 즉 아이를 낳고 양육하는 것에 의해 보호되었으며 이는 회피해서는 안 되는 규율을 부과했다. 두 번째는 금지 사항이 있는 사회적 권위에 의해 지켜졌다. 그러나 지금 이 두 외부 수호자의 통제력은 굉장히 완화되었다. 그래서 자유를 추구하는 모험가들이 불가피한 환멸과 함께 이기적 쾌락 추구에 빠지지 않으려면 자신에게 한계와 제약을 부과함으로써 그들을 한 단계 더 발달시키는 유일한 수단인 강력한 현실^{reality}을 스스로 찾아내야 한다. 과거 남녀 모두가 자유롭지 못했기 때문에 결과적으로 그들 사이의 상황이 모호하여 이러한 현실이 가려졌다. 그러나 오늘날 외부의 강압으로부터 해방된 그들은 마침내 그들의 관계를 형성하는 정동과 욕망이 얽힌 실타래를 탐구할 수 있게 되었다. 그들 사이의 관계의 본질은 이런 식으로 의식화되고, 그들은 이제 정신의 새로운 모험을 시작한다.

연애 경험을 통해 더 깊은 진실을 추구하는 사람들은 특정한 종류의 육체적 만족에 대한 욕구가 아니라 실제 상황의 현실에 따라 행동할 것이다. 만약 가벼운 관계라면 그들 사이의 친밀함 역시 그에 상응하여 억제될 것이다. 특성상 길게 이어지지 못할 결합이라면 육체적인 애정 표현을 피하는 것이 현명할 것이다. 오늘날 젊은 세대들은 육체적인 성을 그 자체로 좋은 것으로 중요시하는 경향이 있다. 에로틱한 느낌이 조금이라도 들면 신체적인 감각은 어떻게든 그것을 최대한 성적으로 풀 것을 강요하며, 따라서 본능적인 에너지가 소모된다. 중국의 격언처럼 "진퇴양난" 상황이 된다. 이러한 태도는 청교도적 전통을 따르는 집안의 자녀들에게 매운 자연스러운 일로, 이것은 아마도 성 자체를 악으로 만든 규범에 대한 보상일 것이다.

또 다른 경우 깊이 사랑에 빠진 젊은 남녀가 서로에게 보이는 정동적 관심의 강도를 통해 육체적 관계까지 허용해도 될 것같이 느낄 수도 있다. 그러나 이 단계를 밟기 전에 그들은 그들의 사랑을 가장 잘 표현하는 것이 결혼을 통한 영구적 관계의 형성인가를 진지하게 고민하는 것이 좋을 것이다. 왜냐하면 거기에는 그들의 감정의 개인적인 측면 뿐만 아니라 사회 구성원으로서의 그들의 책임도 있기 때문이다. 상황의 이러한 사회적 측면을 무시하게 만드는 동기를 면밀히 조사하면 종종 그들의 사랑의 안전을 위협하는 치명적인 질병의 싹과 같은 사악한 정신적 내성이 드러날 것이다.

만약 그들이 그들에게 있어 감정적으로 중요한 관계를 감춘다면 그것은 필연적으로 그들의 동료와 분리되고 삶 자체에 대한 고립으로 이어질 것이다. 왜냐하면 사랑이 연인들의 상호 이기심 이상일 때 그것은 두 사람에게 함께 삶에 들어가고자 하는 소망을 일으키기 때문이다. 그래서 그들의 사랑의 힘과 깊이를 가장 잘 표현하고 그 관계를 지속시키는 것은 성욕의 즉각적인 충족이 아니라 안정적인 관계를 구축하기 위해 진지하게 노력하는 것이다. 결혼은 이것을 위해 확립된 것이고 젊은 연인들은 이 이상(理想)을 향해 나아가도록 노력해야 한다. 결혼에 따른 책임을 지고 싶지 않으면 이를 회피할 권리가 있다는 것을 입증해야 하는 부담 역시 그들의 몫이다.

많은 경우 결혼에는 극복할 수 없어 보이는 외적인 어려움과 장애물이 있다. 오늘날 청소년기가 육체적 성숙기를 훨씬 넘어 장기화되고 있기 때문에 젊은이들의 최초의 낭만적인 사랑은 그들이 부분적으로나 전적으로 부모에게 의존하고 있을 때 찾아온다. 만약 부양되는 처지에 성인의 특권을 누리면서 결혼이나 연애의 문제를 자기 마음대로 하려고 든다면 그 욕망 자체가 거기에 따른 문제들과 직면하게 만들어 아동기와 성숙기 사이에 있는 장벽을 넘게 만들고 독립을 쟁취하려는 동기로 작용할 것이다. 그러나 특권에는 언제나 피할 수 없는 책임이 따르고 성장하지 않은 상태에서 특권만 주장하는 것은 인격을 극도로 약화시킨다. 그래서 대부분의 원시부족에서 젊은이들은 그들이 남성으로서 자기 자신을 증명하기 전까지 결혼을 허락받지못했다. 이러한 면에서 문명 사회는 원시 사회의 관습을 본 받는 것이 좋을 것이다.

사랑이 진실하다면 어려움이 사랑을 파괴할 것을 두려워할 필요는 없다. 반대로 무정형의 이끌림$^{amorphorous\ attraction}$은 이기적인 소유욕이 진정한 영웅적인 힘으로 변할 때까지 종종 장애물에 부딪힌다. 어린아이로 남으며 아버지에게 경제적으로 의존하려던 젊은이가 사랑에 빠지는 경험을 통해 남자가 되는 부담을 감당할 에너지를 찾는 경우를 자주 볼 수 있다. 따라서 사랑은 성장에 도움이 되고 성장은 사랑할 수 있는 능력을 증가시킨다.

결혼의 의무에 대한 연인들의 태도는 흔히 그들의 사랑의 진정한 특성을 밝히는 단서를 제공한다. 결합에 대한 욕망은 두 개의 근본적인 동기 가운데 하나의 결과이다: 첫 번째는 그들도 아마 거의 인식하지 못하는 쾌락, 권력, 자아를 위해 상황을 이용하려는 의도이다. 두 번째는 개인적인 것 이상의 가치를 위해 그 관계를 발전시키려는 소망이다. 하지만 불행하게도 이 두 가지 정동적 태도의 초기 징후는 종종 구별하기 어렵다. "사랑에 빠진" 단계에서 사랑받는 대상은 가장 가지고 싶은 상^{prize}이자 가장 소중한 자산처럼 보이게 만드는 이 굉장히 귀중한 가치는 연인들을 쉽사리 속인다. 사랑을 쟁취하려는 그들의 열망은 그것이 쾌락과 권력의지에 감염되어 있을 때조차 영적인 이득에 대한 사심 없는 동경(憧憬)처럼 보인다. 그러나 후자의 경우 그 동기는 사랑과는 거리가 멀다. 결혼의 책임에 대한 연인들의 태도가 그들의 관계의 진정한 동기에 대한 단서를 주는 것은 바로 이 단계이다. 이 단계는 그들이 그 관계에 얼마나 많은 것을 기꺼이 투자할 것인지를 드러낸다.

　젊은이들에게 있어 결혼의 가장 큰 이점은 영속성이라는 공언된 목적에 있을 것이다. 연인들이 그들의 사랑을 성적으로만 표현하고 산다면 열정과 매력은 필연적으로 지나가고 말 것이다. 이러한 종류의 낭만적인 사랑에서 발생하는 절박함은 육체적 결합을 반대하는 어려움을 극복하라는 자연의 처방이다. 이것이 성취되면 긴박함은 사라진다. 자연 상태에서 그 결과로 인한 임신과 출산에 으레 이어지는 봉사와 규율의 기간이 뒤따른다. 현대의 사랑에서 연인 사이에서 임신을 피하면, 이전 세대들이 자녀의 출산과 육아에 따르는 규율을 통해 이루었던 개인적 발달을 이루지 못할 위험이 크다. 열정의 첫 번째 물결이 지나간 시점에서 바로 성격의 차이에서 비롯되는 문제들이 흔히 모습을 드러내기 때문이다. 구애 기간 동안 일치하는 것처럼 보였던 개인적 욕망이 이제 충돌하는 것이다. 만약 그들 사이에 외부적인 유대가 없다면 연인은 아마도 분노하거나 아니면 그들이 처음에 서로에게 보였던 설명할 길이 없는 열광처럼 설명할 수 없는 무관심에 빠져 헤어지고 말 것이다. 그러면서 그들은 서로 상대방이 변했다고 주장할 것이다. "그는 내가 사랑했던 그 사람이 아니에요." "그녀는 내가 생각했던 여자가 아니에요."

이 "설명할 수 없는" 열광과 "설명할 수 없는" 이후의 무관심은 본래 "사랑에 빠지는 것"이 두 사람이 각자 사랑하는 사람에게 아니마나 아니무스를 투사했다는 것을 증명한다. 각자가 자신의 영혼의 상(像)이 투사된 것만 보았기 때문에 서로의 진정한 본성에 대해 완전히 무지했던 것이다. 상대방의 자아 주장에 도전을 받은 투사는 그대로 사라진다. 환상이 사라지고 그것은 상대방의 잘못처럼 여겨진다. 만약 이렇게 환상이 깨지는 기간 동안 두 사람 사이에 사회적 유대조차 없다면 그들을 하나로 연결할 수 있는 것은 전혀 없을 것이다. 아니마와 아니무스는 즉시 새로운 대상에게 투사되고 매력 있는 왕자님과 꿈속의 그녀에게 정당성을 부여하는 마법을 찾는 여행이 다시 시작된다. 자유에 대한 유아적인 요구, 자유를 누리고자 하는 바람이 다시 우세할 것이고 규율만이 줄 수 있는 발달의 기회를 잃어버리고 만다.

결혼에 진지하게 임함으로써 그 계약 당사자들은 그들을 운명에게 맡긴다. 그들은 반드시 다가오는 환멸(幻滅)의 단계에서 제기되는 문제들과 길고 어려운 싸움을 할 수밖에 없게 된다. 이 단계에서 처음의 열정의 불길은 상호 신뢰에 바탕을 둔 사랑의 지속적인 열(熱)로 변환되어야 한다. 그런데 그 신뢰는 오직 어려움을 함께 극복했을 때만 얻을 수 있다. 이를 위해 그들은 공개적으로 서약을 하고 오해가 생길 때 그들의 개인적인 성향을 넘어서는 무엇인가가 그들을 하나로 묶고 진정한 이해의 발전을 위해 투쟁할 것을 강요한다. 그들에게는 더 이상 서로에 대한 일시적인 실망으로 관계를 포기하는 이유로 삼을 자유가 없다. 그들은 합동 사업을 시작했으며 그들 안에 있는 모든 의미 있는 것들이 그들의 결혼을 가능한 한 만족스러운 것으로 만들기 위해 확고한 결심을 가지고 노력할 것을 요구한다. 연인 사이의 정동이 완전한 성적 표현을 보증할 정도로 진지하다면, 사랑이 그들의 의식에서 잠시 사라지더라도 그들의 관계는 그들이 그것을 유지하기 위해 노력할 만큼 중요한 것으로 간주되어야 한다. 여기서 관계를 위한 작업이란 단순히 어려움을 완화하는 관습적인 결혼을 수락하는 것이 아니라 훨씬 더 의식적이고 활동적인 작업을 의미한다.

  그들의 아니마나 아니무스는 완전하고 확고한 결의를 하고 어려움을 극복하는 것을 통해 단련되는데, 이것은 내면의 도덕성을 발달시키는데도 기본적으로 필요한 것이다. 사랑이 일상적이거나 통속적인 수준에 머물러 있다면 큰 심리적 발달은 불가능하다. 사랑의 발달은 개인이 자신의 성이 관련된 실제 관계를 가능한 마지막 단계까지 수행하는 데 자신의 모든 힘을 기꺼이 쏟을 정도로 진지해지지 않는 한 일어날 수 없다.

  결혼을 통해 그들의 사랑의 번영과 발달을 이루는 최고의 기회를 얻은 젊은이들은 스스로 선택해야 한다. 만약 그들이 결혼하지 않기로 하거나 그것을 연기하기로 결정한다면 그들의 사랑의 성적 표현에 대한 결정 또한 그들의 몫이어야 한다. 만약 그들이 성적 표현을 결정한다면 그에 따른 결과 역시 그들의 감정과 그들이 내린 결정에 따른 책임을 스스로 지는 능력에 달려 있을 것이다. 나이 든 사람들이 흔히 하는 말로, 그들의 젊음을 앗아가고 그들을 힘들고 환멸을 느끼게 만들 수도 있는 실험을 하는 것이 안타깝다고 느낄 수 있지만 그것은 나이 든 사람들이 따질 문제가 아니다. 결정은 연인들이 해야 한다. 이 모든 문제가 미래에 최종 결과가 가려지는 문화 운동의 일부이기 때문에 그들을 위해 결정을 내릴 능력이 있는 판사는 없다. 그것은 너무 복잡하고 개인적이며 오늘날 도덕성의 상태는 너무 혼란하기 때문에 어떤 전면적인 일반화도 이 사건 전체를 포괄할 수 없다. 그러나 오늘날에도 여전히 사실로 남아 있는 것이 하나 있다. 어떤 사람이 자신의 행동을 하찮은 것으로 대하는 태도를 취하면 그는 그의 개인적인 삶의 경험을 하찮은 것으로 축소하는 것이 되고, 결국 삶 전체에서 환멸을 느끼고 무관심해진다는 것이다. 쾌락의 원칙만으로 삶을 영위하는 것은 필연적으로 포만감과 지루함을 초래한다. 인간은 단순히 쾌락을 추구하는 동물, 타락한 동물이 아니다. 살아있는 정신이기도 한 그는 오직 개인적인 쾌락을 넘어선 어떤 목적에 그의 모든 것을 쏟는 것을 통해 삶에서 만족할 수 있다. 다른 사람들과 마찬가지로 젊은이들도 그들의 사랑을 더 진지하게 받아들이는 것을 통해 그들을 초월하는 이 목적 자체를 발견해야 한다.

정동적 개입$^{emotional\ involvement}$을 가볍게 여기고 싶은 유혹은 결혼하지 않은 사람들 사이에서조차 매우 일반적이며, 이전에 그러한 정동적 의무를 가진 사람들에게 그 유혹은 거의 압도적이기까지 하다. 다른 남성에게 끌릴 때 기혼 여성은 태연한 태도를 취하는 것이 상황의 심각성을 제거하고 성가신 영향을 최소화하는 방법이기를 바란다. 남녀 모두 자신이 줄 준비가 된 것보다 더 많은 것을 요구할 수 있고 특히 상황을 뒤엎을 수 있는 개입으로부터 자신을 본능적으로 보호하는 경향이 있다. 이러한 태도는 직면해야만 하는 불편한 사실들을 보지 않고 외면함으로써 그것이 사라지길 바라는 타조 심리학과 같다. 그러나 그러한 태도는 타조처럼 피할 수도 있었던 위험에 그를 노출시키는 결과밖에 낳지 않는다. 무의식에 대한 고의적인 가정은 모든 지점에서 취약한 사람을 만든다. 그리고 어쨌든 그러한 태도가 무슨 소용이 있는가? 개입이 정말 경미한 경우라면 그것을 정면으로 마주해도 아무런 해도 없을 것이다. 그와 반대로 그런 솔직함은 불안으로부터의 해방과 결과적으로 완전히 자연스럽게 구속 없이 행동할 수 있는 자유라는 보상을 가져올 것이다. 만약 진지한 불륜 상황일 경우 그것을 무의식 속으로 밀어 넣음으로써 시야에서 사라지게 만드는 것은 결코 좋은 결과를 가져오지 않을 것이다. 무의식에서 그 움직임들, 즉 그 행동과 결과는 강박적이고 부적응적인 방식으로 튀어나올 때까지 그 안에 숨어 있을 것이기 때문이다. 만약 어떤 심각한 재난이 진행 중이라면 그것에 대해 알고 있는 것이 당연히 좋다.

그럼에도 불구하고 타조 심리학은 매우 일반적으로 일어난다. 그것은 미혼 여성에게도 자주 일어나는 심리인 반면 남편이 아닌 다른 남성과 관계를 맺게 된 기혼 여성에게는 거의 거부할 수 없는 유혹이다. 자신의 정동적 개입의 정도를 스스로에게 숨기는 것은 자신이 하고 있는 일을 충분히 인식하고 있는 상식 있는 여성에게 결코 정당화하기 어려운 어리석은 행동이다. 그러나 대부분의 사람들에게 개인의 책임을 피하고 그들의 행동에 대한 무거운 부담은 운명이나 상황에 전가하려는 욕구가 너무 크기 때문에 그러한 상황을 인식하는 것은 결코 일반적이지 않은 예외적인 일이다. 하지만 고의적으로 무의식 상태에 머무르려는 여성은 자신의 이러한 상반된 경향을 인식함으로써 일어날 수 있는 갈등을 회피하려는 인식되지 않은 욕망에 의해 움직인다고 생각할 수 있다. 그녀는 (남편에 대한) 충성을 맹세했다. 법은 그 서약을 그녀의 행동에 적용하지만 모든 보수적인old-fashioned 여성과 더 진보적인 여성들은 그것이 그들의 공공연한 행동뿐만 아니라 그들의 감정에도 적용하는 것으로 여긴다. 결코 적지 않은 현대인이 결혼 서약을 할 때 어느 한쪽이 상대방을 더 이상 사랑하지 않고 다른 사람과 사랑에 빠질 경우 자유롭게 자신의 충동을 따를 것이라는 은밀한 이해를 가지고 서약한다. 그럼에도 불구하고 결혼 계약서에는 관계의 영속성과 상대방에 대한 충성의 의도가 내포되어 있다.

그러나 많은 경우 편의상 결혼을 했고 심지어 원래 정동적인 개입이 존재했던 경우에도 세월이 흘러감에 따라 부부에게 일종의 그림자가 드리워진다. 그녀는 결혼이 모든 것을 바로잡아 주기를 바랐고 두 번 다시 지루해지는 일이 없기를 바랐다. 하지만 그녀는 시간이 지남에 따라 남편은 매력을 잃고 항상 가까이 있는 일상적인 사람이 되었으며 성격적인 면이나 정신적인 면에서 너무 익숙해진 나머지 더 이상 그녀를 매혹시키지 못한다는 사실을 깨닫는다. 그녀의 결혼 생활은 말할 수 없이 무미건조해졌다. 모든 면에서 관례를 그대로 따르는 삶이다. 결혼의 친밀한 측면조차도 모든 자발성이 시들어가는 일상 속으로 빠져들었다. 이것은 궁극적으로 이혼 법정에서 끝나는 많은 결혼의 간략한 줄거리이다.

결혼 생활이 단조로워진 여성이 옆집에서 로맨스와 모험이 그녀를 부르고 있다는 것을 깨닫는 것은 드문 일이 아니다. 그녀의 마음을 끄는 남성도 결혼 생활에서 비슷한 고통을 겪고 있는지 모른다. 그는 그녀에게 관심을 보이고 그녀가 제대로 대접받지 못하고 있다고 말하며 그녀가 "중년 여성"처럼 보이고 행동하는 것을 고집하더라도 그녀는 여전히 젊고 매혹적이라고 말한다. 처음에 그녀는 그저 기분이 우쭐해지고 기분이 좋을 뿐이다. 그러다 새로 받게 된 관심에 반응하면서 그녀 안에서 어떤 것이 깨어난다. 그녀는 잃었던 미모를 되찾고 따분했던 삶이 신선하고 흥미진진해지는 것을 발견한다. 그녀가 만약 결혼과 자녀에 대한 책임감을 가진 평범한 여성이라면 보통 그 새로운 상황을 대수롭지 않게 여길 것이다. 처음에 그 상황은 아마도 가벼울 것이고 많은 경우 가벼운 채로 남는다. 한숨이 가끔 나오기도 하는 기분 좋은 막간은 있지만 가슴 아플 일은 생기지 않는다. 그러나 가끔 정동적인 분위기가 바뀌고 이웃집 남자가 그녀의 의식의 생각과 백일몽의 커다란 부분을 차지하게 되는 일이 생긴다. 대부분의 여성은 이 시점에서 위험을 인지하고 의지를 발휘해 상황을 통제하려고 한다. 그녀의 내면에서 그들의 관계가 진지해질 위험이 있다는 것을 경고하기 때문에 그녀는 그 상황을 아주 사소하고 무해한 것, 대수롭지 않은 것이라 스스로 설득하면서 통제할 수 없는 상황이 되기 전에 그 정동의 열기를 억제하려고 노력한다.

또 다른 경우 여성의 갑작스러운 열광 때문에 현상(現狀)이 더 폭력적으로 붕괴하기도 한다. 그녀는 자신에게 가능하리라고 상상조차 하지 못한 깊은 정동적인 격변의 깊이에 빠져있음을 발견할 수도 있다. 새롭게 등장한 남성은 아마도 그녀가 남편과의 관계에서는 전혀 접촉하지 못했던 사랑의 가능성을 일깨워 주었는지도 모른다. 이런 경우 그녀는 그것을 바라지 않았음에도 불구하고 그녀를 찾아와 그녀를 송두리째 쓸어버리거나 언제든지 그렇게 하겠다고 위협하는 자신의 본성의 경험을 가볍게 여기지 못한다. 이때 그녀는 어떤 대가를 치르더라도 결혼을 포기하려는 유혹을 느낀다. 그러한 열기 속에서 남편과 자녀들의 요청 전부 눈에 들어 오지 않고 그녀는 그들에게 해가 가더라도 그들로부터 벗어나야만 하는 것처럼만 느낀다. 또는 정반대로 그녀의 의무감에 의해 강화된 오래된 사랑과 꿈에도 생각지 못한 성취감을 제공하는 사랑의 상충된 요구는 그녀를 완전히 무너뜨릴 정도로 그녀에게 혼란과 고통을 줄 지도 모른다.

결혼과 이혼, 방황하는 정동적 애착의 문제는 너무 어렵고 복잡해서 사람들은 이에 대한 언급을 하지 않는 것을 더 선호할 것이다. 그러나 그것은 너무 흔하게 일어나는 일이기 때문에 적어도 그것을 명확히 하기 위한 시도는 있어야 한다. 왜냐하면, 아무리 성실한 여성이라도 20세기의 이러한 문제의 혼란에 사로잡히고 성실과 헌신에서 오는 상반된 주장에 의해 분열이 일어날 수 있기 때문이다. 어떤 행동 방침과 그와 반대되는 다른 행동 방침의 상대적 도덕성을 따지는 것은 내 역할이 아니다. 모든 여성은 각자 자기 방식대로 자기 삶의 문제를 해결해야 한다.

오늘날 이혼은 그러한 경우 가장 일반적으로 사용되는 편법이다. 그러나 여성에게 있어 남편의 인지 여부와 관계없이 친구를 애인으로 받아들이는 것은 그리 드문 일이 아니다. 이와 같은 부모의 사생활을 목격하는 것이 감수성 예민한 아이들에게 얼마나 광범위한 영향을 미칠지는 의심의 여지도 없다. 어린 나이에 부모의 이혼과 가정의 붕괴를 경험함으로써 결혼의 신성함과 영속성에 대한 타고난 감각이 깊이 변형된 세대가 지금 자라나고 있다.

여성이 평생 남편을 사랑하고 존경하며 그에게 복종해야 한다는 요구는 구태의연한 도덕성의 근간을 이루는 믿음, 다시 말해 결혼은 평생 동안 지속되어야 한다는 믿음과 필연적으로 일치한다. 이 도덕률은 이러한 결혼 서약을 지키는 것은 전적으로 여성에게 달려 있다고 암묵적으로 가정한다. 이 가정은 오늘날 사회의 많은 분야에서 일어나는 의문 제기와 사랑이 결코 전적으로 개인이나 의식적인 통제 아래 있지 않다는 인식이 공공연하게 퍼지면서 완전히 전복될 위험에 처해 있다. 과거에는 부부 사이에 사랑이라는 이상(理想)이 실제로 유지되지 못하더라도 적어도 종래의 형태는 유지되고 부부관계가 의무 때문에 유지되었으며 일시적인 애정 행각도 성공적으로 억제되는 경우가 많았다. 오늘날 잘못된 정동을 억누르는 일은 결코 쉽지 않은 일이다. 그러한 태도를 지지했던 전통적인 가정의 연대는 여러 방면에서 붕괴되었다. 결혼 서약에 완전히 얽매여 있는 여성도 가벼운 바람

기나 제삼자(第三者)와 조금 알고 지내는 것을 잘못되거나 바람직하지 않은 것으로 여기지 않으며 위험한 것이라고 생각하지도 않는다. 그러나 그러한 치근덕거림은 쐐기가 될 수 있다. 억압이 믿을 만하려면 완전하게 이루어져야 한다. 그러한 문제에 대해 유연한 태도를 취하는 것은 그 상황을 자각하지 않으려는 시도를 좌절시킬 수 있다. 그러나 현대 여성이 낡은 도덕성을 의식적으로 문자 그대로 고수하면서 낡은 규범이 금지한 행동에 탐닉하는 자유까지 누린다면 붕괴를 막기 위해 본능과 정동에 대한 보다 광범위한 억압이 필요할 것이다. 이 억압은 그것이 대체하는 상황보다 훨씬 더 깊어질 수 있고, 한 세대 전에는 불가능했을 행동의 자유에 탐닉하는 많은 여성이 자신이 취하는 행동에 별로 동요하지 않는 이유를 설명해 준다. 진실은 그녀 안의 무엇인가가 차갑고 냉담해졌고 그것은 그녀의 본능이 정동적인 상황이 보증하지 않은 노출 앞에서 뒤로 물러났기 때문이다. 이러한 더 깊은 억압은 성적인 문제에 관해 초현대적인 생각과 습관을 가진 젊은이들에게 매우 두드러지게 나타난다. 만일 아이들에게 정숙한 태도나 자제(自制)는 단지 고상한 척하는 것이라고 가르치며 성(性)의 문제를 그들 앞에서 논의하고 합리적인 용어를 들며 사랑을 단지 해부학과 생리학의 문제인 것처럼 설명한다면 그들은 자라서 자신의 본능과 정동을 아주 심하게 억압하며 고통받을 가능성이 크다. 이런 식으로 자란 여성은 자신이 사랑에 빠졌다고 믿어도 자신의 더 깊은 본성과 접촉하지 못할 수도 있고 결혼 자체도 그녀의 합리적이고, 물질적이며, 의식적인 태도를 본능과 사랑으로부터 분리하는 간극을 메우지 못할 수도 있다. 본능과 사랑은 언제나 어느 정도 그늘진 장소에 있어야만 전개될 수 있고 의식의 태도가 우호적이어야만 무의식의 숨겨진 영역으로부터 떠오르기 때문이다.

그러나 그러한 억압을 통해 자신의 정동과 완전히 분리되어 있지 않고 완전히 이성적이지도 완고하지도 않은 기혼 여성은 전통적인 명예의 규범에서 벗어날 때 심각한 도덕적 갈등을 겪을 가능성이 높다. 만약 그녀가 자신의 내면에서 벌어지는 낡은 도덕 규범에 대한 도전에서 비롯되는 갈등에 직면할 준비가 되어 있지 않다면, 자신이 어떻게 오래된 전통적인 행동 규칙의 사소한 부분을 무시하는지 주의 깊게 살펴보아야 한다. 그러나 오늘날에는 꿩 먹고 알도 먹으려는 여성이 수두룩하다. 그들은 오래된 결혼 관례가 제공하는 안전함을 원하면서 오늘날의 보다 자유로워진 관습이 허용하는 흥분과 즐거움까지 원하는 것이다. 결혼 생활에 깊은 정서적 만족감을 느끼고 또 그것이 점점 더 커지는 사람들에게, 그리고 의식적인 관계를 구축하는 비결을 발견한 사람들에게는 이 두 가지 태도를 동시에 취하는 것이 가능할지도 모른다. 다른 사람들은 의심할 여지 없이 그들의 본성에 있는 더 역동적인 요소들의 억압을 통해 "그럭저럭 살아간다". 그러나 이 두 그룹에 속하지 않는 소수의 사람들이 남아 있다. 그들에게는 두 시대의 장점으로 보이는 것을 얻고자 하는 욕망이 그들의 실패의 원인을 증명한다. 그들은 그 두 가지 문화적 태도에 다리를 걸치려고 했다. 그들은 과거의 안전과 제약을 고수하지도 않고 미래의 불확실함과 약속에 몸을 던지지도 않으면서, 새로운 문화가 오래된 것에서 멀어지면서 그들의 태도를 점점 더 유지할 수 없게 되었다.

새로운 방식의 주요 강조점은 감정에 대한 충성심이다. "사랑이 있는 곳에 진정한 결혼이 있다. 사랑이 사라지면 결혼은 구속력을 잃게 된다"는 등의 말이 사방에서 들린다. 만약 유일하게 고려해야 하는 것이 개인적인 감정이라면 사람들은 왜 결혼을 해야 하는가? 한 성향만 일방적으로 강조하는 것은 여성이 아내의 의무가 강조된 장소에 자신의 의지로 사랑을 부을 수 있을 것이라는 낡은 가정(假定)만큼 일방적이다. 그러나 결혼에는 한 가지 측면만 있는 것이 아니라 두 가지 측면이 있으며, 현재 위태로워지고 있는 관습적인 도덕성을 대체할 더 깊고, 더 개인적인 도덕성을 개발하기 위해 이 두 가지 측면을 모두 고려해야 한다.

과거에는 결혼의 집단적 측면이 강조되어 더 개인적인 고려가 배제되었다. 오늘날에는 개인적인 고려가 우선이다. 많은 사람들은 심지어 사랑이 사라졌기 때문에 다른 모든 의무들을 완전히 망각하고 결혼 전체가 파괴되었다고 성급하게 결론짓기까지 한다. 결혼의 사회적 측면에 대한 더 책임감 있는 태도는 배우자 가운데 한 사람이 제삼자와 사랑에 빠졌을 때조차 이혼의 필요성이 오늘날처럼 대두되지 않도록 만들 것이다. 결혼은 성적인 사랑에 대한 인가(認可) 이상의 것이고 파트너십이자 합동 사업으로, 아무리 설득력 있고 중요한 분위기의 변화가 있더라도 가볍게 버릴 수 있는 것이 아니다. 만약 그들 사이에 자녀가 있다면, 그 자녀는 그들이 결코 가볍게 무시할 수 없는 의무와 책임을 구성한다. 그들의 사랑이 다른 곳으로 향해도, 더 진지한 태도는 자녀가 항구에 도착해 그들을 떠날 수 있게 되었을 때까지 남편과 아내가 함께 하도록 만들 수 있을 것이다.

그러한 위치에 있는 여성은 남편과 이해관계를 맺도록 노력해야 하는 특별한 구속력이 있는 의무를 지고 있다. 비록 그들 사이의 깊은 사랑은 죽어버렸지만 동지애와 신의의 가능성은 여전히 남아 있을 수도 있기 때문이다. 그들은 그들의 상황의 모든 측면들을 인식하는 것을 통해 그들과 자녀 모두에게 가치가 있는 실질적인 관계를 유지할 수 있을 것이다. 물론 그 가정(家庭)의 가치는 남편과 아내의 사이가 조화로울 때보다는 낮겠지만 적어도 그러한 조정을 통해 아이들에게 정서적인 안정감을 주는 환경을 제공할 수는 있을 것이다. 그런데 그들이 그러한 어려운 길을 선택한다면 가장 큰 헌신과 자기 수양이 필요할 것이다.

한편으로는 자신의 정동적인 삶을 영위하고 다른 한 편으로는 자신의 결혼 생활을 유지하려는 여성은 두 사람 사이의 충돌을 피하려면 끊임없는 자기 수양이 필요하다는 것을 알게 될 것이다. 내면에서는 남편과 연인에 대한 신의가 갈등을 일으키고, 밖에서는 오해가 그녀를 끊임없이 위협할 것이다. 그것은 누구에게도 추천하기 어렵고 위험한 길이다. 어떤 여성도 자기 안에 있는 관계의 원리와 밀접하게 접촉하는 방법을 찾고 자신의 동기를 끊임없이 정화하지 않는 한, 함정에 빠지지 않을 수 없다. 그녀가 자신이 손에 쥔 권력을 행사하기 위해 손을 내미는 순간 필연적으로 질투와 소유욕에 사로잡힐 것이기 때문이다. 그러나 한 가지 분명한 사실은 그녀가 용기 있게 최선을 다하는 의식적인 시도의 일환으로 상황을 마주한다면 정신적으로 발달할 것이라는 이야기이다. 어쩌면 삶이 우리에게 완수하라고 하는 것은 이런 것인지도 모른다.

결혼은 자신이 의지를 보이는 관계에 책임을 지는 태도를 취하는 능력을 기르고 발달시킨다. 이것은 매우 가치 있는 성과지만 관계의 관습적인 측면, 즉 배우자와 살면서 "반드시"와 "…을 해야 한다"를 지나치게 강조하는 경향이 있다는 단점이 있다. 이러한 의무는 '자유로운' 관계와 대조를 이룬다. 예를 들어 아내는 일상적인 일에 "좋은 감정"을 가져다 줄 의무가 있다고 느낀다. 정부(情婦)는 같은 방법을 쓸 필요가 없다. 아내는 자녀 앞에서 명랑하게 행동할 수 있도록 자신의 더 깊은 반응을 숨겨야 하고 예의 바른 태도로 손님들을 맞이하며 실제로 관심이 있든 없든 간에 남편의 관심사에 신경을 써야 한다. 모든 아내는 이와 같은 "…을 해야 한다"는 목록을 무한대로 늘릴 수 있을 것이다. 다른 모든 것을 배제하고 이러한 의무를 이행하려는 시도는 거기에 동반된 규율이 아무리 가치 있는 것이라도 결국 삶을 망칠 것이다.

 결혼의 관습적인 측면은 이러한 식으로 자유롭고 자발적인 삶의 필수적인 부분인 비합리적인 낭만적 갈망을 억제한다. 어떤 사람들에게 의무적인 관계는 본성의 더 깊은 본능적인 면을 만족시키지 못할 것이다. 왜냐하면 이것은 필연적으로 규제가 없는 외부에 속한 것이라서 그들은 더 자유로운 관계 속에서 그것을 충족시킬 것을 바라기 때문이다. 이러한 종류의 길들여지지 않은 욕망이 더 이성적이고 안정적이며 전통적인 성향의 사람보다 예술적이고 창의적인 성향의 사람에게 더 강하다는 것을 인식하던 사회는 사랑의 문제에서 그들에게 더 자유로운 잣대를 적용했다. 예술가는 사랑을 속삭이며 그에게 다가오는 뮤즈에 대한 그의 사랑을 따르는 것을 통해 그가 예술가로서 표현해야 하는 진실을 추구하고 있다는 것을 알고 있다. 그러나 평범한 개인은 창조적인 천재성을 주장하며 자신의 사랑을 따르는 것에 대해 변명할 거리가 없다. 그러나 어쩌면 특정 남녀는 그들이 무엇을 하는지 전혀 알지 못하는 상태에서 비합리적인 생명을-주는 영^{spirit}을 추구하는 비슷한 욕구에서 에로틱한 혼외 관계에 빠지기도 할 것이다. 그들은 본능적으로 더 깊은 에로스, 즉 정신적 관계성의 영 또는 원리가 지배하고 관습이 부차적인 것으로 되는 관계의 욕구를 느낀다. 그러나 그들은 에로스의 법칙을 따르는 대신 금지된 쾌락만 맛보면서 그 습관이 가져올 치명적인 영향을 극복하려고 한다. 그들은 그들의 에로틱한 관심으로 인한 방황이 그들 자신의 내면에 있는 삶의 충동에서 나온 부름이라는 사실을 깨닫지 못하는 것이다.

진정한 정신적 진전이 이루어지려면 문화의 상태가(그리고 현대의 결혼은 수세기에 걸친 규율을 통해 진화한 높은 문화 상태에 해당된다) 더 많은 규율을 가진 고등 문화로 대체되어야 하는데, 그 전의 문화 상태가 길들이지 못한 정신의 부분에 적용되었던 규율은 아마 노예화된 규율일 것이다. 새로운 문화는 낡은 문화보다 더 넓은 기반 위에 놓여야 한다. 오래된 문화는 결혼에서 정동은 의지에 순종해야 한다고 가르쳤다. "남편을 사랑하는 것이 아내의 의무이다." 새로운 문화는 이러한 정동을 길들이고 훈련시켜 각 남성과 여성이 사실과 논리의 남성 원리인 로고스의 진리만큼 에로스의 진리, 즉 관계성의 여성 원리와 관계가 깊고 구속력 있는 개인적 관계를 맺을 수 있도록 한다.

그러나 남편이 아닌 다른 남성과 정동적 관계를 맺게 되는 여성은 필연적으로 어려운 과제에 부딪칠 수밖에 없다. 그것은 그녀가 어떻게 행동하고, 무엇을 하며, 어떤 주어진 순간에 어떤 태도를 취할지 미리 계획할 수 없는 종류의 것이기 때문이다. 그녀는 기껏해야 사랑과 의무라는 이중의 진리에 최대한 완벽하게 헌신함으로써 얽힌 것들을 헤쳐 나갈 수 있는 길을 발견하기를 바랄 수밖에 없다. 자기중심주의와 이기주의는 고결한 마음 뒤에 숨을 가능성이 매우 높기 때문에, 그녀가 그것을 자신의 동기로 착각하지 않으려면 끊임없이 자신을 살펴보아야 한다. 관련된 세 사람 모두 아무리 최선의 선의를 가지고 있어도 그들을 전부 뒤집어 놓는 많은 함정을 전부 피할 수는 없다.

그러나 그런 위협에도 불구하고 그 어려움을 극복할 수 있다면 가치 있는 어떤 것이 회복될 수 있고 어떤 좋은 일이 생길 수도 있을 것이다. 적어도 정체기에 들어선 결혼 생활이 사그라드는 일은 없는 것이다. 그러기 위해서는 근본적인 위협에서 야기된 문제와 맞서 싸워야 한다. 삶의 많은 영역에서 오래되고 형식화된 방식에 대한 항의와 반란은 부흥을 가져왔다. 사랑도 예외가 아니다. 남성과 여성은 과거에 새로웠던 사랑이 그들의 관계를 위협하는 것에 용감하게 대처함으로써 종종 그들의 결혼이 상상했던 것보다 훨씬 활력 넘치고, 정동적인 면에서 그들을 더 잘 묶어 줄 수 있다는 사실을 알게 된다.

사실, 만족스러운 결론에 도달할 수 있는 삼각 관계는 아마 거의 없을 것이다. 그리고 그것은 진리를 찾고 그것을 최우선 순위에 두려는 각자의 진지한 열망 없이는 불가능하다. 이때 올바른 조정이 이루어지려면 어느 한 사람의 근본적인 욕구가 다른 사람의 이기적이거나 소유욕에서 비롯된 요구 때문에 무시되거나 배제되어서는 안 된다. 한 사람의 것을 취해 다른 사람에게 주지 않고, 각 사람에게 속한 것을 그 사람에게 주는 것이 분열된 사랑과 의무가 부과하는 근본적인 과제이다.

그렇게 세 사람으로 구성된 집단에서 중심 인물은 특별한 문제와 어려움을 가진다. 이 사람이 아내라면 두 남성이 그녀에게 의존하는 권력의 위치를 차지하는 것처럼 보일 것이다. 그 권력은 다른 두 사람으로부터 비난과 요구를 쉽게 사도록 만든다. 그래서 그녀에게는 놀랍고 유감스러운 일이지만 그녀는 이 권력의 자리가 실제로는 시중을 드는 자리라는 사실을 깨닫는다. "너희 가운데서 가장 큰 자는 너희를 섬기는 자가 되어야 한다." 아무리 그 관계를 통해 사랑이 이루어지더라도 그것은 영적 추구도, 종교적 체험도 되지 않는다. 그것은 일종의 종교행위나 의례을 치르는 것에 불과하다. 그것들은 개인적인 것을 넘어 그 자체의 목적을 실현시키려는 어떤 의지의 발현으로 이해되어야 한다.

자립적인 전문직 여성의 혼외 관계를 살펴보면 우리는 또 다른 많은 고려 사항을 발견하게 된다. 중년에 가까운 이 부류의 여성은 우리가 앞에서 살펴보았던 두 여성들보다 당연히 훨씬 더 자유로울 것이다. 개인적인 관계의 문제에서 그녀 자신이 법이었다. 그녀는 스스로 돈을 벌기 때문에 부모나 남편에게 재정적 지원을 이유로 복종할 필요가 없다. 그녀는 말하자면 스스로 결정하는데 익숙한 책임감 있는 사람이다. 그녀의 도덕적 기준은 그녀 자신의 것이다. 그녀가 대부분의 기혼 여성들이 출산을 마친 나이와 그녀의 삶과 경력의 측면에서 가장 까다로운 시기에 사랑을 하게 되면 그녀가 직면할 문제는 젊은 여성의 문제와는 매우 다를 수 밖에 없다. 그녀는 단지 결혼만을 위해 내던질 수 없는 수많은 책무들을 가지고 있다. 그녀에게는 수년 동안 쌓아온 관계들이 있고, 따라서 결혼은 그녀에게 엄청난 격변일 것이다. 더구나 그녀가 사랑에 빠진 남성이 그녀와 비슷한 또래라면, 그 또한 살면서 여러 가지 책임과 관계들을 맺어 왔을 것이고 그로 인해 새 가정을 꾸리는 데 있어 완전히 자유롭지 않을 것이다. 젊지 않은 여성이 자유롭게 결혼할 수 있는 적당한 남성을 만나는 것이 쉽지 않다는 사실은 두 말할 필요도 없다. 그녀들 가운데 많은 사람은 이렇게 관습이나 여론과 일치되는 해결책을 선택하지만 모두가 상대적으로 그렇게 쉬운 해결책을을 선택하지 못한다. 그 방법이 그 여성의 개인적이고 특별한 요청을 충족시키지 못할 수도 있기 때문이다.

이러한 여성에게 일어나는 문제는 젊은 여성의 문제와 다르고 결혼한 여성의 문제와도 같지 않다. 결혼한 여성의 문제와 다른 점은 그녀에게 결혼이 가져오는 사회적이고 가족적인 책무가 없다는 사실에만 있지 않고 그녀가 성적 표현을 하지 않기 때문에 발달시켜야 했을 그녀 자신의 본능과 관련되는 것에도 있다. 그러나 젊은 나이에 결혼한 여성은 정절이 오랫동안 깨어지지 않은 채 수 년간 충족되지 못한 본능이 가져오는 짐을 전혀 알지 못한다. 이것이 결혼하지 않은 여성이 경험하는 문제이다.

이전 시대에는 남성뿐만 아니라 여성도 종교적인 목적을 위해 독신 서약을 하면서 그녀의 삶에서 신에 대한 사랑을 인간에 대한 사랑으로 대신했다. 그러나 현대 여성은 신에 대한 사랑이 아니라 어떤 "이유", 말하자면 정신적이고 경제적인 독립을 위해 사랑과 결혼을 포기한다. 어떤 여성들, 특히 여성 운동의 선구자들에게 그 "대의명분"은 과거의 종교적 목적의 자리를 차지하고 그녀들은 거기에 자신의 몸과 마음을 바치는 것에 만족한다. 오늘날 일을 하는 여성들 가운데 많은 사람들은 종교적 동기가 아니라 생계나 자신의 능력을 찾기 위해 그러한 선택을 하지만, 그러한 이유로 선택한 일이 그들의 정동적 욕구를 충족시킬 리는 없다. 그들이 그들의 일에 "몸과 영혼"을 다하지 않기 때문에 몸과 마음은 만족시켜 달라고 외친다. 그러나 많은 여성들은 그녀들의 욕구를 억압하면서 그 문제를 해결하려고 한다. 어떤 점에서 그것은 손쉬운 방법이다. 수년 동안 습득된 개인적인 습관, 인습적 견해의 압력 및 도덕적으로 옳은 것이 무엇인지에 대한 그녀 자신의 감각 등은 모두 사회적으로 적절하다는 범위에서 벗어나지 않으면서 자신의 삶을 충족시키려는 그녀의 시도를 지지할 것이다. 어쩌면 영어권 국가에 사는 대부분의 일하는 여성들은 아직도 이런 길을 선택할 것이다.

사랑에 빠지지 않는 한 이 길을 따라 계속 가는 것이 당연히 그녀에게 더 쉬울 것이다. 하지만 특정한 남성이 그녀에게 점점 더 정동적으로 깊고 중요하게 다가올 때 그것을 억압하려는 투쟁은 점점 더 어려워질 것이다. 생물학적인 관점에서 볼 때 남성이나 여성이 평생 동안 금욕하는 것은 비정상적인 일이다. 여성의 신체적, 정신적 발달에 순결을 계속 지키는 것이 어떤 영향을 미치는지를 연구한 서로 다른 분야의 많은 연구자들은 그것이 여성들에게 깊고 광범위하게 영향을 미쳤을 것이라는 사실에는 이견을 보이지 않는다. 문명이 발달하는 과정에서 성적 본능이 정동과 매우 긴밀한 관계에 있다는 사실이 밝혀졌고, 완전한 금욕은 흔히 사랑까지 억압한다고 여겨졌다. 완전한 금욕은 신체적인 성행위를 하지 않는 것보다 더 해롭다. 그러나 대부분의 여성에게 있어 신체적 이완을 위한 사랑 없는 성행위는 정신적으로 완전한 금욕보다 더 해로울 것이다.

자신의 직업에 몰두하면서 누구에게도 사랑을 주지 않은 여성은 깊이 묻힌 열등감과 삶에서 이루지 못한 것들에 대한 낭패감 때문에 고통을 받는다. 그녀는 그녀가 사랑하기에는 적당하지 않다고 느끼는 것에 대한 보상으로 업적을 쌓아 인정받는 것으로 자신이 놓친 사랑의 자리를 채우려는 희망을 가진다. 그래서 그녀는 자신이 하는 일의 중요성을 높이면서 자신의 중요성을 높이고 그녀의 삶이 가치 있다는 확신을 가지려 한다. 그러나 이러한 강박적인 헌신은 그녀가 하는 일에 추진력을 부여하지만 반대와 불신을 일으킬 가능성이 높은 당파적 성질의 것도 낳으면서, 그 결과 사랑의 가능성까지 차단하는 것으로 이어진다. 일을 통해 성적 억압의 문제를 해결하려는 시도는 그녀가 처한 상황의 어려움을 강화시킬 뿐이다.

이러한 여성은 자신의 성적 본능을 억압하고 그것을 무의식 속으로 밀어 넣는 대신 그것이 야기하는 고통을 회피하지 않고 그녀의 사랑 경험 부족을 의식적인 문제로 받아들일 수도 있다. 이때 그녀는 그녀가 사랑의 삶에서 이룬 것이 많지 않더라도 정신적 발달을 위한 투쟁의 열매들을 거두어 들일 수 있다.

오늘날 사랑과 성을 자신의 삶의 일부로 받아들이면서 이러한 문제에 직면한 여성의 숫자는 점점 증가하는 추세이며, 이것은 미혼 여성에게도 마찬가지이다. 이 모든 문제의 종류와 동기는 너무 다양해서 그것들을 범주화 할 수는 없다. 예를 들어, 성적으로 문란하게 살면서 자신의 매력을 이용해 생계를 유지하는 사람들도 있고, 성적으로 문란하지 않고 오랫동안 한 남성에게만 충실했던 사람 가운데 연인들에게 전적으로나 부분적으로 지원을 받는 사람들도 있다. 그런데 내가 여기서 경제적으로 자립했다고 말한 여성은 이 두 부류의 여성과는 완전히 다르다.

결혼하지 않은 남녀의 관계와 서로 경제적으로 독립적인 남성과 여성의 관계는 결혼했거나 결혼하지 않았지만 여성이 남성에게 경제적으로 지원 받는 관계와는 전혀 다른 기반을 가진다. 후자의 경우 의무와 편의에 대한 생각이 두 사람 사이의 상황을 흐리고 그 관계를 복잡하게 만든다. 남편이 아닌 남성과 관계를 맺지만 그에게 금전적인 지원이나 여타 다른 지원을 받지 않은 여성은 그 남성과 오직 정동적으로만 관계하고 있다. 그래서 그 관계는 결혼에 수반되는 사회적이고 인습적인 구속은 물론 금전적인 문제로 인해 발생하는 문제에 의해 더 단단해지거나 더 느슨해지지도 않는다. 그렇게 단순하고 복잡하지 않은 상황에서 두 사람의 서로에 대한 충성은 오직 그들이 만나면서 체험하는 "살아 있다"는 감각과 그들이 느끼는 감정의 진솔함에만 의존한다. 혼외의 관계는—비록 그것이 비인습적인 것이라는 점과 자녀 때문에 욕망을 희생시켜야 한다는 점 및 보통 은밀하고, 비밀이 유지되어야 한다는 점, 같이 보내는 시간의 한계 때문에 방해 받기도 하지만—어떤 점에서 때때로 그렇지 않았으면 더 완전한 결혼 관계에서 명백하게 누릴 수 없는 자유를 누릴 수 있다.

이런 성격의 연합은 여성 원리의 법칙을 따른다. 여기서 결혼을 광범위하게 규정짓는 남성적인 계약의 법칙은 배제되는데, 이러한 종류의 관계에서 여성은 단지 아내라는 이유로 어떤 의무를 수행하지 않아도 되고 남편의 어떤 요구에 응하지 않아도 되며, 자신의 욕망과 일치하지 않는 접근을 허용하지 않아도 된다.

그녀는 자신의 노력으로 얻은 재산과 사회적 지위에 대해 아무런 책임을 지지 않아도 된다. 그래서 그들의 관계는 더 인습적인 상황이었다면 타협에 의해 가려졌을 정동적인 현실을 외면하지 않을 수 있다. 그래서 그런 한계로부터의 자유는 때때로 결혼에 의한 책임과 도덕성의 요구에서 벗어나는 손쉬운 길로 환영 받기도 한다. 그런 경우 사랑은 단순한 쾌락 추구로 전락하기도 한다. 그러나 자신의 충성을 여성 원리, 즉 모든 개인적인 욕망보다 위에 있는 관계성이라는 에로스의 원리에 두는 다른 여성은 사랑의 소중함을 인습적인 규범이나 자신의 개인적인 만족보다 더 중요하게 여긴다. 그런 태도는 에로스의 법칙을 따르는 것이 인습적 규범을 따르는 것만큼 사람들을 훈련시키기 때문에 그들을 정신적으로 성숙하게 하고, 세련되게 해준다.

높은 도덕성과 성실함을 가진 여성이 혼외 관계를 감행하는 것을 정당화 시키는 주된 요인은 그녀가 자신의 내적 경험의 본성과 강렬함을 통해 에로스 원리에 복종하려는 욕구를 인식하게 되었다는 데 있다. 이런 유형의 여성이 진지하게 사랑에 빠질 때 그녀는 자신의 내면에서 일어나는 정동의 중요성을 인정하지 않을 수 없게 된다. 그것은 다시 그녀에게 인습적인 도덕 규범의 문제를 제기하고 그녀에게 스스로 올바른 행동 방식을 찾게 한다. 그녀의 사랑을 부정하는 것은 그녀 자신의 일부를 살해하는 것과 마찬가지일 것이다. 그러나 조상들로부터 온 관념들은 그녀에게 그녀의 사랑을 표현하는 것은 죄라고 경고한다. 이것은 자신이 원하는 대로 행동할 자유가 있다고 주장하는 지적으로 독립적인 여성에게도 마찬가지이다.

어떤 사람들에게 그런 갈등은 해결할 수 없는 것처럼 보인다. 그들은 그것을 해결할 수 없고 그래서 아무것도 하지 않는다. 다시 말해서 그들은 관습이 지시하는 대로 계속 행동하지만 실제로 희망을 희생하거나 만족에 대한 욕구의 질주를 막지도 않는다. 여성이 이렇게 행동한다면 그녀는 그 상황은 물론 그녀 안에 있는 살아있는 불꽃을 꺼뜨리고 말 것이다. 그녀는 아마 신경증에 걸리고—수년 동안 해결 되지 않고 받아들여지지 않는 도덕적인 문제를 안고 있는 모든 이들의 운명이다—그 관계도 고통받을 것이다. 그때 그 관계는 무슨 수를 써서라도 남성을 붙잡으려는 여성의 강박적 시도에 의해 악화된다. 그러나 모든 진정한 사랑은 그런 태도에 숨이 막힌다. 이상한 것은 자신의 삶을 다른 곳에서 찾는 대신 그러한 상황을 받아들이는 남성이 있다는 것이다. 그런 예로 나는 20년 동안 자신에게 매달리는 남성을 그대로 놓아둔 여성을 알고 있다. 그는 현재 나을 기약이 전혀 없는 신경증 상태에 빠져 있는 여성에게 여전히 관심을 표현하고 선물을 주며 그녀를 끈질기게 따라다닌다. 그는 그녀가 그를 사랑하지만 양심의 가책 때문에 그와 결혼할 수 없고 또 도덕적인 이유로 그와 혼외 관계도 맺을 수 없다고 말했던 순간보다 자신의 희망을 조금도 실현시키지 못했다. 그들은 그들의 실제 삶으로부터 떨어뜨려 놓는 유보 상태에 여전히 빠져 있다.

내적으로 더 성실한 다른 여성은 자기 자신을 신경증으로 몰아넣는 정신적 분열의 고통을 받지 않고, 문제가 해결되지 않은 상태를 놓아두지 않는다. 그녀는 갈등을 해결하는 것이 필수라고 느낀다. 어떤 사람들은 사랑을 따르기 보다 도덕 규범을 따르는 것을 더 중요하게 여긴다. 어떤 여성이 정말 깊은 자기성찰 후에 그런 결심을 하게 된 것이라면, 그녀는 아마 그 특별한 사랑을 희생시키고 도덕 규범을 다시 동화시킬 수 있을 것이고 그것은 억압과 전혀 다를 것이다. 그렇게 자발적으로 이루어진 포기에 따른 고통을 피할 수 없지만 그녀는 그 희생 때문에 정신적으로 붕괴되거나 신경증에 걸리지는 않을 것이다. 실제로 그러한 결정에서 비롯된 정신적 결과는 그녀에게 그런 행동을 하도록 이끈 동기만큼 가치가 있다. 처음에 그러한 결정을 잠정적으로 아니면 일시적으로 할 수 있다면 그 결과에서 얻을 수 있는 통찰을 행동 지침으로 활용할 수 있을 것이다. 예를 들어, 그와 같은 문제를 가지고 있는 여성이 본인이 최선이라고 판단하는 어떤 선택을 하고 그것을 최종적으로 행동에 옮길 때 돌이킬 수 없는 행동을 하는 대신 자신이 옳다고 생각하는 결정을 조심스럽게 따를 수 있는 것이다. 그때 그녀가 자신이 신경증 상태에 빠지는 것—그녀가 도덕 규범을 따르기로 한 이상 그 남성을 다시 사랑할 수 없다는 것을 깨닫거나 아니면 인습을 위반하려고 하면서 불안과 후회로 가득 차는 것—을 알게 되면, 그녀는 그녀의 결정이 자신의 존재 법칙에 위배되거나 자신의 동기가 그녀가 생각했던 것과 다르다는 사실을 인정하지 않을 수 없다. 그녀의 결정이 무의식적 콤플렉스에 기반을 두고 있다면, 그녀는 자신의 진정하거나 근본적인 본성과 맞지 않는 생각을 따라서 사는 벌을 피할 수 없게 된다. 실제로, 삶에서 그런 근본적인 갈등에서 파생될 수 있는 주된 가치들 가운데 하나는 그것이 한 사람의 인격과 행동의 기반이 되는 기본적인 가정에 도전하는 것이다.

대다수의 독자들은 적어도 이론상으로 자립적인 여성은 어느 누구에게도 해를 끼치지 않고 외적으로 존경받을 만한 면모를 유지한다면 그녀가 원하는 대로 사생활을 자유롭게 영위할 수 있다는 데 동의할 것이다. 그런 동의에는 그녀가 공공장소에서 예의 바르게 행동하고 무례하게 남의 애정사에 끼어들지 않으며 스캔들과 임신으로부터 자신을 적절하게 보호한다면 나머지는 그녀만의 문제라는 점을 시사한다. 그녀와 그녀의 남자 친구들 사이의 친밀감은 아무리 깊다고 한들 그것은 다른 사람들이 상관할 문제가 아니라는 것이다.

그러한 기준을 가지고 행동하는 여성은 일반적으로 보다 전통적인 여성과 그녀들이 만나는 남성을 거의 완전히 차단하는 사회적 보호를 약화시키는 방식으로 남성과 직접적인 관계를 맺는다는 것을 알게 된다. 그녀가 정말로 지적인 측면에서뿐만 아니라 더 깊은 측면에서까지 낡은 사회 질서의 구속과 제약들로부터 벗어났다면, 그녀는 일상생활의 가장 단순한 접촉을 통해서도 사회적인 가면 뒤에 숨은 진정한 남성과 만날 수 있게 해주는 부적(符籍)을 가지고 있다는 사실을 알게 될 것이다. 사람들의 가면을 벗기는 일은 더 깊고, 더 생생하며, 더 역동적인 현실이 드러나는 길을 열어준다. 이때 문은 열리고 삶이 들어온다. 하지만 삶은 잘 짜여져 있고 철저히 길들여져 있으며 통제된 존재에게 당혹스러운 방문자가 되는 경향이 있다. 그 속에서 판에 박힌 일상과 효율성에 대한 추구는 수년 동안 전혀 도전 받지 않고 지배하고 있다.

그러므로 정동적인 상황에서 자신을 인도하는 관습적인 방식을 버린 여성에게는 어떤 것이 그녀의 새로운 지침이 될 것이냐 하는 문제는 거의 즉시 대두될 수밖에 없다. 그녀가 아무 지침도 없이 불륜에 "뛰어 들어" 스스로를 인도하려고 한다면 그녀는 곧 어려움에 처할 것이다. 그녀의 욕망과 그의 욕망이 모든 면에서 일치할 리가 없기 때문이다. 두 사람이 주도권 싸움을 하지 않기 위해서는 그들의 개인적인 소망을 종속시킬 수 있는 어떤 기준, 어떤 비인격적 원리를 찾아내야 한다.

사랑에 깊이 빠진 여성이 자신의 사랑의 감정을 받아들이고 표현하는 것은 매우 중요한 일이다. 하지만 자신의 감정을 받아들인다는 것은 말처럼 그렇게 쉽고 간단한 일이 아니다. 그것을 받아들이는 것은 어쩌면 삶과 일에 대한 그녀의 모든 태도에 상당한 변화를 요구하기 때문이다. 그녀의 사랑은 그녀가 예상했던 것보다 훨씬 더 많은 시간을 차지할 것이며, 연인과 함께 보내는 시간 이외에도 사랑에 빠지기 전에는 나태하고 시간 낭비라고 생각했던 사색, 몽상, 정동에도 더 많은 시간을 쓰게 만들 것이다. 그에 대한 보상으로 그녀는 자신의 신체적, 정신적 에너지가 그녀의 정동적인 삶이 발달하는 것과 거의 같은 정도로 증가하는 것을 깨닫게 될 것이다. 하지만 그녀의 에너지가 증가하지만 일과 경력에 대한 욕망과 관심이 예전 같지 않다는 사실도 발견하게 된다. 그녀의 성격의 전반적인 부분에서 미묘한 변화가 생긴 것이다. 그녀에게는 거의 감지할 수 없는 방식으로 삶의 가치에 대한 강조점이 바뀐 것이다. 그러한 변화를 그녀는 전혀 이기지 못한다. 그녀의 의식적이고 합리적이며 지적인 태도에서 볼 때 자신의 개인적인 사랑이 그녀의 일에 지장을 주는 것은 있을 수 없는 일이다. 사랑이 남성에게는 그런 식으로 영향을 미치지 않는데, 그녀에게는 왜 그런 것일까? 그렇다고 해서 그녀가 일을 효율적으로 하지 못한다는 것은 아니다. 사실 그녀는 어떤 면에서 일을 더 잘 하게 되었는지도 모른다. 그러나 이상하게도 그녀는 이전처럼 일을 박력 있게 하지 못하고 이전과 같은 열의와 열정도 사라졌다. 그녀의 동료들은 이전의 날카로움과 엄격함 대신 부드러움과 여성적인 우아함을 갖추게 된 그녀를 더 좋아할지도 모르지만, 그녀는 자신에게 어떤 커다란 것이 사라진 것을 고통스럽게 느낀다. 남성에 대한 사랑이 그녀에게 야망을 빼앗아 가는 이유는 무엇인가? 그녀가 결혼하여 거기에서 수반되는 이점을 취한다면 그녀는 자신에게 일어나는 변화를 받아들일 수도 있을 것이다. 그때 그녀에게는 그 손실을 보전(保全)하는 뚜렷한 이득을 취하기 때문이다. 더구나 그녀에게는 그녀를 위해 싸워줄 편이 생겨서 더 이상 예전 같은 방식으로 싸우지 않아도 된다. 그러나 무슨 일이 있어도 예전으로 돌아갈 의향이 없다고 말할 여성은 거의 없을 것이다. 그럼에도 불구하고 그녀는 그 사람과의 관계에서뿐만 아니라 그녀의 삶의 모든 관계에서 나오는 따뜻함을 통해 아주 많은 것들을 얻을 수 있었다.

그녀의 이러한 직업적인 태도의 변화 외에도 사랑에 빠진 여성이 짊어져야 하는 다른 짐이 또 있다. 과거에 그녀는 자유로웠다. 그러나 이제 그녀는 그녀가 통제할 수 없는 한 남성과 보이지 않는 실로 묶여 있다. 그의 왕래는 그녀의 가장 취약한 곳에까지 영향을 미치지만 세상에서 볼 때 그는 그녀와 어떤 끈으로도 묶여 있지 않다. 그가 심하게 아파도 그녀는 그에게 가지 못할 수도 있고 그가 화를 내며 떠나더라도 그를 쫓아가 그와 화해할 수도 없다. 이러한 한계들이 그녀의 마음 뒤편에 언제나 자리잡고 있으며 그녀가 하는 많은 행동에 보이지 않는 영향을 끼친다. 그것들은 그녀를 부드럽게 만들어서 그녀가 그의 응석을 받아주고 농담하게 만들며 그가 계속 기분이 좋을 수 있도록 노력하게 만들지도 모른다. 그녀가 좀더 의식적인 사람이라면 자신의 의존성에 대한 지식은 그녀로 하여금 서로에게 진정한 이해와 수용의 유대를 형성하도록 재촉하며, 이것은 그들이 어려움에 직면할 때 그들을 굳게 붙잡아 줄 수 있을 것이다. 그래서 그 관계는 의무와 결속이 따르는 결혼에 비견될 만큼 강한 관계가 될 수도 있다. 그럼에도 불구하고 불안과 그런 종류의 정동적 걱정은 종종 그녀의 마음 한 구석에서 떠나지 않을 것이다. 그녀가 완전히 떨쳐낼 수 없는 다른 불안이 또 있다. 아무리 피임에 신경을 써도 그녀는 결코 임신에 대한 공포에서 벗어날 수 없을 것이고 그녀의 본성의 한 부분은 그녀가 두려워할 수밖에 없는 것을 두려워하게 만들 것이다. 사실 그녀는 그녀의 의식적인 결정에 의해 모성의 실현을 포기해야만 했다. 그럼에도 불구하고 사랑하는 남성의 아이를 낳고 싶어하지 않는 여성은 거의 없을 것이다. 그녀는 그것이 불가능하다는 사실을 잘 알고 있다. 그녀는 자신의 짐을 짊어져야 할 필요성을 인식한다. 그녀는 처음부터 그 존재가 가려져야 하는 아이를 세상에 데려오는 일을 통해 자신의 모성을 실현시키려는 시도는 그녀의 삶을 복잡하게 만들 것이라는 사실을 알고 있다. 그녀는 이 모든 것들을 잘 알고 있으며 의식적으로 거기에 동의하지만 여전히 그와 그녀 사이의 아이에 대한 생각과 꿈이 떠나지 않는다는 사실을 발견한다. 그녀의 생물학적인 본성에 뿌리를 두고 있는 그 욕망은 희생되고 또 희생되어야 한다. 아이에 대한 욕망에 대한 거부는 종종 그녀의 내면에서 반복적으로 갈등을 일으키는 또 다른 끈질긴 욕망과 밀접하게 연관되어 있다. 그것은 그녀의 사랑과 그녀의 연인과의 관계를 공개하고 인정받으려는 욕망이다. 정동적으로 매우 중요한 문제를 비밀로 부치는 것은 견디기 힘든 소외감을 낳는다. 결혼한 여성은 대화 도중 남편을 언급할 일이 생기면 얼마든지 그의 이야기를 꺼낼 수 있으며, 그를 굳이 화제 삼지 않아도 되지만 그의 이름을 굳이 뺄 필요도 없다. 이와 달리, 결혼하지 않은 여성은 그녀의 비밀 관계가 남들에게 알려지지 않도록 끊임없이 경계하고 조심해야 한다. 그녀가 자신의 사생활을 전부 밝히지 않았음에도 불구하고 그녀와 가까운 사람들이 그것을 어느 정도 짐작하고 있는 여성은 운이 좋은 편이다. 그것을 완전히 숨기면 그녀는 주변 사람들로부터 완전히 소외되며 그 결과 그녀는 비현실감 속에 살게 된다. 그러한 삶은 너무 배타적이고 다른 현실과 접촉이 없기 대문에 거의 마법에 걸린 성에 사는 꿈과 같은 삶이 된다. 이것이 일상적인 관심으로부터 그 관계를 지나치게 보호하는 것에 따른 위험이다.

  이 모든 문제는 인습적인 방식에서 벗어나 진행되는 사랑의 관계를 심각한 과제로 만든다. 물론 그것이 항상 이렇게 여겨지는 것은 아니다. 이러한 진지한 관계에 동반되는 문제와 직면할 수 없는 일부 여성은 차라리 눈을 감는 쪽을 택한다. 그녀는 그녀의 정동을 모르는 척하면서 뒤따르는 더 깊은 문제들로부터 몸을 숨기려 하는 것이다. 그러나 그녀의 태도는 쾌락-추구적인 태도 가운데 하나이다. 그녀는 결혼에 따르는 책임을 회피하고 다른 것들도 무시함으로써 삶이 요구하는 대가를 치르지 않고 사랑에서 얻을 수 있는 만족과 이득만 얻으려고 한다. 만약 그녀가 그 관계를 진지하게 받아들이지 않으면 남성에게도 그것을 기대할 수 없고, 그들의 관계가 더 깊어지거나 지속되는 일도 없을 것이다. 그녀가 아무리 대가를 치르지 않고 회피하더라도, 불륜에 불륜을 이어가는 과정에서 그녀는 점점 더 활기가 없고 지저분한 관계를 맺게 되고, 상심이나 후회 아니면 인격의 황폐화 등을 통해 결국 그 값을 치르고 만다.

  그 여성이 더 진지한 성격이고 즉각적인 쾌락 충족에 덜 집착한다면 그녀는 관계에서 오는 문제와 어려움에 직면할 용기를 낼 수 있을 것이다. 이때 그녀가 가장 먼저 살펴보아야 하는 것은 그녀의 사랑의 감정이 그들의 사랑이 요구하는 희생을 감내할 만큼 강하고 중요한지 자문(自問)해야 한다. 그녀가 그를 진정으로 깊이 사랑한다면 혼외 관계에서 오는 부담을 기꺼이 떠맡으려 할 것이다. 그 다음에 그녀가 직면해야 하는 문제는 그 남성과의 관계를 확실하고 직접적인 것으로 만드는 것이다. 그 역시 그의 감정을 밝혀야 하고, 그녀는 그에게 그것을 요구해야 한다. 왜냐하면 그는 그녀가 적어도 잠재적으로 자신의 모든 것을 거는 문제 앞에 단지 쾌락만 찾을 수는 없기 때문이다. 느낌-진실$^{feeling-truth}$에 대한 충성의 문제에 대해 그가 무책임한 태도를 보인다면 그 관계는 필연적으로 깨질 수밖에 없다.

결혼 생활에서 사랑의 관계 비용과 더불어 남성이 대가로 지불해야 하는 것은 가정을 지원하고 외부 세계에서 일어나는 모든 일들을 처리해야 하는 것이다. 그래서 그는 그의 신체적인 힘, 사업에 대한 지식, 많은 문제들에 대한 판단 능력, 충성의 맹세를 아내에게 해야 한다. 그러나 불륜 관계에서 이것은 불가능하다. 그 관계에서 그에게 요구되는 것은 이해의 측면이다. 그는 여기에서 관계의 법칙, 즉 생각이 아니라 감정의 요구에 따라 행동하는 법을 배워야 한다. 남성에게 이것은 받아들이기 어려운 일이다. 예를 들어, 남성은 자유를 소중하게 여기고 속박되는 것을 싫어한다. 그는 갑자기 생긴 일^{business} 때문에 예정된 시간에 도착할 수 없는 상황에 처하면 그 사실을 미리 알려달라는 여성의 요구에 분개한다. 그는 떨어져 있다가 여유가 생기면 다시 돌아가는 것을 훨씬 더 좋아한다. 그는 그가 오기로 한 시간에 도착하지 않을 때 그녀가 실망할 뿐만 아니라 —그녀의 상황이 그가 오지 못하는 이유를 전화로 물을 수도 없는 상황이라면— 더욱더 그럴 것이다. 밤새 불안에 떨 것이라는 생각을 전혀 하지 못하는 것이다.

남성이 계속 그런 식으로 행동할 경우 여성은 그것을 문제 삼지 않을 수 없다. 그가 그들의 감정적인 관계에 충실하지 않는 한 그 관계는 지속될 수 없기 때문이다. 서로에 대한 사랑으로 맺어진 그들의 관계는 그 자체로 의무와 권리를 가진 독립된 실체이기 때문에 그것을 무시하려 든다면 깨질 수밖에 없다. 이러한 식으로 관계를 하나의 실체로 생각하는 것은 매우 가치 있는 일이다. 그렇게 해야 그 관계 자체의 욕구와 요청을 한 사람의 개인적이거나 이기적인 요구와 구분할 수 있기 때문이다. 여기서 이 두 가지 고려 사항은 전혀 별개의 것이다. 결혼 생활에서 결혼과 가정은 대체로 가치 그 자체의 지위에 도달했다. 그런 관점에서 결혼은 충성의 대상으로서 최고의 지위를 차지하는 하나의 제도이다. 혼외 관계에는 그에 상응하는 '제도'가 없다. 여기서 정신적 관계는 현실 앞에서 점진적으로 제한되어야 하고 모든 개인적인 고려 사항을 제쳐두어야 하는 중요한 가치이다.

그러나 그들의 관계는 사회적인 것, 다시 말해서 사회가 인정하고 외적 형식과 관습에 의해 유지되는 관계가 아니다. 거기에는 그 안에 많은 것을 함축하고 있는 "가정"과 같은 물질적 형태가 없기 때문에 그 관계에서 그들의 **감정**이라는 현실에 충성할 것이 강조될 수밖에 없는데, 이것은 에로스의 원리에 속해 있다.

앞에서 논의한 것을 통해 다른 어느 관계보다 혼외 관계에서 에로스를 기반으로 한 남녀 관계가 발달하기 쉽다는 사실이 명백해진다. 그러한 관계가 부과하는 규율은 외부 법이나 사건의 규율이 아니다. 오히려 그것은 안전, 자녀 또는 사회적 인정을 위한 개인적 욕망의 자발적 희생의 규율이며, 이러한 가장 인간적인 소망을 사랑의 절박함과 사랑에 기반한 감정적 현실에 복종시키는 것이다.

이러한 종류의 경험을 통해 여성은 권위적인 규범에 대한 맹목적인 순종에 의존하는 유치한 도덕성을 넘어서고, 대신에 그녀가 단호하게 준수해야 하는 구속력 있는 또 다른 법이 그녀의 내면에서 점점 커지는 것을 발견하게 된다. 그녀는 흔들리지 않고 그 법을 따라야 한다. 에로스의 진리나 감정적 현실의 타당성에 바탕을 둔 이 법은 본능의 맹목적 이끌림을 생명과 사랑의 의식적 실현으로 변환시킨다. 옆에서 관망하는 사람은 여성이 주어진 상황에서 에로스의 법칙을 상당히 자의적으로 해석하는 것처럼 생각하고, 회의적인 사람은 그녀가 그것을 자기에게 유리하게 조종한다고 말할 것이다. 그러나 반드시 그런 것만은 아니다. 왜냐하면 그녀의 행동과 동기를 조금 더 면밀하게 관찰하면, 그녀가 과거의 도덕성만큼 구속력 있는 새로운 도덕성을 따르면서 자신의 삶을 조절하는 사실을 볼 수 있기 때문이다. 만약 그 도덕성이 개별 사례를 제대로 해석할 수 있게 하면 그것은 과거의 도덕성이 갖지 못했던 구속력을 발휘할 것이다. 기존의 법 체제 아래 많은 사람들은 그 법을 문자 그대로 따르면서도 그 법이 근본적으로 말하고자 하는 것은 피한다. 그러나 새로운 도덕성에 충성하는 여성은 그것이 말하는 궁극적인 사항을 외면하지 못한다. 외부의 성문법은 내면의 영적인 것으로 대체되었기 때문이다. 이 내면의 법을 쉽게 생각하는 사람은 언젠가 반드시 이 법에 끌려갈 것이다!

   과거의 도덕 체계에서 여성은 표면적으로 거기에 명백하게 복종하면서도 자신이 취하고자 하는 것을 전부 만족시킬 수 있었다. 그러나 새로운 도덕법 아래서 그녀는 도덕적 갈등을 쉽게 피하지 못한다. 과거의 도덕 체계와 새로운 도덕 체계 사이의 간극은—관습에 대한 그녀의 의무와 그녀의 사랑에 대한 살아있는 경험에 대한 충성 사이—그녀를 내면에서부터 다스리는 사랑과 진리의 원리, 에로스와 로고스의 원리와의 더 개인적이고 근본적인 접촉에 의해 메워져야 한다. 현대 사회가 남녀에게 준 서로에 대한 행동의 자유를 쉽게 생각하는 불성실한 여성은 이러한 전환(轉換)의 모든 의미를 모를 수 있다. 그래서 그녀는 사랑과 성을 경솔하고 변덕스러운 태도로 가볍게 다룬다. 가느다란 줄타기를 통해 문제를 넘길 수도 있지만, 더 진지한 사람에게는 실질적인 다리가 놓여야 할 것이다.

   일부 여성은 무의식의 분석을 통해서 서로 대립하는 도덕규범과 사랑에 대한 충성을 화해시킬 수단을 발견해 왔다. 그러나 이런 화해는 필연적으로 개인적이다. 그래서 모든 사람은 각자 자기만의 화해 수단을 찾아야 한다. 일반적인 해결책을 제공하는 공식은 없다. 문제는 오늘날 더 세련된 사회 집단에서 자주 발생하며, 조금 더 단순한 집단에서도 그것을 모르지 않다. 그렇지만 해결책은 여전히 개별적인 실험의 문제다. 그러므로 모든 여성은 자신의 문제를 받아들이고 그녀의 삶에서 투쟁하는 충성심과 자기 주장을 화해시키기 위해 노력해야 한다. 이 화해는 더 이상 이론의 문제가 아니라 절실한 필요성이다. 그녀는 그녀의 개인적인 길을 찾거나 아니면 그녀는 그 갈등 때문에 파괴될 수밖에 없다. 마지막 분석에서 깊이 통합된 여성에게 도움을 줄 만한 이론은 어디에도 없다. 그녀는 실용적인 삶의 방식을 갈망하고 찾아야 한다. 그녀는 자신의 길을 전혀 보지 못할 수 있으며 그녀의 눈이 완전히 멀었다고 느낄 수도 있다. 그녀가 할 수 있는 것은 그녀의 내적인 삶에 충실하고 다른 사람들의 이익을 가능한 한 보호하며 그 이상으로 관련된 모든 요소에 자신의 능력을 최대한 발휘하여 그에 합당한 중요성을 부과하는 것이다. 그녀는 다른 사람의 이익을 적절하게 보호하는 데 있어서 완전히 무력한 자신을 발견할 가능성이 매우 높다. 그녀가 결혼한 경우 그녀는 남편과 자녀의 이익을 완전하게 보호해주지 못할 수도 있다. 그리고 모든 경우 그녀의 애인의 이익과 출산의 가능성과 관습적인 도덕의 요구는 완전히 만족스러운 방법으로 충족될 수 없는 상충되는 의무를 만들어 낸다. 하지만 의무를 다하지 않을 때 그녀는 자연스럽게 죄책감을 느낀다. 자신의 책임을 내던지고 "어쩔 수 없었어. 사는 게 너무 어려웠어"라고 말하는 것은 아무 소용이 없다. 이러한 의무는 기본적인 것이라서 그녀가 그 가운데 어느 하나라도 소홀히하면 그녀는 의무를 다하지 않은 것이 된다. 어떤 관점에서 볼 때 그것은 죄이다. 도덕적 판단과 별개로 그것은 '**암흑**'이다. 이러한 사실을 깨닫는 것이 그녀가 져야 하는 짐이고 그녀는 그 대가를 지불할 준비가 되어 있어야 한다. 삶이 계속되면서 그녀는 자신이 지불해야 하는 대가가 그녀 혼자 감당할 수 없을 만큼 크며, 그녀와 가장 가깝고 소중한 다른 사람들도 그 대가를 치르게 될 것이라는 사실을 깨닫는다. 하지만 이 막다른 골목은 그녀가 만든 것이 아니라 삶의 일부분이다. 그녀가 다른 길을 선택하더라도 그녀는 그것을 피하지도 못할뿐더러 어쩌면 자신과 주변 사람들에게 더 어둡고 무거운 형벌을 부과할지도 모른다. 그 다른 대안들은 분명히 반대에 부딪히지만, 그녀가 삶에 자신을 맡기고 가능한 한 충실하고 진실하게 살아가며 삶의 진정성을 통해 그들의 반대되는 문제를 해결하기 위해 인내하며 노력한다면 아마도 화해의 길을 발견할 수 있을 것이다.

  이 단순하고 진지한 방식으로 최선을 다해 살려고 시도한 어떤 여성은 당혹스럽고 앞이 보이지 않았던 시기를 돌아볼 때 그녀가 내딛는 각 단계가 어떻게 하나의 전체에 들어맞는지, 막다른 골목처럼 보였던 상황에 대한 완벽하고 놀라울 정도로 적절한 해결책이었음을 깨닫는다. 만약 그 최종 결과가 의식적인 작업의 결과라면 그것은 분명 영리한 것이었다는 소리를 들을 수 있을 것이다. 그것은 어려움에 직면하여 스스로 진화한 것이기 때문에 여기서 영리하다는 말은 돌담 위에서 빛을 좇아 나아가는 넝쿨의 영리함과 같은 의미이다. 이런 식으로 무의식으로부터 자라나는 해결책은 넝쿨이 햇빛을 찾아나가는 것과 같은 종류의 영리함이기 때문이다. 인간은 상황에 대한 진지하고 무조건적인 직면을 통해 정신적으로 발달하고 점차 장벽을 넘어서 성장한다. 융은 『태을금화종지』에 대한 그의 논평에서 다음과 같이 말하였다. "… 모든… 삶의 가장 중요한 문제는 근본적으로 해결될 수 없다. 그것들이 모두 자기-조절 체계 안에 내재된 필연적인 양극성을 나타내기 때문이다. 그것들은 해결될 수 없는 것으로, 오직 거기서 벗어나는 수밖에 없다."[28] 우리가 이 장에서 다루었던 것과 같은 도덕적 문제에 따르는 어려움은 결코 사라지지 않는다. 서로 상반되는 충성에 대한 요구가 있기 때문이다. 그러나 여성 자신이 자라고 그녀 안에 있는 그녀의 에로스와 로고스와의 관계를 발전시킴으로써 장애물을 뛰어 넘게 될 것이다. 그 결과 그녀와 관련된 다른 사람들과의 관계 역시 성장하고 깊어지면서 서로 반대되는 충성심 사이에서도 어느 정도의 조화가 마침내 가능해지는 새로운 수준의 상호 신뢰에 도달하게 될 것이다.

이러한 성격의 해결책은 필연적으로 개별적이고 고유해야 하며 다른 사람이 선례(先例)로 이용할 수 없다. 혼외 관계라는 복잡한 상황에서 남녀의 길잡이가 될 행동 규칙을 공포할 날은 오지 않았으며 우리가 아는 한 결코 오지 않을 것이다. 그러한 일은 그런 관계를 시도하는 남성과 여성의 개인적 책임이며 앞으로도 개인의 책임으로 남아야 한다. 거기에 따르는 정신적이고, 사회적인 위험은 인류가 지금까지 걸어온 길을 함부로 벗어나 동물과 같은 본능의 방종으로 되돌아가는 것을 방지하기 위한 보호 장치가 될 것이다. 왜냐하면 그렇게 될 경우 인류가 여태까지 특별히 성취한 것, 즉 육체는 물론 마음과 영혼을 다하여 사랑하는 능력을 잃게 되기 때문이다.

제8장
가을과 겨울

여름이 지나고, 결실을 거둔 뒤에 찾아오는 늦가을의 자연에는 화려한 색채와 생동감 넘치는 아름다운 마지막 불꽃이 찾아온다. 나뭇잎은 단지 색이 바랜 채 시들고 떨어지는 것이 아니다. 낙엽의 죽음과 부패는 피할 수 없지만 겨울과 죽음에 휩쓸리기 전 그것은 자신이 가진 가장 좋은 옷을 입고 마지막으로 삶에 항거한다. 남성과 여성의 삶에서도 비슷한 변화가 가끔 목격된다. 많은 것을 약속했던 봄날은 30대 초반과 함께 지나갔다. 중년기의 특징인 열기와 부담을 한 쪽에 제쳐두고 다가오는 겨울의 첫 징조가 나타날 때, 아름답게 반짝이는 가을이 찾아온다. 삶의 초반 내면과 외부에 적응하는데 완전히 몰두했던 에너지는 고된 일에서 해방되어 순수한 아름다움으로 빛난다. 문화의 시대, 지혜의 시기가 시작되는 것이다.

식물의 세계에서 가을이 아름답고 겨울이 받아들여지는 이유는 식물들이 그들만의 자연법칙을 완전히 따르고 계절의 변화에 따라 그들의 운명을 충족시키기 때문이다. 그러나 인간이 행한 자연에 대한 부분적인 통제는 인간 세계에서 이러한 자연법칙의 완전한 추종을 방해한다. 그래서 모든 구축에 필연적으로 따라오는 "하강"의 법칙은 준비되지 않은 사람들을 불시에 습격한다. 노화와 죽음은 몇 년 동안 피할 수는 있지만, 아무리 강한 사람이라도 마지막에는 결국 그것들과 만나야 한다. 일부 사람들에게 이러한 경험은 좌절과 그들이 쌓아온 것들이 점차 붕괴되고, 피할 수 없는 패배로 끝나는 것을 의미한다. 그러나 또 다른 사람들에게 중년 이후의 삶이나 노년은 패배를 의미하지 않고, 잘 보낸 삶의 결실을 모으고 즐길 수 있는 기회를 가져오며, 이 결과는 앞에서 논의한 정신적 발달의 3단계를 어느 정도 통과한 사람들만 얻을 수 있다.

순진 단계의 순박한 여성은 노년을 삶의 자연스러운 흐름의 일부로 받아들인다. 자신의 의무를 딸에게 넘기고 물러나야 할 때가 되면 그녀는 안락한 벽난로 구석으로 물러나 무의식성에서 오는 완고한 인내심으로 피할 수 없는 것들을 받아들인다. 그녀는 일이 거기 있었기 때문에 평생 일을 했다. 그녀는 아이를 낳고 남편을 돌보았다. 그것이 여성에 대한, 자연의 방식이기 때문이다. 그리고 나이가 들면 그녀는 자신의 약한 힘에 비해 너무 무거워진 일들을 자신을 대신하는 다른 사람들에게 맡긴다. 이러한 여성에게 개인적인 자아에 대한 감각은 거의 없다. 인생은 위대한 현실이고 삶은 계속된다. 누가 살든 죽든 간에 그 임무는 완수되어야 한다.

순박한 여성보다 의식이 더 발달한 교양 있는 여성은 각 세대의 개별적인 삶과 상관없이 진행되는 가족이나 공동체의 집단적인 삶과 분리된 개별적 존재로서 자기 자신을 인식한다. 개인적 자아에 대한 그녀의 의식은 노년과 죽음과 관련하여 새로운 문제들을 가져온다. 자아 원리에 따라 자연과 외부 세계를 상대로 권력을 추구하고 자신의 개인적 욕망을 충족시키기 위해 노력하며 살아온 여성은 교육받지 않은 시골 사람들의 특징인 현실을 있는 그대로 받아들이는 방식으로 노년을 받아들이지 못한다. 그녀에게 있어서 불가피한 하강(몰락)은 거의 비극이나 다름이 없는 것이다.

중국인들은 달이 거의 가득 찼을 때, 즉 달이 가장 밝은 순간 그 안에 어둠의 힘이 가장 강하고, 어두운 힘이 가장 많이 쌓여 있다고 말한다. 어둠은 빛의 힘이 약해 보이는 초승달이 아니라 빛의 힘이 강한 것처럼 보이는 보름달을 압도하는 것이다. 그렇기 때문에 자신의 삶을 온전하게 잘 살면서 성공과 만족을 맛본 여성은 그 "빛"이 그녀의 내면을 완전하게 지배하고 있는 것을 느낀다. 그녀는 자아를 사용하고 단련시키는 것을 통하여 자기 자신과 자신의 환경을 이용하고 통제하는 방법을 배웠다. 그녀의 주변에서는 그녀를 확실하게 자리 잡은 조화로운 사람으로 본다. 그녀의 삶의 운영, 즉 그녀의 인생 철학은 스스로 정당성을 입증한 것처럼 보인다. 그것이 가져온 성공은 그녀가 취한 태도가 옳았음을 보여주는 것 같다. 그러나 그녀가 힘의 정점에 도달하는 순간 벽에 그림자가 나타난다—메네, 메네!—강함, 힘, 지배는 파멸하고 그림자와 몰락의 때가 왔다. 그녀의 삶이 비극과 패배로 끝나고 침몰하지 않기를 바란다면, 이렇게 불길한 방식으로 그 도래를 알리는 새로운 삶의 단계에서 그전의 것과 전혀 다른 성격의 새로운 지침이나 원칙이 필요하다.

가을의 도래는 자아 원리의 지배 아래 살았던 삶의 약점과 결함을 무자비한 방식으로 드러낸다. 더 큰 의식의 단계로 발달한 여성은 그전의 다른 단계보다 흔쾌히 이 경험의 단계도 환영할 것이다. 그러나 자신의 이런 정신 문화를 무시하고 자아 가치만 발달시킨 사람은 노년을 패배의 시기로 보고, 그 시기를 어떻게 맞아야 할지 막막할 것이다.

노년의 문제를 조금이라도 고민해 본 대부분의 사람은 두려움과 불안을 안고 그 시기를 기다린다. 노쇠와 활동의 감소는 실패와 좌절 외에 다른 전망을 보여주지 못한다. 육체적인 힘의 감소와 쇠약해진 육체, 정신적 과정의 둔화와 성욕의 감퇴, 친구들을 잃으면서 일어나는 사교 범위의 축소 등에서 비롯된 삶의 한계, 이 모든 것들이 그의 미래에 일련의 패배가 펼쳐지는 것처럼 보이게 만든다.

대다수의 사람들이 가능한 한 노화를 막는 데 모든 힘을 쏟는 것은 놀라운 일이 아니다. "젊음을 유지"하고 자녀와 직장 생활에 전념함으로써 그들은 '왕년에' 살았던 것과 같은 삶을 유지하려고 애쓴다. 그들은 패배가 결국 틀림없이 찾아오지만, "그러나" "(늙음의) 수치스러운 굴복의 시간을 줄일 수도 있고, 어쩌면 무력한 불모의 시간이 우리를 덮치기 전에 죽음이 우리를 해방시켜 줄지도 모른다"고 말한다. 하지만 그들은 시대와 젊은 세대에게 뒤처지지 않으려고 노력하면서, 정작 그들 자신의 시간에서 뒤처지고 만다.

확실히 이것은 청소년의 태도이다. 우리에게는 충격적인 방법이지만, 인류의 어린 시절과 오늘날 몇몇 원시부족 사이에서 이 문제를 해결하는 방법을 관찰할 수 있다. 더 이상 아이를 낳을 수 없거나 일하지 못하거나 전쟁에 나갈 수 없게 된 노인들은 조용히 제거되는데, 원시인들에게는 노화가 일찍 찾아오기 때문에 그들은 비교적 이른 나이에 그 운명을 맞이한다. 따라서 노인의 문제는 거의 대부분 방치되었다. 현대 서양 사람들도 젊음을 연장시키면서 가능한 한 이 문제를 멀리 배제시켰다. 그러나 20세기 초까지 노인들은 가족 내에서 인정받는 자리를 차지했지만, 오늘날은 더 이상 그러지 못한다. 남성이나 여성 모두 이제 자기 자신을 위해 노년기의 문제와 마주하고, 그에 필요한 조정을 해야 한다.

고딕 시대에 삶의 후반기는 종교적 발달을 위해서 남겨졌다. 하루의 더위와 고된 노동이 끝난 다음 남성과 여성은 기도와 명상을 통해서 하느님과 평화를 이루는데 관심을 돌렸다. 내면의 수양은 특히 젊은 시절 세속적인 일에 종사했던 노인들 특유의 활동으로 인식되었다. 예를 들어, 정복자 윌리엄의 사촌이자 마치스^{Marches}의 영주였던 로저 드 몽고메리$^{Roger\ de\ Montgomery}$는 잉글랜드 서부에 노르만의 통치를 공고히 하였고, 영국과 웨일스 사이에 장벽을 만들고 유지하였으며, 웨일스 국경을 따라서 성과 요새들을 건설하는 등 그 주변 국가들에서 남작(男爵)이나 군주로 군림하였다. 그러나 나이가 들면서 자신의 미래를 생각하다가, 세속적인 활동과 현장을 떠나 하늘과 화해할 때가 되었다는 사실을 깨달았다. 그래서 그는 후임자에게 자신의 임무를 넘겨주고 수도원을 세워 그곳의 수도승이 되었다. 그곳에서 그는 젊은 시절 시간을 소홀히 했던 내적 가치들을 발달시키면서 말년을 보냈다.

  서양인들보다 문화의 역사가 긴 동양인들에게 노년기는 지혜의 시기이다. 그래서 노인들은 우리가 보기에 상당히 이상하리만큼 존경을 받는다. 그들에게 노년에 이르는 것과 노년의 가치는 뛰어난 사람이 아직 젊을 때에도 에너지를 쏟아야 하는 목표이다. 그래서 권력의 정점에 있는 정치인이나 사업가가 세속적 지위를 포기하고 요기^{yogi}의 절제된 삶을 사는 것도 그렇게 이상한 일이 아니다. 그러한 사람들은 청년기와 중년기의 힘든 시기를 최선을 다해 보낸 다음에만 그의 존재의 온전한 의미가 실현될 수 있는 내적 삶의 지혜를 얻을 수 있다고 믿는다. 동양에서 이러한 가치들은 고딕 시대의 유럽에서와 같이 종교적인 용어로 자연스럽게 제시된다. 우리의 경우도 그것이 전하는 가치와 의미를 종교적인 용어가 아닌 심리학적인 용어로 표현하기는 하지만, 내적인 삶의 배양은 영^{spirit}에 달려 있다.

  여기서 융은 다시 선구자이자 지도자이다. 프로이드와 아들러의 정

정신분석학파는 개인의 젊음에 대한 적응을 돕는다. 그는 그것을 통해 그의 권력욕과 본능적 만족에 대한 욕구를 충족시킬 수 있다. 그러나 이들에게 분석을 요청하는 중, 장년은 낙담을 하고 마는데, 그 이유는 그들이 외부 세계에서 활발하게 활동하며 자신의 문제를 해결할 수 있는 삶의 시기를 이미 넘겼기 때문이다. 하지만 노년의 문제를 연구하던 융은 외부 세계와 그 문제들로부터 점점 물러나는 정신의 움직임을 따라가는 과정에서 오롯한 손실로 보일 수 있는 것이 사실은 그와 반대로 삶의 전반기에 이루는 창조(성과) 못지 않게 중요하고, 영적인 것을 낳는 데 필요한 조건이라는 것을 발견하였다. 그래서 그는 이렇게 말하였다: "삶의 오후는 아침만큼이나 의미로 가득 차 있다. 다른 것은 오직 그 의미와 목적 뿐이다. 인간은 두 가지 목표를 가지고 있다. 첫째는 자연적인 목표, 즉 아이를 낳고 보호하는 업이다. 돈과 사회적 지위를 얻는 것이 여기에 속한다. 이 목표가 달성되면 새로운 국면이 시작된다. 문화적 목표가 시작되는 것이다"[29]

노년의 문제는 더 이상 부족이나 가족의 문제가 아니며, 사회가 피정지와 수도원의 유지를 통해 처리하는 종교적 문제도 아니다. 노후 문제는 오늘날 주로 개인이 스스로 해결해야 하는 문제이며, 준비가 너무 늦어진다면 해결책을 기대하기 어렵다.

"사람들은 이러한 자연의 변화의 규칙성에 주목하고 그에 따른 시간의 흐름을 표시함으로써 터득한다. 이런 식으로, 겉으로 볼 때 혼란스러운 듯한 계절의 변화 속에 존재하는 질서가 명료하게 드러나며 사람들은 각기 다른 때의 요구에 미리 적응할 수 있다."[30] 3천년 전에 살았던 중국 현자의 말이다. 우리는 계절의 변화를 인식하고, 그에 대비하는 것을 배웠다. 농부는 앞으로 올 따뜻한 날들을 기대하면서 씨앗을 뿌린다. 집주인은 여름 더위가 가시기 전에 겨울에 쓸 석탄을 비축한다. 우리는 한 해의 순서를 인식하고 그 요구에 미리 적응한다. 그런데 삶의 계절 변화는 일반적으로 잘 인식되지 못하며 사람들은 거기에 충분히 대비하지 못한다. 그럼에도 불구하고 "사람들은 결국 자기가 하는 일에 책임을 져야 한다." 인간의 삶에서 내리막 길은 피할 수 없다. 각 개인은 이 가혹한 운명의 힘에 압도되는 것을 피하려고 하는데, 그럴 수 있는 능력은 그가 준비한 것과 거의 정확하게 비례한다. 그것을 가리켜서 오래된 라틴어 경구는 이렇게 말한다. "오래전부터 자신의 죽음을 생각한 사람은 두려움 없이 자신의 죽음을 맞이할 것이다."

어떤 면에서 준비의 필요성은 다소 일반적으로 인식된다. 예를 들어, 노후를 위한 저축의 필요성은 널리 인정된 편이다. 그러나 노년에 대한 인식에 기이한 맹점이 있는 것처럼 보이는 사람들도 있다. 그들은 그들이 일할 수 있는 힘과 날이 제한되어 있다는 것을 잘 인식하지 못하는 것처럼 보인다. 그들은 그들이 늙는 것을 상상하지 못한다. 그리하여 그들의 노후의 물리적 안녕은 결국 물질적인 대비에 달려 있다는 생각을 전혀 하지 못한 채 "누구나 꼭 가지고 있어야 해요!"라는 판매원의 말에 넘어가 그들의 능력에 맞지 않는 소비를 한다. 그러나 노년기의 심각한 빈곤은 삶의 가을의 주요 관심사가 되어야 할 내적 발달을 위한 모든 시도를 좌절시킬 것이다. 그리고 자녀나 다른 가족 구성원에 대한 의존은 점차 자유로워져야 하는 관계를 왜곡시킨다.

노년기의 심리적 자유가 재정적 독립성에 좌우되는 만큼 더 의식적인 깨달음이 필요하다. 젊은 시절 무책임한 태도로 쾌락만 좇으며 살았던 여성의 노년기의 삶은, 거추장스러운 의존으로 그 대가를 치를 것이다. 그런데 만약 물질적인 대비를 충분하게 하지 못한 이유가 그녀의 이기심에 있지 않고, 그 위험을 충분히 인식하고도 자발적으로 행한 것이라면, 이기적인 삶이 가져오는 파국은 맞지 않을 것이다. 예를 들어, 자녀에게 더 나은 교육을 제공하거나 그들에게 더 나은 삶의 기반을 제공하기 위해 노년의 경제적 자립을 희생한 여성이라면, 그녀는 그 사실을 자녀들에게 공개하고 대화를 나누며 합의에 도달할 수 있을 것이다. 그녀는 그들이 '빚을 갚는' 것으로 그들의 지원을 기꺼운 마음으로 받아들이고, 고령의 부모와 자녀 사이를 종종 불편하게 만드는 정동의 개입이나 기싸움 또한 일어나지 않을 것이다.

그러나 이 모든 것은 외적 조건을 만족시키기 위한 외적인 준비에 불과하다. 나이가 드는 것에 따르는 다른 측면들에 대비하려면 내적인 준비도 필요하다. 예를 들어, 나이 든 여성은 시간이 지나면 지날수록 몸에 관심을 더 기울이고 돌보아야 건강이 유지된다는 사실을 깨닫는다. 젊을 때는 상당한 과로에도 하루 만에 회복되던 체력이 55세, 60세에는 더 이상 그렇게 빠르게 회복되지 못한다. 이제 그녀는 피곤하면 바로 휴식을 취해야 하고, 그러지 못할 경우 훨씬 더 오랫동안 피로에 시달리며 그 대가를 치러야 한다. 심하게 앓고 싶은 것이 아니라면, 사소한 질환도 대충 넘겨서는 안된다. 이러한 조건들이 적절히 충족되기 위해서는 외적인 것뿐만 아니라 내적인 조정도 필요하다. 이러한 재조정은 현시점에서 경험하는 실질적인 장애 뿐만 아니라 그것들이 암시하는 점진적인 육체의 약화까지 고려해야 할 것이다. 그 전조들은 죽음의 사자이며 다가올 종말을 예고하기 때문이다.

말년이 다가오면서 대부분의 사람들에게는 그들이 지금까지 이룬 것들을 돌아보고, 어떤 가능성이 아직 남아 있는지를 따지기 위해 잠시 멈추고 검토해야 할 때가 다가온다. 이 시기는 특히 삶의 요구가 갑자기 완화될 때 오기 쉽다. 어머니에게 이 시기는 자녀들이 집을 떠나 세상을 향해 나아갈 때나 대학에 진학할 때, 그들 자신의 집을 구할 때 찾아온다. 일을 하는 여성에게 이 시기는 은퇴 문제가 제기되거나 최악의 경우, 그녀를 더 젊고 활기찬 여성으로 대체할 때 찾아오기도 한다.

그때 이 여성은 그녀가 전업주부든 전문직 여성이든 빈 벽과 마주하고 있는 자기 자신을 발견한다. 전문직 여성은 이렇게 혼잣말을 한다. "내가 나의 에너지를 결혼에 쏟고, 남편과 자녀 마음속에 내 자리만 만들었어도, 이렇게 외롭고 무의미한 노년을 맞이하지 않았을 텐데!" 전업주부로부터도 비슷한 소리를 들을 수 있다. "내가 아이들에게 나를 완전히 바치지 말고, 내 개인의 에너지를 조금이라도 나에게 부었다면 이 세상에 내보일 것이 하나라도 있었을 텐데! 아니면 이제 아이들이 나를 더 이상 필요로 하지 않고, 내가 마치 그들을 방해하는 것처럼 비난하는 지금 친구나 내 관심사로 돌아설 수 있었을 텐데!"

50세 이상의 나이에 비로소 자신의 이중적인 본성을 의식하게 된 많은 여성들에게 남은 세월 동안 가치 있는 것을 창조하는 것은 완전히 불가능해 보인다. 길의 끝에 다다랐다는 느낌, 돌이킬 수 없는 실패라는 느낌은 그녀가 다른 어떤 것에도 주의를 기울일 수 없을 만큼 너무 공포스럽고 뇌리에서 떠나지 않아서, 강렬하고 임박한 것만 같을 수 있다. 우울증과 불면증이 그녀를 덮친다. 그녀에게는 그 어떤 것도 가치가 없고, 의미가 없어 보인다. 그녀는 마치 밑 빠진 독에 물을 붓는 것 같다. 그녀에게 그 모든 것을 퍼부은 벼랑을 보지 못한 듯, 다른 사람들은 아무렇지도 않은 듯 각자 멀쩡하게 제 갈 길을 계속 간다는 사실은 그녀의 상태를 악화시킬 뿐이다.

그녀는 하강downgoing의 시기에 접어들었고, 거기에 어떻게 대응해야 할지 모른다. 거의 전적으로 진보progress 개념에 기반을 둔 서구 철학은 이러한 상황에서 아무 도움을 주지 못한다. 어떤 삶의 성취도, 그것이 얼마나 가치가 있고 완벽한 것이라도 모든 것은 소멸과 죽음 속으로 사라진다는 사실을 뼈저리게 깨닫는 순간 모든 의미를 잃는다. 왜냐하면 생명 에너지의 소모를 그 자체로 정당화하는 외적 성취는 존재하지 않기 때문이다. 인간은 육체뿐만 아니라 정신도 소유하고 있기 때문에 유한 것들은 그의 양심을 만족시키지 못한다. 그가 지구상에 머무는 동안 시간을 초월하는 무엇인가를 창조하지 않는 한 그의 노력은 모두 헛수고이다.

하지만 대부분의 사람들은 노년의 위협 앞에서도 가능한 한 오래 기존의 방식을 고수하려고 한다. 그들은 태도를 바꾸지 않고, 노력의 방향을 바꾸지 않는다. 그들이 세상에서 이룬 성취는 그들이 의도했던 것만큼 크지 않았고, 그래서 그들은 남은 시간 동안 그 결핍을 만회하기 위해서 필사적으로 고군분투한다. 자신이 이룬 것이 보잘것없다고 여기는 여성은—젊은이들의 넓은 꿈과 비교할 때 항상 가장 자기기만적으로 보이는 여성—새로운 일에 착수하고, 다시 한번 새로운 기대의 열기 속에서 활동한다. 이것은 극단적으로 나이가 들었을 때까지 이어질 수 있으며, 그녀는 죽을 때까지 아무런 외적 성취도 이루지 못하고—이것이 더 애처로운 일이다—내적으로도 아무것도 이룬 것이 없는 "기대의 상태$^{state\ of\ promise}$"가 된다. 그녀는 언제나 자신의 존재 이유를 정당화할 수 있는 어떤 업적을 미래의 어느 시점에 이루려는 사춘기 소녀이다.

어떤 여성은 자신에게 권력 이양의 법칙—하강의 법칙—이 적용된다는 사실을 의식하지 못하고 평생을 보낸다. 그녀는 죽음이 다가오는 것을 전혀 알지 못한 채 마지막까지 간다. 이러한 여성 가운데 일부는 기대의 상태를 넘어서 현실세계에서 실제로 무엇인가를 이루었다. 실제로 가치가 있을 수도 있는 그녀의 작업은 철학적인 본질에 대한 것을 모두 배제할 정도로 그녀의 모든 관심을 차지한다. 그녀는 자신이 하는 일의 가치와 중요성에 결코 의문을 제기하지 않는다. 마치 중년기가 무한정으로 길어지는 것 같다. 그녀의 내면에서 나오는 소리를 들으면서 잠시 멈추고 자신의 인생을 검토해야 한다는 도전이 결코 들리지 않는 것이다. 그들은 실제로 나이가 든 뒤에도 여전히 중년의 활기가 넘치는 것처럼 보인다. 그들은 죽는 날까지 일을 하거나 활동을 한다. 나는 80대 중반의 나이에 죽는 날까지, 60대 시절의 생활 패턴을 그대로 유지하며 끝까지 일하며 살았던 여의사를 적어도 두 명 알고 있다. 중년기가 무한히 연장되었다. 그녀들을 평생 노년기를 경험하지 못했다. 그러나 노년기는 삶의 일부이며, 내면 또는 영적인 가치의 발달이라는 고유한 과제를 가지고 있다.

자신의 삶의 의미를 오직 모성애의 실현에서 찾으려고 했던 여성도 전문직 여성과 비슷한 문제에 직면한다. 그녀 또한 자녀들이 더 이상 그녀의 보살핌을 필요로 하지 않는 성인이 된 후에도, 그들의 삶과 관심사를 통해서 자신의 만족을 찾으면서 매년 그들을 면밀히 감시했던 그녀의 삶 전체가 잘못 취한 길에서 비롯된 피할 수 없는 파국을 피하려고 애쓴다. 이러한 종류의 어머니는 젊은 세대의 삶의 기회를 빼앗는 어머니로, 그녀 밑에서 자란 자녀들은 원망을 품거나 진취적인 능력을 모두 잃어버린다.

그녀가 세월의 흐름을 무시하는 능력은 놀라울 정도이다. 나는 한 노부인이 딸의 친구 결혼식에서 14년 동안 어머니를 돌보느라 결혼을 미뤘던 이 "소녀"가 얼마나 사랑스러운지, 이제 그 "사랑스러운 소녀"가 어머니를 여의고 이제 결혼하게 되었다고 말한 것을 기억한다. 이 노부인에게 그 "소녀"는 어머니가 될 기회를 영영 잃어버린, 거의 50

세가 다 되었다는 점을 상기시키자 그녀는 "글쎄요, 그대로 제게는 언제나 소녀로 남을 거에요"라고 대답하였다. 자기보다 어린 여성이 나이 들어가는 것에 대한 의식이 없다는 것은 자신의 시간도 멈춘 것이라는 사실을 암시한다. 그녀는 이러한 태도를 취함으로써 자기 자신을 시간의 흐름에 적응해야 한다는 필요로부터 격리시킨다. 그녀는 자신의 딸과 딸의 친구들을 "그저 소녀"로 생각하면서 그녀들이 자신의 삶을 온전하게 살 권리를 거부당했다는 사실을 인정하지 않으려고 하며, 자기 자신과 모든 "어머니" 세대들이 딸들에게 보살핌과 관심을 요구하는 것을 정당화한다.

다른 경우에는 모성의 역할이 다소 다른 방식으로 노년기로 넘어갈 수도 있다. 나이 든 여성은 할머니의 역할을 통해 다시 모성적 감정의 배출구를 발견할지도 모른다. 많은 아이들이 그들의 할머니와 애정 넘치고 깊이 이해하는 관계를 맺고 있다. 아메리칸 인디언 사이에서나 종종 인도와 중국에서도 할머니는 인정받는 선생님이다. 나이 든 여성은 사실에 근거한 지식이 아니라 종교적 준수와 인간 관계를 다루면서 관습에 내재된 것들을 구현하여 민족의 지혜를 전달하는 "지혜로운 자" 역할을 한다.

여성이 완전한 정신적 발달에 도달하려면 적어도 어떤 면에서 삶의 많은 단계를 경험해야 한다. 이것이 사랑의 측면이든 일의 측면이든 정신의 한 측면만 발전시키는 것으로는 충분하지 않다. 그녀가 완전한 의식화에 이르려면 그녀는 자신의 모든 심리적 잠재력을 경험해야 한다. 그러므로 성장을 위한 그녀의 능력의 전면적인 발달을 위해서 그녀는 삶의 에로스적인 측면과 로고스적인 측면을 모두 살아야 한다.

그러나 실제로는, 대부분의 여성은 자신이 자신의 직업으로 선택한 경험에만 전념할 수밖에 없다는 것을 알게 된다. 그녀의 인생에서 최고의 시기(아니면 그녀가 수행한 모든 적극적인 활동 가운데)를 남성과의 사랑과 가족과의 관계와 양육에 바친 여성은 삶을 아내와 어머니로 경험한다. 그러한 여성은 거의 예외 없이, 동시에 일에 전념하지 못한다. 그녀와 여성의 관계 역시 대부분의 경우 매우 차별화되지 않은 상태로 남아 있다. 그녀의 주된 관심사는 남편과의 관계이고, 친구들은 그 다음이다. 반면에 전문직 여성의 관심과 에너지는 개인적인 성향을 따르고, 세상에서 직접 창조할 뿐만 아니라 삶의 모든 일상적인 비상 상황에 혼자 대처하고 대응할 수 있는 능력을 기르는데 사용한다. 그녀에게 여자 친구들의 존재는 매우 중요하며, 그녀는 그들과의 관계를 더욱 돈독히 하는데 많은 생각과 정성을 기울일 것이다. 그러나 남성들과의 관계는 발달하지 않은 채로 있다. 그녀는 남성 앞에서 여성으로서 기능하는 법을 배우지 않으며, 그녀의 모성적인 측면도 누군가의 아이가 아니면 직장에서 부하 직원과의 관계에서 간접적으로나 나타난다. 그 결과 그녀는 45, 50세 즈음에 자신이 너무 한쪽에만 치우친 삶을 산 것에서 온 어떤 내면적 결핍을 깨닫게 된다.

자신이 선택한 적응의 자연스러운 종료를 통해 자신의 삶의 일방성을 자각하는 경우도 있다. 장성한 자녀가 집을 떠날 때 "이제 아무도 저를 필요로 하지 않아요"하고 한탄하는 어머니들을 볼 수 있다. 자신의 삶의 가치를 다른 삶의 필요에 맞추는 것에서만 찾았던 여성은 나중에 벼랑 끝에 서 있는 자기 자신을 발견할 것이다. 그녀는 개인적인 가치와 로고스와의 관계를 발달시켜야 할 필요가 있다. 결혼한 여성이 방치했던 가치에 자신의 삶을 바쳤던 전문직 여성 또한 성취의 정점에서 삶이 지루해지는 것을 느낀다. 이제 그녀는 더 이상 성공에서 의미를 찾지 못한다. 그녀에게는 이제 정동적 만족을 주고, 에로스의 가치를 발달시킬 수 있는 경험이 필요한 것이다.

심지어 자신에게 무슨 일이 일어나고 있는지 극도로 의식하지 못하고 자신의 행동의 중요성을 전혀 모르는 순박한 중년 여성들 사이에서도, 이러한 삶의 욕구는 스스로 해결되는 것으로 보일 수 있다. 이미 장성한 자녀를 둔 여성이 그것이 선택에 의해서든 필요에 의해서든 일에 뛰어드는 것은 결코 드문 일이 아니고, 종종 그렇게 성공하는 경우가 있다. 그러나 더 많은 경우 그녀는 본인보다 젊고, 기획력 있고 더 잘 훈련된 여성과 경쟁할 수 없다는 사실을 깨닫는다. 만약 그녀가 그 모험의 주관적인 측면을 인식할 수 있다면, 아주 겸손한 외적 성취에도 만족할 것이다. 그때 그녀의 주요 관심사는 올바르게, 그녀가 하는 일이 그녀에게 미치는 문화적 영향의 이면에 쏠릴 것이기 때문이다. 마찬가지로 중년의 전문직 여성은 자신의 욕구 상실감 때문이나 어떤 남성에게 예상하지 못한 매력을 느끼며 그에게 빠져들면서 강제로 낭만적인 모험으로 뛰어들게 될 수도 있다. 그녀에게도 객관적인 측면보다 주관적인 측면이 더 중요하다. 그런 나이에 하는 결혼은 젊은 사람들의 전형적인 결혼과는 상당히 다르고 상황에 따라서는 아예 생략될 수도 있으며, 출산의 문제는 고려되지 않거나, 불가능한 것으로 간주될 수 있다. 그러나 주관적인 경험으로서 이 연애는 비록 늦은 것이어도, 그녀에게 최고의 가치와 중요성은 지닌다. 왜냐하면 그것을 통해 전문적인 여성은 자신의 내면에 있는 여성적 가치와 완전히 새롭게 접촉할 수 있고 자신보다 다른 사람을 더 사랑하는 기쁨과 고통을 경험할 수 있고, 자신이 평생 쌓아온 자아 가치와 전혀 상관없이 나아가는 자신의 본성의 법칙을 따를 수 있기 때문이다.

그러므로 그녀에게는 비록 축소된 것이기는 하지만 그녀의 일방적인 이전의 삶에서 놓쳤던 심리적인 성장의 기회가 될 두 번째 삶이 열린다. 이렇게 자신의 본성의 양면을 경험한 여성은 노년이 다가올수록 가을의 붉은 빛과 황금 빛을 닮은 따뜻함과 성숙함을 보여준다. 사랑의 경험은 다른 사람들이 그녀에게 인간적으로 접근할 수 있게 하는 반면, 그녀가 세상에서 했던 일을 통해 겪은 규율은 그녀의 성격에 강건함을 주고 그녀의 판단력의 조화를 돕는다.

60세 전후로 자신의 의지와 상관없이 생각이 과거로 돌아가는 일이 심심치 않게 일어나고, 오래전의 상황에 대한 기억은 놀라울 정도로 생생해서 주의를 끈다. 이것은 마치 당사자의 의지에 반해서 과거를 다시 살라고 움직이는 것과 같다. 잠이 들려고 할 무렵, 나이 든 여성은 (남성도 마찬가지이다) 지금에 와서 보니 자신이 매우 부적응적 방식으로 행동했던 젊은 시절 어느 상황으로 되돌아가는 것을 발견한다. 지금은 그것이 얼마나 잔인한 말이었는지 분명히 알지만, 당시 그녀는 그것이 미치는 영향을 전혀 알지 못한 채 매정하게 말하였다. 아니면 그녀는 충동적이거나 이기적으로 행동하면서 불행한 결과를 낳았는지도 모른다. 이러한 기억들이 무의식적인 환상처럼 아주 생생하게 떠오르고, 그녀가 억압이나 참회를 통해 그 유령을 물리치기 전까지 그런 일이 주기적으로 반복될 수 있다. 그럼에도 다시 다른 유사한 사건이 어둠 속에서 나타나 그녀와 맞서고 그녀는 다시 그 유령을 떨쳐내려고 애쓰지만, 그녀를 뒤쫓는 것이 자신이 잊고 있던 악행(惡行)이라는 사실을 깨닫지 않는 한 비슷한 성격의 세 번째, 네 번째 사건이 계속 이어지는 것을 알게 된다. 그녀가 그 성가신 유령들을 없애려고 하는 대신 용기를 내어 그것들과 대면하고, 그 사건들 사이에 있는 공통점을 알아내려고 한다면, 그것들 사이에 실제로 공통분모가 존재한다는 사실을 발견할 것이다.

아마 각각의 경우 그녀는 다른 사람의 감정을 상하게 한다는 것을 깨닫지 못한 채 말하거나 행동했을 수도 있고, 아니면 그녀의 지배 욕구가 작용하거나 질투 때문에 그렇게 했을 것이다. 그것도 아니면 아무 의미도 없다고 생각했던 우연한 사건 뒤에 어떤 불성실함이 감춰져 있는지도 모른다. 그러나 지금 그런 사건들이 자주 반복되는 것을 인정할 수밖에 없게 되었을 때, 그녀는 자신이 근본적으로 정직하지 않거나, 다른 사람들에게 어떤 대가를 치르더라도 자신의 방식을 고집했기 때문에 다른 사람의 권리나 감정에 대한 걱정이 부족했다는 것을 인식해야 한다. 그래서 그녀는 자신이 의도하지 않았던 환상에 의해서 삶을 되돌아보면서 자신의 어두운 부분인 그림자와 대면하게 된다. 마침내 그녀는 노년기의 근본적인 문제적 증상에 불과한 개별적인 사건을 변명하거나 뉘우치려고만 하지 않고 그 문제를 근본적으로 처리할 수 있는 위치에 서게 될 것이다. 이런 식으로 그녀에게는 60대가 되었음에도 불구하고, 심리적으로 성장할 기회를 얻게 된다.

  암으로 죽어가던 한 여성이 나에게 이렇게 물어본 적이 있다. "제가 지은 죄들을 어떻게 하면 좋을까요?" 그녀는 우리가 위에서 언급했던 바로 그런 사건들 때문에 매우 괴로워했다. 나는 그녀에게 이렇게 대답하였다. "그 죄들을 받아들이세요." 그때 나는 이 여성이 나의 말을 이해하지 못하는 것을 보고, "당신은 당신의 죄에서 더 많은 것을 배웠습니까? 아니면 당신의 선행에서 더 많은 것을 배웠습니까?" 하고 말하였다. 그녀는 한참을 생각하더니, 이렇게 대답하였다. "저의 죄에서 더 많은 것을 배웠습니다." 적어도 이 말은 우리에게 악의 의미에 대한 하나의 단서가 아닐까? 악이 이해와 의식을 통해 구원되지 못하면, 단지 악으로만 남는다. 그러나 "악의 종말은 결국 선일 것이다"라는 옛말은 낙관론자의 감상적인 낙관론만은 아닐 것이다. 만약 자신의 실패를 인식하는 것이 그림자의 동화로 이어지고, 자신의 뒤에 숨은 또 다른 어두운 자기를 받아들이게 된다면, 그들은 전인(全人), 즉 진정한 개인성에 더 가까이 다가갈 수 있을 것이다.

노년의 접근은 육체 자체의 점진적 퇴화를 가져온다. 여성은 한때 자신의 주요 자산이었던 젊음의 많은 특성의 상실과 마주해야 한다. 세월이 흐를수록 힘과 탄력이 떨어질 뿐만 아니라 혈색과 몸매도 젊은 시절의 아름다움을 잃게 될 것이다. 여성은 아름다움에 큰 가치를 부여하기 때문에, 젊음 상실의 이러한 측면은 남성보다 여성에게 훨씬 더 크게 다가온다. 젊은 혈기를 잃은 남성은 다소 심각한 지장을 받을 수 있지만, 안색이 변하고, 매끄럽던 젊은 시절의 얼굴에 주름이 생기는 것을 심각하게 고민하는 남성은 거의 없다.

젊을 때 여성의 미모는 그녀의 타고난 매력에 달려 있지만, 마흔이 넘은 여성의 외모는 타고난 것보다 성격과 기질에 훨씬 더 많이 좌우되기 때문에 그녀가 아름답지 않은 것은 그녀 탓이라는 말이 있다. 여성은 그녀의 눈빛에서 우러나오는 영혼에 따라 아름답거나, 아름답지 못하다. 그녀의 입가에 선으로 표현되는 친절함이나 못된 성격에 의해서 그녀에게 끌리거나 거부감을 느끼게 된다. 다른 말로, 그녀의 타고난 조건보다 중요한 것은 그녀의 본질적인 "존재"이다.

중국인들이 음의 원리라고 부른 것은 중년기의 삶의 전환점에서 힘의 균형을 얻고, 일방성을 발달시킨 사람들은 물론 삶의 양쪽 측면에서 균형을 유지하려고 애쓰는 사람들에게도 타당하다. 균형이 잘 잡힌 사람도 나이에 따른 제한에 적응하는 방법을 찾아야 한다. 하지만 그들의 증가된 자기-의식은 이미 외적 세계보다 내면의 세계에 관심의 초점을 옮겼기 때문에 외부의 변화와 한계에 당황하지 않는다. 어떤 면에서 불가피한 신체적 변화는 상당한 보상을 제공하는데, 사람들을 외적인 압박으로부터 해방시키며 내면 세계에 관심을 기울일 수 있는 여유를 주는 것이다. 예를 들어, 폐경은 여성들이 생리 기간 동안의 변덕스러운 기분에 따른 반복적인 적응의 문제로부터 해방시킨다. 또한 젊음의 긴급함에서 벗어나게 만들면서 조금 더 내향적인 방식으로 삶을 느낄 수 있게 한다. 그녀는 최선을 다했고, 성공과 실패는 더 이상 그녀가 아직 삶의 장에 있었을 때와 같은 강도로 중요한 것이 아니게 되었다. 그녀는 다른 사람들이 최선을 다 하는 것에 만족하고, 자신 또한 자신이 특별히 더 관심을 가지는 문제에 몰두한다.

노년기에 더 자유로워지는 것은 자연적으로 오는 것이 아니다. 그것은 의식적으로 추구해야 하는 감각이다. 예를 들어, 대부분의 사람들에게 그들이 소유하고 있는 것이 일시적인 것이라는 사실을 강제로 상기시키는 날이 온다. 그것이 땅이든 돈이든 아니면 다른 귀중한 것들이든, 그것들은 모두 다음 세대에게 물려주어야 하는 것이다. 물질로 이루어진 "사물"의 시간은 인간의 삶의 시간에 비해서 훨씬 더 길기 때문에 인간의 비영구성은 누가 그것을 눈치챌 사이도 없이 그 사물에 대한 인간의 소유를 종료시킨다. 삶과 죽음! 하나는 너무 짧고, 다른 하나는 너무 길다. 삶의 이 기본적인 사실을 인식하는 것은 그것이 자신의 것이든 남의 것이든, 물질적 소유뿐만 아니라, 정동적 가치와 심리적 가치에 대해 매우 다른 태도를 취할 수 있게 한다. 삶이 그에게 영속성에 대한 가장 완전한 환상을 보여주었던 그의 전성기에도, 아주 찰나라도 삶의 필연적 무상성(無常性)을 보지 못했을 사람은 없다. 예를 들어, 당시 영원한 진리로 여겼던 지적 확신은 사라지고, 다른 것으로 대체된다. 사랑에 빠지면서 들었던 영속성에 대한 정동적 확신 역시 빠르게나, 그렇지 않으면 천천히 사라졌고, 현실에서 이러한 것들을 깨달으면서 물리적인 영역뿐만 아니라 정신적 영역에서도 인간의 본성의 비영구성에 대한 이해에 도달하게 된다.

하지만 무엇인가가 우리가 거기서 멈추는 것을 막는다! 언젠가 영원한 것처럼 보였던 많은 것들이 영원하지 않다는 것이 드러난다. 우리에게 불멸을 확신하게 했던 바로 그 특질들이 가장 한시적인 경우가 많다. 그럼에도 불구하고 죽음을 초월한 삶에 대한 생각은 인간의 사변(思辨) 속에 단단히 박혀 있다. 우리는 이 믿음이 환상인지 아니면 진리의 예감인지 알지 못한다. 우리가 말할 수 있는 것은 미지의 것에서 나온 생명 에너지가 젊은 시절과 중년기에 팽창하다가, 다시 한 번 모여들었다가, 노년기에 외부 세계로부터 점진적으로 철수하여, 마지막에는 우리의 이해를 넘는 곳으로 가라앉는다는 것이다.

이러한 주의력의 저하는 노년기의 대표적인 특징이다. 힘^{strenght}의 시기가 지나간 것이다. 복무 기간이 지나갔다. 중년기의 삶에는 여성이 필요하고, 그녀의 주변 사람들은 그녀의 에너지와 지략을 끄집어낸다. 그러나 그녀가 나이가 들면, 사람들은 더 이상 그녀를 필요로 하지 않고, 그녀는 점차 그 사실을 인지할 수밖에 없게 된다. 그녀는 이제 그들이 그녀를 필요로 했던 것보다 더 그들을 필요로 한다. 형세가 역전되었다. 그녀는 예전에는 강했지만, 지금은 약하다. 그녀가 이제 더 이상 헌신할 수 없게 되었다는 인식은 그녀에게 이제 더 이상 살아갈 가치가 없다는 공허감을 남긴다. 그래서 그녀는 "삶의 목표는 무엇인가?"라고 새롭게 물으면서 이 텅 빈 공간을 지나가기 위한 수단을 찾아내야 한다.

우리는 앞에서 수도사가 된 중세 시대의 남작과 요기가 된 동양 정치인에 대해서 이야기한 바 있다. 이 사람들은 "규칙"을 따르고, 기성 학교에 들어갔으며, 다른 많은 사람들처럼 행동했다. 그들은 인정받는 종교적 수행을 따르면서 인정받는 길을 통해 내면의 가치를 추구한다. 그러나 오늘날에는 그러한 학교는 존재하지 않으며, 그러한 관습도 확립되어 있지 않다. 심지어 종교가 쇠퇴하면서 내적인 삶을 발달시킬 필요성조차 일반적으로 인정받지 못하고 있다. 만약 개별적인 남성과 여성이 삶의 쇠퇴와 확장에서 삶의 중요성에 대한 의식적인 이해와 수용을 가져올 내적 가치를 찾으려면 그들은 외로운 길을 걸어야 하고 개척자로서 기능해야 한다. 그런데 삶의 가장 저조한 시기가 개척자로 나서야 하는 가장 좋은 때이다.

사람들은 나이가 들면서 삶의 주요 현실과 점점 접촉하지 않는 경향이 있다. 특히 부유한 사람들의 경우가 그렇다. 그들이 먹을 음식은 항상 준비되어 있고, 그들은 그것을 먹기만 하면 된다. 그들의 집도 다른 사람이 관리하며, 옷과 개인적인 소지품은 충실한 하인이나 헌신적인 딸이 챙겨준다.

이 모든 것들은 나이 든 사람들이 그들의 흥미와 즐거움을 점점 더 다른 사람들에게 맡기면서 그들에게 의존한다는 것을 의미한다. 젊은 사람들이 삶의 주된 의무라고 할 수 있는 것과 실제로 접촉함으로써 얻을 수 있는 만족의 많은 부분을 나이든 사람들은 실제 그들의 신체적 무력함이나 아마도 더 흔한 이유, 즉 자신의 필요에 대한 이해의 부족으로 거부한다. 그 이유는 많은 나이 든 사람들이 스스로 해낼 수 있는 일상적인 일들까지 다른 사람들에게 떠넘기기 때문이다. 그들은 이렇게 말한다. "그렇지만, 다른 사람에게 돈을 주고 시킬 수 있는 일을 내가 왜 굳이 해야 하나요?" 이러한 말은 그토록 많은 여가 시간에 더 가치 있는 일을 하고 있다면 유효할 것이다.

만약 집안일에서 해방된 것이 노인들이 다음 식사 시간이 올 때까지 아무것도 하지 않고 의자에 앉아 시간을 무료하게 보내는 데만 쓰인다면, 그렇게 해방된 것이 과연 무엇을 위한 것인가 하고 진지하게 질문해야 한다. 시중 드는 일이 아무리 하찮은 일이라도 평생 시중만 받아 본 사람들은 결코 알 수 없는 만족감을 줄 수 있다. 노인들은 다른 사람들이 더 힘들고 어려운 일에 몰두하느라 밀어 둔 일상적인 일을 맡음으로써 일종의 공백 상태에 빠질 수 있는 그들의 여가 시간을 유익하게 쓸 수 있다. 그러나 그들이 그러한 단순한 일에 몰두하는 것이 반드시 게으르게 지내는 것보다 항상 낫다고 할 수는 없다.

나이 든 사람들이 좀처럼 제대로 인식하지 못하는 상황의 또 다른 요인은 그들이 자신들의 여가와 작업을 맡긴 사람들에게 그들의 나태가 부담을 준다는 점에 있다. 그들이 아무리 자기 집이 있고 경제적으로 자유로워도, 여가의 측면 이외의 삶의 모든 중요한 접촉에서 그들이 의존하는 사람들에게 부담을 준다는 것이다. 예를 들어 '할머니'를 딸의 집에 초대하면, 할머니가 실제로 도착했을 때 파티가 시작되고, 딸은 그녀의 바쁜 일상을 보내는 와중에 필요한 모든 추가적인 준비를 해야 한다. 해야 할 일이 이미 산더미 같이 쌓인 젊은 딸에게 또 다른 일들로 그녀의 시간을 채울 수는 없는 것이다. 그러나 그녀의 일상을 밝게 해 줄 저녁 외출을 제외하면 시간이 남아도는 나이 든 여성은 그녀의 빈 시간을 채워주고 흥미로울 수도 있는 "파티" 준비를 딸과 공유하며 돕는 대신 이벤트를 기다리기만 하는 일이 너무 많다. 딸은 어머니에게 자신이 어렸을 때 분명 어머니를 도와서 했던 작은 일조차 조심스러워서 어머니에게 부탁하지 못한다. 나이가 들어 쉽게 지치는 어머니는 어머니대로 예전처럼 일을 잘하지 못한다며, 일하는데 시간도 많이 걸리기 때문에 도와주겠다고 선뜻 나서지 않는다. 이러한 종류의 불일치는 어느 정도 일어날 수밖에 없다. 그러나 이것을 조금 더 의식적으로 인식한다면, 이러한 불균형이 줄어들지도 모른다.

나이 든 여성이 떠맡는 일의 양은 점차 줄어들어야 한다. 그렇다고 그녀가 아무것도 하지 않고 나태하게 그 시간을 보낼 이유도 없다. 나이가 들수록 쉬는 시간이 점점 더 많이 필요해지고, 극도로 나이가 든 뒤에는 직접적이고 개인적으로 자신을 돌보고 자신에게 필요한 일상적인 운동을 충분히 하는 것조차 힘에 부칠 수 있다. 그러나 이 마지막 단계에 접어들기 몇 년 전의 삶 동안에 어느 정도의 기력과 일과 관심사가 필요할 수 있다. 이 기간에 매일 몇 시간 동안 즐거움을 느끼고 시간을 보낼 수 있는 작은 일들로 일상을 꾸미는 것이 여성에게 훨씬 더 행복할 것이다. 교육을 받고 교양을 쌓느라 삶의 원시적 현실과 단절된 사람들도 일상생활에 필요한 간단한 것들을 자기 손으로 해내는 것을 통해서 농부가 자연과 맺는 긴밀한 접촉을 어느 정도 되찾을 수 있을 것이다.

오늘날 "자연으로 돌아가라"는 외침이 들려온다. 이 호출은 올바른 방식으로나 잘못된 방식으로 수행될 수 있다.[31] 만약 삶의 전성기에, 복잡하고 책임져야 할 많은 것들을 모두 내려 놓고 혼자 시골로 내려가 한적한 삶을 산다면, 우리는 의식적인 가치들을 잃어버리는 것을 피할 수 없을 것이다. 미국에서 브룩 팜$^{Brook\ Farm}$과 지금의 히피 공동체들에서 이미 이러한 시도가 있었지만, 세상에서 벗어나는 것으로 세상의 문제들을 해결할 수는 없다. 그러나 만년에는 상황이 달라진다. 적응할 것을 꾸준히 요구했던 외부 세계는 더 이상 그렇게 많은 관심을 요구하지 않는다. 이전에 해결을 독촉했던 도덕적인 문제들도 그 긴박성을 잃는다. 그 대신 죽음이 존재감을 드러낸다. 땅-어둠, 쇠퇴-하강의 세력이 증가하면서 자신의 존재를 노인에게 강요한다. 그러한 시기에 모든 농민들이 알고 있는 단순한 삶로의 귀환(歸還), 즉 책에서 찾을 수 없는 삶의 의미에 대한 이해를 더 세련되게 할 수도 있다.

왜냐하면 의식적 인격의 빛은 무의식적인 동물, 즉 육체적 존재의 심층에서 자라나기 때문이다. 우리가 죽을 때 의식의 빛은 그것이 생겨난 바로 그 길을 통해 우리를 지나갈 것이다. 노인이 죽기도 전에 영의 불꽃이 떠나고 육체만 식물처럼 삶을 이어가는 사례도 있다. 나이가 들수록 관심은 점점 외부 세계에서 멀어진다. 의식의 영역은 나이 든 여성이 그녀의 관심이 주변의 것에만 한정될 때까지 계속해서 좁아진다. 때때로 이보다 더 젊은 나이에 세상으로부터 이렇게 관심이 멀어지는 것은 심각한 질병을 앓는 가운데서 경험되기도 한다. 다른 사람들의 눈에 그 환자는 의식이 없는 것처럼 보인다. 그러나 그녀가 병에서 나으면, 외부 세계를 다 지워버린 그 생생하고 강렬한 경험을 전할 수도 있다. 심지어 그 경험은 너무 생생하고 강렬해서, 그녀의 의식이 혼탁했던 동안 그녀의 배타적인 관심을 요구하는 주관적인 사건을 방해하는 가장 작은 외적인 적응의 요구도 아주 거슬린 것으로 만들었던 것인지 모른다.

세상으로부터 잠시 철수했던 노인이 다시 돌아와서 그 동안의 경험을 들려주는 경우는 좀처럼 없다. 그러나 나는 오랫동안 노인성 우울증을 앓으면서 세상 일로부터 완전히 관심이 멀어졌던 한 노부인의 사례를 알고 있다. 이 기간 동안 그녀는 보는 사람들에게 마치 그녀의 마음이나 그녀의 정신이 천천히 퇴화되는 과정에 있는 듯, 망각의 상태로 넘어간 것처럼 보였다. 그러나 그녀는 그렇지 않았다. 그녀는 죽기 전에 능력을 회복했는데, 정신이 맑아진 그녀는 그녀가 그렇게 철수해 있는 동안의 경험을 이야기했다. 그녀는 당시 세계에 대한 그녀의 태도에 근본적인 변화를 초래한 장기간의 주관적 경험을 겪고 있었다고 설명했다. 그렇게 세상에 대한 그녀의 철학은 재창조되었다.

이 사례는 우리가 주관적인 사건의 경위를 파악했다는 점에서 이례적이다. 그러나 나는 그것이 드문 일이라고 생각하지 않는다. 오래도록 무기력한 상태 심지어 명백한 무감각 상태에 있는 동안에 노인에게, 우리가 만약 그것을 파악할 수만 있다면, 부담이나 손실로 간주하기 쉬운 극도의 노년기의 몇 달이나 몇 년을 정당화할 수 있는 어떤 깊은 내적 변화가 일어나고 있을 가능성은 꽤 높다. 왜냐하면 생의 마지막 15년이나 20년의 삶의 가치는 그 시간이 사람들에게 더 주관적인 태도를 갖출 수 있는 기회에 달려 있기 때문이다. 그러한 관심의 전환을 통해서만 생의 초기의 경험을 동화시키고, 세상의 활동과 요구들에서 벗어날 수 있다.

위에서 인용한 사례에서 이러한 태도의 변화는 여성 측에서 아무런 의식적인 의도 없이 일어났다. 그녀의 이상(理想)과 그녀의 삶이 제시한 실제 경험 사이의 간극에서 비롯된 도덕적 문제들은 의식에서 해결되지 않았다. 그녀는 다른 모든 사실들을 억압하면서 이상과 자신을 동일시하였고, 따라서 갈등을 해결하지 못한 채 남겨두었다. 그때 그녀의 본성에서 일어난 생명력의 내향화는 개인의 협력 없이 변화를 가져왔다. 그러나 노년기는 젊은 시절 여러 가지 활동 때문에 해결하는데 충분한 시간을 투자하지 못했던 문제와 갈등을 해결하기 위한 시간으로 의도적으로 계획되고 활용될 수도 있다. 그러한 의도적인 시도를 통해, 오늘날 각 남녀는 다른 시대에는 종교적인 수련기관들에서 제공했던 내면의 삶을 스스로 추구할 수 있을 것이다. 사람들은 그들의 관심을 세상으로부터 거둠으로써 그들의 내면에 있는 생명 에너지의 움직임에 의식적으로 참여할 수 있는 것이다. 그의 과제를 진정으로 완수하면, 그는 때가 되면 죽을 차례가 된다. 밖에서 관찰했을 때 우리가 알 수 있는 것은 여기까지다. 객관적인 세계와 주관적인 수준 모두에서 자신의 삶을 충실하게 살아가면서 죽음을 준비한 사람은 아무런 투쟁과 후회도 없이 죽음을 맞이할 것이다.

위에서 우리는 대부분의 사람들이 어떠한 외적 성취도 허망한 것으로 만드는 죽음 앞에서 얻게 되는 깨달음을 이야기했다. 이 세상의 모든 창조는 지나갈 것이다. 그것들은 지속될 수 없고, 그것들이 무너지기도 전에 그것을 창조한 인간부터 우리는 알지 못하는 곳으로 사라진다. 그러나 만년에 외부 세계에 대한 관심이 점차 사라질 때는 생명-에너지가 가장 의미 있는 마지막 창조를 위해 모일 수 있다. 인간 존재 자체가 자신의 생명 에너지의 수혜자가 되는 것이다. 그는 외부 세계와의 동일시로부터 해방되었다. 그는 휘트먼이 노래한 것처럼, "가까이 다가오는 달콤한 죽음의 자유"를 누리면서, 자유인으로 그의 삶의 마지막 과제, 다시 말해 융이 말하는 "죽음의 성취"에 헌신할 수 있게 된다.

제9장
심리적 관계성

    각각의 연속된 세대에서 어떤 사람들은 세속적인 성공을 추구하지만, 어떤 사람들은 내적 수양과 발달에 더 관심을 보인다. 그들은 자아와 신체적 욕망의 수준을 더 완전하게 인간적이고 영적인 수준으로 끌어 올려줄 가치를 추구하는 것이다.

    사람들의 생각과 느낌에 대한 역사를 최대한 멀리 추적하다 보면 인간의 삶에서 개인의 관심을 뛰어넘는 가치에 대한 감각이 강력한 동기로 작용하는 것을 볼 수 있다. 이 초개인적 가치는 수세기가 지난 다음에도 여전히 살아남은 수많은 고대 저술들의 주제인데, 초기의 인간들이 남긴 신이나 신-이전의-신들의 이미지들과 상형 문자들은 그 영향이 얼마나 강했는지 알 수 있다. 사람들은 이 가치들이 분화될 때마다 그것들을 상징이나 신으로 나타내려고 하였는데, 그것들 역시 어떤 의미에서는 상징이다. 그것들이 우리가 알거나 이해할 수 없고, 다만 느낄 수 있을 뿐인 힘들이 일반적으로 구체화된 것이기 때문이다. 그런 경향은 지금도 여전히 마찬가지다. "에테르" 개념이 바로 그와 같은 것을 구체화시킨 것이다. 금세기 초까지만 해도 공기처럼 희박한 본성을 가진 가상적 실체인 "순수한 공기, 순수한 요소"가 우주

전체에 스며들어 있다는 믿음이 있었다. 현대 세계의 과학자들에 비해서 자기가 하는 것이 무엇인지 잘 알지 못했던 소박한 사람들은 신들^{gods}을 만들었다. 아니 어쩌면 감지했다^{perceive}고 하는 말이 더 정확한지 모른다. 그것은 그들의 체험으로부터 나온 심리적이고, 물리적 법칙의 상징인 것이다. 사람들은 외부 세계와 관련된 실험들을 통해 에테르라는 상징에 이르게 되었고 그들의 내적 체험을 통해 신^{God}이라는 상징을 감지했다. 그러나 에테르라는 개념이 처음 생각했던 것보다 훨씬 더 많은 진리를 지니고 있듯이, 신이라는 상징 역시 지상에 살았던 어느 누가 알았던 것보다 훨씬 더 큰 진리를 지니고 있다. 그것은 인간의 정신적 발달에서 본질적인 것인데, 우리는 그것을 어리석게 너버리는 실수를 범하였다. 그러나 우리는 과학자들처럼 본질적인 "마치 …인 듯하다"는 표현을 언제나 잊지 말아야 한다. 그것이 유일하게 상징을 사용하는 사람이 미신에 빠지지 않도록 하는 것이기 때문이다. 과학자는 "마치 눈에 보이지 않는 물질인 에테르가 존재하는 것처럼 보인다"고 말한다. 그러므로 심리학자도 "마치 신, 악마, 귀신이 있는 것 같다"고 말할 수 있을 것이다.

의식적으로 신과 관계를 맺으려는 사람 모두 신이라는 개념을 발달시킨다. 신 개념은 인류의 문화와 문명이 발달한 것과 발맞추어서 수세기 동안 점진적으로 발달한 것을 알 수 있다. 그것은 구약성서에 나오는 질투심 많고, 무시무시했던 야훼가 후기 예언자들의 문서에서 더 영적인 신으로 변한 사실에서 잘 드러난다. 그리스에서도 원시적인 동물신은 점차 세련된 올림포스 산의 신이 되었는데, 그 동물적인 기원이 문장(紋章)에서 여전히 드러난다. 제우스는 한때 "다리가 하나인 오래된" 뱀이었고, 아테나는 올빼미, 디오니소스는 황소였다.

우리는 역사, 특히 유대인과 그리스인의 역사에서 문화 전체가 신을 표상하는 초개인적 가치와 관계를 맺으면서 발달할 때 항상 변화가 일어나는 것을 볼 수 있다. 그러나 신과 관계를 맺지 않는 세대(世代)가 생길 때 신은 퇴보한다. 예를 들어, 오늘날 많은 과학자들은 북미 원주민 부족의 현자의 것보다 훨씬 더 구체적이지만 정신적으로 훨씬 미숙한 신 개념을 가지고 있다. 그들이 부정하는 신은 그들이 여전히 가지고 있는 신 개념으로, 그들은 "마치 …인 듯한"이라는 가설의 '은총'을 거부하고 있는 것이다. 사실, 신 개념은 지나치게 일반적으로 미신과 신인동형동성론에 가까운 개념과 연결되어서 대부분의 사람들에게 초개인적 가치라는 용어로 더 잘 표현되는 정신적 가치를 전하지 못하고 있는지도 모른다.

그러한 가치를 제일 우선시하며 그것을 추구하는 사람들은 그들 세대의 다른 사람들에게는 완전히 부족한 내적 성숙과 발달을 이룰 수 있었다. 그들은 현인이 되었고 선지자가 되었다. 동양 사회에서 이런 현인들은 대단히 존경받았고 공무를 수행하는 지도자로 자주 추대되었다. 이와 달리 서양 사회에서 그러한 자리는 흔히 세속적으로 성공한 사람들에게 주어졌다. 이리하여 서구 국가들은 효율성은 얻었지만, 유감스럽게도 너무 많은 경우 지혜는 얻지 못했다.

각 세대는 그들만의 독특한 방식으로 내적 가치를 추구한다. 지금 그들이 누리는 현대 문화와 사상과 이상(理想)들 역시 그들의 아버지들이 노력해서 성취한 정신적 발달이 있었기 때문에 가능했다는 사실을 인식하지 못하는 아들들에게 아버지들의 방식은 완고하고 편협해 보이기 쉽다.

우리의 직계 조상들은 "신의 뜻"이라고 여겨지는 초개인적 가치를 도덕법과의 관계를 통해서 추구하였다. 대다수의 사람들은 도덕법과의 관계를 오직 외적 복종의 관점에서 생각했지만, 일부 사람들은 그

복종조차 겉으로만 따르는 척하는 것으로 대체시켰다. 예를 들어, 결혼으로 정당화되었을 때 외에는 성(性)을 잘못된 것으로 간주하는 도덕법에 대한 일반적인 태도를 생각해보자. 그들에게 외도와 이혼은 똑같이 부도덕하다. 대부분의 선한 남성과 여성은 이 법칙을 받아들이고 따랐다. 사랑의 결속이 돌이킬 수 없을 정도로 깨진 뒤에도 사람들은 결혼을 유지했던 것이다. 오해, 다툼, 엄청난 거부의 분위기, 경쟁 심지어 증오가 아무리 커져도 도덕법에 문제 제기를 하지 않는 것이다. 그런데 어떤 사람들은 단지 겉으로만 거기에 순응하는 척 하면서 몰래 그 상황에서 벗어나려고 한다. 이렇게 겉으로만 순응하는 척 하며 비밀리에 그것을 무화(無化)시키려는 시도는 주로 남성 사이에서 일어났다. 그러나 여성은 계속해서 못 본 척하며 "딴 여자"를 비난하면서 그 관행을 따랐다. 오늘날 우리는 이러한 도덕법의 영향이 부정적이라는 사실에 모두 동의한다. 그 이유는 그것이 삶에 대한 우리 자신의 태도에 해를 끼치기 때문이다. 그래서 우리는 도덕 규범에 맞춰서 사는 삶의 철학에서 긍정적인 것이 전혀 나올 수 없다는 결론을 내리기 쉽다.

그러나 우리는 그것을 하느님의 뜻이라고 부르며 이 도덕법을 진심으로 따르며 살았던 사람들이 삶의 더 깊은 의미를 추구했다는 사실을 잊어서는 안 된다. 그러한 사람은 그의 결혼 생활에서 사랑과 열정이 사라진 것을 깨달았을 때 이혼을 하거나 몰래 외도를 하면서 그 운명에서 벗어나려 하지 않고 침울하게 그 속박에 굴복하지도 않는다. 그에게는 다른 방법이 있다. 그는 도덕법이 자신의 내면을 지배하고 자신의 행동뿐만 아니라 자신의 동기, 감정, 생각까지 통제해야 한다고 믿는다. 그는 자신의 삶의 외적인 형태. 즉 그의 불행한 결혼 생활을 그의 영혼이 발달해야 하는 경계로 여기는 것이다. 그래서 그는 그 삶을 순순히 따른다. 그는 반성을 통해 그의 분노와 좌절된 갈망을 천천히 동화시키고, 자기-수련을 통하여 그것들을 통제한다. 실제로 자신의 부정적인 감정을 무시하면서 자신을 기만하지 않고 그 감정들을 무의식에 밀어 넣지 않은 사람은 거의 없을 것이다. 그러나 자신의 내면의 문제와 고군분투한 사람들은 깊이와 다정함을 얻고, 모든 연령대의 사람들이 존경하는 강함과 성숙함에 도달한다.

하지만 20세기를 사는 우리에게 과거의 길은 닫혀 있는 책과 같다. 도덕법에 굴복하는 것은 대부분의 경우 억압을 의미하고, 우리는 억압에서 벗어나 삶을 더 많이 받아들이는 쪽으로 나아갔다. 우리는 에너지와 욕망의 해방을 요구하고, 우리 자신의 본성에 따른 삶을 살 자유를 요구한다. 그런데 이런 태도는 이혼과 외도―나는 이 문제를 다른 여러 측면에서 설명할 수도 있지만, 다시 한번, 삶의 성적인 측면을 예로 들면서 설명하려고 한다―의 엄청난 증가를 가져왔다. 결혼 생활에서 어려움을 느낄 때 사람들은 가장 먼저 이혼하려는 충동을 느낀다. "더 이상 매어 있지 말자". 오늘날 가장 크게 들리는 외침이다. "안 그런 척하지 말자", "사랑뿐만 아니라 우리의 원망과 질투의 욕망과 감정도 의식해야 한다."

오늘날 의식의 추구와 현실에 대한 보다 깊은 인식은 "도덕법에 대한 복종"을 대신하여 삶의 지도 원리의 자리를 차지하고 있다. 그러나 의식의 추구에 대한 현대 남성과 여성의 동기는 같지 않다. 대부분의 사람들은 순전히 개인적인 욕망과 자아의 만족을 추구하지만, 그것들을 초월하는 초개인적 가치와의 관계를 추구하려는 사람들도 있다.

개인적 욕망이 지배할 경우 의식의 추구는 정신적 발달로 이어지지 않고, 그저 젊은이들에게 광범위하고 또 거친 실험에 뛰어들게 만드는 도덕법의 붕괴로 이어질 뿐이며, 기성세대의 눈에 그것은 아무 제약없이 그들에게 면허증을 발급하는 것 같은 느낌을 준다. 하지만 우리는 이것이 50년 전의 일반적인 완전한 억압보다 반드시 더 나쁘다고 주장할 수는 없다. 그러나 나는 자연적인 본능과 욕구가 억압되든지 아니면 하나의 지침으로 받아들여지면서 자유롭게 표현되든지, 한 사람의 행동이 개인적인 목적과 자아의 목적만 추구하는 한 그 어떤 정신적 발달도 이루어질 수 없다고 생각한다. 오직 개인의 소망과 욕망을 넘어서는 가치와의 관계가 확립되어야 진정한 정신적 발달과 성숙이 이루어질 수 있다.

도덕법에 대한 복종을 지침으로 삼고 초개인적 가치에 대한 복종이 원시적 본능을 억제하는 원동력이 되었던 과거의 결혼에서 개인의 성격 발달은 종종, 그리고 실제로 일어날 수 있었다. 그러나 그것만으로도 가져올 수 있는 증가된 의식과의 "관계"에 대한 발달은 추구되지 않았고, 그래서 거의 이루어지지 않았다. 개인의 발달은 추구하면서 관계의 발달은 그만큼 중요하게 의식하지 못하는 부부의 예를 들어 보자. 이러한 경우는 과거에도 있었고 지금도 여전히 있다. 젊은 남녀가 결혼한다. 그들은 서로를 사랑하고, 한동안 모든 일이 아무 문제 없이 잘 풀린다. 그러나 얼마 지나지 않아서 두 사람을 놀라게 하고 상처 입히는 사건이 발생한다. 남편을 행복하게 만들고 걱정 근심 없는 가정을 만드는 것이 "아내의 덕목"이라고 믿는 여성은 상처를 억압하고, 평소와 같이 웃으며 그를 맞이한다. 그 또한 그대로, 그녀의 웃는 얼굴을 보면서 그렇게 심각한 사건은 아니라며, 그녀보다도 더 그 감정적인 상황을 의식하지 못하고 그녀처럼 상처를 억압한다. 문제는 지나가고, 각자 그 사건의 원인이 상대방이나 자신의 "나쁜 성미"에 있다고 여긴다. 그 결과 문제의 뿌리에 다가가려는 노력을 하지 않았던 그들은 그 원인을 건설적으로 이해할 수 없다. 시간이 흐르고 똑같은 문제가 다시 떠오르며 또 다시 억압된다. 이것을 통해서 그들은 어쩌면 자기 통제를 배우고, 어려운 상황에서도 평온한 척하는 능력을 키울 수는 있을 것이다. 그들이 만약 계속 서로를 사랑한다면 상대방의 약점과 성격적 특성을 받아들이는 아량은 넓힐 수 있을 것이다. 그러나 오랜 세월 함께 지내면서도 근본적으로 서로에게 타인이며, 자기 자신에게도 타인인 채 남는다. 이때 그들은 개인적 발달을 이룰 수 있지만 두 사람 사이의 관계는 발전하지 못한다.

이런 식으로 많은 사람들은 사랑하는 사람과의 차이나 의견 불일치를 못 본 척하고, 그들의 가정의 평화와 행복을 해칠 만한 사소한 불일치나 잘못된 행동을 무시하고 넘기는 것이 모든 교양 있고 친절한 사람들의 삶의 행태라고 생각한다. 이런 사람들은 교양이 있고, 훈련이 잘 된 사람들이다. 그들은 어려운 상황에 처했을 때도 이기적으로 행동하지 않고, 규범에 따라 행동한다: "깔끔한 매너를 가진 사람", "숙녀", "기독교인"은 이렇게 행동해야 하니까, 그렇게 한다. 그들은 가장 잘 적응된 페르조나에 따라서 행동하는 가장 고상한 유형의 사람들이다. 그들의 동기는 "개인적"이다. 그들은 자기 자신 뿐만 아니라 다른 사람들도 개인적으로 선량하고 개인적으로 행복하기를 바란다. 그들에게 있어 좋은 행동 기준에 들어가지 않은 행동은 해서도 안 되고, 가능한 한 의식에서 제외되어야 한다.

하지만 모든 사람들이 이런 행동 방식에 만족하는 것은 아니다. 그런 체제 아래서 자신의 소망이 무시될 가능성이 높은 상대적으로 예민한 사람들과 약한 사람들은 거기 있는 조화롭지 못한 것을 더욱 날카롭게 간파하기 때문이다. 그들은 어쩌면 그들이 받아들일 수 없는 요소를 더 잘 인식하거나, 아니면 진실에 대한 그들의 욕망이 이렇게 짐짓 눈감은 것 같은 태도를 취한 것을 받아들일 수 없어서 의식에서 불쾌한 것들을 지워버리지 못하는 것 같다. 그래서 오늘날 많은 사람들은 개인의 행복과 조화를 목표로 삼는 것에 만족하지 않는다. 그들은 문제의 진실을 찾아내고, 그들의 관계를 그 위에 세우려고 한다. 친구의 말이나 행동이 그들을 불편하게 하면 대화를 통해 그 아래 있는 근본적 실재를 찾는다. 그들은 현재의 평화를 희생해서라도 의식을 추구하기 때문이다. 그들에게 진실은 그저 환상 위에 세워진 것인지도 모르는 개인적인 행복과 조화보다 더 중요한 것이다.

다른 세대의 사람들에게 "이해"를 목표로 하는 이 과정은 논쟁하고 다투는 것처럼 보이기 쉽다. 실제로 그 목표, 즉 의식화가 사라지면 그것은 헛수고로 전락할 수 있다. 더구나 이 모든 논의에는 지적인 분석에 의해서 정동적 상황과 접촉이 끊어질 결정적인 위험이 도사린다. 오직 목적에 대한 깊은 솔직함만 이러한 함정을 피하도록 해준다. 거기에는 체면치레를 위한 자기 합리화나 상대방의 성격과 심리에 대한 아는 체나 무례한 분석, 현재 상황을 쉽게 일반화하려는 시도가 있어서는 안 된다. 진실은 각자가 이 삶의 일부에 대한 이해를 통해 자신의 숨겨진 동기를 발견하려는 목적을 충실히 지킬 때에만 제공될 수 있다. 그들의 토론이 그 사건 안에 있는 무의식적 요소를 알아내기 위해 진행된다면 두 사람 사이의 어려움은 그들도 인식하지 못하는 수많은 동기 뒤에 숨은 무의식의 베일을 찢어버릴 것이다. 이때 그들 사이에는 다른 부부와는 전혀 다른 관계가 형성될 수 있다.

이렇게 근본적인 방식으로 관계의 문제를 논의하는 것은 쉬운 일이 아니다. 사랑하는 두 사람 사이에서 일어나는 오해는 언제나 의식 뒤에 잠복하고 있는 인식되지 않은 자아 욕망이나 알지 못하는 어두운 그림자에 기인한다. 그 어려움은 종종 가장 약한 곳, 가장 내밀한 열등한 것을 건드린다. 그것은 그가 가장 인정하지 않고 인정하지 못하는 것들과 연결되어 있다. 가장 깊은 자기 보존 본능이 가장 가깝고 소중한 친구들로부터 그것들을 숨기는 것이다. 이러한 문제와 어려움을 이야기하는 것은 누구에게나 어려운 일이지만 내가 생각하기에는 특히 남성들에게 더 어려운 문제다. 그에게 인간관계의 문제를 다루는 것은 특히 불쾌한 일이며, 그것들과 마주쳤을 때 그는 무의식으로 크게 후퇴하게 된다.

 삶의 원리가 에로스 또는 관계성인 여성에게 이 작업은 그렇게 어렵지 않다. 그녀가 정말 무력해질 때는 관계의 문제를 다룰 때가 아니라 의식적으로 분별하고, 명확한 정의를 내려야 할 때이다. 유사한 두 개의 것을 구별하려고 애쓰는 남편에게 "그건 상관 없어요, 어쨌든 결국 같은 거에요"라며 그를 짜증나게 만드는 아내들이 얼마나 많은가? 여기서(분별의 문제에서) 그녀는 그보다 열등하다. 그러나 관계성의 문제가 제기될 때 여성은 남성보다 유리한 위치에 있는데, 그것은 그녀가 흥미를 가지는 주제이기 때문이다. 그녀는 분별을 당연한 것으로 받아들이고 그 권위를 인정하려고 노력하지만, 관계성은 그녀가 자연스럽게 시간과 에너지를 투입하는 주제이다.

 남성은 여성의 이 자질을 매우 놀랍게 생각한다. 여성은 사물을 구체화하고 이론을 즉시 실천에 옮길 수 있기 때문이다. 한 젊은 과학자의 일화가 이 사실을 잘 드러낸다. 어린 동물의 성장을 조절하는 특정한 비타민을 분리하려고 애쓰던 그는 어느 날 저녁 마침내 분리에 성공했다고 아내에게 자랑하였다. 거기에 대해서 그의 아내는 이렇게 반응했다. "너무 기뻐요 여보. 당신은 정말 대단한 사람이에요! 조니에게 저녁을 먹일 때 그것도 같이 주면 된다는 건가요?" 그녀는 즉각적으로, 그리고 매우 자동적으로 그가 방금 발견한 물질이 무엇이고, 그 효능을 어떻게 입증할 수 있으며, 그것이 무엇으로 이루어졌는지와 같은, 남성이 할 법한 질문은 전혀 하지 않은 채 새로운 사실을 먼저 그에 대한 그녀의 감정과 연결했고 그 다음에는 그녀의 일상과 연결시켰다.

하지만 남녀를 막론하고, 서양인들의 정신적 발달은 관계성과 멀리 떨어져 진척될 수 없다. 우리는 다른 인간과의 긴밀한 접촉에 의해 통제되지 않는 내향성 없이 자기-인식에 도달할 능력을 갖지 못한다. 그러나 동양에는, 예를 들면 다양한 요가 시스템과 같은 정교한 자기 수련 체계들이 많이 발달했고, 거기에서도 제자는 일반적으로 작업을 지도하고 통제하는 스승과 가까운 관계를 맺지만, 이것들은 고독한 내향성을 기반으로 한다. 그러나 서양인들의 진정한 내적 발달을 위해서는 내향성을 통한 정신분석 이상의 것이 필요하다. 물론 내향성은 특히 이런 일에 대한 경험이 많은 사람이 이끌어주고 점검해줄 때 대단히 값진 것이 되는데, 우리는 이러한 사람을 분석가라고 부른다. 그러나 결과적인 발전은 그 자체의 현실과 비교하여 시험되어야 한다. 다시 말해서 심리적인 발달을 위해서는 심리적인 관계가 반드시 필요하다.

하지만 우리가 말하는 심리적 관계란 무엇을 의미하는가? 그리고 그것은 다른 종류의 것들과 어떻게 다른가?

일상에서 관계성relationship"이라는 단어는 다양한 형태의 인간관계를 묘사하는데 쓰이지만 가장 흔히 혈연으로 이어진 관계를 나타낸다. 그런데 혈연이 심리적 관계를 배제하는 것은 아니지만 그 두 조건이 반드시 동일한 것은 아니다.

혈연으로 밀접하게 연결된 두 사람이 평생 만나지 못하는 경우도 있다. 그런 경우 혈연 관계는 있지만 심리적 관계는 불가능하다. 다른 경우, 한 가족의 구성원들간의 접촉이 긴밀하고 지속되는 경우도 있을 것이며, 남들이 보기에 그들은 "매우 단합된 가족"처럼 보일 수 있다. 그러나 조금 더 파고 들어가면 그들이 서로에게 완벽한 타인이거나 구성원 하나가 집단에서 고립되고 그만의 세계에 빠져 은둔 생활을 하는 것도 볼 수도 있다. 어떤 여성이 이렇게 말한 적이 있다: "가족 생활은 많지만 관계는 거의 없을 수 있어요!"

그러한 집안의 다양한 구성원들은 서로 이상할 정도로 많이 닮아서 그들을 구분하기는 여간 어려운 일이 아니다. 혈연 관계는 전적으로나 부분적으로 공통된 형질을 타고난 것을 의미하며, 그토록 밀접한 연결이면 환경도 공통될 것으로 짐작할 수 있다. 이러한 요소 때문에 가족 간의 유사성은 신체적인 것을 넘어서 정신적인 영역까지로 확대된다. 예를 들어, 그러한 집안에서 자란 두 자매는 외모와 말투, 몸짓, 그리고 생각까지도 비슷하며, 미용실이나 전공, 동아리 등과 같이 그녀들이 자유롭게 선택할 수 있는 영역에까지 닿을 수 있다. 종교적인 문제나 정치적인 문제에 대한 의견도 동시에 바뀔 수 있는데, 이렇게 자신들의 의지에 반하는 일치는 그녀들을 짜증나게 만들 수도 있다. 그녀들의 심리적 상태는 보통 우연에 의해 결정되는 것으로 간주되는 방식으로 거의 완전한 동일성을 이룬다. 그녀들은 마치 비슷한 운명을 공유하는 것 같다.

이런 식으로 서로 동일시하는 자매는 종종 비슷한 유형의 남성과 사랑에 빠지거나 그 사실을 모르고 아예 같은 남성과 사랑에 빠지도 하며, 겉으로 보았을 때 비슷한 점은 없지만 이후의 행보가 꼭 닮은 남성과 결혼하는 경우도 있다. 예를 들면 자매가 모두 나중에 알코올 중독자가 되는 남성과 결혼하는 것이다. 이러한 경우 동일시는 무의식까지 닿아 있으며, 꿈에서 흔히 목격되는 현저한 유사성이 그 사실을 증명한다. 이렇게 일치하는 가족 구성원들은 보통 어떤 외적인 차이를 강조하며 차별화를 시도하지만 무의식에까지 닿은 동일성은 여전히 그녀들을 단단하게 묶어 놓는다. 어느 가정에서 자매는 각자 명확하게 구분된 역할을 맡는다. 한 사람은 예쁘고 사교적인 여성, 다른 한 사람은 가정적이거나 영리한 여성으로 있는 것이다. 그녀들은 각자의 모습을 분화된 것으로 느끼지만, 실제로 그것은 동일성을 더 분명하게 드러낸다. 이 자매는 왜 그 영역에서, 아니면 삶 전체에서 자신의 기능을 자유롭게 펼치지 못할까? 답은 그녀가 하나의 완전한 개인이 되지 못하고 가족의 일부라는 점에 있다. 그녀는 함께 해야 하나의 온전한 전체를 이루는 다른 자매와 자신을 동일시하는 것이다. 그러한 경우 정신적 관계는 불가능한데, 관계는 분리를 암시하기 때문이다. 같은 것끼리 관계를 맺는 것은 불가능한 것이다.

이러한 이유로 인간 관계는 그들의 정신적 가치를 무화(無化)시키는 동일시를 명확하게 하면서 시험되어야 한다. 이것은 실제 감정을 표현하고 억압하지 않는 것을 통해서만 가능하다. 물론 사회적 관계나 사업상의 관계에서 우리가 표현하는 것이 실제 감정이 아니라 적응이라는 사실을 인식하고 인정하는 것이 어려운 일이 아니다. 그런데 이러한 비실제적인 것들은 우리를 불편하게 하지 않는다. 우리의 "사회적 예의 범절"은 우리가 실제로 생각하고 느끼는 것을 표현하지 못하게 하고 일을 할 때도 우리에게 직업적 가면인 페르조나를 쓰도록 만든다. 이러한 종류의 적응은 다소 의식적이며 가면 역시 어느 정도 특정한 목적을 위해서 자발적으로 감수하는 것이다. 그런데 자신이 선택한 역할에 지나치게 집요하고 또 지속적으로 몰두하는 극단적인 사람들이 있으며, 이때 우리는 그 가면 속에 실제 사람이 있는지 의심할 지경이 되기도 한다. 그러한 사람은 그의 페르조나와 동일시된다. 자기가 매우 싫어하는 사람조차 우아한 미소로 맞이하는 "좋은 여주인"이나, 남들만큼 지치고 힘들지만 언제나 경건한 태도를 보이는 목회자가 그 예이다. 그러한 사람과는 심리적인 의미에서의 실제적인 관계가 불가능한데, 그가 자신의 인습적인 가면만 받아들이고 자신의 불쾌한 감정과 반응을 의식하지 못하는 사람이기 때문이다.

 물론 의식화 추구가 좋아하지 않는 사람에게 예의를 차리는 것을 그만두는 것을 의미하지는 않는다. 페르조나는 의식적인 여성이나 무의식적인 여성 누구에게나 필요한 것으로, 그 가면을 기계적으로 착용하는 대신 목적의식을 가지고 외부세계와 연결해주는 살아있는 기능으로 발달시켜야 한다. 그것은 그녀라는 개인을 그녀 자신으로부터 숨기거나 그녀가 그러기를 원할 때 그녀가 느끼는 그대로 다른 사람들 앞에 드러내는 것을 방해하지 않도록 무엇보다도 완전한 유연함을 갖춰야 한다.

 꿈에서 페르조나는 종종 옷으로 표현되며, 많은 것을 의미하는 옷은 적절한 상징이다. 예를 들어, 옷은 문화적으로나 정신적으로 개인사(個人史)의 산물이기 때문에 우리의 의복은 일반적으로 그날의 스타일과 일치해야 한다. 옷은 그것을 입은 상황과 그것을 입은 사람에게 어울려야 한다. 우리는 나이든 여성이 18세 소녀에게나 어울리는 옷을 입는 것을 우스꽝스럽게 느끼며 (그것은 그 옷을 입은 사람의 유아성과 비현실성을 나타낸다), 젊은 여성이 인생을 다 산 사람처럼 옷을 입는 것을 거의 비극으로 받아들인다. 아니면 의복은 어떤 모순을 드러낼 수도 있다: 만약 남들에게 술을 마시지 않고 학구적인 인상을 심어주려는 소녀가 경박한 옷을 입는다면, 그녀의 옷차림은 그녀의 거짓된 의도를 드러낼 것이다.

 페르조나는 내면의 실재(實在)와 가깝게 맞아 들어가야 하지만 여성이 모든 상황에서 자신의 생각을 전부 적나라하게 표현해야 한다는 것을 의미하지는 않는다. 그녀는 알몸은 물론이고, 잠옷만 걸친 채 응접실을 향하지 않는다. (그런데 얼마나 많은 사람들이 그와 같은 악몽을 꾸는가!) 한 무리의 사람들 앞에 자신의 벌거벗은 내적 자기를 드러내는 여성은 그들의 이해를 기대해서는 안 된다. 생각과 감정은 언제나 적절한 매너와 언어의 가면을 쓰고 전달되어야 그 상황에 맞고 청중도 그것을 이해할 수 있다. 아주 많은 사람들이 페르조나의 결핍이나 페르조나의 과잉으로 인해서 만족스러운 관계를 형성하지 못하는데, 그 사실을 아는 이들이 거의 없다. 특히 여성이 이 방면에서 죄인이 되기 쉽다. 여성은 그녀가 자신에게 진실할 때만 세상도 그녀를 받아들인다고 생각한다. 그러나 그때 그녀는 한 사람의 진실이 다른 사람의 진실과 반대될 수 있고, 실제로 꽤 파괴적일 수도 있다는 사실을 잊는다. 진리는 강력하고 위험한 것이기 때문에 적절히 보호되어야 한다. 그것은 만일의 경우를 위해서 옷이 입혀져야 하고, 무분별하게 노출되어서는 안 된다. 그래서 새로운 『의상철학』(영국의 역사가 토머스 칼라일이 상징론에 대해서 저술한 책 이름—역자 주)이 분석심리학적인 측면에서 쓰여질 수도 있다. 우리는 길거리에서, 다시 말해서 낯선 사람과 군중 속에서 가장 조심스럽고 인습적으로 행동한다. 그때 우리는 코트와 장갑을 착용한다. 집에는 작업복과 사회 생활을 할 때 입을 옷이 있다. 우리는 바닷가에서는 수영복을 입지만 파티에 참석했을 때는 이브닝 드레스를 입어야 하며, 가장 친밀한 상황에서만 실내복을 입는다. 이것들은 일종의 알레고리이다. 우리가 입는 정장은 일을 하면서 겪는 어려움을 사업적이고 비개인적으로 대하겠다는 단호한 결의를 표현한다. 여성이 사업을 할 때 받는 대부분의 비판은 완전한 비개인성이 요구되는 상황에서 개인적인 사안과 감정이 개입되는 것을 막는 적절한 페르조나가 부족하다는 점에 있다.

사회적인 상황에서 적절한 페르조나의 문제 또한 신중하게 숙고되어야 한다. 겉으로 옷을 제대로 갖추는 것만으로는 부족하다. 그녀는 모두가 유쾌할 수 있도록 사전에 그녀의 모든 자원을 모아 내적으로도 옷을 갖춰 입어야 한다. 사랑하는 남자가 저녁 식사를 하러 왔을 때 단지 옷을 신경 써서 입고 맛있는 음식을 준비하는 것만으로는 부족하다. 그녀는 그들의 관계를 위한 섬세한 정신적 음식도 준비해야 한다. 사랑만 있다면 충분하다거나 모든 것이 잘 될 것이라고 생각하는 사람들이 참 많은 것 같다. 그런데 그들은 실제 음식을 두고 이와 같이 무심한 태도를 취하지 않는다. 그들은 저녁 식사는 제대로 준비되고 차려져야 하는 것이라고 생각한다. 가슴과 마음으로 먹거나 허기를 느끼는 정신적 음식에도 똑같이 신경을 쓰지 않는 이유는 어디에 있는가?

그러나 상황에 대처하기 위한 내적 준비에는 페르조나 이상의 것이 포함된다. 예를 들어, 어느 남성이 친밀한 사교 모임에 참석하면서 그의 사업상의 걱정을 내려놓는다. 그것이 페르조나 적응이다. 그러나 그가 그의 걱정거리를 언급하지 않는 것이 언젠가 기만으로 이어질 날이 올 수 있다. 왜냐하면 그가 그의 친구에게 그가 아닌 다른 자신을 보여준다면, 환상이 어쩔 수 없이 그 우정에 스며들기 때문이다. 그가 언제나 "괜찮은 사람"을 연기한다면 그의 친구나 가까운 사람들은 그를 그의 페르조나와 동일시하면서 그가 어려운 상황에서도 다른 사람의 동정이나 도움을 필요로 하지 않는 다소 딱딱한 사람으로 여기게 될 것이다. 그러나 페르조나 안에 있는 실제의 그는 적응에 상당한 어려움을 느끼고 고통과 어려움 앞에서 인간적으로 움츠러드는 아이일지도 모른다. 그러한 종류의 오해는 분명한 현실을 기반으로 세워야만 하는 삶의 가장 친밀한 관계를 약화시킬 수 있다. 많은 사람들이 그가 다른 사람들과 맺는 관계의 기반을 유심히 살펴보면 놀라울 정도로 환상과 가정과 투사가 그 안에 들어가 있는 것을 볼 수 있을 것이다. 그들의 견고한 우정의 토대는 밑에서부터 무너지고, 그들은 그들이 어디 있는지도 알지 못할 것이다. 모든 문제 상황에서 그들은 서로의 말이나 행동을 이해하지 못할 것이라는 말이다. 그들에게는 아무 기준도 없었기 때문이다.

인간 관계의 전 영역이 각자의 경험만 가지고 다뤄지는 모호한 상태에 빠지는 것을 피하려면 일반적으로 적용될 수 있는 유효한 심리적 현실의 기준이 마련되어야 한다. 어떠한 현실을 시험할 때도 우리는 그것을 비슷한 성질의 것과 비교한다. 예를 들어, 어떤 물체의 경도(硬度)를 측정하려고 할 때 그것을 딱딱한 것, 즉 우리 손이나 망치 등을 통해서 시험하고, 색은 다른 색, 사물의 길이는 다른 사물의 길이와 비교한다.

한 사상의 타당성을 시험할 때 사람은 그것을 망치와 자(尺)가 아니라 이미 검증을 마친 오래된 사상과 그 새롭고 검증되지 않은 사상을 비교한다. 마찬가지로 다른 사람의 감정의 유효성을 헤아리려는 여성은 그것을 머리^{thinking}로 측정할 것이 아니라 자신의 감정에 적용시키면서 헤아려야 한다. 그리고 그때 그녀의 감정은 진실된 것이어야 한다. 그렇지 않으면 그것은 진정한 측정 기준이 되지 못하고, 그녀는 상대방의 진실을 모르는 채 남을 것이다. 어떤 사람의 동기를 헤아리려고 할 때도 마찬가지다. 그 여성이 확실하게 행동하지 않거나 자신의 동기를 위장하면서 비교에 혼선을 준다면, 다른 사람의 행동과 동기도 그녀의 것과 마찬가지로 확실하게 드러나지 않을 것이다. 그녀는 그에 대한 많은 이론과 견해를 가지고 있음에도 불구하고 자신이 내린 결론이 옳은지 아닌지를 알지 못할 것이다. 그래서 그것들이 아무리 긍정적인 것이라고 할지라도 그녀의 내면은 그것들이 분명하지 못하다고 할 것이다.

우리는 일상에서 표면적인 것들을 다루며 살아야 한다. 다시 말해서, 우리가 착용하는 가면은 우리 자신뿐만 아니라 다른 사람에 의해서 착용되는 가면이다. 우리는 그 가면 뒤에 무엇이 있는지 알지 못한다. 만약 우리가 성격을 잘 파악하는 사람이라면 그 뒤에 무엇이 있는지 짐작할 수 있을지 모른다. 그러나 그런 지식이 항상 관계를 맺게 만드는 것은 아니다. 오직 의식이 있는 사람만이 정신적인 의미에서 관계를 맺을 수 있다. 그는 의도적으로 자기 자신을 드러낼 수 있는 사람이기 때문이다. 의식적 관계란 A가 B의 가면 뒤에 무엇이 있는지 알고 있을 뿐만 아니라, B도 그것을 알며 A가 그것을 알기를 바라는 것까지 요구한다. A의 가면에 대한 A와 B의 관계도 마찬가지여야 한다. 과거의 운율시에서 이 문제를 떠올릴 수 있다.

나는 에서가 케이트에게 키스하는 것을 보았는데,
사실은, 우리 셋이서 보았지,
왜냐하면 나는 에서를 보았고, 에서는 나를 보았으며,
케이트는 에서를 보는 나를 보았지.

그러나 이 사건의 경우 (그 상황이 알려진 다음에) 그들 사이에 표면적으로 어떠한 말도 오가지 않은 것 같고, 그 일은 비밀스러운 것으로서, 관계로 이어지지 않고 의혹으로 남았다. 케이트와 에서가 관찰자와 솔직하게 이야기를 나누고 그에게 공감을 얻었거나 반대에 부딪혔더라면, 그 사건은 세 사람의 관계를 굳건하게 만들었을 것이다. 그러나 결국 그는 그 상황에 대해 추측할 수밖에 없었고 케이트와 에서는 그와 만날 때마다 어색함을 느낄 수밖에 없었을 것이다! 무엇보다 중요한 것은 그들의 사생활이 침해당했으며 그로 인해서 두 사람은 그들의 입장을 필히 분명히 해야 하는 처지에 있었다는 것이다. 지금까지 모든 일이 꿈과 같이 행복하게 흘러갔지만, 일단 그들의 연애가 다른 사람들에게 알려지면서 그들은 그것이 무엇을 의미하고 그들이 어디로 가고 있는지를 물어보아야 한다. 삶은 그들의 무의식을 시험대에 올리고, 새로운 단계의 의식을 요구하기 때문이다. 그들이 그 사실을 알든 모르든 그들의 연애는 결코 그전과 같을 수는 없다. 그들은 최종 목표를 결혼으로 잡고 약혼해야 하며, 아니면 그들의 관계는 고의적인 비밀이 되어버린다. 사회는 삶의 축적된 지혜를 통해서 이 사실을 알았으며, 심리적으로 상당히 타당한 인습적인 법으로 그것을 표현했다. 어떤 사실이 일단 인식되면 그전에 순수하게 할 수 있었던 일도 의식적으로 기만하려는 것이 아닌 한 더 이상 할 수 없게 된다. 그 행위가 순전히 본능적인 것—의식이 없이 행해지는 것—인 한 그것은 악하지도 선하지도 않다. 그러나 의식의 무대 위로 올라오면 결정을 내려야 한다. 상황을 분명히 하고, 행동 방침을 확실하게 해야 하는 것이다. 그러면 그것은 악하거나 선한 것이 된다. 한 세대 전의 인습적 도덕에서 남성이 내릴 수 있었던 선택은 하나밖에 없었다. "소녀에게 키스한 것이 발각된 신사는 즉시 그의 신원과 의도를 밝혀야 한다." 오늘날 우리는 다른 기준을 따르기도 하지만, 거기에는 똑같이 근본적인 도덕성이 깔려 있다. 위에서 말했듯이 에서와 케이트와 구경꾼은 어떤 합의에 이르러야 한다. 에서와 케이트의 그 다음 이야기는 그들의 관계의 기반이 어디에 있느냐 하는 것에 달려 있다. 그들은 비록 흔들림 없는 행복하고 즐거운 결합을 이상(理想)으로 삼지만 남편과 아내 사이에 진정한 관계는 찾아볼 수 없는 빅토리아 시대풍의 결혼을 할지도 모른다. 아니면 그들은 단순한 조화(調和)보다 의식과 발달을 추구하면서 다른 원리를 따를 수도 있다.

과거 결혼 유형에 대해 자세하게 설명한 기록은 거의 없다. 민담이나 동화는 물론 최근에 이르기까지 대부분의 소설과 연극은 결혼식이 끝났음을 알리는 종소리가 울려 퍼지는 가운데 "그리고 그들은 행복하게 살았습니다" 라는 진부한 말로 끝을 맺는다. 최근 몇 년 전까지만 해도 현대인들의 관심은 젊은 남녀 사이의 문제와 어려움들이 해결되어 도덕법과 관습법 안에서 생명의 생물학적인 목표가 완료되었을 때 충족되었다. 인습적이고 "도덕적인" 성관계에 대한 장벽이 극복되면, 관계의 문제도 더 이상 논의할 것이 없다는 것이다. 그런 관점에서 사람들은 전적으로 관습에 따라서 행동하는 것을 당연하게 여겼고, 결혼한 사람들은 똑같은 식으로 생각하고, 느끼고, 행동하는 것을 당연한 것으로 받아들였다. 그래서 결혼한 이후의 삶은 이야기꾼들의 관심과 흥미를 끌지 못하였다.

이런 관점은 아니마와 아니무스가 완전히 무의식적이고 그래서 자율적이라서, 남성이나 여성에게 투사되었을 때만 발견되는 사회 상태의 것에 속한다. 그런 의식 단계에서 관심은 트리스탄과 이졸데의 경우에서처럼 상호 투사에 있다. 그래서 의식의 새로운 상태와 아니마와 아니무스의 새로운 관계는 더 의식적인 관계라는 이상이 남녀의 마음에 가능성으로 나타나기 전에 필요하다.

우리 사회는 여성에게 부과된 아니마 역할에 대한 여성의 반란을 통해서 이 방향으로 한 걸음 더 나아갔다. 빅토리아 시대풍의 결혼 생활에서 남성은 여성의 아니무스 투사에 자신을 맞춰야 하는 강박감을 거의 느끼지 않았기 때문에 가정에서 신의 역할을 하는 데 부담을 가지지 않았다. 오늘날에는 그 역할에 따른 부담을 불평하는 남성들을 많이 볼 수 있다. 그러나 여성은 남성의 아니마에 자신을 맞추며 살 것을 더 요구 받으면서 거기에 동반된 자기 억제 요구에 굉장한 고통을 받았을 것이다. 예를 들어, 디킨스와 같은 빅토리아 시대 소설가들의 작품을 읽다 보면 그가 그리는 여주인공들은 남성의 아니마를 정확하게 묘사하고 있다는 점을 발견할 수 있다. 온화하고 다루기 쉬우며 잠자코 동의하는, 개성 없는 아이 같은 아내들이다. 이러한 특성은 현대 여성에게 찾기 힘든 놀라운 특성이기 때문에, 남성은 실제 여성을 대할 때 반드시 두 번 이상 잘 살펴보아야 한다. 그런데 이상한 점은 대부분의 경우 남성에게 있어서 현대 여성은 도라나 아녜스와 같은 종류의 매력을 가지고 있다는 사실이다. 우리가 이것을 통해 내릴 수 있는 유일한 결론은 남성이 여성에게서 보는 것은 실제로 존재하는 그녀가 아니라 그를 계속해서 매혹하는 그의 무의식 깊은 곳에 존재하는 어떤 것의 반영이라는 점이다.

사랑에 빠진 두 사람 사이의 유대가 사랑하는 대상에게 투사된 그들의 아니마나 아니무스와 연계되는 방식으로 구성될 경우, 생명 에너지의 심리적 목적은 두 사람이 결합될 때 성취된다. 그것은 그러한 하나됨을 통해서 마치 하나의 차원에서 삶의 주기가 완성되는 것과 같다. 그러나 이러한 하나됨은 환상에 기반을 두기 때문에 영구적인 조건이 될 수는 없다. 만약 그 여성이 실제로 그 남성의 아니마의 화신 자체이고 그 남성 역시 그 여성의 아니무스의 화신 자체라면 그들의 결혼은 그들의 삶의 문제에 대한 영구적 해결책을 제공할지도 모른다. 왜냐하면 서로간의 심리적 친화력이 너무 만족스러워서 그 이상의 만족을 추구하느라고 상황을 어렵게 만들 에너지가 남지 않기 때문이다. 그러나 그와 같은 기적은 당연히 실제로는 결코 일어나지 않는다. 결혼 생활의 완성에 대한 환상은 일정 기간 지속될 수 있지만 아니마와 아니무스의 역할에서 배제된 인격의 부분이 그가 갇힌 감옥에서 꿈틀거리고 반항하기 시작한다. 그때 그들의 완벽한 행복의 베일에 균열이 생긴다. 그래서 그들 사이에서 재조정이 일어나거나 그들 사이의 사랑이 죽음으로 끝날 투쟁이 계속 일어난다. 아니면 이런 일이 생기기도 한다: 수년 동안 결혼 생활을 함께 한 배우자가 불성실한 것 같다는 끔찍함 때문에 불안을 야기하는 요소를 억누르고 또 억누르는 일이 생길 수도 있다. 잠깐 잃어버렸던 행복감을 부분적으로나마 되찾은 순간 고통스러웠던 감정이 다시 떠오를 수 있는 것이다. 그와의 관계가 안전하지 않다는 느낌이 언제나 유령처럼 쫓아다니는 것이다. 그 기쁨은 약간 공허하게 울릴 것이다. 그때 억눌렸던 요소들이 다시 떠오른다. 이때 억압적인 태도가 계속된다면 그 사람은 건강을 잃게 되고, 신경증에 빠질 수 있다.

  어떤 사람이 자신의 내적 가치를 계속 외부 세계에 투사하는 한 그는 그가 신기루를 쫓고 있었다는 사실을 깨닫기 전까지 수 년 동안 그것을 쫓아다닐 그는 그의 내면에서 찾았어야 하는 그의 영혼인 아니마를 바깥에서 찾느라고 시간을 낭비했다는 사실을 깨닫는다. 그는 이제 낙담하고, 환상은 깨졌다. 그는 발달적인 측면에서 아무것도 얻지 못하였고, 그의 환상 속에 매우 불안하게 뿌리 내린 그의 사랑은 그의 손에서 시들어 사라진다. 이것이 결혼 생활의 문제 앞에서 "그 다음에-그들은-행복하게- 살았습니다"와 같은 태도를 고수하는 것에 따른 필연적인 결과다.

  현대 소설의 결말이 더 이상 결혼식의 끝을 알리는 종소리로 끝나지 않는 단순한 사실만 보더라도 아니마와 아니무스의 투사로 대표되는 관계는 더 이상 우리를 만족시키지 못한다는 사실을 알 수 있다. 이것은 우리 의식의 영역이 넓어지고 있음을 알려준다. 그래서 젊은 부부는 다른 목표를 가지고 그들의 관계를 시작할 수 있다. 그들은 단순하게 서로의 이상을 충족시키는 것을 추구하지 않고, 단순히 "성공적인" 결혼 생활을 하는 것을 목표로 하지 않는다. 그들은 전통적으로 좋은 남편상과 좋은 아내이자 좋은 어머니상에 맞춰 살지 않고, 진실을 목표로 하여 그것을 이루기 위한 수단으로 의식의 확장을 추구한다. 그런 경우, 그들의 결혼 생활에서의 관계는 환상에 근거한 관계와 전혀 다른 관계에 도달할 것이다. 중국의 현자는 "공통의 관심사에 기반을 둔 유대는 어떤 지점까지 지속된다"고 주장했는데, 서로의 투사 속에서 아니마와 아니무스를 찾는 것은 이런 "공통의 관심사"라고 할 수 있다. 관심사를 나누는 공동체가 깨지면, 같이 묶여 있던 것은 중단되고 가장 가까웠던 우정 역시 종종 증오로 바뀐다. 오직 바르고, 꾸준한 것에 기반을 둔 단단한 유대만이 그 어떠한 것도 극복하고, 이길 수 있다."[32]

이런 진실에 기반을 둔 관계를 시작하는 남녀는 많은 어려움에 부딪힌다. 그들은 자기 자신을 잘 알지 못하고 서로를 잘 알지 못한다. 그러나 인간의 근본적인 문제에 대한 이해는 어려움이 생겼을 때 그들에게 도움을 줄 수 있다. 왜냐하면 관계에서 대부분의 문제는 소수의 기본적인 심리적 "콤플렉스"나 사각지대에서 오는 것들이기 때문이다. 이 논의는 이 남녀가 서로를 진정으로 사랑하고 가능한 한 진실되고 지속적인 관계 맺기를 바라는 좋은 사람들이라는 가정을 바탕으로 한다. 여기에는 지독한 이기심, 나쁜 성격, 아니면 다른 일반적인 사려 깊은 행동 기준에 어긋나는 일은 포함시키지 않을 것이다. 그러나 두 사람 사이에 의식적이나 정신적 관계가 형성되려면 선한 의지와 배려 이상의 것이 필요하다. 행동의 뿌리는 종종 의식적인 자기 성찰이 침투하고 의식적인 규율과 양식이 적용될 수 있는 차원 아래 있기 때문이다. 그러한 관계의 문제가 해결되면 어려움의 무의식적인 뿌리는 체계적으로 발견되고, 그것을 다룰 수 있는 의식화가 일어난다.

　관계의 어려움은 아무리 작은 것일지라도 대개 깊은 문제로 이어진다. "작은" 표현이라도 거기에 있는 정신적인 의미는 결코 작지 않다. 이것은 그런 "작은" 어려움도 제대로 다뤄지지 않을 경우 건실해 보이는 관계까지 파괴할 수 있다는 것을 의미한다. 실제로 우정이 깨진 계기가 대부분 "작은" 문제에 기인했음을 쉽게 볼 수 있다. 그러나 어려움의 근원을 발견하면 인격의 더 깊은 수준에서 사랑이 가진 인간화하는 힘을 발휘할 기회가 생긴다. 개인의 발달에서 친밀한 관계가 헤아릴 수 없는 가치를 가지는 것도 바로 그런 이유 때문이다. 어떤 심리적인 근원이나 콤플렉스는 특별히 언급해야 할 만큼 관계에 많은 어려움의 원인이 된다. 첫 번째 원인은 상대에게 자신의 개인적 만족을 충족시켜줄 것을 요구하는 것인데, 그것은 언뜻 보기에 정당해 보이지만 격렬한 의지의 충돌을 불러일으킨다. 두 번째 원인은 대부분의 사람들이 겪는 열등감으로, 그것은 끊임없는 원망과 상처의 원인이 될 수 있다. 세 번째 원인은 정신의 한 측면이 제대로 발달하지 못해서 생기는 오해에서 비롯되며, 그로 인해서 관계에서 발생하는 문제를 현명하게 다루지 못할 수 있다. 네 번째 원인은 아니무스와 아니마가 그 관계에 침투하여 전체적인 상황을 주관적이고 환상적으로 오해하게 만들어서 생긴다.

　두 사람 사이에서 발생하는 어려움 가운데 놀라울 정도로 많은 수는 첫 번째 원인, 즉 한쪽이나 양쪽 모두의 무의식적 권력 요구와 본인도 인식하지 못하는 소유욕에서 비롯될 가능성이 높다. 친밀하고 가까운 관계가 개인에게 가장 크게 기여할 수 있는 것으로는 이렇게 잠들어 있던 자아의 태도를 드러내는 것을 들 수 있다. 되풀이되는 어려움을 극복하려면 권력적인 태도를 인정하고 버려야 하지만, 그것이 반복되는 것을 막으려면 특정한 사건에 대한 반성 이상의 것이 필요하다. 각각의 사건들은 권력적인 태도에 주목하게 만든다. 그러나 그 요구는 의식적인 동기를 캐내는 것을 통해서는 밝혀낼 수 없는, 더 깊은 문제의 표현이다. 그 근원을 찾으려면 그 상황의 무의식적인 측면을 탐색할 필요가 있다. 이러한 근원은 때때로 개인의 유아기에 상당히 가까이 닿아 있지만, 조상들의 과거에서 더 깊은 기원을 발견하는 경우가 더 많다. 남성이나 여성은 의식에 대한 광범위한 탐색을 통해서 묻혀 있는 이 고대적 요소들을 발굴하게 되는데, 그때 그들에게 가장 먼저 요구되는 것은 악에 대한 인식이다. 오늘날 많은 사람들이 그 존재를 부인하고 있기 때문에 나는 이 사실을 강조하고 싶다. 그 존재를 부정하는 사람들은 행동은 유전적 경향이나 조건적 반응 또는 자연적 본능의 산물이며 선악과 인간의 책임에 관한 낡은 사상은 더 이상 맞지 않는다고 생각한다. 그들에게 있어서 신은 죽었다. 신은 존재하지 않으며, 그런 이유로 도덕적 책임도 존재하지 않는다. 악도 없다. 그러나 또 다른 사람들은 신은 모든 일을 주관하는 전능한 존재이고, 모든 일은 그의 업적이며 신은 선하기 때문에 악은 결코 존재하지 않는다고 말한다. 이러한 태도는 단순히 악의 사실을 무시함으로써 인간의 문제를 해결할 수 있다는 믿음으로 인도한다. 그러나 진리를 하나의 기준으로 삼고 무의식 속을 깊이 파고 들었던 사람들은 모두 악의 존재와 힘을 확신하지만, 그 사실을 인정하는 것만으로는 부족하다. 그 사실이 야기하는 문제들에 대한 해결책을 찾으려면 더 많은 것이 필요하다. 물론 그런 해결책을 찾기란 쉽지 않다. 과거의 영웅들이 그가 살던 시대의 폐해와 악을 의인화한 용들과 싸우고 그것들을 칼로 벤 것처럼, 그의 무의식에 있는 괴물과 싸우기 위해서는 목숨을 걸

각오가 되어 있지 않는 한 어느 누구도 해결할 수 없다.

하나의 예를 들어보자. 남편이 아내의 어떤 행동의 의도를 의심하고 있다면, 그것은 그 문제에 대한 논의가 필요하다는 것을 보여준다. 아내는 자신의 이기적인 동기를 전혀 의식하지 못했다고 항변할 수도 있다. 실제로 그녀는 자신이 그와 그의 소망이 머물 곳을 기꺼이 마련하고, 남편의 "이익을 위해서" 이타적으로 행동했다고 생각했을 수도 있다. 그러나 그의 항의로 그녀는 자신의 행동의 무의식적 동기를 찾아야 하는 상황에 놓인다. 그때 그녀는 교양 있고 친절하기는커녕 상당히 원시적인 "자연인"의 표현이 그녀의 무의식 속에 숨어 있었음을 발견하게 될 것이다. 그녀 안에 있는 이 원시적인 존재는 지배하기를 원하며, 언제나 첫 번째이기를 원한다. 그는 "그가 원하는 것을 맹렬히 원하는 것이다." 그리고 그것을 얻기 위하여 살인도 서슴지 않고 저지를 수 있다. 그는 갱생의 여지가 없는 원시인인 것이다! 아마도 그녀는 크게 실망할 것이다.

그런데 조금 더 파고 든다면 그녀는 "자연인"의 이기심과 지배를 보상하는 완전히 다른 태도와 완전히 다른 욕망의 집합 역시 무의식에서 올라오는 것을 발견한다. 예를 들어, 그녀는 희생될 의지 같은 것을 발견할 것이다. 그런 태도는 한 쌍이 되는 상반된 태도로, 하나가 올라오면 다른 하나가 내려간다. 자동적인 매커니즘인 것이다. 이런 이원성을 알게 된 개인이 의식적으로 자기 자신을 더 적응된 태도와 동일시하면 그녀는 "선한 자에게 몸을 맡기고 악을 억압하며", 자신은 "지배하려고 했던 것이 아니라, 조금 화를 낸 것이다", 아니면 "내 음조(音調)에 의미부여를 하면서 예민하게 받아들일 필요가 없다" 라고 말하면서 자신의 악한 행동에 대한 변명을 늘어놓을 것이다. 그러나 그런 식으로 하는 것은 그녀나 그녀의 친구들 모두에게 문제가 될 뿐이다. 왜냐하면 무의식에 가장 나중에 밀어 넣은 것이 가장 먼저 떠오르기 때문이다.

악은 단지 무의식 속에 저장되어 있을 뿐이며, 저런 식으로 제거할 수 있는 것이 아니다. '악'의 끊임없는 억압으로 이어지는 집요한 '선'과의 동일시는 서구 문화와 도덕이 만들어 낸 태도이다. 이와 같은 태도는 개인에 그치지 않고 몇 세대 동안 사회 전체의 행동의 이상(理想)을 대변해 왔다. 그러나 발달에 진전이 있기 위해서는 아래에 있는 '악'이 바르든 늦든 의식화되고 동화되어야 한다. 자신의 비도덕적 욕망의 문제에 전적으로 맞서기를 거부하는 개인은 "성인이라는 칭송을 받으며 죽지만" 이야기는 거기서 끝나지 않는다. 무의식에서 부모와 같은 태도를 공유하는 자녀는 그 문제를 이어받아 부모가 억압했던 것을 실행하면서 살거나 그것을 다른 식으로 동화해야 한다. "성직자의 아들 가운데 못된 자가 많다"는 속담은 이것을 보여준다. 오늘날 이 법의 규모는 매우 크게 나타나며, 지난 세대에게는 도덕법의 핵심을 이루었던 성적 행동의 규칙을 거의 완벽하게 타도하는 것으로 나타난다. 아버지가 억압한 것이 자녀들의 의식적 태도를 구성하는 것이다. 아니면, 옛말에서 말하듯 "아버지의 죄는 3대부터 4대에 걸쳐서 그들을 덮칠 것이다." 우리는 우리의 안녕을 추구하지 않더라도, 적어도 다음 세대를 위하여 우리의 무의식에 있는 악을 동화하는 방법을 찾아야 한다.

그러나 선과 동일시하고 악을 억압하는 것이 성격에 진정한 변화를 전혀 가져오지 않으면 무엇을 더 할 수 있을까? 무의식 안에 존재하는 선악의 균형에 대한 인식은 더 인간다워지고 관계를 발달시키려는 우리의 시도에 별다른 진전을 가져다 주지 않는 것 같다. 무의식과 자신을 동일시하면서 그때그때의 기분에 자신을 맞출 뿐 그 발생에 대해서 아무 책임도 지지 않은 채 파도처럼 연속적으로 밀려오는 악한 기분, 그 다음에 오는 선한 기분에 자신을 맡기는 것은 그 사람에게 아무런 도움도 되지 않는다. "그렇다면 선원에게 파도가 생긴 책임을 물어야 한다는 말인가?"라고 물을 수 있다. 선원은 파도를 조종할 수 없지만 파도에 맞춰서 그의 배를 조종할 수 있다. 그는 파도를 따라 표류하는 대신 어떤 태도를 취할 수 있는 것이다. 이와 같은 방식으로 자신의 무의식을 대하는 태도는 그가 움직이는 방향을 결정한다.

무의식은 사실들을 "다른 편에서" 온 것처럼 거울로 비추거나 묘사하면서 의식의 외관을 보상한다. 만약 어느 여성이 자신의 어떠한 행동에 어떠한 도덕적 태도를 취한다면 무의식은 거기에 반응할 것이다. 내가 여기서 말하는 도덕적 태도는 인습적인 도덕성에 근거한 것이 아니라 의식적인 관계를 이루는데 필요한 노력에서 오는 진실에 대한 더 깊은 충성을 의미한다. 따라서 그녀는 직접적인 책임이 없더라도 자신의 행동의 의식적인 부분뿐만 아니라, 뜻하지 않게 밝혀진 무의식적 부분에 대해서도 책임을 져야 한다. 그러나 남편의 항의 때문에 불거진 논의는 그녀에게 그전까지 몰랐던 사실을 알게 한다. 지혜의 나무의 열매를 맛본 그녀는 더 이상 무지하지 않고 그전처럼 완벽한 결백을 주장할 수는 없다. 새롭게 얻은 의식은 그녀의 행동을 새롭게 비추고 이제 자신의 행동을 의식하게 된 그녀는 그 행동에 대한 책임을 져야 한다. 그녀는 자신의 행동에서 드러나는 악을 의식적인 부담과 문제로 받아들여야 하는 것이다. 그런 수용을 통해서 그녀의 무의식은 악에서 벗어나고 보완적인 태도를 자유롭게 취할 수 있게 된다. 우리가 지금 다루는 예에서 드러나는 악은 원하는 것을 얻기 위하여 모든 것을 무시할 준비가 되어 있는 권력욕이나 이기주의에서 비롯된 태도이다. 보완적인 태도는 다른 것을 무시하기 보다는 차라리 개인적인 소망, 더 나아가서 자아 자체를 희생시키려는 태도이다. 자연인의 욕망과 권력 요구에 대한 책임을 받아들이는 것은 악을 억압하거나 그 존재를 부정하는 것과 전혀 달리 악을 소화시키거나 동화하는 것이다.

이제 관계성에서 오는 두 번째 종류의 어려움, 즉 열등감에서 오는 어려움에 눈을 돌려보자. 모든 여성(그리고 모든 남성)의 정신에는 실제로 의식의 상황과 맞지 않는, 열등감을 야기하는 민감한 부분들이 존재한다. 이런 약점은 보통 조심스럽게 지켜지고 숨겨지지만 친밀한 관계가 진행되는 과정에서 자극 받고 격앙된다. 예를 들어, 외모에 민감하게 반응하는 아내를 상상해 보자. 그녀는 다른 여성만큼 예쁘지만 언제나 자신이 매력이 없거나 혐오감을 자아낼지 모른다고 두려워한다. 그녀는 자신의 외모에 대한 실제적인 비판이나 암시에 격렬한 반응을 보이고, 자신을 정당화하거나 화를 낸다. 아니면 그녀가 품고 있는 부적절한 굴욕감의 보상으로 고압적인 태도를 가지고 반응할 수도 있다. 이것은 당연히 방어 기제이지만, 그 밑에 깔려 있는 것을 알지 못하는 그녀의 남편은 그녀가 그렇게 조심스럽게 은폐하는 약점을 보지 못한다. 그러는 남편 또한 그의 열등감으로부터 자유롭지 못하기 때문이다. 따라서 그는 그녀의 예민함에 상처를 받을 것이고 둘 사이에 거리가 생길지도 모른다. 그런데 만약 그들이 의식적인 관계를 추구한다면 그 문제에 대해 대화를 나누는 것이 필요하다. 그렇게 하면 그녀의 예민함의 밑바탕에 깔려 있는 열등감이 드러날 것이다. 그러나 이것은 단지 예비 단계에 불과하다. 그녀가 자신의 열등감을 인식하고, 그것이 어떤 것과 관련이 있고 어떤 상황에서 행동으로 드러나는지를 배우는 것은 자기 이해의 중요한 부분이다. 그러나 그것은 시작일뿐, 의문은 여전히 남는다: 그녀의 열등감은 어디에서 오는가?

때로는 열등감 자체가 권력에 대한 더 깊은 무의식적 요구에 따른 보상일 때가 있다. 어떤 여성이 자신의 외모에 지나치게 예민한 태도를 보인다면, 진실은 그녀가 무의식적으로 자신이 완벽할 것을 기대하며, 그렇기 때문에 다른 사람처럼 여러 가지 결점과 약점을 지닌 평범한 자기 자신을 받아들이지 못하는데 있을 것이다. 자신이 공주라는 환상은 그런 불충분한 감각 아래 숨어 있는 경우가 많다. 그래서 그녀가 인식하지 못하는 자기 자신의 이미지는 완벽하고 성숙한, 어쩌면 여전히 아버지의 사랑스러운 딸인지도 모른다. 만약 그녀가 그녀의 태도에 대한 남편의 이의 제기를 통해서 자신의 무의식에서 이런 종류의 "완벽성에 대한 환상"과 거기에 따른, 모든 상황에서 자신을 찬미하라는 요구를 발견한다면, 문제는 다시 "악의 동화"에 대한 필요성과 연결되고, 평범한 인간으로서의 자기 자신을 인식해야 하는 그녀의 필요성으로 귀결된다.

그녀의 열등감의 원인은 어쩌면 그녀가 속한 집단에 그녀보다 외모가 빼어난 사람이 있는 것에서 올 수도 있다. 열등감은 단순히 차이를 인식하고 인정하는 것에서 비롯되는 것이 아니라 그것이 의식적이든 무의식적이든 뛰어나고자 하는 욕망과 경쟁심에서 나온다. 그녀가 만약 첫 번째가 되기를 원한다면, 다른 여성을 향한 찬사는 그녀의 지위를 위협하고 열등감을 느끼게 한다.

또 다른 경우, 해소되지 않은 가족 관계에서 열등감이 비롯되기도 한다. 그러한 여성에게 열등감을 느끼는 이유를 물으면 그녀는 자신이 원치 않은 아이였거나 언니가 그녀 위에 군림했다고 말할지 모른다. 권력 의지 이론을 제창했던 아들러는 그의 이론에서 이러한 가정의 조건을 강조하였다. 그런데 실제로 열등감이 그러한 조건에서 생겨나더라도 이러한 의문은 여전히 남는다. 그것은 왜 성인의 삶에서 여전히 집요하게 지속되는가? 그것은 단순히 습관적인 기능의 문제일까? 아니면 일정한 양의 리비도나 관심이 여전히 부모나 자매에게 고착되어 그대로 무의식에 남은 채 우리 눈에 보이지 않고 인식되지 않는 것은 아닐까? 이 여성이 완전하고 원숙한 인격체가 되기 위해서는 이 에너지가 무의식에서 해방되어 의식의 발달에 쓰여야 한다. 다른 말로 하면 그녀가 지금 열등감을 느끼는 이유는 그녀가 수년 전 학생이었을 때 그녀의 언니보다 키가 작았기 때문이 아니라, 그녀의 정신의 일부가 발달하지 않은 채로 남아 있기 때문이다. 그녀의 개인성의 원(圓)에 있는 평평한 부분은 그녀의 무의식에서 그녀보다 잘났던 언니 이미지에 고착된 에너지가 해방되어야 둥글게 되고 발달할 것이다.

아버지나 어머니에게 붙들린 리비도나 정신 에너지도 비슷한 결과를 낳을 수 있다. 실제로 부모에 대한 고착은 손위 형제나 자매보다 더 많은 열등감을 낳는다. 어떤 여성이 이렇게 말할 수도 있을 것이다. "어머니가 나를 좋아하지 않아서 열등감을 느낀다. 그녀는 항상 나를 오해하고 야단친다." 수년 전에 사망한 그녀의 어머니는 여전히 그녀의 현재 삶을 비참하게 만들 수 있는 것이다. 왜냐하면 딸에게 있는 어머니-이마고^{Mother}가 지배하는 정신세계에 사는 한 그녀의 어머니는 그 작은 세계에서 섭정하면서 딸에게 계속해서 "네가 잘못했다"고 말할 수 있기 때문이다. 아니면 그녀의 의식에서 고착의 긍정적인 측면을 강조하며 "나는 사랑하는 엄마에게 상처를 입힐 수 없어"라거나 "그래, 엄마는 엄하지만 사랑하는 아빠가 엄마의 심기를 거스르지 말라고 했어"라고 말할 수도 있다. 그녀가 이러한 태도를 취하는 한 그녀는 어머니가 아니라 모성(母性) 고착에 속박될 것이다. 그것을 감히 깨뜨릴 엄두를 냈을 때 그녀는 어머니가 부과한 것과 다른 법칙이나 기준을 가지고 살 수 있게 된다. 그런데 이상한 점은 이것이 일종의 악순환이라는 점이다. 그녀가 다른 법, 다른 기준을 따라서 살아야만 할 때 그녀는 감히 거기서 벗어날 수 없다는 것이다. 종교와 관습의 가장 신성한 구속이 보호하는 어머니와의 유대가 너무 깊어서 초개인적 목표나 가치 이외에 그녀에게 그것을 깨뜨리도록 강권할 수 있는 것은 아무것도 없다. 종교적인 헌신으로 구하고 섬기는 그녀의 개인적인 욕망을 뛰어넘는 대상이야말로 그녀를 이 이마고(imago)로부터 떼어놓을 수 있는 유일한 방편이 될 수 있다. 많은 종교에서 모성상(母性像)은 중심적인 위치를 차지한다. 사람들은 그녀에게 헌신하는 것을 통하여 그들을 어머니에게 묶어 놓는 어린 시절의 속박에서 벗어났다. 그러나 이 말은 반대로도 해야 한다. 그리스도께서는 이렇게 말하였다. "누구든지 내게 와서 자기 부모를 미워하지 않는다면 … 그는 결코 나의 제자가 될 수 없다." 어머니의 위로와 보호에 대한 갈망을 포기하는 진정한 희생을 통해서 자신을 인간 어머니와의 유대에서 벗어난 사람만 초개인적 가치를 붙들게 하는 모성(母性)에 헌신할 수 있다.

여기서 논의하고 있는 관계의 어려움의 세 번째 원인인 하나의 정신 기능의 발달 부족, 예를 들어 감정 기능의 발달 부족을 보자. 한 남녀 사이에 약간의 오해가 생겼는데, 그들은 이야기를 나누면서 권력의 문제나 어두운 그림자와 같은 동기를 발견하지 못했다. 사실 그것은 아무 근거도 없는 오해였다. 한쪽의 단순한 선의와 호의에서 나온 행동이 다른 한쪽에게 친절하지도, 성실하지도 않은 행동으로 보였던 것일 뿐이다. 이렇게 풀리지 않는 종류의 오해는 보통 감정의 법칙에 대한 무지에서 오며 거기에서 비롯된 관계에 필요한 기본적인 것들을 무시하는 것에서 온다.

예를 들어, 한 젊은 남성이 사랑하는 소녀에게 전화를 걸어서 언제 그녀를 볼 수 있는지를 묻는다. 많은 손님들을 대하느라 편하게 통화할 여력이 없던 그녀는 적당히 얼버무리면서 통화를 짧게 끝낸다. 그녀의 난처한 상황을 알 리 없는 젊은이는 그의 어떤 말이나 행동이 그녀에게 그런 행동을 취하도록 만들었을까 하고, 고민하거나 잠수를 한다. 그녀는 그녀대로, 그 일이 그에게 상처를 입혔다는 사실을 전혀 인지하지 못한 채 멀어지고 차가워진 그의 모습에 상처를 받는다.

너무나 사소해 보이는 이러한 상황에서 어떻게 심각한 문제가 발생하는지를 이해하기란 어렵다. 그러나 우리는 실제 생활에서 매우 심각한 오해의 밑바닥에는 바로 이러한 사소한 사건들이 자리하고 있음을 자주 발견한다. 이 예에 나오는 남녀는 서로 소원해진 원인을 전혀 알지 못하고, 만약 그들의 내면에서 그들이 현재 겪고 있는 어려움의 시발점이 그날 나눈 통화라는 작은 목소리가 들려오더라도, 그들에게 그 일은 그들의 주의를 끌기에 너무 작고 사소한 일이라 그 목소리를 그대로 무시할 것이다. 그게 아니고 그것이 원인이었다는 확신이 들어도 자존심을 굽히며 그 사실을 인정하고 밝힐 사람은 거의 없을 것이다.

하지만 오해의 원인이 이렇게 사소한 사건에 있다고 말하는 것은 다소 오해의 소지가 있다. 그 사건들은 단지 계기에 불과한 것으로, 단발적인 사건일 경우 무시해도 별다른 위협이 되지 못한다. 그러나 피부에 난 점 하나는 모기에 물린 것으로 치부하고 무시할 수 있어도 여러 개의 점은 홍역과 같은 체질성 질환을 가리킬 수 있기 때문에, 그런 일이 한 번이 아니라 여러 번 일어난다면 그 문제를 더 깊이 파헤쳐야 할 필요가 있다.

정신적 체질성 질환, 즉 위 예에서 감정 기능의 발달 부족은 어느 한쪽의 잘못으로 보이지 않는 이 사소한 오해의 시작에서 인식되어야 한다. 이러한 일은 감정 표현의 기본 법칙 하나를 무시한 데서 발생했다. 즉, 두 사람이 관련된 모든 상황에는 최소한 두 가지 감정 경향이나 가닥이 존재하는데, 이 둘은 분리되어 있어야 하고 별도로 표현되어야 한다는 것이다. 이 두 가지 고려 사항은 사람과 상황에 대한 느낌이다. 그 소녀는 이렇게 말해야 했다. "전화해 줘서 고마워. 그런데 미안해, 지금은 친구들하고 있어서 통화하기 어려워." 그러나 그 젊은 남성 역시 감정적인 면에서 잘못한 것이 있다. 그는 그녀의 차가운 응대에 이렇게 물어야 했다. "무슨 일 있어? 아니면 지금 혼자가 아니라 전화 받기 어려운 거야?"

사람의 감정뿐만 아니라 그가 처한 상황에도 주의를 기울여야 한다는 것은 굳이 언급할 필요조차 없는 단순한 요구처럼 보인다. 그러나 나는 삶에서 그것이 심각한 오해를 야기하는 방식으로 무시되는 것을 거듭해서 보아왔다. 격식에 맞는 행동을 강조했던 관습은 그것을 인식했지만 그 격식을 벗어 던지면서 그것이 통합하는 집단적인 지혜도 종종 잃어버리게 된 것이다. 예를 들어, 친구의 저녁 초대에 간단하게 "못 가"라는 답장을 보내는 것은 예의에 어긋난다. 관습은 대신 이렇게 말할 것을 요구한다: "초대해줘서 고마워(초대한 사람에 대한 감정), 그런데 다른 약속이 있어(상황의 실체에 대한 감정이나 인식)."

감정을 말할 때 우리는 감정이 언제나 친절하고 긍정적인 것이 아니라는 점을 명심해야 한다. 그것은 진정한 감정에 반하는 것처럼 느껴지는 경우가 많을 수 있다. "좋아"가 아니라 "좋아하지 않아"가 될 수도 있는 것이다. 이 감정은 대상으로부터 물러나는 경향이 있기 때문에 부정적인 감정이라고 부른다. 감정의 주된 흐름이 긍정적인 사람, 사랑하는 사람에게 일어날 때 그것은 언제나 갈등을 야기하거나 혼돈이나 혼란을 일으킨다. 그 사람의 어떤 특성을 싫어한다는 표현이 그를 향한 사랑 자체에 반하는 것 같은 것이다. 이러한 혼란은 감정의 본성을 조금 더 명확하게 인식하면 해결될 수 있다.

감정은 단단하고 정적인 것이 아니다. 그것은 유동적이고, 역동적이다. 그것은 바다처럼 앞뒤로 흐르고, 깊이가 있으며, 그 깊이는 바다처럼 어떤 지점에서 상당히 일정하다. 그것은 한 사람에서 다른 사람을 향해 흐르는 흐름을 가지고 있다. 한 사람의 애착이 커지면, 다른 사람의 애착은 작아진다. 거기에는 바다처럼 조수가 있다. 남녀 사이의 사랑의 물결은 매일같이, 아니면 그보다 긴 한 달을 주기로 해서 밀물처럼 밀려 들어오기도 하고, 썰물처럼 밀려 나가기도 한다. 거기에는 파도도 있다. 두 사람 사이에 위로 올라가고 아래로 내려가는 감정 반응의 움직임이 끊임없이 이어지는 것이다. 그들 가운데 한 사람이 이렇게 말할지도 모른다. "당신을 깊이 사랑하지만 당신이 한 이 일은 마음에 들지 않아요." 그가 자신의 반응을 그러한 형태로 조심스럽게 표현한다면, 그녀는 그의 마음속 깊은 곳에 자신에 대한 사랑이 남아 있다는 사실을 이해할 것이고, 부정적인 감정의 파도가 그것을 지웠을지도 모른다는 두려움을 느끼지 않을 것이다.

부정적인 감정과 달리 관계의 긍정적인 측면을 재확인하는 것은 이견과 차이가 드러날 때 가장 염두에 두어야 하는 중요한 점이다. 그렇게 하지 않을 경우 그 중 한 사람은 그 괴리의 심각성을 제대로 인식하지 못할 수도 있다. 이런 규칙의 가치는 관습적으로 인정된다. 우리는 친구를 신중히 대하지 않으면 안 된다.

어려움이 생기는 네 번째 원인은 여성의 아니무스나 남성의 아니마가 그 상황에 개입하는 것에서 비롯된다. 이것이 사랑에 빠지는 현상의 주된 요인으로, 이것을 피할 방도는 없다. 사랑을 불러일으키는 것은 보통 이 투사의 긍정적인 측면이다. 그러나 아니마와 아니무스에는 부정적인 측면도 존재하며 이것이 남녀 사이에 배열될 때 일반적으로 적대감, 즉 나쁜 감정이떠오른다. 아니마와 아니무스의 투사는 눈에 보이지 않고 그래서 인식되지 않기 때문에 해결하기 어려운 매우 심각한 문제가 발생할 수 있다. 그 부정적인 자료의 주관적인 근원은 한동안 추적되지 않고, 남녀 모두 그것이 상대방으로부터 비롯된 것처럼 반응한다.

여성의 아니무스는 일반적으로 생각하는 판단과 의견의 형태를 취하며 남성을 극도로 짜증나게 만드는 추측을 하게 한다. 그녀의 훌륭한 지략과 대기 자세는 그가 그의 생각을 표현하기도 전에 "아, 당신이 무엇을 말하려고 하는지 알겠어!"라고 말하게 만든다. 아니면 그전에 있었던 일들을 다시 곱씹으며 불필요한 것들을 붙잡고 늘어지거나 무의미한 것들에 집착하면서 남성을 "거의 미치게 만든다." 이런 종류의 사고^{thinking}는 언제나 "나를 건드리지 마"라는 태도와 연관되어 있는데, 이러한 태도는 그가 그녀를 사랑할 경우 그를 지배하는 모든 것을 들고 일어나게 만들고 그가 그녀를 사랑하지 않을 경우 그를 떠나게 만든다. 언젠가 한 남성에게 "나는 그 여자와 자기 전에는 그녀에게 말을 할 수 없어"라는 말하게 하는 것도 바로 이러한 태도이다. 그는 다소 조잡한 이 농담을 통해 그가 발견했던 진실을 표현하려 했다. 다시 말해서 이런 종류의 아니무스 사고는 그가 만약 그녀의 진정한 여성적 본성에 도달할 수 있다면 그 자리를 내어줄 것이다. 왜냐하면 그때 그녀의 심리적 무게 중심은 말하자면 그녀의 머리를 떠나 그녀 존재의 중심에서 적절한 자리를 찾을 것이기 때문이다. 그녀는 다시 진정한 여성으로 기능할 수 있게 되는 것이다.

남성의 아니마는 그에게 감정을 추측하도록 만든다. 자신의 감정이 확실하지 않을 때 남성은 여성에게 부정적인 감정을 쉽게 갖는다. 그는 그녀가 그에게 화를 낸다고 추측하고 거기에 걸맞은 반응을 보이고 결국 실제로 그녀의 분노를 사는 데 성공하면서, 그가 처음에 한 '추측'을 현실로 만든다. 이러한 종류의 문제의 대처에는 많은 인내심이 필요하다. 이 여성이 그의 아니마 투사를 받지 않고 자신의 감정과의 접촉을 유지한다면 그의 문제 발견에 도움을 줄 수 있을 것이다. 예를 들어 그가 "어떤 기분 상태에 빠져 있음"을 감지한 그녀는 그가 자신의 불친절을 상상하며 그녀에게 비난을 퍼붓기를 기다리는 대신 주도적으로 그에게 무슨 문제가 있는지를 물을 것이다.

또 다른 경우 그의 아니마는 그가 여성에게 전혀 진실되지 않은 긍정적인 감정을 투사하도록 인도할 수도 있다. 예를 들어, 그는 그가 무슨 말이나 행동을 하든 그녀가 언제나 그를 이해하고 사랑할 것이라고 생각한다. 물론 이것은 모성의 투사이다. 그가 무엇을 하든 그를 계속 사랑할 사람은 어머니밖에 없기 때문이다. 가령 그는 그녀가 오직 그의 행복만 생각한다는 짐작을 바탕으로 편하게 행동하며 설명조차 제공하지 않았을 때 그녀가 보이는 반응에 깜짝 놀란다. 일반적으로 여성은 남성이 아무 말도 없이 갑자기 자신을 떠났을 때 처음에는 그의 행방을 궁금해하고, 그 다음에는 단서를 얻기 위해 자신의 기억을 찾다가, 마지막에는 그가 그녀를 방치한 것에 분노한다. 한편 그녀가 두 팔을 벌려 자기를 환영할 것을 기대하며 제멋대로 돌아온 남성은 상처받고 분노하는 그녀에게 기분이 상하고 결국 분노한다. 어쩌면 그녀는 거기에서 "교훈을 얻고" 다시는 그에게 분노를 표출하지 않을지도 모른다. 그러나 그녀가 "교훈을 얻지" 못한다면 그들 사이의 관계는 이루어지지 못한다. 그들이 진정한 의식적 관계성에 도달하려면 그들은 어려움을 마주해야 한다. 그는 이제 더 이상 아내에게 어머니와 같은 모성적 헌신을 바라면서 어린아이 같은 자기-탐닉과 그의 내면에 있는 모성의 지배에서 벗어나야 한다.

어떠한 성격의 문제든 사랑하는 사람과의 관계에 문제가 생기면 잠시 그 친밀한 관계에서 벗어나 다른 곳으로 가고 싶은 유혹이 의식에 스며든다. 여성은 자신의 고민을 가장 가까운 친구에게 털어놓고 동정과 위안을 얻으려고 한다. 그것은 그녀가 감정적으로 해결해야 하는 것이 있다는 것을 의미하며, 그녀는 그 만남을 통해서 남편과 함께 문제를 논의하려는 결심을 굳힌다. 남성은 문제가 그렇게 복잡하지 않고 물질적인 선물로 의무를 다하는 게 가능할 경우 굳이 대화를 나누고, 이해를 구할 필요가 없다고 생각하면서, 다른 여성과 만나 그의 성욕을 일시적으로 충족시키려는 유혹에 빠진다.

두 사람 사이의 친밀한 관계는 어느 시점에서 거의 언제나 성격 마찰을 가져올 수 있다. 그러나 그들이 진정으로 서로를 사랑한다면 그들 사이의 관계는 성격 마찰의 효과, 즉 그들의 상호 성적 개입에 대항하는 하나의 장점을 가진다. 그들 사이의 본능적 유대가 실제로 깊고 또 깊이 수용된다면, 함께 사는 것이 아무리 힘들어도 그들은 결국 서로에게 돌아갈 수밖에 없다. 이 본능적인 유대는 강박적인 힘과 같아서 의식적인 관계와 사랑의 문제가 거론되지 않는 삶의 영역까지 함께 깊은 경험을 한 두 사람 사이에 작용한다. 예를 들어, 어떤 여성은 그녀의 남편이 아무리 그녀의 돈을 탐진하고 그녀를 폭행하며 그녀가 임신했을 때 바람을 피우는 "짐승 같은 남편"이더라도 그와 함께 본능적 생명력을 접촉하는 경험을 했다면 그를 몇 번이고 다시 받아들이고 또 받아들일 것이다. 뒤 보스 헤이워드$^{Du\ Bose\ Heyward}$는 그의 극 "포기"^{Porgy}에서 이와 같은 상황을 그렸다. 소녀는 포기를 사랑했고, 그녀의 모든 다정함과 사랑과 감사함의 감정이 그에게 자유롭게 흘러 갔지만 범죄자인 그녀의 남편이 돌아와 그녀에게 "그녀의 뜨거운 손을 댔을 때" 그녀는 그를 따라서 피할 수 없는 비참함과 나락으로 빠질 수밖에 없었다. 남성의 경우 그는 그를 깊이 만족시켰던 평판 나쁜 여성을 위해 일이나 가정은 물론 명예까지 포기하는 상황이 종종 생길 수 있다. 성이 결혼의 의무에 불과한 아내와의 관계에 아무 감흥도 느끼지 못하는 그에게 이러한 생명력과의 접촉은 그를 사로잡을 수밖에 없었던 것이다.

이 본능적인 관계의 문제는 남녀 사이에 깊은 정신적 관계의 발달에서 매우 중요한 문제이다. 남녀가 서로를 이해하기란 극도로 어렵기 때문이다. 모든 여성은 현대 교육이 남녀의 근본적인 차이를 지우는 경향에도 불구하고 삶의 문제에 대한 가정^{assumption}과 본능적인 태도에서 여전히 비슷한 관점을 가진다. 페미니스트인 여성조차 표면을 조금 더 파헤쳐 보면 여성적인 반응을 하지만, 모든 남성에게 내재된 남성적 관점은 여성의 관점과 현저하게 다르다.

이러한 근본적인 관점의 차이 때문에 남녀 사이의 의식적인 관계는 정신의 뿌리 깊숙이 파고드는 성 본능의 강박이 없다면 결코 이루어질 수 없는 것 같다. 그 뿌리의 시원(始原)은 우리의 개인 의식 아래까지, 심지어 인간의 기원과 인종을 넘어 우리 존재의 어두운 심연까지 파고든다. 남성과 여성 안에 있는 이런 무의식적인 힘들을 자극하는 관계는 그들이 그들의 의식을 더 확장하고, 정신적 발달을 추구하도록 더 멀리 이끌 수 있다.

남녀 사이의 매우 의미심장한 본능적 관계의 깊은 의미를 이야기할 때 우리는 남녀의 성 체험이 같지 않은 정도를 넘어서 실제로 매우 다르다는 점을 명심해야 한다. 더 나아가서 우리는 성이 관계에서 수행하는 역할도 각자 다르다는 사실을 기억해야 한다. 그런데 내가 보기에 이 사실은 충분히 인식되지 않은 것 같다. 그런 친밀하고 깊은 사적인 문제를 진솔하게 터놓는 용감한 사람이 그리 많지 않으며, 보통 머리로만, 아니면 이론만 간단히 떠들지만 그것은 도움이 되기보다는 해를 끼치기 십상이다. 사람들은 보통 각자 중요하고 소중한 경험을 하고 있는 그의 배우자가 자기와 정확히 같은 감정적, 육체적 경험을 하고 있다고 가정한다. 그러나 이것은 의식적인 논의의 시험대에 오를 일이 없는 순수한 억측으로, 이것을 확인하지 않은 채 계속 방치하면 나중에 심각한 오해를 불러일으킬 수 있다.

남성에게 성은 사랑하는 여성과의 간극을 메울 수 있는 주요한 힘이다. 하지만 이것은 여성에게는 전혀 해당되지 않는 생각이다. 두 사람 사이에 어려움이 발생했을 때 남성은 성관계만 하면 모든 일이 해결될 것이라고 생각한다. 그러나 여성에게 그런 상황에서 성적 접근은 거의 폭력에 가깝다. 그녀는 어려움을 먼저 바로잡고 감정적인 측면에서 관계를 다시 재정립해야만 실질적인 의미에서 자기 자신을 그에게 줄 수 있다. 그러나 만약 그가 그녀의 이러한 주저함을 무시한다면 그들의 결합은 감정적으로나 육체적으로나 만족을 주지 못할 가능성이 크다.

성행위에 따른 만족감이나 좌절감은 심지어 두 사람 사이의 관계의 상태를 나타내는 지표나 시험대가 될 수도 있다. 왜냐하면 남성은 물론 여성도 종종 자신의 감정 상태의 본질을 극도로 의식하지 못하는 경우가 많기 때문이다. 어쩌면 그들은 서로에 대해 어떻게 느끼는지 전혀 알지 못할 수도 있다. 어쩌면 그들 사이에 폭풍우가 지나갔을 수도 있다. 그들은 그들 사이에 모든 것이 괜찮다고 생각하며 성적으로 결합하려고 하는데, 이때 깊은 성적 조화의 부족은 그들에게 그들이 먼저 알아야 했던 것, 즉 그들 사이에 아직 해결되지 않은 저항이 있다는 것을 알려준다.

교양 있는 사람들은 상냥하게 행동하면 그들에게 더 이상 요구되는 것이 없다는 것을 여러 세대 동안 배워왔다. 그 결과 자신의 진정한 감정과 관련해서 두터운 무의식의 벽이 쌓였다. (아니면 아직 무너지지 않았다). 사랑하는 사람은 거의 언제나 이상화되기 때문에 좋은 감정에서 부정적인 것을 인식하기가 어렵다. 모든 사람은 자신과 사랑하는 사람 사이에 모든 것이 좋기를 바라기 때문에 작은 위험 경고를 무시하려는 유혹에 빠지기 쉽다. 내면 깊은 곳에서 나오는 그러한 경고는 거기에 귀를 기울이기보다 억압하는 것이 더 쉽다. 그러한 작은 저항들, 즉 적응되지 않은 상처받은 감정들은 남성이나 여성에게 더럽혀졌거나 열등하다는 느낌을 준다. 그들은 그것들을 무시함으로써 상처와 저항이 사라지기를 바란다. 그들을 습관적으로 사랑을 나누고 성행위를 하지만 서로에 대해서 심지어 자신을 향해 어떤 역할을 연기하고 있는 것이라면, 서로에게 만족을 찾지 못할 것이다. 그 결과 그들에게 경험한 바를 이야기하는 것을 피하는 경향이 생긴다. 어딘가 잘 맞지 않았던 경험에 대한 이야기를 어떻게 나눌 수 있는가! 대신 그들은 대개 상대방을 비난하는 방식으로 그 상황을 일반화한다. 그들은 각자 이렇게 생각하는 것이다: "그래, 결국 사랑은 영원히 계속될 리가 없지." 또는 "인생이란 그런 거지." 만약 이 두 사람이 냉소적으로 추측하는 데 그치지 않고 그 경험을 경고로 받아들인다면 의식적인 관계 형성으로 한 걸음 나아갈 것이다. 그들 사이의 부조화를 인식하는 것은 그들이 상황을 되돌아보면서 그들의 진정한 결합을 앗아간 해결되지 않은 문제를 발견하게 할 것이다. 하지만 대부분의 남녀가 결혼 생활에서 쌓은 관계와 확신은 너무 빈약하고, 그들 사이에 의심은 너무 근본적이고 오래 되어서 의식화를 위하여 모든 위험을 감수하고 그런 문제를 거론하는 부부를 보는 경우는 극히 드물다.

　성적 교감은 때때로 다른 방식으로 위협을 받는다. 남성이 자신의 욕구를 최우선적으로 여기고, 여성이 그것을 충족시켜야 한다는 유아적인 태도에서 벗어나지 못하면, 그는 아내에게 어머니의 역할을 강요할 수 있다. 남성이 사랑하는 여성에게 선물을 주어야 하는 거의 보편적인 관습은 아마 이런 잘못된 경향을 상쇄시키려는 의도에서 나온 것이라는 생각이 든다. 그런데 우리는 이러한 관습이 문명인과 야만인 모두에게 똑같이 널리 퍼져 있는 것을 발견한다.

말리노프스키Bronisław Malinowski는 『미개인의 성생활』에서 트로브리안드족의 남자는 아주 어린 소년도 성적인 목적으로 친구에게 갈 때면 항상 선물, 즉 꽃이나 과일을 가지고 간다고 하였다. 이것은 흥미로운 원시적 관습인데, 소녀도 소년만큼 큰 기쁨의 만족을 얻는다는 것이 확실하기 때문이다. 그 부족에서는 친부 관계가 그렇게 중요하지 않기 때문에 선물은 그녀의 임신 위험에 대한 보상이라고 생각될 수 없다. 거기에는 다른 의미가 있을 것이다.

이 다른 의미는 아마 남성들 사이에 만연한 유혹과 관계될 것이다. 이것은 마치 어린 소년이 그의 어머니에게 자신의 신체적 욕구를 하나의 권리처럼 채워달라고 하는 아이처럼 당연하게 요구하는 것과 같다. "나는 그게 필요해요. 그거 주세요." 모든 남성 안에 아주 크게 자리하는 이러한 태도는 심리학 문헌에서 오이디푸스 콤플렉스가 차지하는 위치로 증명할 수 있다. 남성이 거기에서 벗어나 자신의 남성성을 획득하려면, 그가 사랑하는 사람에게 접근할 때 그의 개인의 만족을 찾지 말고 그들 사이에 본능적이고 생산적인 생명력이 실현되기를 바라야 하는 것을 잊지 말아야 한다. 그러므로 그가 모성에 대한 어린 시절의 속박에서 해방되려면 그는 그가 사랑하는 여성에게 선물을 하는 것이 아니라(그는 그녀에게 갚을 것이 없다), 그를 그녀라는 개인과 그녀의 여성성의 속박으로부터 해방시키기 위해 그녀의 여성성에게 선물을 해야 한다. 그의 지불 대상은 본능의 여신으로 그녀는 그의 내면에 있는 태모$^{Great\ Mother}$이다. 그렇게 하지 않으면 그는 풀려날 수 없다. 선물은 그것이 한때 실제로 아프로디테나 헤카테, 이슈타르의 신전에서 그랬던 것처럼 거두어질 것이다.

그런데 왜 남성은 선물을 주어야 하고, 여성은 아닌가? 그 대답은 출산에서 남녀의 역할이 다르기 때문이다. 남성에게는 극히 적은 비중의 시간과 에너지만 할애하면 되는 일에 여성은 적어도 자신의 전 삶을 일시적으로 희생해야 하기 때문이다. 성행위를 할 때마다 여성은 생명의 신전의 시녀(侍女)로서의 자신의 역할을 암묵적으로 받아들인다. 그녀에게는 밤이 지나면 모든 일이 끝나는 것이 아니다. 그 밤은 끝났지만 그녀의 아이가 스스로 자립할 수 있을 때까지 끝나지 않는 긴 봉사가 시작된다. 물론 모든 성교 행위가 임신으로 이어지는 것은 아니지만 피임을 했음에도 불구하고 임신으로 이어질 수 있다. 그래서 여성이 사랑하는 남성에게 자신을 바칠 때마다 선물이 아니라 자신의 육체, 자신의 에너지, 심지어 자신의 생명까지 기꺼이 지불하겠다는 의지를 다시금 밝히며 그에게 그 창조적인 순간에 참여하는 특권을 주는 것이다.

인간은 자신의 가장 개별적이고 개인적인 행동에서조차, 심지어 그가 세상에서 가장 사랑하는 사람과의 관계에서도 자신만을 위해 살지 않는다는 인식에서 진정한 종교 정신이 탄생한다. 삶에서 가장 소중한 것은 개인적으로 우리에게 속한 것이 아니다. 우리의 가장 친밀한 행동, 가장 은밀한 순간에 우리는 생명^{Life}에 의해 살아간다. 우리는 사랑하는 사람과의 매일의 접촉에서 우리의 개인적 자아를 넘어서야 한다는 사실을 상기하고 또 상기한다. 그래야만 우리는 삶의 흐름 속에서 자리를 잡고 개인에게 의미와 존엄성을 부여할 수 있는 초개인적 가치에 복종할 수 있다. 두 사람이 가면을 벗고 냉혹한 현실에서 서로를 경험할 때, 과거에는 오직 종교체험에서만 대상을 발견할 수 있었던 정동적 에너지가 현대 사회에서 개인의 발달을 위해 풀려나기 때문이다.

이 장들은 여성의 운명의 다양한 국면에서 발생하는 여성의 심리적 문제들을 다루었다. 여성은 자신의 일상의 현실을 직시하는 것을 통해서 의식이 점진적으로 성장하고 깊어진다. 그녀의 개인적이고 이기적인 욕망은 더 근본적인 목표 앞에서 물러나고 더 깊은 삶의 원리와 관계된 초개인적 가치로 대체된다. 여성은 이러한 발달을 통해서 에로스의 원리에 입각한 영성을 발견하고, 이것은 삶에서 새로운 종류의 인간관계를 통하여 표현된다.

우리는 여성의 삶의 변천 과정에서 남성이 그녀에게 투사한 아니마 환상을 수 년 동안 진 채 불평 없이 무의식 상태로 살았던 여성성woomanhood의 신화가 스러지고 그녀의 자신의 모습 그대로인 진정한 여성이 떠오르는 것을 보았다. 그녀를 그렇게 정의함으로써 그녀는 남성의 아니마 투사로부터 자신을 해방시켰다. 그녀는 그가 그녀에게 입혀준 화려한 옷을 가능한 한 벗어 던지면서 자신의 나약함과 강인함을 감히 드러냈다. 남성의 환상은 그녀에게 가장 화려하고brilliance 가장 칙칙한sombre 초인적 색채를 덧입혀 왔다. 그의 눈에 그녀는 신처럼 상냥하고 악마처럼 추했다. 이제 빛 속으로 나오는 그녀는 변화로 인해 잃기도 하고 얻기도 한다. 그녀가 이전에 만들어냈던 것은 그녀의 무의식 또는 남성의 무의식에서 비롯된, 그녀가 거의 통제할 수 없는 것이었다. 이제 그녀는 처음으로 자신의 자질을 인간적으로 책임 지게 되었다. 그녀는 죄를 지으면 그것을 회개할 수 있고, 성공하면 자신의 덕이다. 이것은 틀림없는 그녀의 정신적 발달의 결과이다. 그녀가 자신을 있는 그대로 드러냄으로써 자기-의식적인 개성을 갖춘 존재가 되었기 때문이다.

| 참고문헌

BERTINE, Eleanor. *Human Relationships*. New York: David McKay Co., 1958.

BOAS, Louise Schutz. *Elizabeth Barrett Browning*. London: Longmans, Green & Co., 1930

DICKINSON, Emily. *Final Harvest: Emily Dickinson's Poems*. Boston: Little, Brown & Co., 1961.

ENGLISH REVIEW. June 1923.

EVANS-WENTZ. W.Y., ed. *Tibet's Great Yogi Milarepa*. London: Oxford University Press, 1928.

HARDING, M. Esther. *The Parental Image*. New York: C. G. Jung Foundation, 1965.

I CHING or *BOOK OF CHANGES*, translated by R. Wilhelm and C. F. Baynes. Princeton: Princeton University Press (Bollingen Series XIX), 1967.

JUNG, C. G. *Alchemical Studies*. Vol. 13 of the Collected Works. Princeton: Princeton University Press (Bollingen Series XX), 1967.

_____. *The Archetypes and the Collective Unconscious*. Vol. 9 (l) of the Collected Works. Princeton: Princeton University Press (Bollingen Series XX), 1959.

_____. *Civilization in Transition*. Vol. 10 of the Collected Works. Princeton University Press (Bollingen Series XX), 1964.

_____. *Psychological Types*. London: Routledge & Kegan Paul, Ltd., 1964.

_____. *Two Essays on Analytical Psychology*. Vol. 7 of the Collected Works. Princeton: Princeton University Press (Bollingen Series XX), 1953.

MAITLAND, Edward. *The Life of Anna Kingsford*. London: John Watkins, 1913.

MEAD, G. R. S. *Fragments of a Faith Forgotten*. New York: University Books, 1960.

주석

1 역경, p.197

2 Ibid., p. 198.

3 영혼은 여기에서 신학적 의미가 아니라 심리학적 의미로 사용된다. 융이 영혼에 대해서 말할 때, 그는 "(영혼이란) 기능의 부분적 자율성을 가진 반의식적인 심리적 콤플렉스의 존재를 심리적으로 인식하는 것"이라고 생각한다. "영혼-콤플렉스의 자율성은 자연적으로 우리와 아주 다른 세상에 살고 있는 것으로 보이는 보이지 않는 개인적 실체의 개념을 뒷받침해 준다." (*Two Essays on Analytical Psychology*, 188-189 페이지) 독자는 『분석심리학에 관한 두 편의 논문』이 전체 주제에 대한 융의 논의와 『심리학적 유형』의 "정의" 장(章)에서 영혼과 영혼의 이미지에 대한 정의를 참조하면 좋을 것이다. 저자는 이 책에서 사용된 기술적 용어들이 어디에서 사용되었든지 간에, 위에 언급한 장들에 거론된 정의이든 그의 다른 글에 흩어져 있는 정의이든지 아니면 융이 정의한 의미대로 사용하려고 노력하였다.

4 여기에서 우리는 집단적, 개인적, 인격적 용어의 사용을 구별할 필요가 있다. 여기서는 가능한 한 융의 용법을 따랐다. 예를 들어, 『심리학적 유형』에서 융은 "공적인 삶에서 극도로 활기차고, 대담하고, 완고하며 의지가 강하고 사려 깊지 못한 남성"은 집에서 "착하고, 순하고, 수용적이고, 심지어 약해보인다"고 말했다. 그는 "그렇다면 진정한 성격, 진정한 인격은 무엇인가?"라고 물으며, "내

가 생각하기에... 그런 사람은 전혀 진정한 인격을 가지고 있지 않다. 즉, 개인적이지 않고 집단적이다... 즉, 일반적인 상황과 기대에 부합하는 것이다"고 덧붙였다. "물론 그는 모든 존재와 마찬가지로 한 개인이지만, 무의식적인 존재다. 그 순간의 태도에 자기 자신을 조금, 혹은 완전히 동일시함으로써 그는 적어도 다른 사람들을 기만하고 또 실제 자신의 성격에 비추어, 자기 자신도 기만한다. 그는 가면을 쓰고 있다.... 가면과 동일시한 남성을 나는 '개체적'('개인적'과 반대로)이라고 부를 것이다"(p.590). "심리학적 개인은 특별하고, 독특한 심리학적 특징이 있고... 심리적인 개인, 혹은 개성은 선험적인 무의식적 존재를 가지고 있다... 개성을 의식에 불러오기 위해서는 의식적인 분화 과정이 필요하다"(pp.560-61).

5   Maitland, *The Life of Anna Kingsford*, Vol. I, Chap. IV.

6   Mead, *Fragments of a Faith Forgotten*, p.223.

7   그의 주제에 대한 추가적인 논의를 보려는 독자는 융의 *Two Essays on Analytical Psychology* 에 나오는 "아니마와 아니무스" 를 참조하시오.

8   Evan-Wentz, *Tibet's Great Yogi, Milarepa*, p. 298.

9   C. G. Jung, Harcout edition, pp.81-149; *Alchemical Studies*, pp. 1-55.

10   *Secret*, pp. 115-116; *Alchemical*, par. 57.

11   English Review, June, 1923, p.546.

12   *Final Harvest*, p. 240.

13   *Two Essays*, par. 348.

14   *Ibid.*, par. 365.

15   *Psychological Types*, pp. 412-517

16   *Civilization in Transition*, par. 260.

17   *Civilization in Transition*, par. 243.

18   Boas, *Elizabeth Barrett Browning*, p. 131.

19 *Civilization in Transition*, par. 259.

20 *Civilization in Transition*, pars. 254-255

21 *The Development of Personality*, par. 326.

22 그의 주제에 대한 추가적인 논의를 보고자 하는 독자는 융의 *The Development of personality* 의 "An Essay on Marriage" 를 참조하시오.

23 아이들이나 동물들이 그들에게 그들이 원하는 것을 줄 것이라고 생각하는 누군가에게 보여주는 무성의한 애정.

24 역경, p. 171.

25 인도에서 과일을 주는 길이라고 불리는 의식은 어머니에게 그녀의 아이에 대한 더 나은 태도를 가르치기 위한 수단으로서 행해진다. Eleanor Bertine의 *Human Relationships* 참조.

26 Jung, "The Dual Mother," *Symbols of Transformation*

27 나의 책 *Parental Image: Its Injury and Reconstruction*에서 그 문제를 상세하게 다루고 있다.

28 *Alchemical Studies*, par. 18.

29 *Two Essays on Analytical Psychology*, par. 114.

30 역경, p. 202.

31 Cf. C. G. Jung, *Two Essays on Analytical Psychology*, pars. 258-259.

32 역경, p. 251.

찾아보기

ㄱ

가면 59, 96, 173, 227, 289, 336, 341
가면을 벗다 289
가치 31, 38, 51, 52, 54, 55, 58, 66, 67, 81, 82, 90, 91, 119, 127, 128, 133, 136, 140, 142, 144, 156, 288, 290, 310, 312, 313, 325, 327, 330, 355, 366,
갈등 30, 101, 155, 156, 211, 276, 287, 288, 323
감정 32, 33, 108, 119, 121, 139, 140, 146, 175, 187, 194, , 204, 261, 262, 271, 276, 290, 295, 329, 355, 359, 360
개성화 38
개신교 122
개인적 42, 53, 59, 60, 66, 67, 86, 98, 107, 118, 122, 124, 126
객관 28, 29, 35, 61, 69, 70, 99, 102, 117, 118, 123, 313, 323
결정 25, 30, 48, 49, 107, 136, 155, 176, 183, 260, 269, 288, 332, 342, 351

결혼 162, 164, 177, 178, 179, 180, 181, 184, 186, 198, 259, 266, 276, 280, 291
고디바 부인 120
고딕 시대 249, 304
고통 33, 66, 67, 217
골즈워디 47
과부 59, 177
과일을 주는 길 365
과학자 115, 326, 333
관계 158
관계성 47, 55, 139, 172, 279, 280, 286, 325, 333, 334, 352, 360
관련 14, 28, 30, 54, 67, 138, 160, 162, 189, 191, 204, 250, 257, 258, 299, 352, 357, 364
교양 66, 146, 152, 199, 235, 301, 331, 349, 363
교육 38, 107, 124, 137, 141, 161, 235, 236, 362

교회 53, 76, 122, 169, 256

구속 25, 31, 34, 38, 56, 104, 110, 150, 188, 193, 236, 250, 256, 355

굴복 98, 303

그리스도 95, 103, 355

그리스(인) 55, 88, 134, 173, 326

그림자 139, 175, 272, 302, 315, 316, 332, 355

기독교 74, 212, 251, 252, 331

기분 32, 33, 45, 72, 78, 79, 81, 91, 98, 99, 176, 350, 351, 360

기사 100, 102

기사도 135

길버트와 설리반 85

꿈 44, 63, 72, 75, 79, 80, 81, 87, 129, 130, 145, 164, 217, 218, 219, 220, 243, 256, 257, 268, 273, 337, 345

끌레르보, 베르나르 드 74

ㄴ

나오미와 룻 147

나이팅게일, 플로렌스 125

낙태 217

남성과 여성 28, 87, 95, 96, 113, 123, 125, 132, 136, 147, 163, 165, 177, 178, 180, 185, 188, 192, 193, 202, 250, 251, 264, 265, 270, 279, 285, 295, 296, 299, 323, 330, 343, 346, 355, 356, 358, 359, 362, 364, 366

남성성 108, 109, 183, 365

남성 원리 104, 183

남편 37, 39, 49, 70, 73, 74, 107, 118, 162, 166, 167, 171, 177, 223, 280, 353, 361

내향 75, 101, 150, 323, 334

노년 113, 303, 304, 306, 310, 311, 315, 317, 318, 323

노른 94

녹색 저택 34

ㄷ

대극 35, 153

대자연 29, 30, 212

대지모 138

도덕성 144, 199, 200, 213, 249, 251, 252, 253, 255, 269, 274, 275, 277, 286, 295, 296, 342, 351

독립 31, 57, 71, 105, 106, 111, 114, 122, 124, 125, 134, 137, 148, 180, 184, 222, 226, 232, 239, 247, 255, 266, 283,

285

돈 51, 168, 282, 305

동기 31, 35, 56, 66, 67, 84, 112, 120, 126, 132, 135, 139, 144, 146, 155, 168, 169, 182, 186, 265, 266, 267, 278, 280, 285, 288, 296, 328, 348, 349, 355

동성애 134, 144, 161

동양 102, 304, 327, 334

동일시 53, 83, 104, 105, 107, 108, 109, 110, 112, 127, 147, 148, 150, 153, 166, 173, 178, 188, 207, 223, 228, 232241, 242, 323, 324, 335, 336, 339, 349, 350

동화 66, 71, 97, 98, 99, 129, 157, 201, 248, 255, 287, 316, 323, 329, 350, 352, 353

디오니소스 326

디킨스, 찰스 344

디킨슨, 에밀리 17, 94

딸 158, 177, 183, 214, 233, 234, 238, 239, 311, 320, 353, 354

땅의 영 84

ㄹ

라비아 74

라파포트 69

로고스 55, 104, 123, 133, 184, 280, 296, 299, 311

로렌스, D.H. 119

로마 제국 251

로엔그린 84

리비도 42, 64, 65, 67, 98, 101, 195, 203, 354

린드버그, 찰스 83

링컨, 아브라함 52

ㅁ

마음 154

만달라 102

멋진 왕자님 80, 82, 83, 90, 91

메리 로즈 70, 72, 74

모성 64, 158, 164, 184, 185, 188, 194, 195, 200, 209, 210, 211, 219, 220, 236, 237, 238, 240, 244, 245, 310, 311, 312, 354, 355, 360, 365

목표 27, 30, 36, 38, 51, 52, 54, 66, 99, 108, 109, 125, 161, 186, 201, 209, 304, 305, 332

몽고메리, 로저 드 304

무의식 121, 133, 141, 148, 150, 151, 153,

167, 168, 344, 346, 347, 348, 349, 350, 351, 353, 362, 364, 367
무의식성 103, 176, 201
문화 50, 77, 122, 133, 135, 136, 137, 140, 162, 167, 177, 200, 230, 246, 247, 249, 254, 269, 276, 280, 300, 304, 305, 313, 326, 337, 350
미국 52, 84, 103, 151, 161, 184, 185, 197, 249, 250, 252, 256, 259, 321
미성숙 134, 187
밀라레파 76, 78

ㅂ

발달 30, 35, 63, 64, 66, 98, 99, 106, 107, 108, 111, 137, 328, 330, 334, 345, 347, 350, 354, 367
발렌티노, 루돌프 83, 85, 95
방황하는 화란인 84
배리, 제임스 M. 70
뱅크스, L. R. 216
변환 84, 98, 101, 102, 268, 295
별자리 129
보탄 94
본능 29, 35, 36, 38, 45, 50, 51, 55, 56, 61, 62, 63, 64, 65, 66, 67, 77, 114,

116, 119, 124, 132, 133, 134, 135, 136, 137, 141, 144, 146, 153, 161, 164, 190, 191, 192, 194, 195, 196, 197, 198, 209, 212, 215, 217, 220, 230, 236, 240, 242, 254, 256, 257, 258, 262, 265, 275, 279, 282, 284, 295, 299, 330, 333, 348, 361, 362, 365
부도덕성 252
부모 168, 177, 182, 214, 216, 220, 227, 235, 236, 240, 242, 243, 244, 245, 250, 255, 256, 274, 350, 354, 355
불교도 74
브라우닝, 엘리자베스 117
비너스 84
비인격 126, 289
비전 75, 76, 79, 89, 90, 98, 99
비현실 37, 60, 72, 74, 77, 132, 201, 243, 292, 337
빅토리아 시대 117, 121, 185, 249, 252, 343, 344

ㅅ

사고 77, 78, 118, 133, 137, 140, 141, 147, 178, 359
사랑 143, 269, 275, 289

사이렌 71, 84
사회 142, 147, 156, 161, 162, 167, 168, 169, 186
사회 변화 136
삶 187, 190, 198, 223, 318
상드, 조르주 116
서양 38, 83, 303, 304, 327, 334
선악 63, 67, 257, 348, 350
성격 38, 43, 51,62, 74, 76, 80, 82, 86, 97, 146, 157179, 189, 206, 215, 236, 260, 290, 293, 302, 314, 330, 332, 346, 350, 361
성령 103
성육신 83, 103, 104
성인 31, 34, 56, 134, 182, 184, 188, 229, 230, 239, 243, 256, 259, 265, 266, 350, 353
셰익스피어, 윌리엄 45
수동 46, 47, 57, 68, 119
수련 244, 323, 329, 334
순종 109, 295
순진 30, 35, 42, 49, 50, 51, 60, 63, 64, 107, 209, 249, 250, 301
슬픔을 위로하는 성모 128
시인 85, 95, 97, 117, 118

신 326
신경증 98, 121, 127, 233, 242, 287, 288, 345
신비가 52, 74, 76, 78
신비적 융합 241, 243
심리학 20, 21, 29, 63, 71, 77, 87, 116, 119, 128, 147, 206, 207, 208, 270, 271, 326, 365

ㅇ
아내 37, 177, 186, 330
아니마 38, 40, 43, 49, 66, 91, 95, 96, 179
아니마 여성 35, 36, 38, 42, 43, 46, 49, 55, 56, 58, 59, 60, 63, 64, 65, 111, 113
아니무스 66, 71, 86, 89, 91, 96, 102, 109, 110, 175, 179
아니무스 여성 109, 175
아담 26, 57, 63, 257
아들러 305
아메리칸 인디언 311
아버지 108, 173, 177, 178, 182, 183, 184, 235, 243, 256, 350, 353, 354
아테나 326

아프로디테 366
악령 69
악마 109, 243
애매모호 35, 36, 49
어둠 198, 302, 314
어린 시절 255, 260, 303, 355, 365
어머니 186, 207, 208, 221, 238, 240, 241, 243
억압 38, 50, 77, 120, 121, 129, 143, 144, 145, 146, 215, 234, 241, 252, 275, 283, 284, 288, 314, 329, 345, 349, 350, 352, 364
에너지 53, 64, 96, 102, 106, 107, 111, 148, 159, 174, 178, 203, 266, 323, 324, 329, 333, 344, 354, 366, 367
에로스 55, 117, 119, 123, 133, 134, 139, 140, 187, 199, 204, 262, 279, 280, 286, 295, 296, 299, 311, 313, 333, 367
에서와 케이트 342
엘렉트라 173
엘리엇, 조지 116
여성성 31, 38, 61, 108, 134, 214, 365
여성운동 27, 122, 123
여성 원리 55, 157, 187, 280, 285, 286
여성적 가치 127, 133, 136, 140, 157, 159, 172, 185, 262, 313
여성적 본능 35, 114
여성적 본성 64, 106, 113, 117, 118, 173, 187, 194, 359
여성적 영혼 33, 34, 68
여성주의 운동 26, 124, 283
여신 94, 222, 365
역할 47, 59, 63, 65, 71, 112, 134, 135, 147, 151, 152, 157, 173, 175, 185, 186, 195, 201, 207, 223, 239, 336, 343, 344, 362, 364, 365, 366
연극 28, 33, 65, 70, 83, 170, 173, 206, 207
연인 67, 68, 69, 70, 71, 72, 74, 78, 79, 80, 81, 82, 83, 84, 86, 87, 89, 91, 95, 102, 104, 118, 119, 132, 173, 175, 176, 246, 265, 266, 267, 269, 278, 285
열등 27, 185, 199, 284, 332, 333, 347, 352, 353, 354, 364
열정 45, 46, 51, 120, 182, 189, 197, 198, 254, 259, 267, 268
영 84, 154, 193, 279, 305
영감을 주는 여성 55
영국 120, 122, 197, 252, 304, 338
영성 55, 252, 367

영웅 83, 85, 88, 95, 101, 103, 220, 257, 258, 348
영지주의자 62
영혼 19, 20, 26, 33, 44, 57, 63, 68, 75, 78, 82, 87, 106, 126, 135, 173, 179, 234, 268, 328, 345
예술 57, 58, 60, 61, 79, 97, 142, 191, 279
오닐, 유진 65, 69, 84, 96
오이디푸스 173, 206, 365
오필리아 45
우정 73, 79, 132, 133, 134, 135, 136, 137, 138, 140, 142, 143, 144, 145, 146, 147, 153, 156, 157, 159, 161, 162, 165, 250, 260, 339, 346, 347
운명 45, 53, 86, 130, 147, 156, 175, 203, 207, 211, 268, 335, 367
원 129
원초적 53, 98, 122, 148
원형 53, 102, 156, 238, 239
위대한 신 브라운 65, 96
유대 244
유대인 326
유럽 77, 125, 135, 212, 247, 250, 304
유령같은 연인 68-104, 132

유아기 136, 231, 348
율리시스 84
융 29, 33, 53, 55, 60, 71, 84, 91, 98, 99, 102, 109, 111, 113, 119, 123, 124, 125, 148, 173, 221, 237, 298, 305, 324, 371, 372
은색 줄 206
의무 48, 87, 96, 110, 133, 180, 181, 195, 198, 201, 202, 230, 241, 244, 254, 266, 270, 277, 285, 291, 297, 361, 362
의상철학 338
의존성 224, 237, 291
의지 48, 75, 89, 91, 113, 124, 143, 154, 161, 174, 190, 211, 216, 230, 267, 277, 347, 353, 366
이기심 194, 204, 226, 245, 265, 307, 346, 349
이미지 33, 53, 55, 78, 84, 97, 98, 99, 239, 325, 353, 354
이브 26, 57, 63, 105, 257, 338
이상 52, 53, 86, 131, 152, 265, 274, 323, 327, 342, 350
이상주의 260
이상한 간주곡 69

이슈타르 366
이슬람 74
이혼 122, 165, 178, 180, 196, 197, 201, 202, 203, 259, 272, 273, 274, 277, 328, 329
인간 50, 86, 97, 102, 103, 140, 141, 148, 150, 151, 152, 153, 154, 156, 246, 251, 2264, 270, 283, 298, 305, 318, 324, 325, 326, 333, 347
인간 본성 67, 154
인격 30, 31, 78, 91, 98, 107, 118, 139, 179, 226, 230, 231, 242, 347, 354
인도 102, 218, 311
인적인 312
임신 194, 195, 209-222, 250, 251, 252, 257, 288, 361, 365, 366

ㅈ

자기 53, 221
자기중심 37, 46, 149, 187, 209, 237, 245, 280
자녀 158, 182, 185, 195, 207, 208, 224, 231, 232, 239, 250, 277, 285, 295, 306, 307, 350
자아 30, 38, 45, 50, 51, 65, 66,, 71, 102, 103, 107, 108, 120, 148, 193, 220, 221, 236, 301, 302, 313, 347, 352, 366
자아-의식 71, 111
자연 46, 53, 65, 75, 146, 169, 208, 209, 212, 238, 250, 264, 267, 300, 333, 348, 352
자연인 349, 352
자율성 71, 257
잡아먹는 어머니 237, 238
재탄생 220, 245
적응 42, 54, 57, 70, 73, 105, 110, 168, 175, 177, 183, 185, 186, 212, 230, 256, 322, 349, 364
전이 82, 83, 84, 85, 86, 87, 88, 95, 101, 157
젊음 45, 210, 269, 303, 316
정동 32, 65, 79, 82, 93, 106, 113,128, 134, 143, 144, 145, 157, 159, 162, 184, 185, 187, 201, 210, 221, 226, 229-235, 242, 243, 246, 254, 276, 286, 307, 313, 332, 367
정반대 43, 45, 98, 107, 184
정신 154, 179
정신적 기능 91
정신치료자 165

정체성 222

제우스 326

종교 26, 52, 54, 74, 75, 76, 77, 102, 103, 128, 180, 218, 229, 281, 283, 304, 305, 323, 335, 355, 366, 367

좌절 99, 136, 233, 301, 303, 306, 329, 363

주관 28, 34, 42, 54, 70, 118, 138, 179, 220, 313, 323, 347, 348, 359

주인공 34, 44, 69, 81, 82, 83, 119

주홍글씨 216

죽음 59, 103, 155, 240, 301, 303, 306, 309, 318, 323, 324, 345

중국 102, 212, 265, 302, 305, 311, 316, 346

중년 113, 164, 178, 281, 300, 301, 304, 310, 313, 316, 318

지그프리드 64, 87

지적인 80, 81, 117, 225, 233, 235, 289, 290, 332

지혜 55, 74, 90, 104, 119, 158, 188, 300, 304, 311, 327, 342, 351, 357

직업 31, 84, 105, 106, 113, 115, 116, 284, 312, 336

진실 20, 108, 139, 140, 142, 197, 260, 264, 279, 294, 298, 353, 359, 360

진화 50, 84, 107, 132, 153, 155, 161, 162, 246, 255, 280, 298

집단적 34, 42, 50, 60, 67, 85, 86, 102, 136, 155, 160, 162, 173, 188, 201, 222, 248, 277, 301, 357

ㅊ

참여 98, 99, 118, 122, 123, 140, 145, 195, 197, 323, 366

창세기 25, 26, 29, 30

책임 115, 130, 136, 161, 183, 197, 199, 200, 219, 227, 240, 245, 269, 271, 297, 299, 348, 351, 352, 367

청교도 252, 265

청소년 134, 157, 179, 180, 182, 232, 237, 266, 303

충동 28, 30, 36, 50, 51, 67, 76, 108, 131, 144, 146, 153, 154, 155, 156, 209, 228, 254, 257, 260, 263, 264, 271, 279, 314

ㅋ

카르멘 46

케네디, 존 F. 83

코퍼필드, 데이비드 44
콤플렉스 72, 204, 207, 288, 346, 347, 365
크리스틴, 만 16
키플링, 러디어드 46
킹스포드, 안나 42

ㅌ
탄호이저 84
태모 219, 239, 365
태을금화종지 84, 298
통합 30, 63, 175, 179
퇴행 63, 155, 157, 158, 161, 162
투사 32-40, 44, 49, 50, 66, 68, 74, 79, 99, 102, 104, 131, 133, 142, 157, 175, 178, 179, 187, 190, 204, 239, 344, 345, 346, 367
트리스탄과 이졸데 87
티베트 76, 102

ㅍ
페르조나 173, 331, 336, 337, 338, 339
페이션스 85
포기(Porgy) 361
포사이트가 이야기 47

프로메테우스 257, 258
프로이드, 지그문트 305
플라톤 135

ㅎ
하느님 52, 74, 103
하늘의 영 84
하딩, M. 에스더 20
한 여름밤의 꿈 87
해거드, 라이더 33
햄릿 45, 206
허드슨, W. H. 34
헌신 38, 52, 63, 112, 127, 135, 156, 183, 207, 223, 245, 274, 278, 284, 319, 324, 355, 360
헤이워드, 뒤 보스 361
헤카테 366
헨리8세 122
현실 29, 56, 83, 264, 337
현인 327
호손, 너새니얼 216
혼외 관계 161, 199, 200, 201, 252, 258, 279, 281, 286, 287, 293, 295, 299, 329
혼외관계 184, 259, 271, 289, 293,

294, 328

화신 344

환멸 83, 87, 88, 152, 249, 261, 262, 263, 264, 268, 269, 270

환상 33, 44, 45, 56,, 73, 74, 80, 85, 87, 88, 89, 91, 94, 95, 97, 98, 99, 101, 102, 103, 133, 165, 175, 176, 179, 190, 193, 204, 205, 243, 268, 314, 315, 332, 340, 344, 345, 346, 347, 353, 367

환영 132, 360

휘트먼, 왈트 249, 324

희생 38, 57, 71, 105, 113, 120, 159, 227, 228, 230, 234, 288, 295, 307, 349, 352, 355, 366

힘 38, 52, 53, 77, 88, 89, 101, 104, 114, 124, 128, 132, 135, 140, 145, 146, 174, 198, 224, 230, 306, 316, 347, 363